# Vom Gestern zum Heute

*Unsere Jugend wird den Sinn dieses
freiheitlichen deutschen Staates nur verstehen,
wenn sie die deutsche Geschichte kennt.
Dann erst wird sie die Chance freier
Selbstverwirklichung,
die ihr dieser Staat bietet, begreifen und ergreifen
und sie verteidigen nach innen und außen.*

Walter Scheel
(Bundespräsident 1974–1979)

Rosemarie Wildermuth wuchs in Heilbronn auf; als Fünfzehnjährige erlebte sie den schweren Bombenangriff auf ihre Stadt und
das Kriegsende. Sie studierte Germanistik, Geschichte und Angli-
stik in Heidelberg und Tübingen, promovierte bei Professor Beiß-
ner, arbeitete dann in München als Lektorin und lebt heute in Ulm.
Angeregt durch Gespräche mit ihren beiden Söhnen, begann sie
Kinder- und Jugendbücher herauszugeben.
Zwei ihrer Titel kamen in die Auswahlliste zum Deutschen Jugendbuchpreis: ›Die mechanische Ente‹ und ›Als das Gestern
heute war‹. Der Band ›Heute – und die 30 Jahre davor‹ wurde 1979
mit dem Deutschen Jugendbuchpreis (Sonderpreis: Geschichte
und Politik im Jugendbuch) ausgezeichnet. Weitere Titel von
Rosemarie Wildermuth: ›Zeitgenossen aller Zeiten. Ent-
deckungsreise durch die deutsche Literatur‹ (1981), ›Aus 100
Jahren. Jugend 1887–1987‹ (1987).

# Vom Gestern zum Heute

200 Jahre deutsche Geschichte
in Texten und Dokumenten

Herausgegeben von Rosemarie Wildermuth

Mit einer Zeittafel 1787–1987

Deutscher
Taschenbuch
Verlag

Die vorliegende Ausgabe wurde aus den beiden Bänden
›Als das Gestern heute war‹ (früher dtv junior 7816) und
›Heute – und die 30 Jahre davor‹ (früher dtv junior 7826)
von Rosemarie Wildermuth neu zusammengestellt und erweitert.

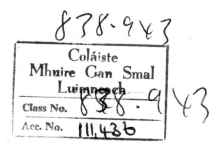
1. Auflage September 1987
Deutscher Taschenbuch Verlag GmbH & Co. KG, München
© 1977, 1978, 1987 Ellermann Verlag, München
Rechteinhaber für die Einzelbeiträge: siehe Seite 418
Umschlaggestaltung: Irmgard Voigt, München; unter Verwendung
von Innenillustrationen und Fotos: siehe Bild-Nachweis Seite 430
Gesamtherstellung: Kösel, Kempten
Printed in Germany · ISBN 3-423-79018-0
2 3 4 5 6 7 · 94 93 92 91 90 89

# Vorwort

»Wenn unsere Nachfahren das einmal lesen, erklären sie uns für verrückt«, schrieb ein Mädchen 1946 in sein Tagebuch. Der Vater hatte bei Behörden stundenlang warten müssen, um einen Erlaubnisschein für den Grenzübertritt von der sowjetischen in die amerikanische Besatzungszone zu erhalten. Die Grenze innerhalb Deutschlands erschien dem Kind damals absurd. Heute ist sie Tatsache. An dieser Grenze steht eine unmenschliche Mauer.

Was kommt, vermag niemand vorauszusagen. Aber warum wir heute in einem geteilten Land leben, ist jedem faßlich, der das Gestern kennt.

Geschichte ist nicht langweilig! Von der Wirtschaftswunderwelt und den unruhigen Jahren, die der Gründung der Bundesrepublik vorausgingen, können die heute Fünfzig- und Sechzigjährigen erzählen, und deren Eltern bewahren Erinnerungen an die Hitler-Diktatur, die Inflation und den Ersten Weltkrieg. Dieses Buch führt aber noch weiter zurück, bis zur Französischen Revolution, denn sie war der stürmische Auftakt zu unserer Zeit.

In den hier gesammelten Aufrufen, Briefen, Erinnerungen und Kommentaren erleben wir Höhepunkte und schwarze Stunden deutscher Geschichte so, als wären wir selbst mit dabei gewesen. Jede Vergangenheit war einmal Gegenwart! Und was die Menschen seit zweihundert Jahren bewegt, ist nach wie vor aktuell und darf auch uns nicht gleichgültig sein: der Wunsch nach Einheit, nach Frieden, die Bewahrung der Freiheit.

Die Auswahl setzt Schwerpunkte, da Vollständigkeit unmöglich ist. Stimmen aus den verschiedensten politischen Lagern kommen zu Wort, sie stehen bewußt nebeneinander. Dies gilt besonders für die jüngste Vergangenheit und die deutsch-deutsche Problematik, die durch einige Beispiele auch von der östlichen Seite her beleuchtet wird.

(R. W.)

Die klein gedruckten Abschnitte erläutern geschichtliche Zusammenhänge. Eine Zeittafel und Worterklärungen am Ende des Buches sollen das Verständnis und den Überblick über die einzelnen Kapitel erleichtern. Kurze Angaben zu den Autoren finden sich im Verfasser- und Quellenverzeichnis. Die originale Schreibweise wurde dort beibehalten, wo sie (wie etwa bei Blücher) für die Persönlichkeit oder die Zeit aufschlußreich ist.

# 1 AUFBRUCH
## 1789–1815

*Die Statue der Freiheit ist noch nicht gegossen,
der Ofen glüht, wir alle können uns noch die
Finger dabei verbrennen.*

Georg Büchner

Ein gewaltiger Aufbruch markiert den Beginn unserer
modernen Geschichtsepoche – die Französische Revolution. Ihre Anführer stürzten das absolute Königtum,
um eine völlig neue, allein den Grundsätzen der Vernunft verpflichtete Staats- und Rechtsordnung einzu-
führen. Ideale der Aufklärungsbewegung waren es, die
hier politisch realisiert werden sollten: Toleranz, soziale
Gerechtigkeit, größere Freiheit für den einzelnen
Bürger.
Der Dritte Stand, das selbstbewußt gewordene Bürgertum, bildete in Frankreich zusammen mit Adel und
Geistlichkeit die Ständeversammlung. Am 17. Juni 1789
erklärten die Abgeordneten des Dritten Standes, sie
seien die alleinige Vertretung des Volkes, die Nationalversammlung, und drei Tage später schworen sie, »sich
niemals zu trennen, bis die Verfassung errichtet ist«.
Im September 1791 wird die neue französische Verfassung verkündet, die Republik im September darauf
ausgerufen. Hungersnöte, Krieg, Inflation und Bauern-
unruhen gefährden den jungen Staat und führen zur
Schreckensherrschaft Robespierres; er endet wie seine
Opfer unter der Guillotine, eine schwache Regierung
von fünf Direktoren folgt. Dann reißt Napoleon alle
Macht an sich. Nicht lange, und ganz Europa zittert vor
ihm.
Aufklärerische, ja revolutionäre Gedanken rumorten
auch in deutschen Köpfen, aber der Respekt vor
Tradition und Obrigkeit erwies sich im »Volk der Dichter
und Denker« als stärker. Die Gebildeten strebten nach

»sittlicher Größe«, nicht nach politischem Einfluß; sie waren stolz auf Deutschlands kulturelle Leistungen – und gaben sich mit ihnen zufrieden. Schiller, der einstige Rebell, dichtete:

> Das ist nicht des Deutschen Größe
> Obzusiegen mit dem Schwert,
> Vorurteile zu besiegen,
> Männlich mit dem Wahn zu kriegen,
> Das ist seines Eifers wert.

Der Hochblüte in Philosophie, Literatur und Musik (Kant, Goethe, Schiller, Kleist, Beethoven) entsprachen auf politischer Ebene Zustände, die mittelalterlich anmuteten. Kleinstaaterei und regionaler Egoismus waren hauptsächlich schuld an der Unbeweglichkeit des alten Deutschen Reiches; es hatte sich überlebt und brach 1806 vollends auseinander.

Erst nach den Niederlagen gegen Napoleon, unter dem Druck der Fremdherrschaft erwachte das deutsche Nationalbewußtsein und ein Freiheitsdrang, der endlich mehr wollte als nur die Freiheit des Geistes. Nun beruft man sich auf die gemeinsame deutsche Vergangenheit und kämpft für eine gemeinsame freie Zukunft. Die vaterländische Begeisterung der Freiheitskriege 1813/14 erfaßt alle Schichten und macht einen Mann wie Blücher zum wahren Volkshelden. Ernst Moritz Arndt bringt die Hochstimmung dieser Jahre auf den Nenner: »Ein Volk zu sein ist die Religion unserer Zeit.«

# Sturm auf die Bastille

Alljährlich feiern die Franzosen den 14. Juli wie ein Volksfest. Es ist ihr Nationalfeiertag, der Tag, an dem im Jahr 1789 die Französische Revolution ausbrach. – Die Pariser hatten gerüchtweise erfahren, daß in ihrer Stadt Truppen zusammengezogen wurden, um die Abgeordneten der Nationalversammlung, die gerade über eine neue Verfassung für Frankreich berieten, auseinanderzutreiben. Aufgebracht rottete sich das Volk zusammen, erzwang die Übergabe der Bastille und befreite die politischen Gefangenen aus diesem berüchtigten Staatsgefängnis. Der hart erkämpfte Sieg über die Vertreter der verhaßten Obrigkeit war das Signal zu einer neuen Zeit.

## Thomas Carlyle:

Ganz Paris kocht vor Aufregung, ist von panischem Schrekken erfaßt. Jede Straßenbarrikade wird von einem kleinen Menschenhaufen verstärkt, und niemand weiß, was kommen wird, und alle diese kleinen Haufen strömen in den mächtigen Feuer-Strom ein, der um die Bastille wütet.

Volle vier Stunden geht es schon zu wie in einem Weltnarrenhaus.

Die Verteidiger lagen erschöpft auf den Zinnen. Aus

Wischtüchern hatten sie sich eine weiße Fahne gemacht, gaben das Zeichen für Unterhandlungen, wenigstens nahm man es an, denn hören und sehen konnte man nichts. Selbst die Schweizer am Fallgitter schienen kampfmüde; in diesem Feuerregen hatten auch sie den Mut verloren.

An der Zugbrücke öffnet sich eine Lücke, es scheint, als wolle jemand sprechen. Schaut dort, den waghalsigen Türhüter Maillard! Auf einem Brett, das über dem Abgrund des Steingrabens lag, läuft er, in wirklicher Gefahr schwebend, hinüber... Der Schweizer hält einen Papierstreifen durch die Öffnung, der Türhüter reißt ihm die Botschaft aus der Hand und läuft zurück. Ein Angebot, sich zu ergeben, sie bitten um Gnade, um freien Abzug für alle!

Die Zugbrücke wird herabgelassen, der Türhüter Maillard nimmt sie im Sturm und stürzt sich in diese lebende Sintflut. Die Bastille ist gefallen! Sieg! Die Bastille ist genommen.


Alexis de Tocqueville:

Seit Jahrhunderten waren alle alten Nationen Europas unbewußt dabei, die Ungleichheit abzubauen. Frankreich hat im eigenen Land nur jene Revolution ausgelöst, die im übrigen Europa schon langsam vor sich ging. Frankreich hat zuerst deutlich gewußt, was es wollte, während die übrigen Gesellschaften es nur unter Stürmen des Zweifels erahnten. Frankreich griff die wichtigsten Ideen, die seit fünf Jahrhunderten in der Welt zirkulierten, gleichsam beim Schopf und ... wagte auszusprechen, was die anderen höchstens zu denken wagten. Wovon die anderen allenfalls für eine ferne Zukunft träumten, unternahm Frankreich, schon heute auszuprobieren.

# Erklärung der Menschen- und Bürgerrechte

*26. August 1789*

ARTIKEL 1

Die Menschen sind und bleiben von Geburt frei und gleich an Rechten.
Soziale Unterschiede dürfen nur im gemeinen Nutzen begründet sein.

ARTIKEL 4

Die Freiheit besteht darin, alles tun zu können, was einem anderen nicht schadet.
So hat die Ausübung der natürlichen Rechte eines jeden Menschen nur die Grenzen, die den anderen Gliedern der Gesellschaft den Genuß der gleichen Rechte sichern.
Diese Grenzen können allein durch Gesetz festgelegt werden.

# Mit voller Seele Partei genommen

Der Sturm der Französischen Revolution griff nicht auf Deutschland über, doch ihre Parole »Freiheit, Gleichheit, Brüderlichkeit« entflammte auch bei uns viele Herzen. Überall wurden die Geschehnisse links des Rheins mit stärkster Anteilnahme verfolgt. Berichte von Greueltaten, den »Exzessen der Freiheit«, lassen die anfangs positive Stimmung bald umschlagen. Nun sind es nur noch wenige Deutsche, die sich offen zu den Ideen der Französischen Revolution bekennen.
Friedrich Schiller, dem Dichter der ›Räuber‹, wurden im Herbst 1792 die französischen Bürgerrechte verliehen, weil man in ihm einen Waffenbruder im Kampf um die neue Gesellschaftsordnung sah.

## Karl Friedrich Reinhard an Friedrich Schiller
*Paris, 21. November 1791*

Sie denken leicht, daß ich in den Auftritten, von denen ich seit drei Jahren Augenzeuge bin, mit voller Seele Partei genommen habe. Ich sah in der französischen Revolution nicht die Angelegenheit einer Nation, mit der ich vielleicht niemals ganz sympathisieren werde, sondern einen Riesenschritt in den Fortgängen des menschlichen Geistes überhaupt und eine glückliche Aussicht auf die Veredlung des ganzen Schicksals der Menschheit. Folglich hätten alle die fürchterlichen Schilderungen wahr sein können, die man im Ausland von den Exzessen der Freiheit gemacht hat, und ich hätte der Göttin ihre blutige Rache verziehen ...

Indessen wenn, wie ich hoffe, irgend ein glückliches Resultat aus dieser langen, schreckenden Ungewißheit hervortritt, so wird die Menschheit den Weg zu ihrer Vollkommenheit geebneter finden.

# Tage der Anarchie

Nach einem mißlungenen Fluchtversuch des Königs 1791 wachsen die innenpolitischen Spannungen in Frankreich. Ludwig XVI. empfindet die neue Verfassung, auf die er einen Eid leisten mußte, als Fessel; er nimmt heimlich Kontakt mit dem Ausland auf, ja ersucht die Regierungen in Wien und Berlin direkt um Hilfe. Am 10. August 1792 erstürmen Revolutionäre das Pariser Königsschloß, die Tuilerien, und nehmen Ludwig XVI. und seine Familie gefangen. Jetzt regiert die Gewalt: auf Veranlassung des Gemeinderates und des Justizministers Danton werden vom 2.–6. September 1792 etwa 1100 »Verdächtige« ermordet. Die eingeschüchterte Bevölkerung wählt daraufhin nur Radikale in den Nationalkonvent. Als erstes schafft diese Versammlung das Königtum ab. Am 21. September 1792 wird Frankreich zur Republik erklärt, am 21. Januar 1793 Ludwig XVI. mit der neuerfundenen Guillotine hingerichtet.

## Georg Kerner an Jean Gotthardt Reinhold
*Paris, 30. Dezember 1792*

...Am 10. August war ich auf der Wache in den Tuilerien, und ich weiß nicht, zu was mich das Schicksal noch aufbehalten hat; genug, ein Wunder erhielt mir das Leben. Ich stand an einem Seitenhofe des Schlosses (die Posten wurden immer durch das Los ausgeteilt), als die Gefahr dringend wurde, verließ uns die Kanone, die wir hatten, mit den Kanoniers und mehr denn drei Vierteil unserer Mannschaft, etwa zwanzig warfen sich in das kleine Wachthaus und erklärten, sich hier totschlagen zu lassen. Kaum brüllte der erste Donner, so nahm die zusammengeschmolzene Garnison Reißaus. Ich war wie betäubt, tausend Bilder von den schrecklichen Folgen, die diese Blutszenen haben würden, drängten sich mir nacheinander mit Gewalt vor, ich konnte mich nicht zur Flucht entschließen, und da saß ich allein in meiner Wachtstube. Plötzlich fliegen einige Flintenkugeln an die Fensterrahmen. Vermutlich wurden sie nicht gerade geflissentlich dahin abgeschickt und sollten an den hervorragenden Teil des Schlosses gehen.

Jetzt fing ich an, an meine Selbsterhaltung zu denken und einen Zufluchtsort zu suchen, ich fand denselben unter dem Feldbett, oder der hölzernen Bank, auf die man sich legt.

Kaum war ich unten, und alle Augenblicke glaubte ich, die Bank stürze über mir zusammen, so drängt ein Haufen von Leuten in die Wachtstube, an deren entblößten Füßen ich sah, daß sie keine Hofherren waren. Sie fanden einen guten Vorrat geladener Flinten, suchten überall über mir in den Strohsäcken und sahen zu allem Glück nicht unter das Lager. Ich hielt in diesem Augenblick meinen Tod für gewiß, übrigens behielt ich die größte Geistesruhe bei. Kaum war dieser Haufe hinaus, so verließ ich meinen Winkel...

Am 21. September drohte mir ein heftiger Patriot meiner Sektion, in der ich als Royalist [Königstreuer] verschrien war, und da es in diesen Tagen der Anarchie genug war, von einem Menschen bedroht zu sein, so machte ich mich in eine andere Gegend der Stadt, blieb etwa vier Tage bei einem guten Freunde, und kaum waren die Barrieren wieder geöffnet, so begab ich mich aufs Land, wo ich einen Monat blieb.

In meiner Sektion gebot mir die Klugheit, noch nicht wieder zu erscheinen, da sie ohnehin eine der tollsten von Paris ist. Ungeachtet aller dieser Mißgeschicke und Verfolgungen wollte ich gern mein Leben geben, wenn nur das Massaker vom 2. September nicht stattgehabt und man sich am 10. August minder kannibalisch betragen hätte.

... mein Mitleid erstreckt sich auf alle Emigrierten, die nicht feindlich gegen ihr Vaterland gehandelt haben – die übrigen verdienen alle den Galgen. Die französischen Prinzen handeln schändlich, das Schicksal des unglücklichen Königs ist besonders ihnen zuzuschreiben. Einige Sektionen haben einen Eid geschworen, daß, im Fall der Konvent den unglücklichen Monarchen nicht zum Tode verdammen sollte, sie ihn selbst daniederstechen würden. So sehr groß ist die Anarchie, daß ein Haufe verrückter Kerls im Angesicht der Gesetzgeber sich über alle Gesetze erhebt. Sie träumen, eine unsterbliche Handlung zu begehen, sie sprechen von Brutus und Cäsar – gleich als fände eine Ähnlichkeit zwischen Ludwig und Cäsar statt, wovon jener in einer drückenden Gefangenschaft schmachtet, während dieser am Morgen seines Todestages mit einem Wort noch eine halbe Welt zittern machen konnte! Der Unterschied ist unendlich, und diese Elenden, statt an die Seite eines Brutus sich zu schwingen, werden unter die unterste Klasse gemeiner

Mörder zurücksinken. Allein diese Leute sind der Überlegung unfähig, durch ihre Leidenschaften verblendet, glauben sie in die Fußstapfen der größten Söhne Roms zu treten und gehen den Weg gewöhnlicher Banditen – Adieu Republik, Adieu Freiheit! – wenn diese Leute nicht bald als Narren erklärt werden.


Georg Wilhelm Friedrich Hegel:

So lange die Sonne am Firmament steht und die Planeten um sie herumkreisen, war das nicht gesehen worden, daß der Mensch sich auf den Kopf, das ist auf den Gedanken stellt und die Wirklichkeit nach diesem erbaut.

# Mut und nochmals Mut

Österreich und Preußen hatten sich verbündet, um ein Vordringen der Revolution in ihre Länder zu verhindern. Im Sommer 1792 marschieren sie in Frankreich ein. Die Revolutionsführer nützen diesen Krieg geschickt für ihre Zwecke aus: Der von ihnen geschürte Haß auf den äußeren Feind, die bewußt gesteuerte nationale Begeisterung lassen die zahllosen inneren Probleme in den Hintergrund treten.

Georges Danton:
*Rede in der Gesetzgebenden Versammlung*
*am 2. September 1792*

Für die Minister eines freien Volkes, meine Herren, ist es eine tiefe Befriedigung, ihm mitteilen zu können, daß die Rettung des Vaterlandes nicht mehr fern ist.

Überall erhebt man sich, gerät man in Bewegung, brennt man darauf zu kämpfen.

Ihr wißt, daß Verdun noch nicht in der Hand eurer Feinde ist. Ihr wißt, daß die Garnison gelobt hat, den ersten, der von Übergabe sprechen würde, niederzumachen.

Ein Teil des Volkes ist auf dem Weg zu den Grenzen, ein anderer ist dabei, Schanzgräben auszuheben, der dritte wird, mit Piken bewaffnet, das Innere unserer Städte verteidigen.

Paris wird diesen gewaltigen Anstrengungen seine Unterstützung leihen. Die Kommissare der Kommune [Gemeinde] werden die Bürger feierlich auffordern, sich zu bewaffnen und zur Verteidigung des Vaterlandes ins Feld zu ziehen.

Wir fordern, daß jeder, der sich weigert, persönlich Kriegsdienst zu leisten oder seine Waffen für den Krieg abzuliefern, mit dem Tode bestraft wird.

Wir fordern, daß man den Bürgern eine militärische Ausbildung gibt, um ihre Bewegungen richtig zu lenken.

Das Sturmläuten, das nun anheben wird, ist kein Alarmsignal, es bedeutet den Generalangriff auf die Feinde des Vaterlandes. Um sie zu besiegen, brauchen wir Mut, meine Herren, Mut und nochmals Mut; dann ist Frankreich gerettet.

# Nicht nach Paris, nur nach Valmy

Am Tag von Dantons zündendem Aufruf zur Rettung des Vaterlandes, also am 2. September 1792, nehmen preußische Truppen die Festung Verdun ein. Die erste größere Begegnung mit der Revolutionsarmee unter den Generälen Dumouriez und Kellermann verläuft dagegen für die Verbündeten ebenso unrühmlich wie unerwartet: nach der Kanonade von Valmy am 20. September müssen sie sich zurückziehen. Das ist der entscheidende Wendepunkt des Krieges. Am 10. Oktober 1792 erobern die Franzosen Mainz.

Friedrich Christian Laukhard:

Wir brachen von Verdun mitten im Regen auf, und marschierten den ersten ganzen Tag im Regen fort; unser Brot hatten wir größtenteils im Lager liegenlassen, weil wir ohnehin genug belastet waren und durch den abscheulichsten Kot waten mußten.

Endlich erreichten wir ein Dorf, L'Entrée genannt, worin der König [Friedrich Wilhelm II. von Preußen] sein Hauptquartier nahm, und wobei wir unser Lager aufschlagen sollten. Aber unsere Packpferde waren aus Furcht vor den Franzosen zurückgeblieben, und wir mußten nun da unter dem freien Himmel liegenbleiben bis nachts zwölf Uhr. Wir machten freilich Feuer an und holten dazu aus dem Dorfe L'Entrée heraus, was wir in der finstern Nacht von Holz finden konnten, Stühle, Bänke, Tische und anderes Geräte. Aber diese Feuer, so höllenmäßig sie auch aussahen, waren doch nicht hinlänglich, uns gegen den fürchterlichen Wind und den abscheulichen Regen zu sichern. Dieser Regen fing sogleich an, als wir die Zelte aufgerichtet und uns auf die blanke Erde – denn Stroh konnten wir in der Nacht doch nicht holen – hineingelegt hatten, und er wurde so heftig, daß das Wasser von allen Seiten in die Zelte eindrang und uns alle durchnetzte. Niemand konnte liegenbleiben, noch weniger schlafen; man setzte sich also auf die Tornister und Patronentaschen, und jeder fluchte auf sein Schicksal. Man denke uns in dieser Gruppe! Sogar hörte man die gräßlichsten Lästerungen auf Gott und sein Regenwetter. »Es ist Strafe Gottes«, sagten die Vernünftigeren. »Gott hat keinen

Gefallen an unserem Kriege; er will nicht, daß wir sein Werk in Frankreich stören sollen. Die Revolution ist sein Werk. Die Patrioten tun seinen Willen, und die Emigranten sind Spitzbuben. Es hole sie alle der Teufel!«

Endlich ward es Tag, und die Soldaten krochen aus ihren Zelten, wie die Säue aus ihren Ställen. Nichts nahm unsere Leute ärger mit, als der Durchfall, der allgemeine Durchfall, und die darauf folgende fürchterliche Ruhr. Ich bin versichert, daß nicht drei Achtel der ganzen Armee von dem fürchterlichen Übel der Ruhr damals frei waren, als wir das Sumpflager verließen. Die Leute sahen alle aus wie Leichen und hatten kaum Kräfte, sich fortzuschleppen.

Aus dem Sumpflager hatten wir noch ungefähr 16 Stunden nach La Lune, wo die bekannte Kanonade vorfiel, jene nämlich, welche das Ziel unserer Heldentaten in Frankreich gewesen ist; denn nach dieser Zeit, bis auf unseren Separatfrieden [von Basel 1795], ist gegen die Franzosen auf französischem Boden von uns beinahe nichts mehr getan worden.

Wir machten diesen Weg trotz unseren ausgemergelten Körpern in wenigen Tagen und hatten immer mit Mangel zu kämpfen, weil der Feind uns hier in der Nähe war und kein Marketender uns zu folgen sich getraute.

Am 19. September [1792] mußten wir nachmittags noch spät aufbrechen und vorwärts marschieren bis nachts um neun Uhr, und hernach brachten wir ohne Zelte und beinahe ohne Infanteriewachen die Nacht unter offenem Himmel zu ...

Sobald der Tag anbrach, wurde abmarschiert. Es hatte erst geschienen, als wenn das Wetter sich halten würde, aber gegen sieben Uhr fing es heftig an zu regnen, und wir wurden bis auf die Haut naß. Dennoch ging der Zug weiter bis gegen die Höhen von Dampierre, worauf Dumouriez sich postiert hatte, und hier fiel die bekannte Kanonade von Valmy vor.

Warum wir bei dieser Kanonade keinen Vorteil erhielten, ist handgreiflich. Der Feind hatte mehr Volk, mehr und besseres Geschütz und eine weit bessere Stellung als wir. Es ist hier der Ort nicht, zu beweisen, daß der damalige französische General Dumouriez weder uns noch seiner Nation ganz gewogen war. Dumouriez hätte uns noch am Tage der Kanonade viel schaden können, wenn er gewollt hätte; das ist eine Wahrheit, welche unsere eigenen Befehlshaber gern eingestanden und die auch aus der Natur unserer Lage deutlich genug erhellt.

Nach einem wechselseitigen Feuer von ungefähr vier Stunden wurde abmarschiert, und wir zogen uns auf verschiedene Hügel, welche wir besetzten. Der König nahm sein Quartier auf dem Vorwerk La Lune.

Unser Verlust an Toten und Blessierten belief sich auf 160 Mann; freilich ein ganz geringer Verlust bei einer vierstündigen Kanonade, aber allemal groß genug bei einer Kanonade, welche nach dem Zeugnis aller verständigen Kriegsmänner ganz ohne alle Hoffnung eines Sieges oder reellen Vorteils unternommen war. Trotzdem war man ihr nicht ausgewichen, weil man steif und fest geglaubt hatte, die Franzosen würden uns keinen Finger entzwei schießen. Man hatte sich aber verrechnet, und zwar garstig!

Zum sichtbaren Zeichen, daß eine neue Zeit angebrochen sei, errichtete man überall in Frankreich sogenannte Freiheitsbäume. Goethe, der im Herbst 1792 die preußischen Truppen nach Frankreich begleitete, zeichnete den hier abgebildeten Freiheitsbaum mit dem Schild: »Vorübergehende, dies ist ein freies Land«. Seine Erinnerungen an den Feldzug hielt er 30 Jahre später in dem Werk ›Campagne in Frankreich 1792‹ fest.

# Die Freiheit muß einmal kommen

Friedrich Hölderlin
an seinen Stiefbruder Karl Gock
*Tübingen, September 1793*

Ich hange nicht mehr so warm an einzelnen Menschen.
Meine Liebe ist das Menschengeschlecht, freilich nicht das
verdorbene, knechtische, träge, wie wir es nur zu oft finden,
auch in der eingeschränktesten Erfahrung. Aber ich liebe
die große, schöne Anlage auch in verdorbenen Menschen.
Ich liebe das Geschlecht der kommenden Jahrhunderte.
Denn dies ist meine seligste Hoffnung, der Glaube, der mich
stark erhält und tätig, unsere Enkel werden besser sein als
wir, die Freiheit muß einmal kommen, und die Tugend wird
besser gedeihen in der Freiheit heiligem erwärmenden
Lichte als unter der eiskalten Zone des Despotismus. Wir
leben in einer Zeitperiode, wo alles hinarbeitet auf bessere
Tage. Diese Keime von Aufklärung, diese stillen Wünsche
und Bestrebungen Einzelner zur Bildung des Menschenge-
schlechts werden sich ausbreiten und verstärken, und
herrliche Früchte tragen. Sieh! lieber Karl! dies ists, woran
nun mein Herz hängt. Dies ist das heilige Ziel meiner
Wünsche, und meiner Tätigkeit – dies, daß ich in unserm
Zeitalter die Keime wecke, die in einem künftigen reifen
werden.

---

Ludwig XVI. verlor nicht nur seinen
Thron, sondern auch seinen Namen: nach
der Abschaffung des Königtums am 21.
September 1792 nannte man ihn Louis
Capet. Der Nationalkonvent klagte ihn
der Verschwörung gegen den Staat und die
Sicherheit der Nation an. Seine
Verteidigungsschrift unterzeichnete
Ludwig mit dem nebenstehenden
Schriftzug. Mit 361 gegen 360 Stimmen
wurde er zum Tode verurteilt; die
Hinrichtung erfolgte am 21. Januar 1793.

*Wir werden die Welt freßen und die Könige werden schweigen.*

Die Jahre 1793/94 stehen im Zeichen der Schreckensherrschaft Robespierres. Er führt den »Kult des höchsten Wesens« ein, der den christlichen Gottesdienst ersetzen soll. Im April 1794 läßt er den Justizminister Danton und dessen Anhänger hinrichten, am 28. Juli muß er selbst die Guillotine besteigen: die Revolution frißt ihre Kinder. – Die zeitgenössische Karikatur verurteilt den Regierungsstil Robespierres. Auf seinem »Siegesmal« sind die Opfer der Revolution verzeichnet. Groß geschrieben erinnert das Datum »Zweiter September 1792« an die Septembermorde.

# Die Franzosen kommen

Der Friede von Basel zwischen Frankreich und Preußen bricht 1795 das gegenrevolutionäre Bündnis auseinander: Norddeutschland ist fortan neutral, Frankreich behält das linke Rheinufer. Im Frühjahr 1796 fallen die Franzosen in Süddeutschland ein. Die Österreicher, angeführt von einem Bruder des Kaisers Franz II., besiegen sie am 3. September 1796 bei Würzburg; darauf ziehen sich die französischen Armeen hinter den Rhein zurück.

Katharina Elisabeth Goethe
an Johann Wolfgang von Goethe
*Frankfurt, 22. Juli 1796*

Lieber Sohn! Aus den Zeitungen wirst Du die jetzige Lage Deiner Vaterstadt erfahren haben – da aber das Tagebuch von Frau Aja [so wurde Goethes Mutter genannt] zuverlässig nicht darinnen steht, und ich doch mit Zuversicht glaube, daß es Dir nicht gleichgültig ist, wie ich diese Epoche überstanden habe, so werde ich eine kleine Relation [Bericht] davon abstatten. Vor denen Franzosen und ihrem Hereinkommen hatt' ich nicht die mindeste Furcht, daß sie nicht plündern würden, war ich fest überzeugt – wozu also einpacken? Ich ließ alles an Ort und Stelle und war ganz ruhig – auch glaubte kein Mensch, daß die Kaiserlichen sich hier halten wollten – es war, wie die Folge auch gezeigt hat, wahrer Unsinn; da sie es aber doch taten, so fing die Sache an bedenklich zu werden – das Haus, wo ich wohne, ist in Zeiten der Ruhe eins der schönsten in der Stadt – aber desto fürchterlicher in solchen Tagen, wie die vergangenen waren – der Kaiserliche Kommandant wohnte mir gegenüber, nun sahe ich all den Spektakel – die Franzosen mit verbundenen Augen – unsern Bürgermeister – alles in Furcht, was das werden sollte usw. Den 12ten gegen Abend fing das Bombardement an; wir setzten uns alle in die untere Stube unsers Hausherrn; wie es etwas nachließ, ging ich schlafen – gegen 2 Uhr früh morgens fing's wieder an, wir wieder aus den Betten – nun fing ich an auszuräumen – nicht vor den Franzosen, aber wohl vor dem Feuer – in ein paar Stunden war alles im Keller bis auf die eiserne Kiste, die uns zu schwer war – ich ließ meinen Schwager Major Schuler seinen

Fourierschütz nebst noch einem starken Mann holen – die brachten sie denn glücklich in Keller. Bis an diese Period' war ich noch ganz beruhigt – jetzt kamen aber so schreckliche Nachrichten ... und fing mir an, angst zu werden, und ich beschloß, fortzugehen, freilich nicht weit – nur dem Bombardement auszuweichen – da war aber kein Fuhrwerk ums Geld zu haben, endlich hörte ich, daß in meiner Nachbarschaft eine Familie nach Offenbach führe – ich ließ sie bitten, mich mitzunehmen, und es wurde mit vieler Höflichkeit bewilligt. Ich bin keine von den verzagten Seelen, aber diese schreckliche Nacht, die ich ganz ruhig in Offenbach bei Mama La Roche zubrachte, hätte mir in Frankfurt vielleicht Leben oder doch Gesundheit gekostet – den 12ten, 13ten und 14ten blieb ich also in meiner Freistadt – den 15ten früh kam die Nachricht, daß die Kapitulation geschlossen und nichts mehr, Leib und Leben betreffend, zu befahen sei – nur müßte man machen, den Tag noch zurückzukommen, weil den 16ten die Tore geschlossen sein würden – nun wäre ich um keinen Preis in Offenbach geblieben – einmal, weil man mich vor emigriert hätte halten können – zweitens, weil meine schönen Zimmer als ganz leer stehend ... hätten weggenommen werden können. Nun war wieder Holland in Not! war wieder kein Fuhrwerk zu haben – Da erbarmte sich unser alter Freund Hans André über mich, gab mir sein artiges Kütschgen, und rasch war ich wieder im Goldenen Brunnen, dankte Gott von ganzem Herzen vor meine und vor die Bewahrung meiner Wohnung ... Gott schenke uns den Frieden! Amen! Lebe wohl! Grüße alles in Deinem Hause und behalte lieb Deine treue Mutter

Inzwischen hatte ein Feldherr und Staatsmann die politische Bühne betreten, von dem sein Bewunderer Goethe sagte: er »hat die Tugend gesucht und, als sie nicht zu finden war, die Macht bekommen«. Napoleon Bonaparte! Nach erfolgreichen Feldzügen in Italien und Ägypten machte er sich 1799 durch einen Staatsstreich zum Ersten Konsul der Französischen Republik und erklärte: »Bürger, die Revolution hält an den Grundsätzen, die an ihrem Beginn standen, fest. Sie ist beendet.« Damit war sein Ehrgeiz aber noch nicht befriedigt: 1804 krönte er sich zum Kaiser. Die anderen Staaten sahen im Machthunger Napoleons I. eine wachsende Bedrohung für das europäische Gleichgewicht, und so verbündeten sich 1805 England, Rußland und Österreich gegen die Franzosen. Napoleon besiegte seine Feinde am 2. Dezember bei Austerlitz. – Preußen, das von Frankreich im Jahr darauf ultimativ den Abzug aller Truppen rechts des Rheins fordert, wird am 14. Oktober 1806 in der Doppelschlacht bei Jena und Auerstedt vernichtend geschlagen.

# Nach der Niederlage

Berlin ist in französischer Hand. Im Februar 1807 muß König Friedrich Wilhelm III. von Preußen mit seiner Frau, der beliebten Königin Luise, von Königsberg nach Memel fliehen. Im Juli 1807 führt sie in Tilsit mit Napoleon ein politisches Verhandlungsgespräch, doch es gelingt ihr nicht, die Friedensbedingungen abzumildern: Preußen verliert alles Land zwischen Rhein und Elbe. Längst fällige innere Reformen werden nun in Angriff genommen.

## Königin Luise von Preußen
## an ihren Vater, den Herzog von Mecklenburg
*Königsberg, April 1808*

Es wird mir immer klarer, daß alles so kommen mußte, wie es gekommen ist. Die göttliche Vorsehung leitet unverkennbar neue Weltzustände ein, und es soll eine andere Ordnung der Dinge werden, da die alte sich überlebt hat und in sich selbst als abgestorben zusammenstürzt. Wir sind eingeschlafen auf den Lorbeeren Friedrichs des Großen, welcher, der Herr seines Jahrhunderts, eine neue Zeit schuf. Wir sind mit derselben nicht fortgeschritten, deshalb überflügelt sie uns. Das siehet niemand klarer, als der König.

Auch das Beste und Überlegteste mißlingt, und der französische Kaiser ist wenigstens schlauer und listiger. Von ihm können wir vieles lernen, und es wird nicht verloren sein, was er getan und ausgerichtet hat. Es wäre Lästerung, zu sagen, Gott sei mit ihm; aber offenbar ist er ein Werkzeug in des Allmächtigen Hand, um das Alte, welches kein Leben mehr hat, das aber mit den Außendingen fest verwachsen ist, zu begraben.

# Der Brand von Moskau

Das im Frieden zu Tilsit 1807 geschlossene russisch-französische Bündnis war von Anfang an problematisch. Napoleon wollte keinen anderen Herrscher gleichberechtigt neben sich dulden. 1812 beginnt er den Kampf gegen Rußland, für den er die Teilnahme Österreichs und Preußens erzwingt. Die »Große Armee« besteht ungefähr zu einem Drittel aus Deutschen.

Am 14. September 1812 besetzen die Franzosen Moskau, kurz darauf steht die ganze Stadt in Flammen. Als der Winter verfrüht einbricht, muß Napoleon den Rückzug antreten. Hunger und Kälte verursachen schreckliches Elend, das Heer löst sich fast völlig auf (400 000 Tote und 100 000 Gefangene bleiben in Rußland zurück). Bei Tauroggen in Litauen handelt der preußische General Yorck am 30. Dezember 1812 selbständig mit dem russischen General Diebitsch ein Waffenstillstands- und Neutralitätsabkommen aus. Die unterdrückten Völker hatten lange genug unter Napoleons Gewaltherrschaft gestöhnt. Jetzt, nach seiner Niederlage in Rußland, schöpfen alle Mut. Im Februar 1813 schließt Preußen ein Bündnis mit Rußland, dem im August 1813 auch Österreich beitritt.

**Schlesische privilegirte Zeitung**

No. 34. Sonnabends den 20. März 1813.

Se. Majestät der König haben mit Sr. Majestät
dem Kaiser aller Reußen
ein Off- und Defensiv-Bündniß abgeschlossen.

### An Mein Volk.

So wenig für Mein treues Volk als für Deutsche, bedarf es
einer Rechenschaft, über die Ursachen des Kriegs welcher
jetzt beginnt. Klar liegen sie dem unverblendeten Europa
vor Augen.

Wir erlagen unter der Uebermacht Frankreichs. Der
Frieden, der die Hälfte Meiner Unterthanen Mir entriß, gab
uns seine Segnungen nicht; denn er schlug uns tiefere
Wunden, als selbst der Krieg. Das Mark des Landes ward
ausgesogen, die Hauptfestungen blieben vom Feinde be-
setzt, der Ackerbau ward gelähmt so wie der sonst so hoch
gebrachte Kunstfleiß unserer Städte. Die Freiheit des
Handels ward gehemmt, und dadurch die Quelle des
Erwerbs und des Wohlstands verstopft. Das Land ward ein
Raub der Verarmung.

Durch die strengste Erfüllung eingegangener Verbind-
lichkeiten hoffte Ich Meinem Volke Erleichterung zu
bereiten und den französischen Kaiser endlich zu überzeugen, daß es sein eigener Vortheil sey, Preußen seine
Unabhängigkeit zu lassen. Aber Meine reinsten Absichten
wurden durch Uebermuth und Treulosigkeit vereitelt, und
nur zu deutlich sahen wir, daß des Kaisers Verträge mehr
noch wie seine Kriege uns langsam verderben mußten. Jetzt

ist der Augenblick gekommen, wo alle Täuschung über unsern Zustand aufhört.

Brandenburger, Preußen, Schlesier, Pommern, Litthauer! Ihr wißt was Ihr seit fast sieben Jahren erduldet habt, Ihr wißt was euer trauriges Loos ist, wenn wir den beginnenden Kampf nicht ehrenvoll enden. Erinnert Euch an die Vorzeit, an den großen Kurfürsten, den großen Friedrich. Bleibt eingedenk der Güter, die unter ihnen unsere Vorfahren blutig erkämpften: Gewissensfreiheit, Ehre, Unabhängigkeit, Handel, Kunstfleiß und Wissenschaft. Gedenkt des großen Beispiels unserer mächtigen Verbündeten der Russen, gedenkt der Spanier, der Portugiesen. Selbst kleinere Völker sind für gleiche Güter gegen mächtigere Feinde in den Kampf gezogen und haben den Sieg errungen. Erinnert Euch an die heldenmüthigen Schweitzer und Niederländer.

Große Opfer werden von allen Ständen gefordert werden: denn, unser Beginnen ist groß, und nicht geringe die Zahl und die Mittel unserer Feinde. Ihr werdet jene lieber bringen, für das Vaterland, für Euren angebornen König, als für einen fremden Herrscher, der wie so viele Beispiele lehren, Eure Söhne und Eure letzten Kräfte Zwecken widmen würde, die Euch ganz fremd sind. Vertrauen auf Gott, Ausdauer, Muth, und der mächtige Beistand unserer Bundesgenossen, werden unseren redlichen Anstrengungen siegreichen Lohn gewähren.

Aber, welche Opfer auch von Einzelnen gefordert werden mögen, sie wiegen die heiligen Güter nicht auf, für die wir sie hingeben, für die wir streiten und siegen müssen, wenn wir nicht aufhören wollen, Preußen und Deutsche zu seyn.

Es ist der letzte entscheidende Kampf den wir bestehen für unsere Existenz, unsere Unabhängigkeit unsern Wohlstand; keinen andern Ausweg giebt es, als einen ehrenvollen Frieden oder einen ruhmvollen Untergang. Auch diesem würdet Ihr getrost entgegen gehen um der Ehre willen, weil ehrlos der Preuße und der Deutsche nicht zu leben vermag. Allein wir dürfen mit Zuversicht vertrauen: Gott und unser fester Willen werden unserer gerechten Sache den Sieg verleihen, mit ihm einen sicheren glorreichen Frieden und die Wiederkehr einer glücklichen Zeit.

Breslau den 17. März 1813.                    *Friedrich Wilhelm*

# Bei Napoleon

Österreichs Außenminister wurde am 26. Juni 1813 in Napoleons Hauptquartier bei Dresden empfangen. Seine Unterredung mit dem Kaiser dauerte über acht Stunden ohne Unterbrechung.

Klemens Fürst von Metternich:

Ich hatte auf die Jugend der französischen Soldaten hingewiesen und die Meinung ausgesprochen, daß Frankreich keine neue Armee mehr aufbringen könne. Als Napoleon diese Worte hörte, entflammte sein Zorn im höchsten Grade. – Er wurde bleich. – »Sie sind nicht Soldat«, fuhr er mich in höchst gereiztem Tone an; »Sie wissen nicht, was in der Seele eines Soldaten vorgeht. Ich bin im Felde großgezogen worden und einen Mann wie mich, den kümmert es wenig (ich wage es nicht, mich des energischen französischen Ausdrucks zu bedienen, dessen Napoleon sich hier bediente), ob eine Million Mann zu Grunde geht.« Er warf hierauf seinen Hut, den er bisher in der Hand gehalten, in die Ecke des Zimmers. Ich blieb ganz ruhig und stützte mich auf die Ecke einer Konsole, die zwischen den Fenstern stand; dann sagte ich tief bewegt nach dem, was ich eben gehört hatte: »Warum haben Sie mich gewählt, mir das, was Sie eben sagten, unter vier Augen zu sagen. Wir wollen die Tür öffnen, Ihre Worte werden dann von einem Ende Europas an das andere gehört werden.«

# ... ich Scheue so wenig Kaiser Napoleon wie seine Marschälle

In der Völkerschlacht bei Leipzig (16.–19. Oktober 1813) siegen die Verbündeten Rußland, Preußen und Österreich; Napoleons Machtstellung in Deutschland bricht zusammen. Generalfeldmarschall Blücher nimmt die Verfolgung der Franzosen auf und überschreitet in der Neujahrsnacht 1813/14 den Rhein; der 71jährige »Marschall Vorwärts« war der volkstümlichste Held der Freiheitskriege.

## Gebhard Leberecht von Blücher an Zar Alexander I.
*Merry, 22. Februar 1814*

Der Obrist von Grollmann bringt mir die Nachricht, daß die Haupt-Armee eine Rückgängige Bewegung machen wird; ich halte mich verpflichtet Ewr. Kaiserligen Mayestet die unvermeidligen nachtheiligen Folgen davon aller untertänigst vor zu stellen:

1) die gantze Französische Nation tritt unter die Waffen, der Theil so sich für die gute Sache geäußert, ist unglücklig
2) unsre siegreiche Armee wird muthlos
3) wir gehen durch rückgängige Bewegungen in Gegenden, wo unsre Truppen durch Mangel leiden werden; die Einwohner werden durch den Verlust des Letzten, was sie noch haben, zur Verzweiflung gebracht
4) der Kaiser von Frankreich wird sich von seiner Bestürtzung, worin er durch unser Vordringen, erholen, und seine Nation wider für sich gewinnen.

Ewr. Kaiserlige Mayestet danke ich aller untertänigst daß Sie mir eine Offensive zu beginnen erlaubt haben, ich darff mir alles Guhte davon versprechen, wenn Sie gnädigst zu bestimmen geruhen, daß die Generale von Winzingerode und von Bülow meiner Anforderung genügen müssen; in dieser Verbindung werde ich auf Paris vordringen, ich Scheue so wenig Kaiser Napoleon wie seine Marschälle, wenn sie mir entgegen treten. Erlauben Ewr. Kaiserlige Mayestet die Versicherung, daß ich mich glücklig schätzen werde, an der Spitze der mir anvertrauten Armee Ewr. Kaiserligen Mayestet Befehle und Wünsche zu erfüllen.

# Es blitzte

Die Staaten Rußland, Preußen, England, Österreich und Bayern hatten vereint alle Kräfte aufgeboten, um Napoleon zu besiegen. Nach mehreren Rückschlägen können die Verbündeten am 31. März 1814 in Paris einziehen. Napoleon I. entsagt der Krone und bekommt die Insel Elba als Fürstentum zugewiesen; Ludwig XVIII., ein Bruder des hingerichteten Königs, besteigt den französischen Thron.

Der Wiener Kongreß (1814/15) unter Metternichs Leitung versucht, das alte europäische Staatensystem weitgehend wiederherzustellen. Eine erlauchte Gesellschaft von sechs Kaisern und Königen, zwei Dutzend deutscher Fürsten und einem Schwarm Diplomaten verhandelt die Grenzfragen – und feiert viele Feste. Ein Bonmot des österreichischen Diplomaten Fürst de Ligne charakterisiert die Situation: »Europa ist in Wien . . . Der Kongreß schreitet nicht vor, sondern er tanzt.«

Doch Napoleon sorgt noch einmal für eine Überraschung: im Frühjahr 1815 kehrt er auf abenteuerliche Weise von der Insel Elba nach Frankreich zurück. Die Truppen gehen zu ihm über, Grenoble und Lyon öffnen widerstandslos ihre Tore, und am 20. März hält der wiedergekehrte Kaiser Einzug in Paris. Österreich, Rußland, England und Preußen verbünden sich aufs neue zum Krieg. Am 18. Juni 1815 wird Napoleon in der Schlacht bei Waterloo von dem englischen Feldherrn Wellington und Blücher gemeinsam geschlagen, seine »Herrschaft der hundert Tage« ist beendet. Die Sieger verbannen ihn auf die Insel St. Helena im Südatlantik; dort lebt er einsam und verbittert bis zu seinem Tod im Jahr 1821.

## Karl August Varnhagen von Ense:

In Wien schwebte das Schauspiel einer Prachtfahrt des Hofes, das heißt aller hier vereinigten Höfe, noch vor Augen, man unterhielt sich, arbeitete und schlenderte wie bisher – da wurden plötzlich am 7. März die Sinne geblendet, es blitzte, und ein dumpfer Donner hallte lange nach. Der Blitz war die Nachricht, daß Napoleon am 26. Februar die Insel Elba verlassen habe und mit seiner Kriegsmannschaft auf sechs Schiffen nordwärts steuernd gesehen worden sei.

Der Fürst von Metternich erzählte den Hergang der Sache in einem Schreiben an mich wörtlich wie folgt: »Die erste Kunde der Entfernung Napoleons von Elba habe ich, und zwar auf die folgende Weise erhalten. Eine Konferenz zwischen den Bevollmächtigten der fünf Mächte hatte sich in meinen Räumen in der Nacht vom 6. auf den 7. März bis nach drei Uhr früh erstreckt. Da die Kabinette zu Wien vereint waren, so hatte ich meinem Kammerdiener den Befehl erteilt, mich, wenn Kuriere spät nachts ankämen, nicht im Schlaf zu stören. Diesem Befehl ungeachtet brachte mir derselbe gegen sechs Uhr früh eine mittelst Stafette eingelangte, ›dringend‹ bezeichnete Depesche. Als ich auf dem Kuvert die Worte: ›vom kaiserlich-königlichen Generalkonsulate zu Genua‹ las und kaum zwei Stunden zu Bette war, legte ich die Depesche uneröffnet auf den nebenstehenden Nachttisch und überließ mich wieder der Ruhe. Einmal gestört, wollte dieselbe jedoch mir nicht recht zu Gebote stehen. Gegen 7 ½ Uhr entschloß ich mich, die Schrift zu erbrechen. Sie enthielt in sechs Zeilen die Anzeige, Napoleon sei von Elba verschwunden.

In wenigen Minuten war ich angekleidet und vor acht Uhr bereits bei dem Kaiser [Franz I. von Österreich]. Derselbe las den Bericht und sprach ruhig und gefaßt, wie er dies in allen großen Gelegenheiten war, die folgenden Worte zu mir: ›Napoleon scheint den Abenteurer spielen zu wollen; dies ist seine Sache. Die unsre ist, die Ruhe, die er jahrelang störte, der Welt zu sichern. Gehen Sie ohne Verzug zu dem Kaiser von Rußland und dem König von Preußen und sagen Sie ihnen, daß ich bereit bin, meiner Armee alsbald den Rückmarsch nach Frankreich zu befehlen. Ich zweifle nicht, daß die beiden Monarchen mit mir einverstanden sein werden.‹

Um 8 ¼ war ich beim Kaiser Alexander, welcher mich mit denselben Worten beschied wie der Kaiser Franz. Um 8 ½ erhielt ich dieselbe Erklärung aus dem Munde des Königs Friedrich Wilhelm. Um zehn Uhr stellten sich auf meine Aufforderung die Minister der vier Mächte bei mir ein. Um diese Stunden waren bereits Adjutanten in allen Richtungen unterwegs, um den rückziehenden Armeeabteilungen den Befehl des Haltmachens zu überbringen. Sie sehen, daß der Krieg in weniger als einer Stunde beschlossen war.«

Gegen Mittag war das Ereignis durch ganz Wien bekannt, und der Eindruck ist nicht zu beschreiben, den die gleich einem Lauffeuer verbreitete Nachricht auf alle Menschen machte. Jedermann fühlte, daß dieser Schlag eine Schicksalswendung sein werde, wenn auch nur des Mannes, der ihn geführt. Alle Gesichtspunkte waren durch ihn verrückt, aller Anhalt unsicher, alles Bewegte stillgestellt.

Wilhelm Busch:
## Anleitung zu einem Porträt Napoleons

Mach still und froh

mal so

und so,

gleich steht er do

bei Austerlitz

und Waterloo.

# 2 TRÄUME VON DEUTSCHER REPUBLIK 1815–1848/49

*Die Zeit schreitet in Stürmen vorwärts. Ihren*
*ungestümen Gang gewaltsam aufhalten zu*
*wollen, wäre ein eitles Unternehmen ... Ihre*
*verheerenden Wirkungen zu mildern: das allein*
*ist den Beschützern und Freunden der Ordnung*
*noch übriggeblieben.*

Klemens Fürst von Metternich

Wer sich vom Wiener Kongreß die nationale Einigung
Deutschlands erhofft hatte, sah sich betrogen. Die
Kongreßakte vom 8. Juni 1815 erneuerte die römisch-
deutsche Kaiserwürde nicht, sondern schuf den Deutschen Bund unter Österreichs Leitung. Dieser Zusammenschluß von 35 selbständigen Einzelstaaten und vier
freien Städten brachte nach den Wirren der napoleonischen Kriege wieder Ordnung in die deutschen Verhältnisse, ließ aber keinen Raum für eine positive Umgestal-
tung oder gar die Verwirklichung liberaler Ideen. So
wurde der schwerfällige Deutsche Bund von vielen als
Feind des politischen Fortschritts begriffen. Seine
oberste Behörde, der Bundestag in Frankfurt am Main,
war eine Versammlung von Gesandten der Bundesstaa-
ten, also – im Gegensatz zum heutigen Bundestag –
keine Volksvertretung.
Am längsten blieb die Unruhe der deutschen Erhebung
unter den Studenten wach; die meisten von ihnen
waren 1813 freiwillig in den Kampf gegen Napoleon
gezogen und noch von der Erinnerung erfüllt, daß das
Volk sich selbst von der Sklaverei befreit hatte. Begeistert sangen sie Ernst Moritz Arndts Lied ›Was ist des
Deutschen Vaterland?‹, das im Schlußvers die Antwort
gibt: »Das ganze Deutschland soll es sein!« Im Oktober
1817 feierten die studentischen Burschenschaften zum
Gedächtnis an die Reformation und die Leipziger

35

Völkerschlacht auf der Wartburg in Thüringen ein patriotisches Fest – »die Brust voll von deutschem Hochgefühl und deutschem Freiheitssinn«, wie ein Beobachter schrieb. Ihre Farben Schwarz-Rot-Gold waren fortan das Wahrzeichen der deutschen Einheitsbewegung.

König Friedrich Wilhelm III. von Preußen nahm das Wartburgfest zum Anlaß, sein mehrfach gegebenes Verfassungsversprechen zu brechen. Dagegen wurden 1816 in Sachsen-Weimar und 1818 in Bayern und Baden Verfassungen gewährt, die das monarchische Prinzip betonten (Volksvertretungen in zwei Kammern); der König von Württemberg einigte sich 1819 mit den alten Ständen über eine Verfassung. Viel war damit nicht gewonnen. Die eingeschränkte Mitwirkung des Volkes konnte die politisch aktiven Kräfte in Deutschland auf die Dauer nicht befriedigen.

# Sogleich ist die Polizei da

Auf ein Attentat, die Ermordung des Lustspieldichters Kotzebue
durch den Studenten Karl Ludwig Sand im Jahr 1819, reagiert eine
Ministerkonferenz auf Betreiben Metternichs mit den »Karlsbader
Beschlüssen«: Verbot der Burschenschaften, Überwachung der
Presse und Universitäten, Entlassung revolutionär gesinnter Lehr-
kräfte. Der Bundestag bestätigt später diese Beschlüsse, die den
Einfluß der Polizei und aller konservativen Kräfte verstärken.

## Johann Wolfgang von Goethe
in einem Gespräch mit J. P. Eckermann 1828

Ich brauche nur in unserm lieben Weimar zum Fenster
hinaus zu sehen, um gewahr zu werden, wie es bei uns steht.
– Als neulich der Schnee lag und meine Nachbarskinder ihre
kleinen Schlitten auf der Straße probieren wollten, sogleich
war ein Polizeidiener nahe, und ich sah die armen Dinger-
chen fliehen, so schnell sie konnten.

Jetzt, wo die Frühlingssonne sie aus den Häusern lockt
und sie mit ihresgleichen vor ihren Türen gerne ein
Spielchen machten, sehe ich sie immer geniert, als wären sie
nicht sicher und als fürchteten sie das Herannahen irgend-
eines polizeilichen Machthabers.

Es darf kein Bube mit der Peitsche knallen oder singen
oder rufen, sogleich ist die Polizei da, es ihm zu verbieten. Es
geht bei uns alles dahin, die liebe Jugend frühzeitig zahm zu
machen und alle Natur, alle Originalität und alle Wildheit
auszutreiben, so daß am Ende nichts übrig bleibt als der
Philister.

# Die Julirevolution

Die Einführung der Pressezensur und eine Wahlrechtsänderung lösen in Frankreich 1830 die Julirevolution aus. Nach Barrikadenkämpfen in Paris dankt Karl X., der Nachfolger Ludwigs XVIII., ab und flieht nach England. Der liberal-demokratische Herzog von Orléans, Louis Philippe, wird von der Kammer zum König der Franzosen gewählt; er vertritt vornehmlich die Interessen des Bürgertums und trägt deshalb auch den Beinamen »Bürgerkönig«. Heine zieht 1831 nach Paris; 1834 verbietet der Deutsche Bundestag seine Schriften.

## Heinrich Heine:

*Cuxhaven, 19. August 1830.* Sogar in Hamburg, wie man mir erzählt, in jenem Hamburg, wo der Franzosenhaß am tiefsten wurzelte, herrscht jetzt nichts als Enthusiasmus für Frankreich.

Ja, überall, in allen Landen, werden die Menschen die Bedeutung dieser drei Julitage [27.–29.] sehr leicht begreifen und darin einen Triumph der eigenen Interessen erkennen und feiern. Die große Tat der Franzosen spricht so deutlich zu allen Völkern und allen Intelligenzen, den höchsten und den niedrigsten, und in den Steppen der Baschkiren [in Rußland] werden die Gemüter eben so tief erschüttert werden, wie auf den Höhen Andalusiens. Und Deutschland? Ich weiß nicht. Werden wir endlich von unseren Eichenwäldern den rechten Gebrauch machen, nämlich zu Barrikaden für die Befreiung der Welt? Werden wir, denen die Natur so viel Tiefsinn, so viel Kraft, so viel Mut erteilt hat, endlich unsere Gottesgaben benutzen und das Wort des großen Meisters [Rousseau], die Lehre von den Rechten der Menschheit, begreifen, proklamieren und in Erfüllung bringen?

# Das Hambacher Fest

Ende Mai 1832 versammelten sich rund um die Ruine des Hambacher Schlosses in der Pfalz süddeutsche Liberale zu einer Massenkundgebung. Überall wehten schwarz-rot-goldene Fahnen. Die »Vereinigten Freistaaten Deutschlands« und das »konföderierte republikanische Europa« wurden gefordert.

Otto von Corvin:

Als sich die Nachrichten von einer beabsichtigten liberalen Volksversammlung in Hambach verbreiteten, wußten die Behörden lange nicht, welche Haltung sie dabei annehmen und ob sie dieselbe mit bewaffneter Hand verhindern sollten. Man hielt es für klüger, dies nicht zu tun; allein das Militärgouvernement von Mainz war damit gar nicht einver-

standen. Es hieß, daß an dem bestimmten Tage eine große Menge Mainzer auf vierspännigen Leiterwagen, mit Fahnen und Kokarden, nach Hambach ziehen würden.

Noch sehr spät am Abend erhielt die Garnison Befehl, vor Tag an bestimmte Plätze zu rücken. Meine Kompanie blieb auf der Zitadelle. Dort wurden die Kanonen geladen und auf das Neutor gerichtet, durch welches die Hambachfahrer kommen mußten. Eine Kompanie stand mit geladenen Gewehren innerhalb dieses Tores, vor ihrer Front mein Major, den man vielleicht seines Rednertalents wegen ausgesucht hatte, nebst einer Anzahl anderer Offiziere.

Als die Wagen an das Tor kamen, ritt der Major heran und forderte mit seiner gewöhnlichen Artigkeit und Klarheit der Rede die Hambacher auf, die Fahnen und Kokarden innerhalb des Festungsbereichs wegzutun, da das Zur-Schau-Tragen derselben nicht gestattet werden könne.

Die Postillone waren die ersten, welche gehorchten, und die anderen waren vernünftig genug, zu folgen, denn man sah wohl, daß das Militär auf Krakeel ausging. Ein ehemaliger hessen-darmstädtischer Leutnant trat vor und sagte: »Herr Major, hinter Weißenau werden die Kokarden und Fahnen doch wieder angesteckt!«

»Das können Sie halten, wie Sie wollen«, war die Antwort.


Ludwig Börne:

# Die Freiheit ist eigentlich keine Idee, sondern nur die Möglichkeit, jede beliebige Idee zu fassen, zu verfolgen und festzuhalten.

Schlaf, Michel, schlaf
Du bist und bleibst ein
Schlaf noch eine Weile
Du hast ja keine

Der gefesselte deutsche Michel schwingt auf dieser politischen Karikatur aus der Zeit um 1845 machtlos eine Keule; er ruht auf seinem Geld, liest regierungstreue Zeitungen – und muß den Mund halten. »Politisches Selbstbewußtsein« steht auf dem Knebel. Vorne links sitzt Fürst Metternich, der mit seiner Beharrungs- und Überwachungspolitik alle nationalen und fortschrittlichen Kräfte niederzuhalten versuchte.

# Vor Gewittern

König Friedrich Wilhelm IV. von Preußen, 1840 bei seinem Regierungsantritt mit großen Erwartungen begrüßt, verweigert seinem Land eine Verfassung. 1847 entschließt er sich zögernd zur Einberufung des Vereinigten Landtags, in dem die verschiedenen Stände vertreten sind. Da die Versammlung vorwiegend beratende Funktion, also nur geringe Befugnisse hat, ist das liberale Bürgertum enttäuscht. Mit Halbheiten wollte es sich nicht mehr abspeisen lassen. Der Vereinigte Landtag wird bald wieder aufgelöst.

## Wilhelm von Kügelgen an seinen Bruder Gerhard
*Ballenstädt, 19./23. Februar 1847*

Die langerwartete Konstitution in Preußen ist erschienen und liegt vor mir, datiert vom 3. Februar. Dieses neue Geschenk wird als unbefriedigend nicht sonderlich vom Volke begrüßt werden. Es ist zu fürchten, daß die Unruhe und Unzufriedenheit der Zeit durch machtlose beratende Stände gesteigert wird, und daß dann später aus solcher Steigerung eine Freiheit sich entwickelt, von der es die Frage ist, ob sie die parlamentarischen Schranken einhalten werde. Wie wenig der König bei seinen guten und glänzenden Eigenschaften geliebt wird, ist wahrhaft betrübend. Viele suchen den Grund in einer gewissen Unordnung, die in den Geschäften eingerissen sein soll, und als deren Ursache geradezu das sanguinische Temperament des Königs angegeben wird, das ihn verleite, zu viel auf einmal anzufangen und dadurch zu verwirren.

Sehr schlimm ist es, daß jetzt bei uns ein Proletarierstand sich bildet, der von *furchtbarer Bedeutung* werden und von unruhigen Köpfen leicht zum Äußersten hingerissen werden kann. Mir ist's manchmal, als stünde die ganze Nation an einem schaudervollen Abgrunde. Am Ende wird es Gott leiten, wie er will; aber schrecklich ist es, wenn eine ganze Gesellschaft wachend und mit offenen Augen an einer jähen Klippe hinfährt und der Kutscher scheint zu schlafen. –

Wahrhaft schauerlich ist das tiefe Schweigen, mit welchem das Volk die neue Verfassung hingenommen hat, als wenn gar nichts vorgefallen wäre. Es erinnert an die Stille der Luft vor Gewittern.

Theodor Fontane:
# Der achtzehnte März

*Aus den Lebenserinnerungen*

Gleich nach den Februartagen [1848; Revolution in Paris]
hatte es überall zu gären angefangen, auch in Berlin. Man
hatte hier die alte Wirtschaft satt. Nicht daß man sonderlich
unter ihr gelitten hätte, nein, das war es nicht, aber man
schämte sich ihrer. Aufs Politische hin angesehen, war in
unserem gesamten Leben alles antiquiert.

Vom dreizehnten bis siebzehnten hatten kleine Straßen-
krawalle stattgefunden, alle sehr unbedeutend, nur anstren-
gend für die Truppen, die, weil beständig alarmiert, einen
sehr schweren Dienst hatten. Am achtzehnten früh – Sonn-
abend – war man in großer Aufregung, und soweit die
Bürgerschaft in Betracht kam, freudiger als die Tage vorher
gestimmt, weil sich die Nachricht: »Alles sei bewilligt« in der
Stadt verbreitet hatte. Wirklich, so war es. Der König hatte
dem Andrängen der freisinnigen Minister nachgegeben und
war, nachdem er den Wortlaut der den Wünschen des Volks
entgegenkommenden Edikte mitgeteilt hatte, auf dem
Balkon des Schlosses erschienen und hier mit Vivats
empfangen worden. Der Schloßplatz füllte sich immer mehr
mit Menschen, was anfangs nicht auffiel, bald aber dem
König ein Mißbehagen einflößte, weshalb er zwischen ein
und zwei Uhr dem mit dem Kommando der Truppen
betrauten General von Prittwitz den Befehl erteilte, die
beständig anwachsende Menschenmasse vom Schloßplatz
wegzuschaffen. Diesem Befehle Folge gebend, holte General von Prittwitz selbst die Gardedragoner herbei und ritt mit
ihnen durch die Schloßfreiheit nach dem Schloßplatz. Hier
ließ er einschwenken, Front machen und im Schritt den Platz
säubern. Da stürzte sich plötzlich die Masse den Dragonern
entgegen, fiel ihnen in die Zügel und versuchte den einen
oder anderen vom Pferde zu reißen. In diesem für die
Truppen bedrohlichen Augenblick brach aus dem mittleren
und gleich darauf auch aus dem kleineren Schloßportal
– mehr in Nähe der Langen Brücke – eine Tirailleurlinie vor,

und seitens dieser fielen ein paar Schüsse. Fast unmittelbar darauf leerte sich der Platz, und die bis dahin vor dem Schloß angesammelte Volksmasse, drin Harmlose und nicht Harmlose ziemlich gleichmäßig vertreten waren, zerstob in ihre Quartiere.

Als ich gleich danach auf die Straße trat und die Menschen wie verstört an mir vorüberstürzen sah, machten *die* auf mich am meisten Eindruck, die nicht eigentlich verstört, aber dafür ernst und entschlossen aussahen, als ging' es nun an die Arbeit.

Draußen hatte sich das Bild rasch verändert. Die Straße wirkte wie gefegt, und nur an den Ecken war man mit Barrikadenbau beschäftigt, zu welchem Zweck alle herankommenden Wagen und Droschken angehalten und umgestülpt wurden. Ich kam in die Neue Königstraße, auf der eben vom Tor her ein Arbeiterhaufen heranrückte, lauter ordentliche Leute, nur um sie herum etliche verdächtige Gestalten. Es war halb wie eine militärische Kolonne, und ohne zu wissen, was sie vorhatte, rangierte ich mich ein und ließ mich mit fortreißen. Es ging über den Alexanderplatz weg auf das Königstädter Theater zu, das alsbald wie im Sturm genommen wurde. Die in den Innenraum Eingedrungenen hatten all das gefunden, wonach sie suchten, und in derselben Weise, wie sich beim Hausbau die Steinträger die Steine zuwerfen, wurde nun, von hinten her, alles zu uns herübergereicht: Degen, Speere, Partisanen und vor allem kleine Gewehre, wohl mehrere Dutzend. Wahrscheinlich – denn es gibt nicht viele Stücke, drin moderne Schußwaffen massenhaft zur Verwendung kommen – waren es Karabiner, die man fünfzehn Jahre früher in dem beliebten Lustspiele ›Sieben Mädchen in Uniform‹ verwandt hatte. Ich war unter den ersten, denen eins dieser Gewehre zufiel, und hatte momentan denn auch den Glauben, daß einer Heldenlaufbahn meinerseits nichts weiter im Wege stehe. Noch eine kurze Weile blieb ich auch in dieser Anschauung.

Wieder draußen angekommen, schloß ich mich abermals einem Menschenhaufen an, der sich diesmal unter dem Feldgeschrei: »Nun aber Pulver« zusammengefunden hatte. Wir marschierten auf einen noch halb am Alexanderplatz gelegenen Eckladen los und erhielten von dem Inhaber auch alles, was wir wünschten. Aber wo das Pulver hintun? Ich holte einen alten zitronengelben Handschuh aus meiner Tasche und füllte ihn stopfevoll, so daß die fünf Finger wie gepolstert aussahen. Und nun wollt' ich bezahlen: »Bitte, bitte«, sagte der Kaufmann, und ich drang auch nicht weiter in ihn. So fehlte denn meiner Ausrüstung nichts weiter als Kugeln; aber ich hatte vor, wenn sich diese nicht finden sollten, entweder Murmeln oder kleine Geldstücke einzuladen. Und so trat ich denn auch wirklich an unsere Barrikade heran, die sich mittlerweile zwar nicht nach der fortifikatorischen, aber desto mehr nach der pittoresken Seite hin entwickelt hatte. Riesige Kulissen waren aus den Theaterbeständen herangeschleppt worden, und zwei große Berg- und Waldlandschaften haben denn auch den ganzen Kampf mit durchgemacht und sind mehrfach durchlöchert worden. Jedenfalls mehr als die Verteidiger, die klüglich nicht hinter der Barrikade, sondern im Schutz der Haustüren standen, aus denen sie, wenn sie ihren Schuß abgeben wollten, hervortraten. Aber das hatte noch gute Wege.

Vorläufig befand ich mich noch keinem Feinde gegenüber und schritt dazu, wohlgemut, wenn auch in begreiflicher Aufregung, meinen Karabiner zu laden. Ich klemmte zu diesem Behufe das Gewehr zwischen die Knie und befleißigte mich, aus meinem Handschuh sehr ausgiebig Pulver einzuschütten, vielleicht von dem Satze geleitet: »Viel hilft viel.« Als ich so den Lauf halb voll haben mochte, sagte einer, der mir zugesehen hatte: »Na, hören Sie...«, Worte, die gut gemeint und ohne Spott gesprochen waren, aber doch mit einemmal meiner Heldenlaufbahn ein Ende machten. Ich war bis dahin in einer fieberhaften Erregung gewesen, die mich aller Wirklichkeit, jeder nüchtern verständigen Erwägung entrückt hatte, plötzlich aber – und um so mehr, als ich als gewesener Grenadier doch wenigstens einen Schimmer vom Soldatenwesen, von Schießen und Bewaffnung hatte – stand alles, was ich bis dahin getan, im Lichte einer traurigen Kinderei vor mir. Dieser Karabiner war verrostet; ob das Feuersteinschloß noch funktionierte, war die Frage, und wenn es funktionierte, so platzte vielleicht der Lauf, auch wenn ich eine richtige Patrone gehabt hätte. Statt dessen schüttete ich da Pulver ein, als ob eine Felswand abgesprengt werden sollte. Lächerlich!

Ich hatte persönlich die Heldentaten aufgegeben, aber ich

wollte wenigstens mit dabei sein. Und so steuerte ich denn
los... Von Schloßplatz und Kurfürstenbrücke her blitzten
Helme, Geschütze waren aufgefahren und auf die Königs-
straße gerichtet. Als ich die nächste Barrikade überklettern
wollte, lachten die paar Leute, die da waren. »Der hat's
eilig.« Einer sagte mir, »es ginge hier nicht weiter; wenn ich
in die Stadt hineinwollte, müßt' ich in die Spandauer Straße
einbiegen und da mein Heil versuchen«. Das tat ich denn
auch und passierte bald danach die Friedrichsbrücke.
Drüben hielt ein Zug Dragoner, am rechten Flügel ein

Wachtmeister, der das Kommando zu haben schien. Ich sehe ihn noch ganz deutlich vor mir: ein stattlicher Mann voll Bonhomie, mit einem Gesichtsausdruck, der etwa sagte: »Gott, was soll der Unsinn; ... erbärmliches Geschäft.« Demselben Ausdruck bin ich auch weiterhin vorwiegend begegnet, namentlich bei den Offizieren, wenn sie das Barrikadengerümpel beiseite zu schaffen suchten. Jedem sah man an, daß er sich unter seinem Stand beschäftigt fühlte. Noch in diesem Augenblick hat die Erinnerung daran etwas Rührendes für mich. Unsere Leute sind nicht darauf eingerichtet, sich untereinander zu massakrieren; solche Gegensätze haben sich hierzulande nicht ausbilden können.

Vom Schloßplatz her, nachdem ein paar Sechspfünderkugeln den Kampf eröffnet hatten, rückte das erste Garderegiment in die Königstraße ein, während starke Abteilungen vom zweiten Garderegiment die in der Südhälfte der Friedrichstraße gelegenen Barrikaden nahmen. An einzelnen Stellen kam es dabei zu regulärem Kampf. Das meiste davon vollzog sich auf weniger als tausend Schritt Entfernung von mir, und so klangen denn, aus verhältnismäßiger Nähe, die vollen Salven zu mir herüber, die die Truppen bei ihrem Vordringen unausgesetzt abgaben, um die namentlich in den Eckhäusern der Friedrichstraße postierten Verteidiger von den Fenstern zu vertreiben. Daß alle Salven sehr einseitig abgegeben wurden, war mir nach dem, was ich bis dahin von Verteidigung gesehen hatte, nur zu begreiflich.

Ich unterbreche mich hier aber, um zunächst das einzuschieben, was ich, bei viel späterer Gelegenheit, über die Hauptaktion des Tages, den Kampf am Köllnischen Rathause, von einem der wenigen überlebenden Verteidiger ebendieses Rathauses gehört habe. Der mir's erzählte, war der Buchdruckereibesitzer Eduard Krause, später Drucker der Nationalzeitung.

»... Wir hatten uns« – so hieß es in Krauses Bericht – »eine Treppe hoch im Köllnischen Rathause festgesetzt, an verschiedenen Stellen; in dem Zimmer, in dem ich mich befand, waren wir zwölf Mann. Es war eine sehr gute Position und um so besser, als auch das rechtwinklig danebenstehende Haus, die d'Heureusische Konditorei, mit Verteidigern besetzt war.

Gegen neun Uhr rückte vom Schloßplatz her eine starke

Truppenabteilung heran, an ihrer Spitze der Kommandeur des Bataillons. Es war eine schwierige Situation für die Truppen, denn im Augenblick, wo sie bis dicht an die Barrikade heran waren, wurden sie doppelt unter Feuer genommen, von d'Heureuse und von unserem Rathause her. Sie wichen zurück. Ein neuer Ansturm wurde versucht, aber mit gleichem Mißerfolg. Eine Pause trat ein, während welcher man beim Bataillon schlüssig geworden war, es mit einer Umfassung zu versuchen. An solche, so nah es lag, hatten wir in unserer militärischen Unschuld nicht gedacht. Gleich danach ging denn auch das Bataillon zum drittenmal vor, aber mehr zum Schein, und während wir sein Anrücken wieder von unserem Fenster her begrüßten und sicher waren, es abermals eine Rückwärtsbewegung machen zu sehen, hörten wir plötzlich auf der zu uns hinaufführenden Treppe die schweren Grenadiertritte. Von der Brüder- und Scharrnstraße, will also sagen von Rücken und Seite her, war man in das Rathaus eingedrungen. Jeder von uns wußte, daß wir verloren seien. In einem unsinnigen Rettungsdrange verkroch sich alles hinter den großen schwarzen Kachelofen, während mir eine innere Stimme zurief: Überall hin, nur nicht *da*. Das rettete mich. Ich trat dem an der Spitze seiner Mannschaften eindringenden Offizier entgegen, empfing einen Säbelhieb über den Kopf und brach halb ohnmächtig zusammen, hörte aber gleich danach noch Schuß auf Schuß, denn alles, was, die Büchse in der Hand, sich hinter den Ofen geborgen hatte, wurde niedergeschossen . . .«

Auf die Weise, wie hier erzählt, sind am achtzehnten März die meisten zu Tode gekommen, namentlich auch in den Eckhäusern der Friedrichstraße; die Verteidiger retirierten von Treppe zu Treppe bis auf die Böden, versteckten sich da hinter die Rauchfänge, wurden hervorgeholt und niedergemacht. Es fehlte am achtzehnten März so ziemlich an allem, aber was am meisten fehlte, war der Gedanke an eine geordnete *Rückzugslinie*. Das könnte ja nun heldenhaft erscheinen, aber es war nur grenzenlos naiv. »*Ich*«, so war etwa der Gedankenweg, »schieße oder werfe Steine nach Belieben; die *andern* werden dann wohl das Hausrecht respektieren.«

# Die Märzgefallenen

Unter dem Druck der Volksmassen huldigt Friedrich Wilhelm IV.
in Berlin den 230 »Märzgefallenen« und verspricht eine Nationalversammlung zur Beratung einer Verfassung.

## Bettina von Arnim:

Am 19. [März 1848] um 6 Uhr nachmittags. In diesem
Augenblick ist alles still, aber eine erhabne, schauerliche
Demonstration ist vom Volk dem König gemacht worden.
Ich will Dir alles nach der Reihe erzählen, was wir seit heute
8 Uhr, wo erst das Schießen aufhörte, erlebt und erfahren
haben. Um 10 Uhr ging ich mit Jennatz und Giesel in die
Stadt. An dem Tor begegneten uns die Truppen, die, um das
Volk zu beschwichtigen, aus der Stadt entfernt wurden, und
auch weil die Offiziere erklärt hatten, das Volk nicht
bezwingen zu können. Dies hat ungeheure Taten getan, und
nichts wird den Glanz seines Ruhmes und seiner Milde und
Gutmütigkeit verdunkeln, den es in dieser einen Nacht ohne
Waffen erworben.

Also: auf dem Schloßplatz versammelte sich das Volk,
verlangt die gestern Gefangenen, die im Schloß in den
Kellern stecken. Der König mußte sie herausgeben und
sagte dabei: »Betrachten Sie die Gefangenen, ob Sie sie
haben wollen.« Für diesen Witz hätte er schier hart gebüßt.

Unter den Linden begegneten wir einem Leichenzug von
der imposantesten Art. Ein großer, offner Möbelwagen mit
siebzehn Leichen, hinter diesem neun Leichen, welche
einzeln mit offnen Wunden je von vier Leuten getragen
wurden und mit Blumen geziert waren, eine ungeheure
Masse von Volk, welches alles barhaupt ging, und an allen
Fenstern Leute, viele vom Volk weinten, wahrscheinlich
waren's Freunde der Gefallenen! Es kam eine Kompanie
Soldaten zu Pferd, sie mußten das Gewehr präsentieren, so
ging's bis zum Palais des Prinzen von Preußen. Dort wurde
Halt kommandiert, das Volk trat auseinander, bildete einen
Kreis, der nach der Seite des Palais offen war, die Leichen in
der Mitte ...

An der Wache hielten sie wieder an. Die Soldaten

präsentierten das Gewehr, die Offiziere salutierten. Nachdem die Leichen vorüber waren, brachte die ungeheure Volksmasse dem Militär ein dumpfes Hurra; sie zogen nach dem Schloß; zufällig stürzte dort der Vater, der seinen Sohn suchte, nach dem Wagen und fand ihn dort. Das Volk schrie, der König solle herauskommen und die Leichen ansehen, es hörte nicht auf zu schreien, bis er herauskam.

Friedrich Hebbel
# Nichts gelernt

Tagebuch

Napoleons größter Irrtum war, daß er die Menschen nur als Massen, nicht als Individualitäten sah ... Ist dies doch der größte Fortschritt der neueren Zeit, daß der Mensch sich jetzt nicht bloß wohl befinden, sondern auch gelten will. Napoleons siegreiche Widersacher haben aber nichts von ihm gelernt, auch sie sehen nicht ein, daß die jetzige Welt lieber auf eigene Hand umher irren und Nacht und Sturm riskieren als durch einen Leithammel zu Stalle geführt sein will.

Mit Zustimmung des Bundestags treten in Frankfurt am 31. März 1848 rund 500 Mitglieder deutscher Ständeversammlungen zu einem Vorparlament zusammen, das die Deutsche Nationalversammlung vorbereiten soll. Feierlich ziehen sie in die mit schwarz-rot-goldenen Fahnen geschmückte Paulskirche ein. Das Vorparlament beschließt allgemeine freie Wahlen.

# Die Freiheit verhüllt ihr Haupt

Die Deutsche Nationalversammlung wird am 18. Mai 1848 in der Frankfurter Paulskirche eröffnet. Nach den Worten des Abgeordneten Ludwig Uhland hat sie die »inhaltschwere Aufgabe, alle die Bruderstämme zum großen Gesamtwesen in Freiheit, Einheit und heilbringender Ordnung zu verbinden«. Am 27. Juni wählt die Versammlung Erzherzog Johann von Österreich zum Reichsverweser, der Bundestag überträgt seine Vollmachten auf ihn.
Friedrich Hecker hatte im April 1848 mit Gustav Struve und Georg Herwegh die badische Volkserhebung angeführt und in Konstanz die Republik ausgerufen. Zahlenmäßig überlegene Bundestruppen besiegten die republikanische Schar in der Schlacht bei Kandern (nahe Lörrach); Hecker entkam in die Schweiz – und in Baden sang man heimlich das aufrührerische ›Heckerlied‹.

## Friedrich Hecker an Emma Herwegh
*Muttenz, 11. Juli 1848*

Es sieht düster aus, geehrte Frau, die Freiheit verhüllt ihr Haupt, und mich zieht es heimwärts, nach *der* Heimat, wohin ich mich seit 14 Jahren sehne, nach dem Westen Amerikas.

Daß die privilegierten Volksverräter in Frankfurt einen provisorischen Kaiser aus dem Geschlechte, welches nur – – hervorbrachte, fabrizierten, einen Unverantwortlichen, an die Beschlüsse der Versammlung nicht gebundenen, daß man also die Reden und Taten des Wiener Kongresses, das ganze Lügen- und Komödienspiel von 1813/15 neu auflegte, das wissen Sie bereits.

Aber daß in Ungarn und Österreich die Republikaner bei den Wahlen unterlegen sind, daß die Wiener Barrikadenhelden, daß der ganze Michel in lautem Hallo dem Reichs*verweser* (Fäulnis! Fäulnis!) zujubelt, daß unsere feuerspeienden »Manifeste« und »Ansprachen an die teutsche Nation« zwar mit Jubel beklatscht worden, aber dann die Patschhände in den Schoß fielen, daß mit einem Worte beim Volke der Geist zwar willig, aber das Fleisch immer schwächer wird, das alles, was uns das Herz zerschneidet, das wissen Sie nicht; und es ist gut, daß Sie's nicht wissen. Wer nicht ein sich selbst betrügender Enthusiast oder ein kurzsichtiger Narr ist, der sieht es klar, daß Teutschland im besten Zuge ist, statt 34mal 35mal monarchisch zu werden.

Unglückseliges Volk, armes Vaterland. Kommt nicht ein Anstoß von außen, ziehen nicht rote Hosen [Franzosen] über den Rhein, so erhebt sich das Volk nicht. Eine große Zeit ist über ein kleines Geschlecht hingerauscht, und der Weltgeist schüttelt zürnend seine Schwingen und wendet den Blick ab von der verächtlichen Rasse...

Es ist eigentlich traurig, Kassandra [eine Weissagerin] in Hosen zu sein, allein ich habe so manches richtig vorausgesehen und mache mir keine Illusionen mehr.

---

Nicht nur Hecker geht es in Frankfurt mit der deutschen Freiheit und Einheit zu langsam voran. Die allgemeine Unzufriedenheit darüber, daß die Volksvertreter reden und reden, aber nicht handeln, spiegelt sich in dieser Karikatur wider. Man sprach vom »Parlament der Professoren« (106 von insgesamt 586 Abgeordneten waren Akademiker).

---

Hinreißende Beredsamkeit

# Retten Sie das Wahlrecht

Die Deutsche Nationalversammlung berät vom Juli bis zum August 1848 die Grundrechte; sie werden im Dezember verkündet und sind Vorbild für alle demokratischen deutschen Verfassungen. Im Parlament entbrennt ein Kampf zwischen »Großdeutschen«, die Österreich an der Spitze Deutschlands erhalten wollen, und »Kleindeutschen«, die – unter Ausschluß Österreichs – einen engeren Bund unter Preußens Führung anstreben. Heiß wird auch die Frage diskutiert, ob dem Reich ein *erblicher* Kaiser vorstehen soll. Im März 1849 fällt mit 267 gegen 263 Stimmen die Entscheidung für die Erblichkeit. König Friedrich Wilhelm IV. von Preußen aber lehnt die ihm angetragene, »mit dem Ludergeruch der Revolution behaftete« Kaiserwürde am 28. April mit der Begründung ab, er könne die Krone nur aus der Hand der deutschen Fürsten entgegennehmen.

## Ludwig Uhland:
*Rede in der Paulskirche, 22. Januar 1849*

Ich erkläre mich für die periodische Wahl des Reichsoberhauptes durch die Volksvertretung... Eine mächtige Volkserhebung muß sich aus ihrem eigenen Geiste die ihr angemessene Form schaffen. Wenn neulich behauptet worden ist, es sei ein Widerspruch, die Monarchie in den Zweigen zu erhalten und im Gipfel zu entbehren, so glaube ich, diesem Widerspruch einen anderen entgegenhalten zu können. Ist denn unsre politische Neugestaltung von der monarchischen, dynastischen, aristokratischen Seite des bisherigen deutschen Staatslebens ausgegangen? Nein! unbestritten von der demokratischen. Die Wurzel ist also eine demokratische, der Gipfel schießt aber nicht von den Zweigen, sondern aus der Wurzel empor. Das wäre dem natürlichen Wachstum der neu erstehenden deutschen Eiche nicht gemäß, wenn wir ihrem Gipfel ein Brutnest erblicher Reichsadler aufpflanzen wollten...

Ich gestehe, einmal geträumt zu haben, daß der großartige Aufschwung der deutschen Nation auch bedeutende politische Charaktere hervorrufen werde, und daß hinfort nur die Hervorragendsten an der Spitze des deutschen Gesamtstaates stehen werden. Dies ist nur möglich durch Wahl, nicht durch Erbgang. Hier war freies Feld, hier war offene Bahn für wahre und kühne Gedanken, und ich glaube, daß das deutsche Volk für solche Gedanken empfänglich ist.

Man wendet wohl ein: was vermag ein einzelner Mann ohne Hausmacht, ohne dynastischen Glanz? Aber, meine Herren, in jener Zeit, als wir noch im deutschen Volk einen volleren Rückhalt hatten, als die Staatsmänner noch nicht darauf verzichten mußten, Volksmänner zu sein, wenn wir damals einen Mann gewählt hätten, einen solchen, der in der ganzen Größe bürgerlicher Einfachheit durch den Adel freierer Gesinnung auch die rohe Gewalt zu bändigen, die verwilderte Leidenschaft in die rechte Strömung zu lenken verstanden hätte, gewiß, einem solchen wäre das gesamte deutsche Volk eine Hausmacht gewesen. Ein Hauch jenes ursprünglichen Geistes gab sich noch kund in dem Beschlusse der Volksvertretung, lediglich aus der vom Volk verliehenen Macht, einen Reichsverweser zu wählen. Ein Fürst [Erzherzog Johann von Österreich] wurde gewählt, nicht weil, sondern obgleich er ein Fürst war. Beigefügt aber war die Unverantwortlichkeit und somit bereits in die konstitutionelle Richtung eingelenkt. Besonders infolge dieser Verbindung habe ich nicht für einen Fürsten gestimmt: ich sah schon den doktrinären Erbkaiser auftauchen, dessen Widersacher ich von jeher war, und der mir auch nicht lieber geworden ist, nun er ernstliche Versuche macht, auf den deutschen Thronsessel zu klettern. Seit jener Wahl ist die Stimmung weiter zurückgegangen, und der neueste Beschluß beschränkt die Wahl auf die regierenden Fürsten...

Die einmalige Wahl, vermöge welcher das zum erstenmal gewählte Oberhaupt die Würde vererben würde, diese erste Wahl ist ein letzter Wille, ein besonders feierlicher Verzicht auf das Wahlrecht. Ich hoffe, meine Herren, Sie werden diesen Verzicht nicht aussprechen; er steht im Widerspruch mit dem Geiste, durch den Sie hierher gerufen sind. Die Revolution und ein Erbkaiser – das ist ein Jüngling mit grauen Haaren...

Wir wollen, meine Herren, einen Dombau; wenn unsere alten Meister ihre riesenhaften Münster aufführten, der Vollendung des kühnen Werkes ungewiß, so bauten sie den einen Turm, und für den anderen legten sie den Sockel – der Turm Preußen ragt hoch auf, wahren wir die Stelle für den

# Meine Flucht aus der Festung Rastatt

Österreich und Preußen berufen Anfang Mai 1849 ihre Abgeordneten aus Frankfurt ab, das Parlament in der Paulskirche löst sich auf. Neue Aufstände sind die Antwort: in Dresden wollen Republikaner die Einführung der Reichsverfassung erzwingen, in Baden und der Pfalz beteiligt sich sogar das Heer an der Volkserhebung. Ein Teil der Frankfurter Abgeordneten tritt in Stuttgart zum sogenannten »Rumpfparlament« zusammen. Württembergs Justizminister Römer, selbst Abgeordneter der Nationalversammlung, läßt am 18. Juni das Rumpfparlament durch Militär sprengen, um ein Übergreifen der badischen Revolution auf Württemberg zu verhindern. Ein Teil der Mitglieder flüchtet nach Baden.

Aus aufständischen Soldaten, Volkswehrleuten und Freischärlern hatte sich dort eine regelrechte Revolutionsarmee gebildet. Obwohl sie tapfer kämpft und vom Volk auch unterstützt wird, kann sie auf die Dauer den preußischen Truppen, die der geflüchtete Großherzog von Baden zu Hilfe gerufen hatte, nicht Widerstand leisten. Ende Juni 1849 müssen sich die Aufständischen in die Bundesfestung Rastatt zurückziehen.

## Carl Schurz:

In der dritten Woche der Belagerung kam ein preußischer Parlamentär in die Festung, der mit einer Aufforderung zur Übergabe zugleich die Nachricht brachte, daß die badisch-pfälzische Armee längst auf schweizerisches Gebiet übergetreten sei und damit aufgehört habe, zu existieren; daß kein bewaffneter Insurgent mehr auf deutschem Boden stehe, und daß das preußische Oberkommando irgendeinem Vertrauensmann, den die Besatzung von Rastatt hinausschicken möchte, um sich von diesen Tatsachen zu überzeugen, Freiheit der Bewegung und sicheres Geleit gewähren wolle.

Oberstleutnant Otto von Corvin empfing den Auftrag, die Lage der Dinge draußen zu erforschen. Er kehrte nach zwei Tagen zurück und erzählte, er sei, von einem preußischen Offizier begleitet, bis an die Grenze der Schweiz gefahren und habe sich an Ort und Stelle überzeugt, daß es in Baden keine Revolutionsarmee, ja keinen Widerstand irgendwelcher Art gegen die preußischen Truppen mehr gäbe. Auch im übrigen Deutschland sei, wie er sich durch die Zeitungen unterrichtet habe, keine Spur von revolutionärer Bewegung mehr zu entdecken. Überall Unterwerfung und Ruhe! Kurz, die Besatzung von Rastatt sei gänzlich verlassen und könne von keiner Seite auf Entsatz hoffen. Und schließlich, setzte Corvin hinzu, sei ihm im preußischen Hauptquartier angekündigt worden, daß das preußische Oberkommando die Übergabe der Festung auf Gnade oder Ungnade verlange und sich auf keinerlei Bedingungen einlassen werde.

Am nächsten Morgen hörte ich, daß die Übergabe auf Gnade oder Ungnade beschlossen sei. Um 12 Uhr mittags sollten die Truppen aus den Toren marschieren und draußen auf dem Glacis der Festung vor den dort aufgestellten Preußen die Waffen strecken. Die Befehle waren bereits ausgefertigt.

Die Mittagsstunde nahte. Ich hörte bereits die Signale zum Antreten auf den Wällen und in den Kasernen, und ich machte mich fertig, zum Hauptquartier hinaufzugehen. Da schoß mir plötzlich ein neuer Gedanke durch den Kopf.

Ich erinnerte mich, daß ich vor wenigen Tagen auf einen unterirdischen Abzugskanal für das Straßenwasser aufmerksam gemacht worden war, der bei dem Steinmauerner Tor aus dem Innern der Stadt, unter den Festungswerken hinweg, ins Freie führte. Er war wahrscheinlich ein Teil eines unvollendeten Abzugssystems. Der Eingang des Kanals im Innern der Stadt befand sich in der Fortsetzung eines Grabens oder einer Gosse, nahe bei einer Gartenhecke, und draußen mündete er in einem von Gebüsch überwachsenen Graben an einem Maisfeld.

Jetzt im letzten Moment vor der Übergabe kam mir die Erinnerung wie ein Lichtblitz zurück. Würde es mir nicht möglich sein, durch diesen Kanal zu entkommen? Würde ich nicht, wenn ich so das Freie erreichte, mich bis an den Rhein durchschleichen, dort einen Kahn finden und nach dem französischen Ufer übersetzen können? Mein Entschluß war schnell gefaßt – ich wollte es versuchen.

Ich rief meinen Burschen, der zum Abmarsch fertig geworden war. »Adam«, sagte ich, »Sie sind ein Pfälzer und ein Volkswehrmann. Ich glaube, wenn Sie sich den Preußen ergeben, so wird man Sie bald nach Hause schicken. Ich bin ein Preuße, und uns Preußen werden sie wahrscheinlich totschießen. Ich will daher versuchen davonzukommen, und ich weiß wie. Sagen wir also Adieu!«

»Nein«, rief Adam, »ich verlasse Sie nicht, Herr Leutnant. Wohin Sie gehen, gehe ich auch.« Die Augen des guten Jungen glänzten vor Vergnügen. Er war mir sehr zugetan.

In diesem Augenblick sah ich draußen einen mir bekannten Artillerieoffizier namens Neustädter vorübergehen. Er war wie ich in Rheinpreußen zu Hause und hatte früher in der preußischen Artillerie gedient.

»Wo gehen Sie hin, Neustädter?« rief ich ihm durchs Fenster zu.

»Zu meiner Batterie«, antwortete er, »um die Waffen zu strecken.«

»Die Preußen werden Sie totschießen«, entgegnete ich. »Gehen Sie doch mit mir und versuchen wir, davonzukommen.«

Er horchte auf, kam ins Haus und hörte meinen Plan, den ich ihm mit wenigen Worten darlegte. »Gut«, sagte Neustädter, »ich gehe mit Ihnen.«

Es war nun keine Zeit zu verlieren. Adam wurde sofort

Waffenstreckung der Aufständischen von Rastatt am 23. Juli 1849

ausgeschickt, um einen Laib Brot, ein paar Flaschen Wein und einige Würste zu kaufen. Unterdessen begann die Besatzung in geschlossenen Kolonnen über den Markt zu marschieren. Wir folgten der letzten Kolonne eine kurze Strecke, schlugen uns dann in eine Seitengasse und erreichten bald die innere Mündung unseres Kanals. Ohne Zaudern schlüpften wir hinein. Es war zwischen ein und zwei Uhr nachmittags am 23. Juli [1849].

Der Kanal war eine von Ziegelsteinen gemauerte Röhre, etwa 4–4½ Fuß hoch und 3–3½ Fuß [1 Fuß = 31 cm] breit, so daß wir uns darin in einer unbehaglichen Hockstellung befanden und, um uns fortzubewegen, halb gehen, halb kriechen mußten. Das Wasser auf dem Boden reichte uns bis über die Fußgelenke. Wir hatten unserer Berechnung nach ungefähr die Mitte der Länge des Kanals erreicht, als ich mit dem Fuß an ein kurzes im Wasser liegendes Brett stieß, das sich quer zwischen die Wände des Kanals klemmen ließ, so daß es uns als eine Art von Bank zum Niedersitzen dienen konnte. Auf dieser Bank, die unsere Lage ein wenig behaglicher machte, drückten wir uns zusammen zu längerer Ruhe.

Bis dahin hatte die beständige Bewegung, zu der wir genötigt gewesen, uns kaum zur Besinnung kommen lassen. Jetzt, auf der Bank sitzend, hatten wir Muße, unsere Gedanken zu sammeln und über das, was nun weiter zu tun sei, Kriegsrat zu halten. Ich hatte während der Belagerung oft Gelegenheit gehabt, mir die unmittelbare Umgebung der Festung genauer anzusehen, und kannte daher das Terrain, in welchem der Kanal draußen mündete, ziemlich gut. Ich schlug meinen Genossen vor, daß wir auf der Bank bis gegen Mitternacht sitzen bleiben sollten, um dann den Kanal zu verlassen und zuerst die Deckung eines nahen, mit Mais bepflanzten Feldes zu suchen. Von da würden wir, von Zeit zu Zeit Deckung suchend und den Weg vor uns rekognoszierend, hoffen können, lange vor Tagesanbruch Steinmauern zu erreichen und dort einen Kahn zu finden, der uns auf das französische Ufer hinüberbrächte. Dieser Plan wurde von meinen Genossen gutgeheißen.

Gegen neun Uhr abends fing es an zu regnen, und zwar so stark, daß wir das Klatschen des herabströmenden Wassers deutlich unterscheiden konnten. Zuerst schien uns das schlechte Wetter der Ausführung unseres Fluchtplanes günstig zu sein. Bald aber kam uns die Sache in einem ganz andern Lichte vor. Wir fühlten nämlich, wie das Wasser in unserm Kanal stieg und bald mit großer Heftigkeit, wie ein Gießbach, hindurchschoß. Nach einer Weile überflutete es die Bank, auf welcher wir saßen, und reichte uns in unserer sitzenden Stellung bis an die Brust. Auch gewahrten wir lebendige Wesen, die mit großer Rührigkeit um uns her krabbelten. Es waren Wasserratten.

»Wir müssen hinaus«, sagte ich zu meinen Genossen, »oder wir werden ertrinken.« So verließen wir denn unser Brett und drangen vorwärts. Als wir glaubten, nahe bei der Mündung des Kanals angekommen zu sein, hielten wir einen Augenblick an, um unsere Kraft und Geistesgegenwart für den gefährlichen Moment des Hinaustretens ins Freie zu sammeln.

Da schlug ein furchtbarer Laut an unsere Ohren. Dicht vor uns, nur wenige Schritte entfernt, hörten wir eine Stimme: »Halt, wer da!« rufen, und sogleich antwortete eine andere Stimme. Wir standen still, wie vom Donner gerührt. In kurzer Zeit vernahmen wir ein anderes »Halt, wer da!« in etwas größerer Entfernung. Dann wieder und wieder denselben Ruf immer entfernter. Es war offenbar, daß wir uns unmittelbar bei der Mündung des Kanals befanden, daß draußen eine dichte Kette von preußischen Wachtposten stand, und daß soeben eine Patrouille bei dieser Kette vorüberpassiert war. Hätten wir nun auch, was unmöglich schien, unbemerkt ins Freie gelangen können, so wäre doch offenbar der Weg nach Steinmauern uns verschlossen gewesen.

Leise, wie wir gekommen, duckten wir uns in unsern Kanal zurück und suchten dort für den Augenblick Sicherheit. Glücklicherweise hatte der Regen aufgehört. Das Wasser war freilich noch hoch, aber es stieg doch nicht mehr.

»Zurück zu unserer Bank!« flüsterte ich meinen Gefährten zu. Wir fanden unser Brett wieder. Da saßen wir denn, dicht aneinandergedrängt. Unsere Beratung über das, was nun zu tun sei, hatte eine gewisse Feierlichkeit. Der Worte gab es wenige, des ernsten Nachdenkens viel. Ins Feld hinaus konnten wir nicht – das war klar. Längere Zeit im Kanal bleiben auch nicht, ohne die Gefahr, bei mehr Regen zu ertrinken. Es blieb also nichts übrig, als in die Stadt zurückzukehren. Aber wie konnten wir in die Stadt zurück, ohne den Preußen in die Hände zu fallen? Nachdem wir diese Gedanken flüsternd ausgetauscht, trat eine lange Pause ein.

Endlich unterbrach ich das Schweigen: »Essen und trinken wir etwas; vielleicht kommt dann Rat.« Adam packte unsere Vorräte aus, und da wir seit der Frühstückszeit des vorigen Tages – denn Mitternacht war längst vorüber – nichts genossen hatten, so fehlte es nicht an Hunger und Durst. Unser Brot war allerdings naß geworden, aber es schmeckte uns doch; ebenso die Würste. Wir erinnerten uns beizeiten, daß wir nicht den ganzen Vorrat aufzehren durften, denn wir wußten ja nicht, woher sonst die nächste Mahlzeit kommen würde. Übrigens quälte uns auch der Durst mehr als der Hunger. Seit ungefähr zwölf Stunden waren unsere Füße im Wasser gewesen und daher eisig durchkältet.

Nachdem wir unsere Mahlzeit beendigt, nahm Adam das Wort. »In der Stadt habe ich eine Base«, sagte er. »Ihr Haus ist nicht weit vom Eingang des Kanals. Um dahin zu kommen, brauchen wir nur durch ein paar Gärten zu gehen. Wir könnten uns da in der Scheune verbergen, bis sich etwas Besseres findet.« Dieser Vorschlag fand Beifall, und wir beschlossen, den Versuch zu machen. Mit wenigen hastigen Schritten erreichten wir das Ende des Kanals. Ohne uns umzusehen, sprangen wir über eine Hecke in den nächsten Garten und gewannen in schnellem Lauf einen zweiten Zaun, der ebenso überstiegen wurde. Atemlos blieben wir dann in einem Felde hoher Gartengewächse stehen, um zu horchen, ob uns jemand folge. Wir hörten nichts.

Als Adam sich an unserm Halteplatz orientierte, fand er, daß wir uns dicht bei dem Haus seiner Base befanden. Wir setzten über einen Zaun, der uns noch von dem zu diesem Hause gehörenden Garten schied, wurden aber da von dem lauten Gebell eines Hundes begrüßt. Um ihn zu besänftigen, opferten wir den letzten Rest unserer Würste. Das Tor der Scheune fanden wir offen, gingen hinein, streckten uns auf dem an der einen Seite aufgehäuften Heu aus und fielen bald in einen tiefen Schlaf.

Aber diese Ruhe sollte nicht lange währen. Ich wachte jählings auf und hörte die Turmuhr sechs schlagen. Es war heller Tag. Adam hatte sich bereits erhoben und sagte, er wollte nun ins Haus zu seiner Base gehen, um anzufragen, was sie für uns tun könne. Nach wenigen Minuten kehrte er mit der Base zurück. Ich sehe sie noch vor mir – eine Frau von etwa dreißig Jahren, mit blassem Gesicht und weit geöffneten, angstvollen Augen. »Um Gottes willen«, sagte sie, »was macht ihr hier? Hier könnt ihr nicht bleiben. Heute morgen kommen preußische Kavalleristen als Einquartierung. Die werden gewiß in der Scheune nach Futter und Streu für ihre Pferde suchen. Dann finden sie euch, und wir sind allesamt verloren.«

»Aber nehmt doch Vernunft an, Base«, sagte der gute Adam. »Wo können wir jetzt hin? Ihr werdet uns doch nicht ausliefern!« Aber die arme Frau war außer sich vor Angst. »Wenn ihr nicht geht«, antwortete sie entschieden, »so muß ich es den Soldaten sagen, daß ihr da seid. Ihr könnt nicht verlangen, daß ich mich und meine Kinder für euch unglücklich mache.«

Es wurde noch mehr geredet, aber umsonst. Wir hatten keine Wahl – wir mußten die Scheune verlassen. Aber wohin? Die Frau zeigte uns durch das geöffnete Scheunentor einen von hohem und dichtem Gebüsch überwachsenen Graben auf der andern Seite des Hofes, in welchem wir uns verstecken könnten. Unsere Lage wurde verzweifelt. Da standen wir, alle drei in badischer Uniform, sofort als Soldaten der Revolutionsarmee zu erkennen. Und nun sollten wir keinen andern Zufluchtsort haben als das einen Graben deckende Gebüsch, mitten in einer Stadt, die von feindlichen Truppen wimmelte!

Wir fanden, daß an dem Ende des Grabens, nach dem Garten zu, Brennholz über Mannshöhe aufgestapelt war, ein hohles, an der uns zugekehrten Seite offenes Viereck bildend. Bis zu diesem Viereck konnten wir durch den von dem Gebüsch gedeckten Graben schleichen, und in dem so geschlossenen Raum waren wir so ziemlich vor den Blicken derjenigen geschützt, die etwa vorübergehen mochten. Dort setzten wir uns auf Holzblöcken nieder. Aber was sollte nun aus uns werden? Das Unbehagen über unsere erbärmliche Lage, wie wir, bis auf die Haut durchnäßt, da saßen, würden wir schon gern ertragen haben, hätte sich nur die geringste Aussicht des Entkommens geboten.

Gegen Mittag hörten wir Schritte im Garten nahe bei unserm Versteck. Vorsichtig blickte ich aus der offenen Seite des Brennholzvierecks heraus und sah vom Hause herkommend einen Mann mit einer Säge in der Hand. Nach seinem Aussehen und der Säge, die er trug, schloß ich, daß er ein Arbeiter sei; und da die Arbeiter durchweg der revolutionären Sache günstig waren, so zauderte ich nicht, ihm zu vertrauen. Ich warf einen Holzspan nach ihm, der ihn am Arme traf, und als er stillstand, zog ich seine Aufmerksamkeit auf mich mit einem leisen Husten. Er sah mich und trat zu uns. In aller Schnelligkeit erklärte ich ihm unsere Lage und bat ihn, uns ein sicheres Unterkommen und auch etwas zu essen zu schaffen, da unser letzter Bissen verzehrt sei. Mein Vertrauen hatte mich nicht getäuscht. Er zeigte uns, hart bei dem aufgeschichteten Brennholz, einen großen offenen Schuppen. An dem Ende des Schuppens, der uns am nächsten lag, befand sich ein kleiner, geschlossener Verschlag, in welchem wahrscheinlich die Arbeiter ihre Werkzeuge verwahrten, und über diesem Verschlag war unter dem Dach des Schuppens ein kleiner mit Planken verkleideter Söller. »Ich will eine dieser Planken losbrechen«, sagte der Arbeitsmann. »Ihr könnt dann über das Brennholz unters Dach hineinsteigen und euch dort niederlegen. Ich werde bald wiederkommen und euch etwas zu essen bringen.«

Wir folgten seinem Rat, und es gelang uns, unbemerkt in den kleinen Raum unter dem Dach hineinzuschlüpfen. Hier fühlten wir uns wenigstens vorläufig sicher. Es war ungefähr ein Uhr nachmittags, als wir unser neues Asyl bezogen. Die Nacht ging vorüber, und der Morgen brach an, aber unser Helfer kam noch immer nicht. Mittag, Nachmittag, Abend – der ganze zweite Tag dahin –, aber von unserm Freunde keine Spur.

Da lagen wir still und steif, von feindlichen Soldaten umgeben, und mit jedem Augenblick schien die Aussicht auf Hilfe immer mehr zu schwinden. Der Durst fing an, uns sehr zu quälen. Die Turmuhr schlug Stunde nach Stunde, und keine Hilfe. Unsere Glieder begannen von dem starren Liegen zu schmerzen, und doch konnten wir kaum wagen, unsere Lage zu ändern. Drei Tage und zwei Nächte waren wir ohne Nahrung gewesen, und ein ungewohntes Gefühl der Schwäche trat ein. So kam die dritte Nacht. Alle Hoffnung auf das Kommen unseres Freundes war dahin. Wir erkannten die Notwendigkeit, selbst einen neuen Versuch zu unserer Rettung zu machen, ehe unsere Kräfte gänzlich schwanden. Wir sannen und sannen, ohne ein Wort zu sprechen, als höchstens: »Er kommt nun nicht mehr.«

Endlich tauchte in mir ein neuer Gedanke auf. »Neustädter, haben Sie nicht, als wir über das Brennholz kletterten, ein kleines Häuschen bemerkt, das etwa fünfzig Schritt von hier steht?«

»Ja«, sagte Neustädter.

»Da muß ein armer Mann wohnen«, fuhr ich fort, »wahrscheinlich ein Arbeiter. Einer von uns muß zu ihm ins Haus gehen und zusehen, ob er uns helfen kann. Ich würde gern selbst hingehen, aber ich müßte über Sie wegklettern – Neustädter lag der Öffnung in der Bretterwand am nächsten –, und das möchte Geräusch geben. Sie sind ohnehin der Kleinste und Leichteste von uns. Wollen Sie es versuchen?«

»Ja.«

Ich hatte noch etwas Geld; man hatte uns nämlich kurz vor der Kapitulation unsere Löhnung ausbezahlt: »Nehmen Sie meinen Geldbeutel«, flüsterte ich, »und geben Sie dem Mann, der in dem Häuschen wohnt, zehn Gulden davon, oder soviel er will. Sagen Sie ihm, er solle uns etwas Brot und Wein oder auch nur Wasser schaffen und sich sobald als möglich erkundigen, ob die preußische Postenkette noch um die Festung herum steht. Sind die Posten eingezogen, so können wir morgen nacht noch einmal den Versuch machen, durch den Kanal fortzukommen. Gehen Sie jetzt und bringen Sie uns ein Stück Brot mit, wenn Sie können.«

»Gut.«

In einer Minute war Neustädter leicht und leise wie eine Katze durch das Loch in der Bretterwand verschwunden. Mein Herz schlug fast hörbar während seiner Abwesenheit. Ein falscher Tritt, ein zufälliges Geräusch konnte ihn verraten. Nach weniger als einer halben Stunde kam er zurück, ebenso leicht und lautlos wie er gegangen war, und streckte sich neben mir aus.

»Es ist alles gut gegangen«, flüsterte er. »Hier ist ein Stück Brot – alles, was sie im Hause hatten. Und hier ist auch ein Apfel, den ich im Vorbeigehen von einem Baum gepflückt habe. Aber ich glaube, er ist noch grün.«

Das Brot und der Apfel waren schnell unter uns verteilt und mit Gier verzehrt. Dann berichtete Neustädter mit seinem Mund an meinem Ohr, er habe in dem kleinen Häuschen einen Mann und dessen Frau gefunden; der Mann, dem er die zehn Gulden gegeben, habe ihm fest versprochen, uns Nahrung und auch die gewünschte Kunde über den Stand der Dinge außerhalb der Festung zu bringen.

Das erfrischte unsere Lebensgeister, und beruhigt schliefen wir abwechselnd bis zum hellen Morgen. Nun erwarteten wir jeden Augenblick unseren Befreier. Aber eine Stunde nach der andern verging, und er kam nicht. Waren wir wieder getäuscht? Endlich gegen Mittag hörten wir jemanden in dem Verschlage dicht unter uns geräuschvoll herumrumoren, als schöbe er schwere Gegenstände von einer Ecke in die andere; dann ein leichtes Husten. Im nächsten Augenblick erschien ein Kopf in der Öffnung unserer Bretterwand und ein Mann stieg zu uns herein. Er war unser neuer Freund. Er schob einen Korb vor sich her, der anscheinend mit Handwerkszeug gefüllt war, aus dessen Tiefe aber bald zwei Flaschen Wein, ein paar Würste und ein großer Laib Brot hervorgelangt wurden. »Da ist etwas für Hunger und Durst«, sagte unser Freund leise. »Ich bin auch um die Stadt herum gewesen. Die preußischen Wachtposten sind nicht mehr draußen. Ich will euch gern helfen. Sagt mir nur, was ich tun soll.«

Ich bat ihn nun, nach Steinmauern zu gehen und sich dort nach einem Kahn umzusehen, der uns in der kommenden Nacht über den Rhein bringen könne. Dann solle er gegen Mitternacht in dem Maisfeld nahe bei dem Steinmauerner Tor uns erwarten. Das Signal werde ein Pfiff sein, den er beantworten solle, um dann mit uns zusammenzutreffen und uns nach der Stelle zu führen, wo der Kahn liege. Seiner Frau sollte er sagen, daß sie um elf Uhr nachts etwas zu essen für uns bereithalten möge.

Ich gab dem Mann noch etwas mehr Geld; er versprach, alles zu tun, was ich verlangte, und verschwand wieder, wie er gekommen war. Nun hielten wir ein königliches Mahl, währenddessen unsere gute Laune es uns sehr schwer machte, die nötige Stille zu bewahren. Um so länger schienen uns die folgenden Stunden.

Mit dem Glockenschlag elf kroch Neustädter aus der Öffnung in der Plankenwand, trat auf das aufgeschichtete Brennholz und erreichte mit einem leichten Sprung den Boden. Adam und ich folgten ihm. Die Frau unseres Freundes in dem Häuschen hatte eine köstliche Rindfleischsuppe mit Reis für uns bereit. Nachdem diese, das gesottene Fleisch und gebratene Kartoffeln unsere Kräfte gestärkt, machten wir uns auf den Weg durch die Gärten nach dem Kanal.

Es war eine helle Mondnacht, und wir hielten uns vorsichtig im Schatten der Hecken, um nicht gesehen zu werden. Dies gelang, bis wir an dem Graben hart bei der Mündung des Kanals ankamen. Da erwartete uns ein neuer Schrecken. Ein Wachtposten marschierte auf und ab jenseits der Mündung, kaum dreißig Schritt davon entfernt. Wir hielten an und duckten uns hinter der Hecke. Hier war nur eins zu tun: sowie der Mann uns den Rücken kehrte und nach der andern Seite ging, schlüpfte einer von uns vorsichtig in den Kanal. Die beiden anderen geradeso nachher. In wenigen Minuten waren wir dort versammelt. Wir krochen behutsam vorwärts und stießen auch wieder auf unsere alte Bank, wo wir ein wenig ausruhten. Dann unseren Weg verfolgend, sahen wir bald vor uns einen hellen Schein durch dunkles Blätterwerk dringen, der uns zeigte, daß der Ausgang ins Feld vor uns lag. Ein leiser Pfiff von unserer Seite wurde sofort beantwortet, und unser Mann trat aus dem Mais hervor.

Er berichtete uns, daß die Bahn frei sei. Wir schritten rüstig vorwärts, und in weniger als einer Stunde hatten wir das Dorf Steinmauern erreicht. Unser Freund führte uns an das Rheinufer und zeigte uns einen Kahn, in dem ein Mann fest schlafend lag. Er wurde schnell geweckt, und unser Freund kündigte ihm an, wir seien die Leute, die über den Rhein gesetzt werden sollten.

»Das kostet fünf Gulden«, sagte der Bootsmann. Ich reichte ihm den verlangten Lohn und bot auch noch unserem braven Führer etwas Geld an. »Ihr habt mir schon genug gegeben«, sagte dieser. »Was ihr noch habt, braucht ihr wohl selbst. Gott behüt euch!« Damit schüttelten wir einander die Hände zum Abschied. Wir Flüchtlinge stiegen in den Kahn, und unser Freund wanderte nach Rastatt zurück.

Nach kurzer Wasserfahrt setzte uns der Bootsmann in einem dichten Weidengebüsch ans Land. Es war zwischen zwei und drei Uhr morgens, und da das Gebüsch unwegsam schien, so beschlossen wir, auf alten Baumstumpen sitzend, dort das Tageslicht zu erwarten. In der Morgendämmerung brachen wir auf, um das nächste elsässische Dorf zu suchen. Bald aber entdeckten wir, daß wir auf einer Insel gelandet waren. So waren wir also noch in »Feindesland«, der Bootsmann hatte uns getäuscht.

Ein rascher Lauf über die kleine Insel überzeugte uns, daß diese, uns drei ausgenommen, menschenleer sei. Wir begaben uns an das dem Elsaß zugekehrte Ufer und, als eben die Sonne aufging, sahen wir drüben zwei Männer einhergehen, die wir bald als französische Zöllner erkannten. Wir riefen ihnen übers Wasser zu, daß wir Flüchtlinge seien und dringend wünschten, hinübergeholt zu werden. Ohne sich lange bitten zu lassen, bestieg einer der Zöllner, ein biederer Elsässer, einen kleinen Nachen und brachte uns auf elsässischen Boden.

Als ich mich nun wirklich in Freiheit und Sicherheit wußte, war mein erster Impuls, nach dem viertägigen Schweigen oder Flüstern, einmal laut zu schreien. Meinen Schicksalsgenossen war es ebenso zumute, und so schrien wir denn nach Herzenslust – zum großen Erstaunen der Zöllner, die uns für toll halten mochten.

---

Carl Schurz war gerettet (er wanderte 1852 in die USA aus und stieg dort bis zum Innenminister auf), viele seiner Gesinnungsgenossen aber wurden zu hohen Zuchthausstrafen verurteilt oder standrechtlich erschossen – Offiziere, Wachtmeister und einfache Soldaten.

Der Großherzog von Baden kehrte im August 1849 nach Karlsruhe zurück und stiftete »für alle diejenigen, welche den Feldzug gegen die Rebellen tadellos mitgemacht haben«, eine Gedächtnis-Medaille. – Preußische Truppen blieben bis Ende 1851 in Baden. Jetzt herrschte im Süden Deutschlands Ruhe, Grabesruhe.

# 3 DER PREUSSISCHE WEG ZUR EINHEIT 1849–1870/71

*Setzen wir Deutschland, sozusagen, in den Sattel! Reiten wird es schon können.*
Otto von Bismarck

Die Träume von deutscher Republik waren im Sommer 1849 ausgeträumt. »Ein paar tausend schöne Reden, ein paar tausend Tote und ein paar tausend Prozesse – das war«, nach Golo Mann, »die Ernte der Jahre 1848 und 1849. Von der großen hoffnungsvollen Unruhe schien nichts übrigzubleiben als Enttäuschung, Scham und Spott.«
Ernüchtert zog sich das Bürgertum aus der Politik zurück. Die Anführer der demokratischen Bewegung und viele Abgeordnete der Paulskirche flohen ins Ausland, weil sie mit hohen Strafen rechnen mußten. Ihnen folgte ein Strom von Auswanderern (allein 80 000 aus Baden), die eine weitere politische Bevormundung ablehnten; die meisten »48er« fanden in den USA eine neue, freiere Heimat. Letztes und unmißverständliches Zeichen, daß in Deutschland die Reaktion noch einmal gesiegt hatte, war die Wiedereröffnung des Bundestags in Frankfurt 1850.
Doch Geschichte wiederholt sich nicht. Von Anfang an ließen sich im Gefüge des Deutschen Bundes Verschiebungen erkennen. Aus dem friedlichen Nebeneinander der Großmächte Österreich und Preußen entwickelte sich im Lauf der fünfziger Jahre eine Rivalität, die 1866 zum Bruderkrieg führte. »Nicht durch Reden und Majoritätsbeschlüsse werden die großen Fragen der Zeit entschieden – das ist der Fehler von 1848 und 1849 gewesen –, sondern durch Blut und Eisen«, hatte der neue preußische Ministerpräsident Otto von Bismarck 1862 erklärt. Er bemächtigte sich der nationalen Idee und verfolgte mit allen Mitteln sein Ziel: die deutsche

Einheit unter der Führung Preußens. Dabei nahm er in Kauf, daß die tausendjährige Gemeinschaft Österreichs und Deutschlands zerbrochen wurde.

Die zweite Hälfte des 19. Jahrhunderts erlebte einen ungeahnten Aufschwung der Industrie, vor allem des Bergbaus und der Eisen- und Maschinenindustrie. Ganz wesentlich war, daß Rohstoffe und Produkte mehr und mehr auf dem Schienenweg transportiert werden konnten. Die Länge der deutschen Eisenbahnen betrug 1840: 548 km, 1850: 6044 km, 1860: 11 660 km, 1870: 19 694 km und 1880: 33 835 km. Neben der Wirtschaft profitierte das Militär von dem neuen Verkehrsmittel. Preußens Sieg bei Königgrätz 1866 war nicht zuletzt auf die schnellen Truppenbewegungen mit der Eisenbahn zurückzuführen.

Auch die Anfänge der deutschen Arbeiterbewegung fallen in diesen Zeitraum. Die hektische Industrialisierung verschärfte zunehmend die Klassengegensätze. Jetzt wollten die Arbeiter soziale Ungerechtigkeiten nicht länger ertragen. Sie machten sich Gedanken zu eigen, die Marx und Engels schon 1848 im ›Manifest der Kommunistischen Partei‹ verkündet hatten: »Die Kommunisten [...] erklären es offen, daß ihre Zwecke nur erreicht werden können durch den gewaltsamen Umsturz aller bisherigen Gesellschaftsordnung. Mögen die herrschenden Klassen vor einer kommunistischen Revolution zittern. Die Proletarier haben nichts zu verlieren als ihre Ketten. Sie haben eine Welt zu gewinnen. Proletarier aller Länder, vereinigt euch!«

# Im März 1848      Im März 1849

## Diplomat

Rettet, o rettet, sonst bin ich verloren!      Lust und Freude, sie kehren wieder –

## Bürokrat

Und wenn du traurig bist und weinst! –      O! ich bin klug und weise –

## Aristokrat

Fordere niemand mein Schicksal zu hören!      Erschießet sie, mordet sie, piff paff puff.

Die 1848 gegründete satirische Zeitschrift ›Kladderadatsch‹ stellt hier, tief enttäuscht über das Scheitern der Revolution, drei Typen vor, die für sie Inbegriff aller rückschrittlichen Kräfte sind: den Diplomaten alter Schule, den engstirnigen Beamten und den adeligen Offizier. Die Angst vor einem Umsturz ist im Frühjahr 1849 verflogen, jetzt tragen die Konservativen den Kopf wieder hoch.

71

# Wir superklugen Bundestagsmenschen

Preußischer Gesandter beim Deutschen Bundestag in Frankfurt war von 1851 bis 1859 ein Mann, der die deutsche Politik der zweiten Jahrhunderthälfte entscheidend beeinflußte: Otto von Bismarck. Schon die Schilderung seiner ersten Frankfurter Eindrücke läßt erkennen, daß Temperament, Energie und Selbstbewußtsein wesentliche Charakterzüge Bismarcks sind.

## Otto von Bismarck an seine Frau Johanna
*Frankfurt, 18. Mai 1851*

Mein Liebling, Frankfurt ist gräßlich langweilig; ich bin so verwöhnt mit viel Liebe um mich, und viel Geschäften, und merke jetzt erst wie undankbar ich gegen so manche Leute in Berlin immer gewesen bin, denn von Dir und Zubehör will ich ganz absehen, aber selbst das kühlere Maß von landsmannschaftlicher und Parteizuneigung was mir in Berlin wurde, ist ein inniges Verhältniß zu nennen gegen den hiesigen Verkehr, der im Grunde nichts als gegenseitiges mißtrauisches Ausspionieren ist; wenn man noch etwas auszuspüren und zu verbergen hätte, es sind lauter Lappalien mit denen die Leute sich quälen, und diese Diplomaten sind mir schon jetzt mit ihrer wichtigthuenden Kleinigkeitskrämerei viel lächerlicher als der Abgeordnete der II. Kammer [in Preußen, der Bismarck von 1849 bis 1851 angehörte] im Gefühl seiner Würde. Wenn nicht äußre Ereignisse zutreten, und die können wir superklugen Bundestagsmenschen weder leiten noch vorherbestimmen, so weiß ich jetzt ganz genau was wir in 1, 2 oder 5 Jahren zu Stande gebracht haben werden, und will es in 24 Stunden zu Stande bringen, wenn die andern nur einen Tag lang wahrheitsliebend und vernünftig sein wollen. Ich habe nie daran gezweifelt, daß sie alle mit Wasser kochen; aber eine solche nüchterne einfältige Wassersuppe, in der auch nicht ein einziges Fettauge von Hammeltalg zu spüren ist, überrascht mich.

In der Kunst mit vielen Worten garnichts zu sagen, mache ich reißende Fortschritte, schreibe Berichte von vielen Bogen, die sich nett und rund wie Leitartikel lesen, und wenn Manteuffel [preußischer Innenminister] nachdem er sie gelesen hat sagen kann was drin steht, so kann er mehr wie ich. Jeder von uns stellt sich als glaubte er vom andern daß er voller Gedanken und Entwürfe stecke, wenn ers nur aussprechen wollte, und dabei wissen wir alle zusammen nicht um ein Haar besser was aus Deutschland werden wird und soll, als Dutken Sauer [Sohn eines Pastors]. Kein Mensch, selbst der böswilligste Zweifler von Demokrat, glaubt es, *was* für Charlatanerie und Wichtigthuerei in dieser Diplomatie steckt. Doch nun habe ich genug geschimpft . . .

Über Politik und einzelne Personen kann ich Dir nicht viel schreiben, weil die meisten Briefe [durch diplomatische Spione] geöffnet werden. Wenn sie Deine Adresse auf meinen und Deine Hand auf Deinen Briefen erst kennen, werden sie sichs wohl begeben, da sie nicht Zeit haben Familienbriefe zu lesen.

Vor der hiesigen Vornehmigkeit fürchte Dich nicht; dem Gelde nach ist Rothschild der Vornehmste, und nimm ihnen *allen* ihr Geld und Gehalt, so würde man sehen wie wenig vornehm jeder an und für sich ist; Geld thuts nicht, und sonst – möge der Herr mich demüthig erhalten, aber hier ist die Versuchung groß mit sich selbst zufrieden zu sein.

# Der Tag von Düppel

Wilhelm I., seit 1861 preußischer König, beruft 1862 Bismarck zum Ministerpräsidenten und kurz darauf auch zum Außenminister. Preußen – es setzt sich in dieser Frage über die Mehrheit seines Landtags hinweg – verstärkt sein Heer. 1864 kommt es zu einem gemeinsamen Krieg Österreichs und Preußens gegen Dänemark, das sich Schleswig einverleiben wollte. Am 18. April erstürmen preußische Truppen die Düppeler Schanzen, am 1. August unterzeichnen die geschlagenen Dänen einen Vorfrieden in Wien.

## Wilhelm von Kügelgen an seinen Bruder Gerhard
*Ballenstädt, 25. April 1864*

Am 18. April gegen Abend langte die Depesche von der am Mittag erfolgten Erstürmung der zehn berühmt gewordenen Düppeler Schanzen und des Brückenkopfes an. Das war eine Freude! Die Preußen haben ihren alten Waffenruhm neu aufgefrischt; es hat sich plötzlich gezeigt, daß ein Staat im Lande der Professoren, Philosophen und Träumer die bestorganisierte Armee der Welt hat. Napoleon III. hat Respekt bekommen, die Armeeorganisation ist gerettet, die Nation jubelt und Bismarck wird immer populärer. Gott gebe weiter seinen Segen!

*Potsdam, 10. Juli 1864*

Das Verhalten der vom Landtag bisher so mit Kot beworfenen Armee im dänischen Kriege ist wahrhaft herzerhebend. Nach allen Privatnachrichten tat es einer dem anderen an Hingebung und Aufopferung zuvor. Die Offiziere waren im Gefecht immer voran und doch nie im Stich gelassen von ihren Leuten, daher die Preußen, auch wo sie sich in der Minderzahl befanden und nichts als Kolben und Bajonette brauchen konnten, doch immer siegreich waren. Es werden wunderbare Taten berichtet. Ein Pionier Klinke rief, als eine dem Kartätschenfeuer ausgesetzte Sturmkolonne plötzlich auf mit starkem Draht durchflochtene Palisaden stieß: »Herr Hauptmann, ich opfere mich!« Damit hatte er auch schon seinen Pulversack an die Palisade gelegt, hatte hineingeschossen und sich und das Hindernis in die Luft

gesprengt – im selben Augenblick waren die Stürmenden auf der Schanze.

So tapfer und entschlossen die Leute in den Tod gingen, so freundlich haben sie sich gegen die gefangenen Dänen gezeigt, mit denen sie alles teilten; man hat gesehen, daß unsere Soldaten gefallene Dänen, die sie selbst niedergestreckt hatten, sich aufluden und auf die Verbandplätze schleppten.

# Eine Hose für zwei Mann

Die Herzogtümer Schleswig, Holstein und Lauenburg waren im Frieden von Wien (Oktober 1864) gemeinsam an die Sieger Preußen und Österreich gefallen. Das führte zwangsläufig zu Spannungen zwischen Berlin und Wien. Der von Bismarck ausgehandelte Gasteiner Vertrag (August 1865) spricht die Ausübung der gemeinsamen Rechte in Holstein Österreich, in Schleswig Preußen zu. Das Herzogtum Lauenburg gelangt gegen eine Geldentschädigung an Preußen. Natürlich barg diese Lösung neue Konflikte in sich. Ein Karikaturist meinte, Preußen hätte gleich das ganze Holstein dazukaufen sollen.

So geht es nicht mehr
auf die Dauer.

So wäre es schade, und Keiner
hätte Vorteil davon.

Aber warum versucht man es denn
nicht einmal so?

# Krieg um die Vorherrschaft in Deutschland

Von Anfang an hatte Bismarck seine Politik darauf ausgerichtet, Preußen eine gleichberechtigte Stellung neben Österreich in Deutschland zu verschaffen. 1866 spitzt sich der Machtkampf zu. Als über eine von Preußen beantragte Reform der Bundesverfassung keine Einigung erzielt werden kann, bricht Krieg aus. Die kleineren norddeutschen Staaten stehen auf Seite Preußens gegen Österreich, Bayern, Württemberg und Sachsen. Bei Königgrätz fällt die militärische Entscheidung.

## Wilhelm von Kügelgen an seinen Bruder Gerhard
*Ballenstädt, 5. Juli 1866*

Benno ist gestern durch lauter flaggende Städte gekommen voll unermeßlichen Jubels, weil sich die Nachricht von einem neuen entscheidenden Siege bei Königgrätz verbreitet hatte. Wenn das wahr ist! – – Soeben die Zeitung: Telegraphische Depesche des Königs an die Königin vom 3. Juli: »Großer Sieg über die Österreicher. Alle 8 Corps 8 Stunden lang im Feuer, Österreicher total geschlagen. Massen von Trophäen noch nicht zu übersehen. Unsere Verluste bedeutend. Wir sind alle wohl. Gottes Gnade walte ferner über uns!«

Bismarck ist jetzt der populärste Mann in Preußen. Alles jubelt ihm zu, selbst die Demokraten. Ich hoffe, er bringt uns nun ein einiges Deutschland zustande.

*Ballenstädt, 12. Juli 1866*

Von Österreichs Unschuld zu reden, kommt mir ebenso ungereimt vor als von Preußens Unschuld. Ein Krieg wie dieser ist ein unabwendbares Naturereignis. Seit Anno 48 hatten sich die Verhältnisse verwirrt, die Luft war schwül und dick, fast undurchsichtig geworden – jetzt zuckt der Blitz hindurch, das ist die Sache.

Der Deutsche Bund konnte nur bestehen, so lange Österreich und Preußen Hand in Hand gingen. Um dies zu ermöglichen, hat sich Preußen fünfzig Jahre lang vor dem liederlichen Österreich gedemütigt. Jetzt aber ging es nicht länger, wenn nicht Preußen und mit ihm ganz Deutschland in den desolaten Zustand der altersschwachen Großmacht mit hineingezogen werden, ja, wenn nicht Preußen an der von Österreich eifrig geschürten wahnwitzigen Demokratie im eigenen Land zugrunde gehen sollte. Das erkannt und durchgesetzt zu haben, ist das Verdienst Bismarcks, des allgemein verkannten und gehaßten Helden, der in dieser Brandung wie ein Felsen stand.

Nach der Schlacht bei Königgrätz befürchten viele, daß bald ganz Deutschland unter der preußischen Pickelhaube stecken wird. Nicht zu Unrecht! Im Frieden zu Prag (23. August 1866) stimmt Österreich der Auflösung des Deutschen Bundes und der geplanten Neugestaltung Deutschlands ohne Österreich zu. Damit hat Bismarck im restlichen Deutschland freie Hand: er gründet unter der Führung Preußens den Norddeutschen Bund, der seinerseits mit den süddeutschen Staaten geheime Militärbündnisse abschließt.

# Es braust ein Ruf wie Donnerhall

Die tiefere Ursache des Deutsch-Französischen Kriegs von 1870/71 lag im Wunsch der Franzosen, Preußen-Norddeutschland nicht zu mächtig werden zu lassen; den äußeren Anlaß gab ein diplomatischer Notenwechsel über die Frage der spanischen Erbfolge. Durch die Veröffentlichung der sogenannten »Emser Depesche« provozierte Bismarck Frankreich, das auch prompt am 19. Juli 1870 Preußen den Krieg erklärt – ihn aber gegen *ganz* Deutschland führen muß, weil die süddeutschen Staaten sich sofort auf die Seite des Norddeutschen Bundes stellen. Nur Österreich-Ungarn bleibt neutral.

Der preußische König Wilhelm I. nimmt am Feldzug gegen Frankreich teil. Auf das Telegramm, das am 2. September 1870 den Sieg bei Sedan meldet, setzt er die Worte »Welch eine Wendung durch Gottes Fügung«.

Am 19. September wird Paris umzingelt, am 27. Oktober 1870 kapituliert Metz.

## Otto Heinemann:

Bald nach Beginn meiner Schulzeit im Juli 1870 brach der Deutsch-Französische Krieg aus, der einen einzigartigen Siegeslauf für das deutsche Heer brachte. Nach jedem Sieg gab es schulfrei, die Glocken läuteten, die Stadt [Eschwege an der Werra] wurde festlich geschmückt und abends illuminiert. Die Fahnen wurden in der Zeit vom August bis September kaum eingezogen. Das anfeuernde Kriegslied: »Es braust ein Ruf wie Donnerhall« war auf aller Lippen. Wir Schüler waren samt und sonders in einer fröhlichen Kriegsstimmung...

Die Tage von Sedan sind mir unvergeßlich. Ein Postamt gab es in Eschwege damals noch nicht. Die Nachrichtenübermittlung war dürftig und auf Telegramme beschränkt, soweit wichtigere Schlachtenereignisse in Frage kamen. Der Postbetrieb wurde von einem Kleinkrämer im Nebenamt besorgt. Die telegrafisch eingehenden wichtigeren Nachrichten wurden mit Kreide auf eine ausgehängte Tafel geschrieben zum Lesen für jedermann. Extrablätter gab es nur hin und wieder und hinkten nach. Da eine große Nachricht am 2. September zu erwarten war, die Poststelle bei unserem Hause lag, war ich zeitig hier zur Stelle und konnte als ABC-Schütze als einer der ersten die Nachricht von der Gefangennahme Napoleons III. mit seiner ganzen Armee auf meine Schiefertafel abschreiben und sie sofort Onkel Höfling überbringen, dem sie natürlich noch nicht bekannt war. Ich bekam zur Belohnung einen Silbertaler, für einen Knirps wie ich viel Geld, das ich mit Stolz der Mutter brachte – mein erster Verdienst.

## Vor Allem weiter exercirt!

Jacob Burckhardt
*in einem Brief an Friedrich von Preen vom*
*27. 9. 1870*

Es ist ein neues Element in der Politik vorhanden, eine Vertiefung, von welcher früher Sieger noch nichts gewußt, wenigstens keinen bewußten Gebrauch gemacht haben. Man sucht den Besiegten möglichst tief vor sich selbst zu erniedrigen, damit er sich künftig nicht einmal mehr etwas Rechtes zutraue. Es kann sein, daß man dieß Ziel erreicht; ob man dabei selber besser und glücklicher wird, ist eine andere Frage. O wie wird sich die arme deutsche Nation irren, wenn sie daheim das Gewehr in den Winkel stellen und den Künsten und dem Glück des Friedens obliegen will! da wird es heißen: vor Allem weiter exercirt! und nach einiger Zeit wird Niemand mehr sagen können, wozu eigentlich das Leben noch vorhanden ist. Denn nun kommt der deutsch-russische Krieg in den Mittelgrund und dann allmälig in den Vordergrund des Bildes zu stehen ...

# Die Pariser Kommune

Die Verbitterung über die militärische Niederlage Frankreichs und die Unzufriedenheit mit den sozialen Zuständen ist im ausgehungerten Paris besonders groß. Seit Januar 1871 wird die Festung Paris auf Geheiß Bismarcks bombardiert, Ende März erhebt sich die Bevölkerung und setzt eine Volksregierung ein – Pariser Kommune genannt. Die konservativen Kräfte fürchten die Kommunarden mehr als das preußische Militär, und so geht die legale französische Regierung mit Sitz in Versailles alsbald gegen den Aufstand vor. Am 28. Mai 1871 erobern ihre Truppen nach achttägigen Barrikadenkämpfen Paris; mehr als 15 000 Menschen fallen in den folgenden Tagen und Wochen Massenhinrichtungen zum Opfer.

## Maueranschlag
*3. Mai 1871*

**Freiheit, Gleichheit, Brüderlichkeit.**

Die Frauen von Paris fordern im Namen des Vaterlandes, im Namen der Ehre und auch im Namen der Menschlichkeit den Waffenstillstand.

Sie sind der Meinung, daß die Entbehrungen, die sie in diesem Winter während der Belagerung so mutig auf sich genommen haben, ihnen das Recht geben, von den Parteien gehört zu werden, und sie hoffen, daß sie als Frauen und Mütter die Herzen in Paris wie in Versailles bewegen werden.

Müde der Leiden, erdrückt vom Unglück, die sie immer noch bedrohen, dieses Mal ohne Ruhm, appellieren sie an die Großmut von Versailles und an die Großmut von Paris!

Sie flehen diese beiden Städte an, die Waffen niederzulegen, zumindest für einen Tag, für zwei Tage; das wäre um der Brüder willen die Zeit, um wieder zur Besinnung zu kommen und sich zu verstehen, die Zeit, um eine friedliche Lösung zu finden.

Alle Frauen, deren Kinder in ihren Wiegen von den Granaten getroffen werden können, deren Männer sich aus Überzeugung schlagen, deren Ehemänner und Söhne jetzt das tägliche Brot auf den Wällen verdienen, alle Frauen, die heute die alleinigen Hüterinnen der Häuser sind, überhaupt alle, von den stillsten bis zu den wildesten fordern aus tiefstem Herzen von Paris und von Versailles den Frieden, den Frieden!

Eine Gruppe von Bürgerinnen

Karl Marx:

Das Paris der Arbeiter, mit seiner Kommune, wird ewig gefeiert werden als der ruhmvolle Vorbote einer neuen Gesellschaft.

# 4 KAISERHERRLICHKEIT – UND DAS BITTERE ENDE 1871–1918

*Wir Deutsche fürchten Gott,*
*aber sonst nichts in der Welt.*
                    Otto von Bismarck

*In Deutschland wählte der Patriotismus die*
*aggressive Form. Die Liebe zum Heimischen*
*kleidete sich in den Haß gegen Fremdes. Mangel*
*an Selbstgefühl und Sicherheit.*
                    Walther Rathenau

»Unsere Geschichte ist in vieler Hinsicht anders verlaufen als die unserer Nachbarn. Man hat uns eine ›verspätete Nation‹ genannt. In der Tat haben wir unsere nationale Einheit 1871 später und unvollkommener erlangt als andere Nationen. Der Ruf nach Einheit erhob sich in den Befreiungskriegen gegen Napoleon, bei den unruhigen Studenten auf dem Wartburgfest 1817, in der großartigen Volksfeier 1832 auf dem Hambacher Schloß und sonderlich im Sturm und Drang der Jahre 1848/49. Aber ein jedes Mal wurde der Ruf von jenen Dutzenden von Fürstenstaaten erstickt, in die Deutschland zerrissen blieb.

Durften wir 1871 jubeln? Emanuel Geibel hat es stellvertretend für viele bis in die Schulbücher hinein mit dem Vers getan:

›Wie aus Jupiters Stirn einst Pallas Athene, so sprang aus Bismarcks Haupt das Reich waffengerüstet hervor.‹ Bismarck als Schöpfer der Einheit mit Blut und Eisen – so wurde es gelehrt und in der Fülle der ihm gewidmeten Denkmäler in den deutschen Landschaften dargestellt.

Wir müssen erkennen, daß dieses eine Vereinfachung ist, bedenklich wie jede Vereinfachung, richtig und falsch zugleich. Bismarck erzwang 1871 den kleindeut-

schen fürstlichen Bundesstaat unter Ausschluß auch
der Deutschen in Österreich – das ist richtig. Aber
Bismarck gehört nicht in die schwarz-rot-goldene Ah-
nenreihe derer, die mit der Einheit des Volkes zugleich
demokratische Freiheit wollten. Wer also die Linie von
den Befreiungskriegen und der Wartburg über Hambach, Frankfurter Paulskirche und Rastatt als Endsta-
tion der Revolution von 1848/49 bis nach Sedan und
Versailles [Kaiserproklamation am 18. Januar 1871]
zieht, verzerrt den Gang der Geschichte.

In unserer Nationalhymne des Demokraten Hoffmann
von Fallersleben aus dem Jahr 1841 singen wir von
Einigkeit und Recht und Freiheit. So aber sang erst die
Weimarer Republik. Im Kaiserreich, bis 1918, sang man
auch ›Heil Dir im Siegerkranz‹.

Als das Deutsche Reich in Versailles ausgerufen wurde,
war keiner von den 1848ern zugegen. Ja, Männer wie
August Bebel und Wilhelm Liebknecht und andere
Sozialdemokraten, die sich gegen den nationalisti-
schen Übermut des Sieges über Frankreich geäußert
hatten, saßen in Gefängnissen. Um den Kaiser standen
in Versailles allein die Fürsten, die Generäle, die Hofbe-
amten, aber keine Volksvertreter.

Die Reichsgründung hatte die Verbindung von demo-
kratischem und nationalem Wollen zerrissen. Sie hat
das deutsche Nationalbewußtsein einseitig an die mon-
archisch-konservativen Kräfte gebunden, die in den
Jahrzehnten vorher dem demokratischen Einheitswil-
len hartnäckig im Wege gestanden hatten.

Für unsere französischen Nachbarn war es eine tiefe
Demütigung, daß unser Nationalstaat in ihrem Lande
ausgerufen und ihnen zugleich Elsaß-Lothringen weggenommen wurde. Diese Demütigung konnte Frankreich nicht vergessen.

Was 1871 erreicht wurde, war eine äußere Einheit ohne
volle innere Freiheit der Bürger. Die Staatsgewalt ging
nicht vom Volke aus, sie lag bei den Fürsten und den
Senaten der Hansestädte. Zwar wählte das Volk den
Reichstag. Der Reichstag aber bestellte nicht die Regierung und hatte nur geringen Einfluß auf die Außen- und
Militärpolitik.

Darum ist es kein Zufall, daß wir viele freiheitliche, liberale und demokratische Kräfte in Opposition zum Bismarckreich sehen ... Manche haben frühzeitig erkannt und gewarnt, welche Gefahrenquelle in dieser inneren Zerklüftung lag. Einig und geschlossen schien unser Volk erst zu sein, als der Erste Weltkrieg ausbrach und Kaiser Wilhelm II. verkündete: ›Ich kenne keine Parteien mehr, kenne nur noch Deutsche!‹ Bald jedoch schon stellte sich heraus, daß der Gleichheit im Soldatentod auf den Schlachtfeldern auch im Kriege immer noch keine Gleichheit der staatsbürgerlichen Rechte nachfolgen sollte.«

(Gustav W. Heinemann)

# Die Kaiserproklamation in Versailles

*18. Januar 1871*

An das deutsche Volk!
Wir, Wilhelm,
von Gottes Gnaden König von Preußen,
nachdem die deutschen Fürsten und Freien Städte den
einmütigen Ruf an Uns gerichtet haben, mit Herstellung des
Deutschen Reiches die seit mehr denn sechzig Jahren
ruhende deutsche Kaiserwürde zu erneuern und zu übernehmen, und nachdem in der Verfassung des Deutschen
Bundes die entsprechenden Bestimmungen vorgesehen
sind, bekunden hiermit, daß Wir es als eine Pflicht gegen das
gemeinsame Vaterland betrachtet haben, diesem Rufe der
verbündeten deutschen Fürsten und Städte Folge zu leisten
und die deutsche Kaiserwürde anzunehmen. Demgemäß
werden Wir und Unsere Nachfolger an der Krone Preußen
fortan den kaiserlichen Titel in allen unsern Beziehungen
und Angelegenheiten des Deutschen Reiches führen und
hoffen zu Gott, daß es der deutschen Nation gegeben sein
werde, unter dem Wahrzeichen ihrer alten Herrlichkeit das
Vaterland einer segensreichen Zukunft entgegenzuführen.
Wir übernehmen die kaiserliche Würde in dem Bewußtsein
der Pflicht, in deutscher Treue die Rechte des Reiches und
seiner Glieder zu schützen, den Frieden zu wahren, die
Unabhängigkeit Deutschlands, gestützt auf die geeinte
Kraft seines Volkes, zu verteidigen. Wir nehmen sie an in der
Hoffnung, daß dem deutschen Volke vergönnt sein wird, den
Lohn seiner heißen und opfermütigen Kämpfe in dauern-
dem Frieden und innerhalb der Grenzen zu genießen,
welche dem Vaterlande die seit Jahrhunderten entbehrte
Sicherung gegen erneute Angriffe Frankreichs gewähren.
Uns aber und Unsern Nachfolgern an der Kaiserkrone wolle
Gott verleihen, allzeit Mehrer des Deutschen Reiches zu
sein, nicht an kriegerischen Eroberungen, sondern an den
Gütern und Gaben des Friedens auf dem Gebiete nationaler
Wohlfahrt, Freiheit und Gesittung.

Georg Herwegh:
**Prophezeiung**

*Februar 1871*

Germania, der Sieg ist dein!
Die Fahnen wehn, die Glocken klingen,
Elsaß ist dein und Lotharingen;
Du sprichst: »Jetzt muß der Bau gelingen,
Bald holen wir den letzten Stein.«

Gestützt auf deines Schwertes Knauf,
Lobst du in frommen Telegrammen
Den Herrn, von dem die Herren stammen,
Und aus Zerstörung, Tod und Flammen
Steigt heiß dein Dank zum Himmel auf.

Nach vierundzwanzig Schlachten liegt
Der Feind am Boden überwunden;
Bis in die Stadt voll Blut und Wunden,
Die keinen Retterarm gefunden,
Brichst du dir Bahn: du hast gesiegt!

Schwarz, weiß und rot! um Ein Rapier
Vereinigt stehen Süd und Norden;
Du bist im ruhmgekrönten Morden
Das erste Land der Welt geworden:
Germania, mir graut vor dir!

Mir graut vor dir, ich glaube fast,
Daß du, in argen Wahn versunken,
Mit falscher Größe suchst zu prunken
Und daß du, gottesgnadentrunken,
Das Menschenrecht vergessen hast.

# Die Freiheitsfrage

Der erste Deutsche Reichstag trat im Weißen Saal des Berliner Schlosses zusammen. Am 3. April 1871 ergriff der populärste Mann der Sozialdemokraten das Wort.

## August Bebel:

Meine Herren! Ich will hier zunächst nur bemerken, daß, als vor ca. 8 Monaten der König von Preußen Berlin verließ und nach dem Kriegsschauplatz abreiste, er in einer Proklamation ausdrücklich aussprach, daß aus diesem Kriege die freiheitliche und einheitliche Entwicklung Deutschlands hervorgehen solle. Nun, meine Herren, ich hätte denn doch geglaubt, daß, wenn man von höchster Stelle dieses Versprechen nicht erfüllt hat, nach meiner Überzeugung es wenigstens Aufgabe und Pflicht des Reichstags gewesen sei, an dieses Versprechen zu erinnern und alles aufzubieten, um dieses Versprechen zur Verwirklichung zu bringen. Statt dessen aber höre und sehe ich aus den ganzen Verhandlungen, daß nicht nur diejenige Partei, die Herren von der Rechten, die von jeher von freiheitlichen Rechten gar nichts haben wissen wollen – das bringt ja ihre Natur mit sich –,
*(Große Heiterkeit.)*
sondern daß auch die Herren hier von der Linken, die seit 3, 4, 5 Jahren uns beständig damit vertröstet haben: Haben wir erst die Einheit, dann bekommen wir auch die Freiheit, daß die Herren heute, nachdem wir die Einheit, wenn auch etwas unvollständiger als im alten Bundestage, haben, daß sie heute erklären, es ist nicht opportun, die Freiheitsfrage ...
*(Unterbrechung. Ruf: geradeaus!)*
Also, die Herren haben uns seit dieser Zeit beständig damit vertröstet, die Freiheit würde kommen, und jetzt, wo mit der Freiheit nach ihren früheren eigenen Äußerungen der Anfang soll gemacht werden, sagen sie, es ist inopportun, die Grundrechte in die Verfassung aufzunehmen.

Alle politischen, alle Rechtsfragen sind zugleich *Machtfragen*. Wenn Sie ein Recht fordern, meine Herren, dann haben Sie zwar die theoretische Begründung, das theoretische Recht jedenfalls auf Ihrer Seite, aber die Gewalt, das

Recht in der Praxis durchzuführen, die haben Sie nicht. Und, meine Herren, eine Regierung, und namentlich eine starke Regierung – und um so mehr, je stärker sie ist – wird an ihrem Recht, am Recht der Krone festhalten, sie hat gar keine Lust, theoretische Gelüste, die ihre Machtvollkommenheit beschränken, ohne weiteres in die Verfassung aufzunehmen. Und ich bin deshalb auch der Meinung, daß es hier allerdings im großen und ganzen nach Lage der Dinge ziemlich überflüssig ist, über die Grundrechte zu diskutieren, solange man nicht entschlossen ist, nötigenfalls die Grundrechte um jeden Preis auch mit Gewalt durchzuführen.

*(Gelächter.)*

Meine Herren, stellen Sie an die Krone Preußen hundert- und tausendmal das Verlangen, und halten Sie in jeder Session achtzig und neunzig Ellen lange Reden über die Notwendigkeit und Nützlichkeit der Grundrechte, Sie werden nicht eher die Grundrechte erlangen, bis Sie klar und deutlich aussprechen: Wenn das, was wir für unser Recht, für das Recht des Volkes halten, uns nicht bewilligt wird, so werden wir es gegen euren Willen uns nehmen. Also diesen Standpunkt muß meines Erachtens eine politische Partei, wenn sie eine vernünftige Partei sein will, festhalten.

Meine Herren, der Liberalismus muß sich eingestehen, daß er, wenn er mit freiheitlichen Forderungen kommt und wenn er diese freiheitlichen Forderungen ernsthaft verficht, auf alle Fälle auf unsere Unterstützung rechnen kann. Er weiß aber auch, daß die Durchsetzung der freiheitlichen Forderungen wesentlich uns, der revolutionären Partei [=Sozialdemokratische Arbeiterpartei], zugute kommt, und weil er das eben weiß, darum werden wir in Deutschland, im neuen Deutschen Reich genau das erleben, was wir in Frankreich und in anderen Ländern, wo die revolutionäre Partei in gewisser Stärke vorhanden war, stets erlebt haben, daß nämlich diese Herren sich lieber in die Arme der reaktionären Regierung werfen, als sich in eine noch so schwache Verbindung mit der Revolutionspartei einzulassen.

*(Von allen Seiten: Sehr richtig!)*

Wir werden in den heutigen Verhältnissen bei der Stellung, die unsere liberale Partei seit Jahren eingenommen hat, wo

Diese Karikatur aus dem ›Kladderadatsch‹ von 1884 zeigt Bismarck geschmückt mit den Federn seiner innen- und außenpolitischen Triumphe. Den *europäischen Frieden* führten nicht nur die stolzen Deutschen auf Bismarcks geschickte Bündnispolitik zurück. Das neugegründete Deutsche Reich hatte in den letzten Jahrzehnten des 19. Jahrhunderts eine »ganz kolossale Stellung«, wie Ludwig Thoma es einmal ausdrückte.
Als 1888 der junge Wilhelm II. den Thron bestieg, sah Bismarck sein Werk in Frage gestellt. Es kam zu Konflikten, die schließlich eine weitere Zusammenarbeit unmöglich machten. Im März 1890 entließ Wilhelm II. den hochverdienten Reichskanzler und wurde sein »eigener Kanzler«. Heinrich Mann urteilt 50 Jahre später: »Der tiefe Grund des Hasses, den Bismarck gegen Wilhelm II. empfand: er sah ihm die Zerstörung des Reiches an. Der Unernst des Erben gegen das Vermächtnis hat ihn mehr empört als die Leichtfertigkeit, mit der er selbst behandelt wurde.«

# Das Entlassungsgesuch

Otto von Bismarck an Kaiser Wilhelm II.
*18. März 1890*

... Nach meinen Eindrücken der letzten Wochen ... darf ich in Ehrfurcht annehmen, daß ich mit diesem meinem Entlassungsgesuch den Wünschen Ew. M. entgegenkomme und also auf eine huldreiche Bewilligung meines Gesuches mit Sicherheit rechnen darf. Ich würde die Bitte um Entlassung aus meinen Aemtern schon vor Jahr u. Tag Ew. M. unterbreitet haben, wenn ich nicht den Eindruck gehabt hätte, daß es Ew. M. erwünscht wäre, die Erfahrungen u. Fähigkeiten eines treuen Dieners Ihrer Vorfahren zu benutzen.

Nachdem ich sicher bin, daß Ew. M. derselben nicht bedürfen, darf ich aus dem politischen Leben zurücktreten, ohne zu befürchten, daß mein Entschluß von der öffentl. Meinung als unzeitig verurtheilt werde.

Zu Bismarcks Entlassung 1890 lieferte die Londoner Zeitschrift
›Punch‹ den treffendsten Kommentar: »Der Lotse verläßt das
Schiff«.
Seine Nachfolger als Reichskanzler waren: Leo von Caprivi
1890–1894, Fürst Hohenlohe 1894–1900, Fürst Bülow 1900
bis 1909, Theobald von Bethmann Hollweg 1909–1917.

# Der Reichstag muß mitreden können

Im Reichstag und in der Presse wird im Herbst 1908 Kritik am »persönlichen Regiment« des Kaisers laut, ausgelöst durch ein im ›Daily Telegraph‹ erschienenes Interview Wilhelms II. Eine Verfassungsdebatte schließt sich an.

Friedrich Naumann:

Insbesondere wir Liberalen dürfen jetzt nicht stille sein und abwarten, wenn wir nicht alle altliberalen Überlieferungen verleugnen wollen. Wir müssen fordern, daß die Volksvertretung als mitregierender Körper anerkannt wird. Bis heute ist der Reichstag nur eine Kontrollstelle für die kaiserliche Regierung. Was hilft aber die bloße Kontrollstelle, wenn die Regierung selbst offenbar ihrer Aufgabe nicht gewachsen ist? Man stelle sich nur den wahrscheinlich nicht allzu fernen Tag vor, an dem Reichskanzler Fürst Bülow abgeht! Was wird denn dann? Dann muß der Reichstag bei der Wahl seines Nachfolgers mitreden können. Das ist der Kern der politischen Fragen.

Walther Rathenau:
# Der Kaiser

Um 1909, auf einer Eisenbahnfahrt im Rheinland, saß ich im Abteil mit vier oder fünf Großindustriellen. Man sprach vom Kaiser [Wilhelm II.], wie es damals üblich wurde: maßlos, verbittert.

Ich sagte: »Ist es nicht unritterlich, den Menschen statt der Einrichtungen verantwortlich zu machen? Wann hat je der Kaiser die Grenzen seiner verfassungsmäßigen Rechte überschritten? Begrenzen Sie diese Rechte enger; mit Ihrer nationalliberalen Partei haben Sie die Macht, der Monarch fügt sich jeder vollzogenen Tatsache.«

»Warum schreiben Sie das nicht? Sie schreiben ja Bücher«, warf jemand ein.

»Ich schreibe es jedes Jahr zweimal«, sagte ich. »Aber gestatten Sie eine Gegenfrage. Wenn ich das nächste Mal mir einfallen ließe, der Sache die Form einer Petition an Kaiser und Reichstag zu geben −: würden Sie unterschreiben?«

»Warum nicht?« »Gewiß«, meinten mehrere.

»Sie irren. Keiner würde unterschreiben. Die Aussicht auf das Herrenhaus und den Adel wäre zu Ende. Die Karriere des Sohnes erledigt, der Verkehr mit Hof und Würdenträgern abgeschnitten.«

Es widersprach niemand. Sie alle wußten es. Das Groß-bürgertum wußte und wollte es und behielt sich mündliche Kritik vor.

Nicht einen Tag lang hätte in Deutschland regiert werden können, wie regiert worden ist, ohne die Zustimmung des Volkes. Das Volk ist unschuldig, denn es fehlten ihm die Vergleiche und es fehlte ihm die treibende Not, ohne die es sich nicht bewegt. Der Feudalismus ist entschuldbar, denn er verteidigte alte Rechte; das Großbürgertum ist es nicht. Gleichviel! Das Gewissen, das sich im Lande regte, wurde dem Monarchen nicht bewußt; er fühlte Zustimmung, wo er ging und stand; er berührte die Grenzen seiner Rechte und überschritt sie nicht; es hätte tiefster, instinktiver Einfühlung bedurft, um ihn zur Wandlung ererbter Weltanschau-ung zu bewegen.

Fünfundzwanzig Jahre des Erfolges!

Das größte Unternehmen der Wirtschaft geht längstens nach drei Jahren zugrunde, wenn die bauenden Kräfte, die es schufen und erhielten, nicht mehr wirken; die lebendige Kraft des Deutschen Reiches war so gewaltig, daß sie ein Menschenalter in Schwung hielt. Dem, der nur Sonne zu sehen gewohnt war, blieb ein Menschenalter jedes Todeszeichen verborgen, nur der Erfolg sichtbar. Der Reichtum quoll unter den Füßen, Städte wuchsen, Land und Meer belebten sich, alles arbeitete und schuf: selbst der Fehler wurde zum Gewinn, jeder Wurf schien zu gelingen. Freilich, die Herrschaft über eine Welt ist schwer; doch in dieser Fülle des Segens –: kann sie irrig sein?

Kanzler, Staatsmänner, Generale machen Fehler und werden ersetzt, einer bleibt. In ihm häuft sich Erfahrung, Erinnerung, Fertigkeit. Kann er inmitten des glänzenden Erfolges plötzlich haltmachen, sich besinnen, umkehren, umlernen?

Aus eigener Kraft kann er es nicht. Denn die Natur, die selbsttätige Richtkraft in sich trägt, geht nicht fünfundzwanzig Jahre in die Irre. Diese Kraft besteht von Anfang, oder sie erwacht nie.

Er kann es; wenn ein großes Drohen im Volke oder von außen sich rechtzeitig und wahrnehmbar erhebt.

Der Geist der Geschichte hat es nicht gewollt. Er wollte, daß dieses Volk seine überspannt mechanisierte Epoche durch sich selbst und durch ihr zeitliches Abbild vernichtete. Es mußte in seinem Irrtum reifen. Als die Drohung kam, war sie zugleich Urteil und Vollstreckung. Das Schicksal würdigte ihn und holte gewaltig aus, um ihn zu fällen.

# Kriegstaumel August 1914

Krieg lag in den letzten Jahren vor 1914 gewissermaßen in der Luft. Das Wettrüsten der Großmächte, außenpolitische Krisen und die zunehmende Isolierung der Bundesgenossen Deutschland und Österreich hatten zu einer derart gespannten Atmosphäre geführt, daß schon ein kleiner Anlaß genügte, um den großen europäischen Krieg auszulösen: die Ermordung des österreichischen Thronfolgers Erzherzog Franz Ferdinand und seiner Frau am 28. Juni 1914 in Sarajewo.

## Oskar Maria Graf:

Die Nachricht von der Sarajewoer Mordaffäre durchschütterte die Welt. Telegramme kündigten die Mobilmachung Rußlands an. Dann die deutsche. Ein ungeheurer Ausbruch von Jubel fieberte über die Straßen [Berlins]. Alles hetzte. Zusammenrottungen entstanden, die Kasernen standen voll von Freiwilligen. Durch die Straßen sausten Autos mit Offizieren, die mit Hochrufen begrüßt wurden. Schwerbepackte Lastautos mit Militärkleidern, Stiefeln und Helmen ratterten daher. Dort mengten sich Menschen zusammen, stürmten gegen ein Café, das einen fremdsprachigen Namen hatte, und schlugen alles kurz und klein. Auf einem Platz jagte eine Rotte einem Menschen brüllend nach, schlug ihn tot, sang *Deutschland, Deutschland über alles!* Durch lange Straßen wälzten sich graue Regimenter, umjubelt vom Volk, von Bürgern, feinen Herren und Damen. Es war ein furchtbares Treiben und Hasten. Tag und Nacht durchdröhnte die Musik patriotischer Lieder und schaudervollster Geschichten von Spionen, von ersten Zusammenstößen mit dem Feinde, die Luft.

»Jetzt geht's los!« sagte ich.

»Alles wird wegrasiert«, sagte Jung.

Die Intellektuellen des *Café des Westens* machten ratlose Gesichter. Auf einmal hatte alles aufgehört, was gestern noch so wichtig gewesen war. Alles hing in der Luft. Unzählige meldeten sich freiwillig. Warum wußte keiner recht.

»Wird eine feine Sache. Man muß mit den Betoneuren gehen«, sagte Jung. Er war ein Verzweifelter. Ich verstand das Wort nicht, verstand ihn nicht und schaute ihn dumm an. Ich ging zu Oehring. Der Herr Telegraphendirektor empfing mich förmlich mit offenen Armen: »Kommen Sie herein! Jetzt, in dieser Stunde, schweige jeder persönliche Zwist. Wir sind Deutsche! Deutsche! Kommen Sie!« Und er führte mich diesmal ins Wohnzimmer, wo Richard und Fritz bei ihrer Mutter saßen. Das war die ganze Zeit noch nie vorgekommen. Der Tisch war zum Biegen gedeckt mit Speisen, dicken Zigarrenschachteln und Zigaretten. Die beiden Brüder sahen mich verdutzt an.

»Ich stehe mit dem letzten Blutstropfen hinter euch, meine Söhne, mein Alles!« rief der Telegraphendirektor und deutete auf mich: »Hier, auch Herr Graf meldet sich in dieser ernsten Stunde freiwillig. Das Vaterland ruht tief in unserem Busen.« Er erhob das Weinglas und rief fast singend: »Mit Gott für euch und unseren Kaiser, für das Vaterland und unsere Ehre! Wohlan!«

Ich glotzte zuerst, dann konnte ich das Lachen kaum noch halten. Dennoch brachte ich im Innern ein dumpfes Mißbehagen nicht los. Ich wußte nicht, was es war. Es drückte nur auf jeden Entschluß, den man fassen wollte.

Der Telegraphendirektor gab den beiden Söhnen Geld, und wir entfernten uns. Ich war vollkommen verblödet jetzt.

# Schwäbischer Merkur

**Nr. 3** Sonderausgabe. **Nr. 3**

Stuttgart, Samstag 1. August 1914.
Ausgegeben abends 6½ Uhr.

## Die deutsche Armee mobilisiert!

• Berlin 1. August. Die Mobilmachung ist befohlen.

1. Mobilmachungstag: Sonntag 2. August 1914.

Die beiden gingen in die Wrangelkaserne und wollten sich freiwillig melden. Mir wurde die Sache unbehaglich. Was wollte ich da? Ich sah zahllose Freiwillige im Kasernenhof stehen. Jedes einzelne Gesicht strahlte. Ich sagte zu Richard: »Weißt du was, das ist mir zu langweilig! Wenn sie mich wollen, werden sie mich schon holen! Nachlaufen tu ich ihnen nicht!«

Wir hatten Fritz im Gedränge verloren. Eine Zeitlang pfiffen wir vergebens, entfernten uns und suchten Jung.

»Was geht mich der ganze Dreck an! Ich werde jetzt wieder Bäcker machen«, sagte ich so im Dahingehen. Richard wußte nicht, was er sagen sollte.

»Und überhaupt!... Wenn ich schon zum Militär muß, so möchte ich zu den Bayern«, sagte ich wieder.

»Das geht kaum mehr«, sagte Richard.

»Warum nicht?« fragte ich verdutzt.

»Alle Züge sind für Truppentransporte verwendet worden. Du kommst nicht mehr nach München«, antwortete er.

Alfred Kubin: Der Krieg

Ich ging zu Jung und fragte ihn, was ich tun sollte.

»Freiwillig... Die Sache wird fein! Lüttich ist schon genommen. Es geht wie mit einer Maschine«, war dessen Antwort. Und wieder sagte er: »Im Nu ist Paris genommen.« Ich kannte ihn nicht mehr. Der war doch durchaus nicht anders wie alle die, die jetzt in einem fort in dichten Massen in der Stadt herumzogen und in wilder Kriegsbegeisterung patriotische Lieder brüllten! Sonderbar, wo war denn sein ganzer Anarchismus hin?

Das *Café des Westens* war leer. In allen Kneipen, wo wir gezecht hatten, tauchte Jung nicht mehr auf. Er und seinesgleichen waren total verschwunden. Ich stand allein auf weiter Flur, allein und mir selbst überlassen. Wo waren sie alle hin, die mich gelehrt hatten, daß ein Anarchist dem Staat auf keinen Fall dienen darf, daß er vor allem jeden Militär- und Kriegsdienst unbedingt verweigern muß? Als Kriegsfreiwillige waren sie in Scharen in die Kasernen gelaufen!

Eine ungeheure Enttäuschung, Wut, Haß und Ekel vor diesen Schwätzern erfaßte mich.

# Als Freiwilliger im Schützengraben

Richard Dehmel

an seine Tochter Veradetta
*Blankenese, 23. August 1914*

Hurra, Kinder, ich bin noch jung genug zum Vaterlandsver-
teidiger... Der Herr Oberstabsarzt maß mich zuerst mit
einem ziemlich kritischen Blick, machte dann aber meinem
50jährigen Corpus ein sehr verjüngendes Kompliment. In
etwa 6 Wochen darf ich ins Feld; Lilott soll mir ein Paar
wollne Strümpfe stricken. An Peter habe ich eben geschrieben, daß wir nun Kriegskameraden sind.
Freitag war von jeher mein Glückstag.                    Vater

an seinen Stiefsohn Heinz-Lux
*20. Dezember 1914*

O Du Bengel, nun hab ich ja garnix vor Dir voraus,
höchstens den Leutnantsrock, den ich bald kriege, aber den
verdanke ich ja bloß meinem Renommee in Civil [Dehmel
war ein bekannter Dichter]. Grade am Tag, als Du Deinen
Brief abschicktest, 1. Dezbr., wurde mir auch das eiserne
Kreuz zugesagt (verliehen wird es bei uns erst Weihnachten). Wenn wir jetzt nach Hause kommen, können wir
Muttern ein Paar ordentliche Ohrbommeln anhängen. Sie
ist schön stolz auf Dich, und kanns auch sein; ich hab's auch
gleich in meinem Schützengraben weitererzählt, was doch
sonst nicht meine Art ist. – Steh fest!                    Vater

an seinen Sohn Peter
*23. Januar 1915*

Lieber Petermann!... Wir hatten eine ganze Woche lang
harte Arbeit. Erst ein paar Tage schwersten Granathagel,
dann so schauderhaften Regen, daß sogar die Artillerie zu
schießen aufhörte; ich habe meine ganze Bude mit Blech-
platten austapezieren müssen, sonst wäre der Lehm mit mir
weggeschwommen.

Ich wiederhole Dir: nimm den Krieg nicht romantisch! und erst recht nicht sentimental! Wenn man erst in seine Technik hineingeguckt hat, geht das Pathos sehr in die Brüche... Dein Vater

an seinen Sohn Karl
*Blankenese, 10. Januar 1917*

Liebe Geschwister! Nun hat der Krieg auch von uns ein Opfer gefordert, das edelste, das wir hingeben konnten. Ihr habt den Heinz-Lux ja als Kind gekannt, was für ein strahlender, blühender Bub er war. Und ein Prachtmensch war dann aus ihm geworden... Seit Oktober 14 stand er im Feld, als Kriegsfreiwilliger, und hat viele schwere Gefechte mitgemacht; wir glaubten, es könne ihm nichts geschehen, weil er immer so unbekümmert war, und weil soviel Liebe an ihm hing...

In tiefer Ergriffenheit, aber in der Hoffnung, daß auch dieses Opfer nicht vergebens gebracht ist,

Euer Richard


Leonhard Frank:

Sechstausend Deutsche gefallen – auf dem Felde der Ehre. Was ist das – das Feld der Ehre? Ist es eine Ehre, Menschen das Bajonett in den Bauch zu stoßen? Getreidefelder, Kartoffelfelder sind Felder der Ehre. Was ist der Altar des Vaterlandes? Eine blutbesudelte Schlachtbank! Was sind »unsere heiligsten Güter«? Die Bankguthaben! Die heiligsten Güter der Kriegswitwe sind der Blick ihres Kindes und ihr Mann, der sie liebte. Eine Handgranate hat das heiligste Gut der Kriegswitwe zerrissen. Diese fluchwürdigen Phrasen, die Millionen das Leben kosten! Sie müssen endlich entlarvt werden.

So sah der ›Kladderadatsch‹ den deutschen Unterseebootkrieg gegen England und Frankreich (ein Beispiel für die Hetzbilder, mit denen beide Seiten den Durchhaltewillen ihrer Völker stärken wollten). Die Heeresleitung erzwang – gegen den Willen der Reichsregierung – Anfang 1917 den *unbeschränkten* Unterseebootkrieg; sie hoffte, England durch die Blockade besiegen zu können. Aber diese Rechnung ging nicht auf: am 6. April 1917 erklärten die Vereinigten Staaten von Amerika dem Deutschen Reich den Krieg. Nun war der Weltkrieg im vollen Sinn des Wortes da!

# Wir sind ohne Hoffnung

Mit Unruhen, Streiks und dem Sturm aufs Winterpalais setzt in Petersburg im März 1917 die größte Umwälzung unseres Jahrhunderts ein: die russische Revolution. Nach dem Sturz des Zaren hat der Arbeiterrat die Macht, er ist aber nicht fähig, die Regierung zu übernehmen. Verschiedene linke Gruppen ringen miteinander, bis sich im November 1917 die Bolschewiken endgültig durchsetzen. Schon im Dezember leiten sie Waffenstillstandsverhandlungen mit dem Deutschen Reich ein. Als sich über die Friedensbedingungen keine Einigung erzielen läßt, erklärt Trotzki am 10. Februar 1918 den Kriegszustand einseitig für beendet. Auf Betreiben Lenins kommt am 3. März 1918 doch noch ein regulärer Friedensvertrag zustande, der Friede von Brest-Litowsk.

Das Ausscheiden Rußlands ermöglicht der deutschen Heeresleitung einen neuen Durchbruchsversuch im Westen. Anfangs erzielt sie Erfolge, aber die riesigen Verluste an Menschen und Material können nicht mehr ausgeglichen werden, zumal der Feind jetzt über unbegrenzten Nachschub aus den USA verfügt (bei Kriegsende stehen über zwei Millionen Amerikaner auf französischem Boden). An Sieg glaubt keiner mehr.

## Erich Maria Remarque:

Unsere Linien werden zurückgenommen. Es gibt drüben zu viele frische englische und amerikanische Regimenter. Es gibt zu viel Corned-beef und weißes Weizenmehl. Und zu viel neue Geschütze. Zu viel Flugzeuge.

Wir aber sind mager und ausgehungert. Unser Essen ist so schlecht und mit so viel Ersatzmitteln gestreckt, daß wir krank davon werden. Die Fabrikbesitzer in Deutschland sind reiche Leute geworden – uns zerschrinnt die Ruhr die Därme. Die Latrinenstangen sind stets dicht gehockt voll; – man sollte den Leuten zu Hause diese grauen, elenden, ergebenen Gesichter hier zeigen, diese verkrümmten Gestalten, denen die Kolik das Blut aus dem Leibe quetscht und die höchstens mit verzerrten, noch schmerzbebenden Lippen sich angrinsen: »Es hat gar keinen Zweck, die Hose wieder hochzuziehen –«

Unsere Artillerie ist ausgeschossen – sie hat zu wenig Munition – und ihre Rohre sind so ausgeleiert, daß sie unsicher schießen und bis zu uns herüberstreuen. Wir haben zu wenig Pferde. Unsere frischen Truppen sind blutarme, erholungsbedürftige Knaben, die keinen Tornister tragen können, aber zu sterben wissen. Zu Tausenden. Sie verstehen nichts vom Kriege, sie gehen nur vor und lassen sich abschießen. Ein einziger Flieger knallte aus Spaß zwei Kompanien von ihnen weg, ehe sie etwas von Deckung wußten, als sie frisch aus dem Zuge kamen.

»Deutschland muß bald leer sein«, sagt Kat.

Wir sind ohne Hoffnung, daß einmal ein Ende sein könnte. Wir denken überhaupt nicht so weit. Man kann einen Schuß bekommen und tot sein; man kann verletzt werden, dann ist das Lazarett die nächste Station. Ist man nicht amputiert, dann fällt man über kurz oder lang einem dieser Stabsärzte in die Hände, die, das Kriegsverdienstkreuz im Knopfloch, einem sagen: »Wie, das bißchen verkürzte Bein? An der Front brauchen Sie nicht zu laufen, wenn Sie Mut haben. Der Mann ist k. v. [kriegsverwendungsfähig]. Wegtreten!«

Kat erzählt eine der Geschichten, die die ganze Front von den Vogesen bis Flandern entlanglaufen, – von dem Stabsarzt, der Namen vorliest auf der Musterung und, wenn der Mann vortritt, ohne aufzusehen, sagt: »K. v. Wir brauchen Soldaten draußen.« Ein Mann mit Holzbein tritt vor, der Stabsarzt sagt wieder: k. v. »Und da«, Kat erhebt die Stimme, »sagt der Mann zu ihm: Ein Holzbein habe ich schon; aber wenn ich jetzt hinausgehe und wenn man mir den Kopf abschießt, dann lasse ich mir einen Holzkopf machen und werde Stabsarzt.« – Wir sind alle tief befriedigt über diese Antwort.

Es mag gute Ärzte geben, und viele sind es; doch einmal fällt bei den hundert Untersuchungen jeder Soldat einem dieser zahlreichen Heldengreifer in die Finger, die sich bemühen, auf ihrer Liste möglichst viele a. v. und g. v. [arbeits- und garnisonsverwendungsfähig] in k. v. zu verwandeln.

Es gibt manche solcher Geschichten, die sind meistens noch viel bitterer. Aber sie haben trotzdem nichts mit Meuterei und Miesmachen zu tun; sie sind ehrlich und nennen die Dinge beim Namen; denn es besteht sehr viel Betrug, Ungerechtigkeit und Gemeinheit beim Kommiß. Ist es nicht viel, daß trotzdem Regiment auf Regiment in den immer aussichtsloser werdenden Kampf geht und daß

Angriff auf Angriff erfolgt bei zurückweichender, zerbrök-
kelnder Linie?

Die Tanks [im September 1916 setzten die Engländer zum
erstenmal in der Kriegsgeschichte Panzer ein] sind vom
Gespött zu einer schweren Waffe geworden. Sie kommen,
gepanzert, in langer Reihe gerollt und verkörpern uns mehr
als anderes das Grauen des Krieges.

Die Geschütze, die uns das Trommelfeuer herüberschik-
ken, sehen wir nicht, die angreifenden Linien der Gegner
sind Menschen wie wir, – aber diese Tanks sind Maschinen,
ihre Kettenbänder laufen endlos wie der Krieg, sie sind die
Vernichtung, wenn sie fühllos in Trichter hineinrollen und
wieder hochklettern, unaufhaltsam, eine Flotte brüllender,
rauchspeiender Panzer, unverwundbare, Tote und Verwundete zerquetschende Stahltiere – – wir schrumpfen zusammen vor ihnen in unserer dünnen Haut, vor ihrer kolossalen
Wucht werden unsere Arme zu Strohhalmen und unsere
Handgranaten zu Streichhölzern.

Granaten, Gasschwaden und Tankflottillen – Zerstampf-
fen, Zerfressen, Tod.

Ruhr, Grippe, Typhus – Würgen, Verbrennen, Tod.

Graben, Lazarett, Massengrab – mehr Möglichkeiten gibt
es nicht.

Bertolt Brecht:

Dreck euer Krieg! So macht ihn doch
allein!
Wir drehen die Gewehre um
Und machen einen andern Krieg
Das wird der richtige sein.

# 5 DIE WEIMARER REPUBLIK 1918–1933

*Der Mensch leidet an einer fatalen*
*Spätzündung: er begreift alles erst in der*
*nächsten Generation.*

Stanisław Jerzy Lec

»Was 1918 in Deutschland wirklich vor sich gegangen
war, kann man an einem bildlichen Vergleich verdeutli-
chen. Die alten Gewalten, damals geführt von der
Obersten Heeresleitung, waren unter dem Schock der
militärischen Niederlage und aus Angst vor einer sozialen Revolution nach russischem Muster vorübergehend
ohnmächtig geworden und hatten die politische Macht
der oppositionellen Parlamentsmehrheit überlassen.
Als sie bald darauf aus ihrer Ohnmacht erwachten,
konnten sie zu ihrer Befriedigung feststellen, daß die
Demokraten den Staat, so gut es ging, gerettet hatten
und daß die meisten Befürchtungen unbegründet gewesen waren. Nun erwies sich der Verzweiflungsschritt
der Obersten Heeresleitung vom Herbst 1918 [sie
versuchte nach dem Waffenstillstandsangebot noch
einmal auf Fortführung des militärischen Widerstandes
hinzuwirken; am 26. Oktober 1918 wurde General
Ludendorff entlassen] als sogar in manchem vorteilhaft.
Indem man nämlich den demokratischen Parteien das
Geschäft der Beendigung des Krieges und des staatlichen Neuaufbaus überlassen hatte, konnte man ihnen
jetzt auch noch die Verantwortung für die Folgen der
Niederlage zuschieben und sich so eine gute Ausgangs-
basis für die Rückkehr zur politischen Macht verschaffen. Von dort aus eröffnete die Rechte einen erbar-
mungslosen Kampf nicht nur gegen die Regierung,
sondern ganz allgemein gegen die Republik, und eines
der Hauptargumente war dabei die bewußt und nach-
weisbar falsche Behauptung, die Linke sei für die

Niederlage verantwortlich, sie habe dem kämpfenden Heer den Dolch in den Rücken gestoßen. Unter diesen Umständen war die Position der Weimarer Republik von allem Anfang an nahezu aussichtslos. Ihr fehlte eine hinreichende Grundlage in Wirtschaft und Gesellschaft. Sie war ein offensichtliches Produkt der Niederlage. Es gab keinen Konsens [Übereinstimmung] über die Staatsform und folglich kein demokratisches Wechselspiel zwischen Regierung und Opposition auf dem Boden einer allgemein akzeptierten Verfassung. Statt dessen erhob sich sowohl auf der Rechten wie auf der äußersten Linken ein ganz grundsätzlicher Widerstand gegen die demokratische Staatsform schlechthin, der mit seinem Denken in Freund-Feind-Kategorien die politische Auseinandersetzung und nicht zuletzt die Parlamentsdebatten vergiftete. Die im Kriege anerzogene und gepriesene Gewalttätigkeit wurde auf den Kampf gegen den innenpolitischen Gegner übertragen.«
(Eberhard Jäckel)

# Kriegsende und Heimkehr

Aufstand der Kieler Matrosen am 3. November, Revolution in München, Revolution in Berlin, Kaiser Wilhelm II. entsagt dem Thron, Scheidemann ruft die Republik aus, am 11. 11. wird der Waffenstillstand abgeschlossen – die Ereignisse überstürzen sich in diesen Novembertagen des Jahres 1918. Heinrich Brüning, der spätere Reichskanzler (1930–1932), schildert sie aus der Sicht des Frontsoldaten. Er stand als Offizier im Westen.

## Heinrich Brüning:

Am 12. Oktober 1918 kam Befehl, nach Fourmies im französischen Flandern zu marschieren, um während des Winters den Ersatz für die Scharfschützen-Abteilungen zu schulen. Schon am Abend der Ankunft in Fourmies kam der Befehl der Obersten Heeresleitung durch, am nächsten Tag in Eilmärschen nach Tongern zu marschieren. Naiverweise dachte ich, daß die Weiterschickung im Sinne der Bildung einer Front sich vollziehen würde.

Die nächsten Marschtage zeigten uns die völlige Auflösung der Etappe. In einem Ort an der Maas ließ sich der Ortskommandant erst herbei, sein Abendessen zu unterbrechen und uns Quartiere anzuweisen, nachdem ich ihm den Befehl der Obersten Heeresleitung gezeigt hatte. Sein Feldwebel sprach von »schmutzigen Frontsoldaten« und weigerte sich lange, den Ortskommandanten herbeizurufen. Man schien zunächst nur darauf bedacht zu sein, die Etappe zu retten.

Sofort nach Ankunft in der Gegend von Tongern erhielten wir den Befehl, uns für Straßenkämpfe auszubilden. Es fing ein Rätselraten an. Wir nahmen an, daß wir zur Unterdrükkung von Aufständen in Antwerpen oder Revolten in der Marinedivision in Flandern, deren Zersetzung wir schon im Frühjahr beobachtet hatten, verwendet werden würden. Am 8. November morgens kam telefonisch die Ankündigung des Tages X. In Tongern wurde uns mitgeteilt, daß wir die Spitze einer neuen »Gruppe Winterfeld« zu bilden hätten, die die Aufgabe haben sollte, die in Berlin und anderen Orten ausgebrochene Revolution niederzuwerfen. Erstes Ziel sei die Sicherung von Aachen und dann von

Köln. Von dort würden wir mit der Bahn weitergeleitet werden...

Es folgte ein neues Hin und Her der Befehle. In Eudenbach hinter dem Riesengebirge lag der Befehl vor, am folgenden Tage nach Wahn zu marschieren, wo wir »in Richtung Berlin« verladen wurden. Gerade vor unserer Abfahrt erhielten wir die streng geheime Nachricht, daß wir möglicherweise an der Ostgrenze eingesetzt werden könnten. Auf einzelnen Haltestellen fragten uns Reisende aus schmutzigen, verkommenen Wagen immer wieder, ob unsere Leute sich noch nicht der Revolution angeschlossen hätten. Unsere Leute lachten laut...

In Frankfurt an der Oder wurden wir außerhalb der Stadt ausgeladen. Ein Bogen aus Tannenzweigen, mit roten Fahnen geschmückt, war zum Empfang errichtet. Der Befehl des Oberkommandos lautete: »Alle Waffen abliefern und die Offiziere von den Mannschaften trennen.« Frankfurt an der Oder war die Stadt, wo [der Kommunist] Karl Liebknecht seine ersten Zellen aufgebaut hatte. Die Frage unserer Leute, ob sie ihre Pistolen unter den Mänteln behalten dürften, bejahten wir auf eigene Verantwortung. Wir hatten Schwierigkeiten, sie, die größtenteils Sozialdemokraten waren, davon abzuhalten, die roten Fahnen und Bänder von dem Bogen herunterzureißen.

Für die Offiziere stand ein Packwagen bereit, hinter dem wir in eine Kaserne marschierten, wo uns ein einziger großer Raum angewiesen wurde. Voller Verdacht wollten wir die Tür öffnen – sie war von außen verrammelt. Das war für uns das Ende des Krieges, wie es manchen anderen Fronttruppen ähnlich beschieden war. Es war auch der Beginn einer Welle von Ressentiments, die sich unvermeidlich eines Tages fühlbar machen mußten. Die Politiker, die die Kriegsjahre sicher in der Heimat verbracht hatten, und die Oberste Heeresleitung hatten allerdings kein Vorgefühl für das, was sich eines Tages aus diesen Ressentiments politisch ergeben würde.

Plakat vom 8. November 1918

## Abdankung des Kaisers

Tägliche Rundschau Berlin
*9. November 1918*

Die Sozialdemokratie hat ihr Ziel erreicht. Der Kaiser hat in die Abdankung eingewilligt. Der Führer der Sozialdemokratie Friedrich Ebert wird Reichskanzler; er ist dabei, eine neue Regierung zu bilden. In Bayern, Schleswig-Holstein, Braunschweig ist die Republik ausgerufen. Nach den Städten an der Wasserkante gehen die Städte Mitteldeutschlands, Leipzig, Dresden, Magdeburg, in die Hände der Arbeiter- und Soldatenräte über. Die Wahlen zu einer Nationalversammlung werden ausgeschrieben.

Die Abdankung des Kaisers ist aus Rücksicht auf die innerrevolutionäre Bewegung erfolgt; auf die Waffenstillstandsbedingungen, die heute morgen schon in Berlin eingetroffen sind, übte sie keinen Einfluß mehr und die kommenden Friedensverhandlungen wird sie auch kaum erleichtern.

Erich Mühsam:
# Der Revoluzzer

*Der deutschen Sozialdemokratie gewidmet*

War einmal ein Revoluzzer,
im Zivilstand Lampenputzer;
ging im Revoluzzerschritt
mit den Revoluzzern mit.

Und er schrie: »Ich revolüzze!«
Und die Revoluzzermütze
schob er auf das linke Ohr,
kam sich höchst gefährlich vor.

Doch die Revoluzzer schritten
mitten in der Straßen Mitten,
wo er sonsten unverdrutzt
alle Gaslaternen putzt.

Sie vom Boden zu entfernen,
rupfte man die Gaslaternen
aus dem Straßenpflaster aus,
zwecks des Barrikadenbaus.

Aber unser Revoluzzer
schrie: »Ich bin der Lampenputzer
dieses guten Leuchtelichts.
Bitte, bitte, tut ihm nichts!

Wenn wir ihn' das Licht ausdrehen,
kann kein Bürger nichts mehr sehen.
Laßt die Lampen stehn, ich bitt! –
Denn sonst spiel ich nicht mehr mit!«

Doch die Revoluzzer lachten,
und die Gaslaternen krachten,
und der Lampenputzer schlich
fort und weinte bitterlich.

Dann ist er zu Haus geblieben
und hat dort ein Buch geschrieben:
nämlich, wie man revoluzzt
und dabei doch Lampen putzt.

# Der Versailler Friede

Die Bekanntgabe der harten Friedensbedingungen in Versailles am 7. Mai 1919 wirkte auf die Deutschen wie ein Schock. Sie empfanden den Vertrag, den sie am 28. Juni unter Protest unterzeichneten, als schmachvolles »Diktat«. Die Auseinandersetzungen darüber, wie und ob man die zum Teil unzumutbaren Bedingungen erfüllen sollte, belasteten die Politik der Weimarer Republik von Anfang an schwer.

## Theodor Heuss:

Daß eine Zeit herbster Opfer kommen würde, durfte nur von Illusionisten verkannt werden. Und doch wirkte die Veröffentlichung der Forderungen der Kriegsgegner betäubend, um so mehr, als sich bald genug ergab, daß sie für abwägende Sachberatungen überhaupt keinen rechten Raum ließen.

Etwas Merkwürdiges trat ein: Für den Weg in die Zukunft blieben die entscheidenden Fragen unbeantwortet, sie sollten, zumal die sogenannten »Reparationen« [Wiedergutmachung für Kriegsschäden], später festgelegt werden, und das ganze Elend der nächsten Jahre hing mit dem Spiel der Milliarden zusammen, die in der Phantasie, vor allem der Franzosen, Einkehr gehalten hatten. Doch eine Wendung suchte die Vergangenheit: Wer ist eigentlich für die Weltkatastrophe verantwortlich zu machen? Wer trägt die »Kriegsschuld«?

Dem Grafen Brockdorff-Rantzau, der die deutsche Delegation nach Versailles führte, waren Männer zur Seite gestellt, die, Gegner der Ludendorff-Tirpitz-Linie, aber auch voll Skepsis gegenüber Wilhelm II., aus den Akten und der Personalkenntnis die Entlastung der deutschen Politik mit Leidenschaft anpackten. Ihre Aufgabe war nicht leicht. Denn sie konnten jetzt nicht die Fehler verteidigen, die sie früher in der innerdeutschen Auseinandersetzung angegriffen hatten.

Optimisten mochten sich an den Entwurf des amerikanischen Präsidenten Woodrow Wilson klammern, daß in das Gefüge der Versailler Abmachungen, auch wenn Deutschland zunächst nicht deren Mitglied sein würde, eine Weltorganisation eingegliedert werde, die künftig bewaffnete Konflikte unmöglich machen sollte, der »Völkerbund«. Das, was in Genf dann aufgebaut wurde und in dem nach 1926 auch Deutschland sprechen und abstimmen konnte, hat sich in der Geschichte des nächsten Jahrzehnts keinen stark nachklingenden Ruhm erwerben können – gewiß in manchen Situationen zu Unrecht. Letztlich ist seine Funktionskraft auch ein Opfer von Mussolini und von Hitler.

In den Wahlparolen zur deutschen Nationalversammlung, sofern sich solche abgezeichnet hatten, war von den Fragen des kommenden »Friedens« kaum die Rede gewesen; man stritt sich um ein Mehr oder Weniger an demokratischer Rechtsordnung. Es ging auch darum, daß man »Sozialismus« praktizieren oder sich vor ihm bewahren wollte.

Doch war das alles geschichtlich zweitrangig und blieb es gegenüber der Frage, die im Frühjahr 1919 sich dem Parlament und seinen Fraktionen aufzwang: sollen die Bedingungen, die aus Versailles vorgelegt werden, angenommen werden? Der Riß ging mitten durch die politischen Gruppen. Die junge Reichsregierung trat zurück. Irgend etwas wie Kündigung des Waffenstillstandes kam nach dem Urteil der militärischen Autoritäten gar nicht in Frage. Es konnte sich nur darum handeln, auch die zivile Verwaltung und die Versorgung des Volkes solange in die Hand des Siegers zu geben, bis er die Undurchführbarkeit seiner Forderungen selber begriffe...

Als ich zwölf Jahre später, 1931, unter dem Titel ›Hitlers Weg‹ eine Studie über das Werden des Nationalsozialismus schrieb, begann das Schlußkapitel mit dem Satz: »Die Geburtsstadt der [nationalsozialistischen] Bewegung ist nicht München, sondern Versailles.« Das war, etwas zugespitzt formuliert, eine Banalität. Erst nach 1945 erfuhr ich dann gelegentlich, daß auch solche Aussage »Nationalismus« sei.

# Inflation

»Mit dem Übel der Reparationen hing die Geldentwertung zusammen. Das fremde Geld, das die Regierung dem Gegner zahlte, mußte sie kaufen mit eigenem; welches so in immer größeren Mengen auf den Markt geworfen wurde und immer tiefer im Kurs sank. Zu Beginn des Jahres 1922 besaß die Mark noch etwa ein Fünfzigstel ihres Vorkriegswertes; ein Jahr später kein Zehntausendstel mehr.« (Golo Mann)

Gemeinden und Behörden gaben Notgeld aus. Die Post überdruckte ihre Briefmarken und brachte laufend höhere und noch höhere Werte heraus. Einen Brief mußte man im Herbst 1923 mit Millionen frankieren. Der Wechselkurs für einen Dollar betrug zuletzt 4,2 Billionen Papiermark. Dann machte die Einführung der Rentenmark im November 1923 der Inflation ein Ende – nicht aber der Armut weitester Bevölkerungskreise. Viele Deutsche hatten ihre gesamten Ersparnisse verloren.

Elisabeth Castonier:
# Der Hitlerputsch in München

*Aus den Lebenserinnerungen*

Wie weit die nationalsozialistischen Wühlmäuse sich vorge-
arbeitet hatten, ahnte niemand in unserem kleinen Kreis,
der sich amüsieren, tanzen, verlieben wollte.

Daß Hitler einen Marsch auf Berlin plante, um die
Regierung abzusetzen und selbst eine Regierung zu bilden,
erfuhr ich zufällig, als ich Anfang November 1923 bei
meiner Freundin war und deren Sohn um hartgekochte Eier
und Brot bat, weil er morgen nach Berlin marschieren
müßte. Weder sie noch ich nahmen es ernst. Wir dachten, es
handelte sich um einen Skiausflug.

Am selben Abend erschien Hitler im Löwenbräukeller, in
dem Ministerpräsident von Kahr eine Versammlung abhielt,
feuerte im Wildweststil einen Revolverschuß gegen die
Decke und zwang von Kahr und die anwesenden Regie-
rungsmitglieder, die er für abgesetzt erklärte, die Nationalsozialistische Deutsche Arbeiterpartei unter seiner Führung
anzuerkennen. Hitlers Pistole im Rücken, umringt von
drohenden Burschen, erklärte sich von Kahr einverstanden,
um Zeit zu gewinnen, und alarmierte Landespolizei und
Reichsregierung.

Wir ahnten nicht, was vorgefallen war, als wir am 9.
November die Ludwigstraße heruntergingen und unge-
wöhnlich viele Menschen dem Odeonsplatz zuströmten.
Irgend jemand rief: »Mir ham a neue Regierung!« Und:
»Hitler marschiert auf Berlin!« Sieg-Heil und Heil Hitler
wurde gerufen.

Vor dem Kriegsministerium standen einige junge Burschen und bewachten ein Maschinengewehr. Der Odeonsplatz war zur Hälfte abgesperrt, niemand wußte so recht,
was los war, aber immer wieder hörten wir etwas von »neuer
Regierung«. Und dann schrie eine Stimme: »Da kommens,
Heil Hitler!«

Von einem Hauseingang aus sahen wir einen Männertrupp durch die enge Residenzstraße marschieren, hörten ein Kommando, gleich darauf fielen Schüsse. Die Menschenmenge flüchtete, der Odeonsplatz war mit einem Mal fast leer, zwischen Hofgartentor und Feldherrnhalle lagen regungslose Gestalten.

Castonier sagte fassungslos: »Das ist ja phantastisch, da sind ja tote Menschen –«

Ein Lastwagen erschien, die Toten wurden aufgeladen, der Arm des einen Erschossenen wippte wie abschiednehmend vom Leben unter der Plane, als sie fortgebracht wurden. Es war mit einem Mal sehr still, niemand rief Heil Hitler, niemand sang.

Ein kleiner Tank erschien von irgendwoher, und jemand rief dem jungen Offizier zu: »Saupreißen, was wollts ihr hier?«

Hitler und seine Kumpane flüchteten. Göring nach Innsbruck, Hitler in den Kleiderschrank eines Freundes, wo er verhaftet wurde.

Als wir die Ludwigstraße zurückgingen, standen die Burschen noch immer Wache vor dem Kriegsministerium. Sie sahen nicht mehr stolz aus, sondern waren wieder kaum dem Schulalter entwachsene Jungen. Der eine bat die Umstehenden, sie möchten doch dem Tank drüben sagen, nicht zu schießen, denn auf der anderen Straßenseite war ein zweiter Tank erschienen, die Rohrmündung auf das Ministerium gerichtet. Ich glaube, es war Ritter von Epp, der höflich zu den Burschen sagte: »Meine Herren, kommen Sie mit mir, es ist alles vorbei«, und die Burschen folgten ihm erleichtert und kleinlaut.

»Sonderbar geht es in Deutschland zu«, bemerkte Castonier, der aus dem friedlich-satten Dänemark kam und schon Unruhen in Berlin miterlebt hatte. Für mich war es die dritte bayerische Revolution – und die kürzeste. München versank wieder in Geruhsamkeit, oder wenigstens schien es so.

Die Wühlarbeit der Nazis ging insgeheim weiter, auch als Hitler zu einer kurzen Festungshaft verurteilt wurde, von der er sich, hin und wieder, angeblich zum Besuch seines Zahnarztes, nach München beurlauben ließ. Auf dem Prozeß gegen ihn hat er erklärt: »Köpfe werden rollen«, wenn seine Partei zur Macht käme. Hitler im Löwenbräukeller, Hitler in Landsberg, Hitler, der während seiner

Festungshaft die Nazi-Bibel ›Mein Kampf‹ schrieb, all dies ist längst Geschichte. Nur wenige Menschen erkannten die Zusammenhänge zwischen den verschiedenen Mordorganisationen »Consul«, »Schwarze Reichswehr«, »Freikorps«, die ihre Haßgesänge im Marschtempo brüllten:

Hakenkreuz am Stahlhelm, schwarzweißrotes Band,
Die Brigade Erhardt werden wir genannt.

Und etwas später das drohende:

Die Straße frei, den braunen Bataillonen,
Die Straße frei, dem Sturmabteilungsmann.

Stanisław Jerzy Lec:

Ich stimme mit der Mathematik nicht überein. Ich meine, daß die Summe von Nullen eine gefährliche Zahl ist.

Plakat von Käthe Kollwitz

# Worte wie Peitschenschläge

Ende 1924 wird Hitler aus der Haft entlassen. Im Frühjahr 1927 heben die sächsische und die bayerische Regierung das über ihn verhängte Redeverbot auf. Die Massen strömen ihm zu »wie einem Heiland«. Die folgenden zwei Texte sollen erklären helfen, worauf Hitlers Anziehungskraft beruhte.

## Aus einem Polizeibericht

*9. März 1927*

Vom Eingang her brausen Heilrufe, Braunhemden marschieren herein, die Musik spielt, der Zirkus [Krone in München] spendet lärmenden Jubel, Hitler erscheint im braunen Regenmantel, geht rasch in Begleitung seiner Getreuen durch den ganzen Zirkus bis hinauf zur Bühne. Die Leute gebärden sich froh erregt und winken, rufen andauernd Heil, stehen auf den Bänken, Getrampel donnert. Dann ein Posaunenstoß, wie im Theater. Plötzliche Stille.

Unter der tosenden Begrüßung der Zuschauer marschieren nun Braunhemden in Reih und Glied herein, voran zwei Reihen Trommler, dann die Fahne. Die Leute grüßen nach Faschistenart mit ausgestrecktem Arm. Das Publikum jubelt ihnen zu. Auf der Bühne hat Hitler in gleicher Weise den Arm zum Gruß gestreckt. Die Musik rauscht. Fahnen ziehen vorüber, blitzende Standarten mit Hakenkreuzen. Es mögen ungefähr zweihundert Mann vorbeidefilieren. Sie füllen die Manege und stellen sich darin auf, während die Fahnen- und Standartenträger die Bühne bevölkern.

Hitler tritt rasch in den Vordergrund der Bühne. Er spricht frei, zuerst mit langsamer Betonung, später überstürzen sich die Worte. Er gestikuliert mit den Armen und Händen, springt erregt hin und her und sucht das aufmerksam ihm lauschende, tausendköpfige Publikum stets zu faszinieren. Wenn der Beifall ihn unterbricht, streckt er theatralisch die Hände aus.

# Winifried Wagner

*in einem Gespräch, Bayreuth 1975*

Ich meine, man muß sich vorstellen, in welchem fürchterlichen Elend sich also nach dem Ersten Weltkrieg, während der ganzen Inflation, das ganze Volk befand. Man hungerte, man fror, man hatte kein Geld, man hatte nichts zu essen und es war also eine derartige Depression über ganz Deutschland gekommen, dazu dann diese ganz links, ganz scharf gerichtete, diese Spartakistengruppe, die also von Kiel ausging. Dann also die Räterepublik in München. Das war der reinste Anarchismus. Und da war es doch selbstverständlich, daß sich die, sagen wir mal deutsch empfindenden Menschen, versuchten, zusammenzuschließen und auch irgendwie nach einer Führung verlangten. Und als dann in München dieser damals noch also völlig unbekannte Hitler auftrat und seine wirklich flammenden Reden hielt und uns quasi versprach, durch eine neue Volksgemeinschaft den Versuch zu machen, uns zu retten, daß man da eben in jeder Hinsicht sich ihm anzuschließen bereit war... Also mein Mann war absolut deutschbewußt, hat maßlos unter der Niederlage 1918 gelitten, und suchte auch überall Kontakte zu Menschen, die Deutschland wieder aufzubauen bereit waren, die helfen wollten, wieder Deutschland aufzubauen. Dann hat mich natürlich bei Hitler sehr begeistert die Idee der Volksgemeinschaft. Ich meine, diese Idee ist nie so lebendig gewesen wie zu Anfang des Nationalsozialismus, also diese absolute Gemeinschaft der Arbeiter der Faust, der Arbeiter der Stirn. Das war doch bis 1918 ein krasser Unterschied... Dann fand ich zum Beispiel großartig die Idee, die Jugend von der Straße wegzuholen, und sie also in irgendeiner Form, sei es nun also durch, ich meine, nachher wurde dann die sogenannte Hitler-Jugend aufgebaut, die sogenannten Pimpfe usw., also in der Weise hätte man es vielleicht nicht machen brauchen, aber die Jugend hatte wieder ein Ziel, sie hatte Begeisterung, wurde von der Straße weggeholt, wurde in gesundem Sinne zu Sport angetrieben, also das sind lauter Dinge, die einen irgendwie für den Nationalsozialismus einnehmen konnten.

Carl von Ossietzky:
# Kommt Hitler doch?

*15. Dezember 1931*

Die gleiche Not, die alle schwächt, ist Hitlers Stärke. Der Nationalsozialismus bringt wenigstens die letzte Hoffnung von Verhungernden: den Kannibalismus. Man kann sich schließlich noch gegenseitig fressen. Das ist die fürchterliche Anziehungskraft dieser Heilslehre. Sie entspricht nicht nur den wachsenden barbarischen Instinkten einer Verelendungszeit, sie entspricht vor allem der Geistessturheit und politischen Ahnungslosigkeit jener versackenden Kleinbürgerklasse, die hinter Hitler marschiert. Diese Menschen haben auch in besseren Zeitläuften nie gefragt, immer nur gegafft. Für das Schauspiel ist gesorgt, ebenso für ihr Muschkotenbedürfnis, die Knochen zusammenzureißen, vor irgendeinem Obermotzen zu »melden«.

Vor einer Woche schien es für Hitler keine Hindernisse mehr zu geben. »An der Schwelle der Macht«, schrieb die Times. England sucht schon lange nach einer Formel, sich mit einem nationalsozialistischen Deutschland abzufinden. Es ist schwer zu glauben, daß das alles erledigt sein soll, nur weil Herr Brüning wieder einmal gesprochen hat, nur weil ein Bündel frischer Notverordnungen herausgekommen ist.

Kommt Hitler also doch? Brünings Rede hat ihn nicht verscheucht, er ist nur einstweilen stehengeblieben. Gewiß will Brüning vor Hitler weder ruhmlos abtreten noch als minderberechtigter Partner vor ihm kuschen. Der Reichskanzler mag sich seine eigne Methode ausgedacht haben, mit dem Faschismus fertig zu werden. Aber um eine Methode, die man nicht kennt, zu tolerieren, dazu gehört Vertrauen, und dieses Vertrauen haben wir zu Herrn Brüning nicht, wie wir das hier vom ersten Tage seiner Kanzlerschaft an betont haben. Brüning will nur die Anmaßung des Faschismus, seinen Anspruch auf Alleinherrschaft, brechen, nicht ihn selbst.

# 6

## UNTER DEM HAKENKREUZ 1933–1945

*Was sind das für Zeiten, wo*
*Ein Gespräch über Bäume fast ein*
*Verbrechen ist*
*Weil es ein Schweigen über so viele Untaten*
*einschließt!*

Bertolt Brecht

*Solange Hitler siegte, unterlag Deutschland.*

Heinrich Mann

»Der Nazismus ist nicht vom Himmel gefallen; er wurde nicht nur von Hitler verkörpert. Hitler wurde gewählt, zunächst mit 40 bis 45 Prozent und nachher mit 99 Prozent. Viele haben ja zu ihm gesagt; sie haben früh und spät ›Heil Hitler‹ gerufen, sie haben die Hakenkreuzfahne gehißt und sind bei Aufzügen und Demonstrationen oft genug mit dabei gewesen. Sie haben den gelben Fleck an den Kleidern ihrer jüdischen Mitbürger gesehen und die Röhm-Morde, die Kristallnacht und viele andere Ausschreitungen schwerster Art mit eigenen Augen und Ohren erfahren. Sie haben erlebt, wie ihre jüdischen Nachbarn verschwanden, sahen den Abtransport der Juden, sie kannten aus den ›Führerreden‹ und -schriften die furchtbaren Drohungen gegen dieses Volk; sie sahen und beteiligten sich daran, wie politische Gegner wegen ihrer abweichenden Meinungen und Ziele niedergeschrien und niedergemacht wurden; sie wußten von der Versklavung anderer Völker, sie benutzten die Fremdarbeiter.
Gewiß waren nicht alle begeisterte Nazis. Es gab aber Begeisterte in nicht geringer Zahl. Von allen guten Geistern verlassen, ohne Anständigkeit, Menschlichkeit und Sinn für Recht und Gerechtigkeit haben sie nicht

nur geschwiegen, sondern oft Grauenhaftes bejaht und getan. Es wäre falsch, darüber hinwegzusehen. Andere hatten Angst und waren feige; sie beschränkten sich darauf, Mitläufer zu sein. Andere lehnten den Nazismus innerlich ab, und glücklicherweise gab es auch einen aktiven Widerstand.

Trotz allem bleibt die Tatsache bestehen, daß breite Teile der Bevölkerung fast bis zum bitteren Ende an Adolf Hitler glaubten und seine Mitkämpfer waren. Die Frage nach den Wurzeln des Nazismus ist daher auch immer die Frage nach der Empfänglichkeit breitester Schichten für seinen Ungeist und nach der Bereitschaft vieler, ja, allzu vieler Menschen zur Komplizenschaft.«

(Fritz Bauer)

# Melita Maschmann:
# Leben und Tod

*Aus der Autobiographie ›Fazit‹*

Am Abend des 30. Januar 1933 [Tag der »Machtergreifung«] nahmen meine Eltern uns Kinder – meinen Zwillingsbruder und mich – mit in das Stadtzentrum von Berlin. Dort erlebten wir den Fackelzug, mit dem die Nationalsozialisten ihren Sieg feierten. Etwas Unheimliches ist mir von dieser Nacht her gegenwärtig geblieben.

Das Hämmern der Schritte, die düstere Feierlichkeit roter und schwarzer Fahnen, zuckender Widerschein der Fackeln auf den Gesichtern und Lieder, deren Melodien aufpeitschend und sentimental zugleich klangen.

Stundenlang marschierten die Kolonnen vorüber, unter ihnen immer wieder Gruppen von Jungen und Mädchen, die kaum älter waren als wir. In ihren Gesichtern und in ihrer Haltung lag ein Ernst, der mich beschämte. Was war ich, die ich nur am Straßenrand stehen und zusehen durfte, mit diesem Kältegefühl im Rücken, das von der Reserviertheit der Eltern ausgestrahlt wurde? Kaum mehr als ein zufälliger Zeuge, ein Kind, das noch Jungmädchenbücher zu Weihnachten geschenkt bekam. Und ich brannte doch darauf, mich in diesen Strom zu werfen, in ihm unterzugehen und mitgetragen zu werden.

In diesem Alter findet man sein Leben, das aus Schularbeiten, Familienspaziergängen und Geburtstagseinladungen besteht, kümmerlich und beschämend arm an Bedeutung. Niemand traut einem zu, daß man sich für mehr interessiert, als für diese Lächerlichkeiten. Niemand sagt: Du wirst für Wesentlicheres gebraucht, komm! Man zählt noch nicht mit, wo es um ernste Dinge geht.

Aber die Jungen und Mädchen in den Marschkolonnen zählten mit. Sie trugen Fahnen, wie die Erwachsenen, auf denen die Namen ihrer Toten standen.

»Für die Fahne wollen wir sterben«, hatten die Fackelträger gesungen. Es ging um Leben und Tod. Nicht um Kleider oder Essen oder Schulaufsätze, sondern um Tod und Leben. Für wen? Auch für mich? Ich weiß nicht, ob ich mir diese Frage damals gestellt habe, aber ich weiß, daß mich ein brennendes Verlangen erfüllte, zu denen zu gehören, für die es um Leben und Tod ging.

Wenn ich den Gründen nachforsche, die es mir verlockend machten, in die Hitler-Jugend einzutreten, so stoße ich auf diesen: Ich wollte aus meinem kindlichen, engen Leben heraus und wollte mich an etwas binden, das groß und wesentlich war. Dieses Verlangen teilte ich mit unzähligen Altersgenossen.

Ich glaubte den Versprechungen der Nationalsozialisten, daß sie die Arbeitslosigkeit und damit die Not von sechs Millionen Menschen beseitigen würden. Ich glaubte ihnen, daß sie das deutsche Volk aus der Zersplitterung von mehr als vierzig politischen Parteien zu einer Einheit zusammenführen und daß sie die Folgen des Versailler Diktates überwinden würden. Wenn mein Glaube sich im Januar 1933 nur auf eine Hoffnung stützen konnte, so schien er bald genug auf Tatsachen hinweisen zu können.

Die im Bürgertum heranwachsende Generation, die bei der Machtergreifung Hitlers auf der Schwelle zwischen Kindheit und Jugend stand, war in einer verhängnisvollen Weise darauf vorbereitet, ein Opfer seiner »Ideen« zu werden; auch wenn die Eltern dieser Generation dem Nationalsozialismus feindlich gesonnen waren.

# Gegen das Ermächtigungsgesetz

Am 30. Januar 1933 war Hitler von Reichspräsident Hindenburg zum Reichskanzler ernannt worden. Bei den Reichstagswahlen vom 5. März 1933 erreichte die NSDAP 43,9%, also nicht die absolute Mehrheit. Deshalb brachte Hitler das Ermächtigungsgesetz (»Gesetz zur Behebung der Not von Volk und Reich«) ein, das gleichzeitig die Rechte der Volksvertretung und den Einfluß des Reichspräsidenten zugunsten seiner Regierung ausschalten sollte. Die notwendige Zweidrittelmehrheit gewann Hitler durch die Verhaftung von KPD- und SPD-Abgeordneten und durch Täuschung und Einschüchterung der anderen Parteien. Nur die Sozialdemokraten stimmten am 23. März 1933 im Reichstag gegen das Gesetz. Ihr Vorsitzender Otto Wels hielt eine mutige Rede. Es war der letzte öffentliche Protest gegen Hitlers Willkürmaßnahmen.

## Otto Wels:

Freiheit und Leben kann man uns nehmen, die Ehre nicht.
*(Lebhafter Beifall bei den Sozialdemokraten.)*
Nach den Verfolgungen, die die Sozialdemokratische Partei in der letzten Zeit erfahren hat, wird billigerweise niemand von ihr verlangen oder erwarten können, daß sie für das hier eingebrachte Ermächtigungsgesetz stimmt.

Kritik ist heilsam und notwendig. Noch niemals, seit es einen Deutschen Reichstag gibt, ist die Kontrolle der öffentlichen Angelegenheiten durch die gewählten Vertreter des Volkes in solchem Maße ausgeschaltet worden, wie es jetzt geschieht *(Sehr wahr! bei den Sozialdemokraten.)* und wie es durch das neue Ermächtigungsgesetz noch mehr geschehen soll. Eine solche Allmacht der Regierung muß sich um so schwerer auswirken, als auch die Presse jeder Bewegungsfreiheit entbehrt.

Die Herren von der Nationalsozialistischen Partei nennen die von ihnen entfesselte Bewegung eine nationale Revolution, nicht eine nationalsozialistische. Das Verhältnis ihrer Revolution zum Sozialismus beschränkt sich bisher auf den Versuch, die sozialdemokratische Bewegung zu vernichten, die seit mehr als zwei Menschenaltern die Trägerin sozialistischen Gedankengutes gewesen ist *(Lachen bei den Nationalsozialisten.)* und auch bleiben wird. Wollten die Herren von der Nationalsozialistischen Partei sozialistische Taten verrichten, sie brauchten kein Ermächtigungsgesetz. *(Sehr wahr! bei den Sozialdemokraten.)*

Eine erdrückende Mehrheit wäre Ihnen in diesem Hause gewiß. Jeder von Ihnen im Interesse der Arbeiter, der Bauern, der Angestellten, der Beamten oder des Mittelstandes gestellte Antrag könnte auf Annahme rechnen, wenn nicht einstimmig, so doch mit gewaltiger Majorität. *(Lebhafte Zustimmung bei den Sozialdemokraten. Lachen bei den Nationalsozialisten.)*
Aber dennoch wollen Sie vorerst den Reichstag ausschalten, um Ihre Revolution fortzusetzen. Zerstörung des Bestehenden ist aber keine Revolution. Das Volk erwartet positive Leistungen.

Vergeblich wird der Versuch bleiben, das Rad der Geschichte zurückzudrehen. Wir Sozialdemokraten wissen, daß man machtpolitische Tatsachen durch bloße Rechtsverwahrung nicht beseitigen kann. Wir sehen die machtpolitische Tatsache Ihrer augenblicklichen Herrschaft. Aber auch das Rechtsbewußtsein des Volkes ist eine politische Macht, und wir werden nicht aufhören, an dieses Rechtsbewußtsein zu appellieren.

Die Verfassung von Weimar ist keine sozialistische Verfassung. Aber wir stehen zu den Grundsätzen des Rechtsstaates, der Gleichberechtigung, des sozialen Rechtes, die in ihr festgelegt sind. Wir deutschen Sozialdemokraten bekennen uns in dieser geschichtlichen Stunde feierlich zu den Grundsätzen der Menschlichkeit und der Gerechtigkeit, der Freiheit und des Sozialismus. *(Lebhafte Zustimmung bei den Sozialdemokraten.)*
Kein Ermächtigungsgesetz gibt Ihnen die Macht, Ideen, die ewig und unzerstörbar sind, zu vernichten. Sie selbst haben sich ja zum Sozialismus bekannt. Das Sozialistengesetz [1878] hat die Sozialdemokratie nicht vernichtet. Auch aus neuen Verfolgungen kann die deutsche Sozialdemokratie neue Kraft schöpfen.

Wir grüßen die Verfolgten und Bedrängten. Wir grüßen unsere Freunde im Reich. Ihre Standhaftigkeit und Treue verdienen Bewunderung. Ihr Bekennermut, ihre ungebrochene Zuversicht – – *(Lachen bei den Nationalsozialisten. – Bravo! bei den Sozialdemokraten.)*
verbürgen eine hellere Zukunft. *(Wiederholter lebhafter Beifall bei den Sozialdemokraten. – Lachen bei den Nationalsozialisten.)*

Oskar Maria Graf:
# Verbrennt mich!

*Protest anläßlich der deutschen Bücherverbrennung
vom 10. Mai 1933*

Wie fast alle linksgerichteten, entschieden sozialistischen
Geistigen in Deutschland habe auch ich etliche Segnungen
des neuen Regimes zu spüren bekommen: Während meiner
zufälligen Abwesenheit aus München erschien die Polizei in
meiner dortigen Wohnung, um mich zu verhaften. Sie
beschlagnahmte einen großen Teil unwiederbringlicher Manuskripte, mühsam zusammengetragenes Quellenstudien-
material, meine sämtlichen Geschäftspapiere und einen
großen Teil meiner Bücher. Das alles harrt nun der
wahrscheinlichen Verbrennung. Ich habe also mein Heim,
meine Arbeit und – was vielleicht am schlimmsten ist – die
heimatliche Erde verlassen müssen, um dem Konzentrationslager zu entgehen.

Die schönste Überraschung aber ist mir erst jetzt zuteil
geworden: Laut ›Berliner Börsencourier‹ stehe ich auf der
»weißen Autorenliste« des neuen Deutschlands, und alle
meine Bücher, mit Ausnahme meines Hauptwerkes *Wir
sind Gefangene,* werden empfohlen: Ich bin also dazu
berufen, einer der Exponenten des »neuen« deutschen
Geistes zu sein!

Vergebens frage ich mich: Womit habe ich diese Schmach
verdient?

Das »Dritte Reich« hat fast das ganze deutsche Schrifttum
von Bedeutung ausgestoßen, hat sich losgesagt von der
wirklichen deutschen Dichtung, hat die größte Zahl seiner
wesentlichsten Schriftsteller ins Exil gejagt und das Erscheinen ihrer Werke in Deutschland unmöglich gemacht. Die
Ahnungslosigkeit einiger wichtigtuerischer Konjunktur-
schreiber und der hemmungslose Vandalismus der augen-
blicklich herrschenden Gewalthaber versuchen all das, was
von unserer Dichtung und Kunst Weltgeltung hat, auszurotten und den Begriff »deutsch« durch engstirnigsten Nationalismus zu ersetzen. Ein Nationalismus, auf dessen Einge-

bung selbst die geringste freiheitliche Regung unterdrückt wird, ein Nationalismus, auf dessen Befehl alle meine aufrechten sozialistischen Freunde verfolgt, eingekerkert, gefoltert, ermordet oder aus Verzweiflung in den Freitod getrieben werden.

Und die Vertreter dieses barbarischen Nationalismus, der mit Deutschsein nichts, aber auch rein gar nichts zu tun hat, unterstehen sich, mich als einen ihrer »Geistigen« zu beanspruchen, mich auf ihre sogenannte »weiße Liste« zu setzen, die vor dem Weltgewissen nur eine *schwarze* Liste sein kann.

Diese Unehre habe ich nicht verdient!

Nach meinem ganzen Leben und nach meinem ganzen Schreiben habe ich das Recht, zu verlangen, daß meine Bücher der reinen Flamme des Scheiterhaufens überantwortet werden und nicht in die blutigen Hände und die verdorbenen Hirne der braunen Mordbanden gelangen.

Verbrennt die Werke des deutschen Geistes! Er selber wird unauslöschlich sein wie eure Schmach!

*Alle anständigen Zeitungen werden um Abdruck dieses Protestes ersucht.*

---

Erstveröffentlichung in der Wiener ›Arbeiterzeitung‹ vom 12. Mai 1933. – Aus einer unveröffentlichten Skizze aus dem Nachlaß Grafs: »Auf der Stelle habe ich den Protest an alle möglichen Zeitungen geschickt und – man möcht's nicht für möglich halten – er ist von Spitzbergen bis Kapstadt, von Tokio bis New York und San Francisco in allen Weltblättern erschienen, er hat mich bis an den Rand der Berühmtheit gebracht, mit Ausnahme natürlich vom Dritten Reich. Da hat man diese Eigensinnigkeit recht ärgerlich aufgenommen, und gleich haben die Münchner Studenten und Professoren in der Aula der Universität eine würdige Extraverbrennung meiner Bücher vorgenommen.«

# Millionen Mitläufer

Der Autor charakterisiert sich in seinen Erinnerungen ›Das zerbrochene Haus‹ als »typischen Sohn jener harmlosen Deutschen, die niemals Nazis waren und ohne die die Nazis ihr Werk nie hätten tun können«. Er versucht am Beispiel der Berliner Stadtrandsiedlung Eichkamp zu ergründen, warum die Mehrzahl der Deutschen Hitler zujubelte, warum viele diesen Mann liebten.

## Horst Krüger:

Das Reich Hitlers kam über Eichkamp eigentlich wie eine Himmelsmacht. Man hatte es nicht gerufen, man hatte es nicht bekämpft. Es war einfach da, wie eine Jahreszeit kommt. Die Zeit war reif. Alles war hier Natur, nichts Gesellschaft. Niemand hatte da mitgemacht, keiner war Nazi gewesen. Es kam aus dem fernen Berlin und stand nun wie eine Wolke über Eichkamp: hoch und schön gefiedert. Am wenigsten waren es vaterländische Motive bei uns. Von Deutschlands Niederlage 1918 und der Schande von Versailles habe ich in den Gesprächen meiner Eltern kaum etwas gehört. Die deutsche Schmach ist nie bis Eichkamp gedrungen, sie war wohl mehr in Potsdam zu Hause. Es war nicht das Negative deutscher Geschichte, was in Eichkamp rumorte. Man hatte nur immer Angst gehabt, wieder abzurutschen, und nun kam einer, der sie wie auf Flügeln immer höher tragen wollte. Das war es. Es war einfach zu schön. Alles wurde nun so weit und groß und hoffnungsvoll. Der 1. Mai, der meinen Eltern wegen der Roten immer befremdlich war, wurde nun auch in Eichkamp ein freundlicher Festtag und erinnerte mit seinen vielen Fahnen und Gesängen an [Richard Wagners Oper] ›Die Meistersinger von Nürnberg‹. Die Künstler der Staatsoper sammelten im November Unter den Linden für das Winterhilfswerk, Sänger und Schauspieler zogen mit roten Klapperbüchsen durch die Straße. Meine Mutter kochte nicht ohne innere Anteilnahme das erste Eintopfgericht, und wir aßen an diesem Sonntag die klumpige Graupensuppe mit dem Gefühl, etwas für die Volksgemeinschaft getan zu haben. Das war etwas ganz Neues für Eichkamp – Volksgemein-

schaft. Dann kam der Blockleiter, holte die zwei Mark
fünfzig ab, wir bekamen eine Plakette. Das war wieder etwas
Neues. Dazu sang ein gutmütiger Bariton aus dem Radio
›Warum ist es am Rhein so schön?‹ und ›Trink ein Gläschen
Wein‹. Das war die neue Zeit bei uns: ein bißchen Größe
und Gemütlichkeit. Es wurde damals viel in Deutschland
gesungen. Die Jugend trug jetzt so adrette Uniformen, der
Arbeitsdienst war eine gute Sache, die geschulterten Spaten
leuchteten den Eichkampern ein, und es gab nun so viele
Feiertage mit mächtigen Aufmärschen und Kundgebungen:
ein Zug von Größe ging damals durch unser Land...

Ich erinnere mich an den Morgen nach der »Reichskristallnacht«. Die Tauentzienstraße ist übersät mit zersplitter-
tem Glas, sie haben die Schaufenster der Juden eingeschlagen, und nun stehen SA-Männer mit Schulterriemen daneben und beobachten die Passanten. Man geht betreten und
schweigend vorbei. Am Abend erzählt mein Vater, daß
Synagogen gebrannt hätten und das »Pack« die jüdischen
Schaufenster und Wohnungen plündere. Bedenkliche Mie-
nen zu Hause, stille Entrüstung: ob das wohl der Führer
wußte?

George Grosz: Sie konnten nicht widerstehen

Aber solche nachdenklichen Stunden konnten nicht darüber hinwegtäuschen, daß wir in einer neuen und großen Zeit lebten. Das Reich und die Jugend, die Kunst und der Staat – erst jetzt sah man in Eichkamp, was das für Mächte waren ... Eigentlich stand so viel Größe in einem seltsamen, bizarren Gegensatz zu unserer kleinen Siedlung, aber wenn ich so recht bedenke, so lag gerade darin die Faszination. Die Eichkamper waren diese Ausmaße nicht gewöhnt. Es machte sie waffenlos, willig und wundergläubig. Sie waren wie Kinder, waren einfach beglückt zu hören, wie groß es sei, ein Deutscher zu sein, zu sehen, wie dieses Deutschland nun dauernd größer wurde. Und das Reich wuchs ja nun täglich. Alles wurde immer besser, alles kam immer mehr nach oben, und da die Eichkamper eigentlich von unten kamen, ließen sie sich von diesen Wogen der Erhebung gern noch ein Stückchen höher tragen. Es ging ja noch immer weiter hinauf.

Und doch – sie waren keine Nazis. Die richtigen Nazis waren wirklich aus dem Nichts gekommen, konnten nichts, waren gescheiterte Existenzen und wären wirklich nach drei oder vier Monaten wieder »abgewirtschaftet« gewesen, wenn nicht all diese guten und braven Deutschen in Eichkamp ihnen ihre Kraft, ihren Fleiß, ihren Glauben und ihr Geschick blind zur Verfügung gestellt hätten. Sie waren so langsam aus ihrem kleinbürgerlichen Traum hineingeschlittert in die Zeit der Größe, fühlten sich nun ganz wohl, waren mächtig stolz, was der Mann aus ihnen gemacht hatte. Sie begriffen nie, daß sie, sie alle zusammen, diesen Mann erst gemacht hatten. Ohne sie wäre er doch nie aus dem Hinterzimmer des Hofbräuhauses [in München] herausgekommen. Bis zum Schluß meinten sie immer, alles Hitler verdanken zu müssen: die Zeit der Größe und die Zeit des Sterbens.

## Welche von diesen drei

Zeichnungen ist wohl eine Dilettantenarbeit vom Insassen eines Irrenhauses? Staunen Sie: Die rechte obere! Die beiden anderen dagegen wurden einst als meisterliche Graphiken Kokoschkas bezeichnet.

Unter dem diffamierenden Titel »Entartete Kunst« zeigten die Nazis 1937 in München Werke bedeutender moderner Künstler (Picasso, Kandinsky, Nolde, Klee, Kokoschka, Max Ernst u. a.). Sie wollten dem Publikum »Einblick geben in das grauenhafte Schlußkapitel des Kulturzerfalls der letzten Jahrzehnte vor der großen Wende«, wie es im Ausstellungsführer hieß. Die Mehrzahl der rund 20 000 Besucher kam jedoch, um die beschlagnahmten Bilder noch einmal, vielleicht zum letzten Mal, zu sehen: ein Teil der Kunstwerke wurde anschließend ins Ausland verkauft, ein anderer öffentlich verbrannt. – Die hier abgebildete Katalogseite macht deutlich, wie die Meinung der Betrachter durch beleidigende Erläuterungen manipuliert werden sollte.

136

# Wenn das auf die ganze Welt kommt

Ein wesentlicher Bestandteil der nationalsozialistischen »Weltanschauung« war die (wissenschaftlich falsche) Theorie von der Überlegenheit der »nordischen« Rasse (Arier); sie diente als Hauptwaffe im Kampf gegen die von Hitler fanatisch gehaßten Juden. Die »Nürnberger Gesetze« von 1935 verboten Ehen zwischen Nichtjuden und Juden und verlangten von jedem, der ein öffentliches Amt bekleidete, den Nachweis »arischer« Abstammung. Kinder von Juden, auch wenn nur ein Elternteil der verfemten Rasse angehörte, wurden von den höheren Schulen verwiesen.

Am 9. November 1938 organisierte die SA in allen größeren Städten Ausschreitungen gegen jüdische Geschäfte und Gotteshäuser (Synagogen), viele jüdische Mitbürger wurden mißhandelt und verhaftet. Die Aktion bekam den Namen »Reichskristallnacht«, weil Tausende von Schaufensterscheiben zertrümmert worden waren. Kurz darauf begannen die Nazis, jüdisches Eigentum zu beschlagnahmen. Die später beschlossene »Endlösung« war der ungeheuerliche Plan, das ganze jüdische Volk innerhalb des nationalsozialistischen Machtbereichs auszurotten – was Hitler fast vollständig gelungen ist.

## Reinhold Maier:

Der Ring schloß sich noch enger. Wir rückten noch mehr zusammen, so lange, bis die Gurgel zugezogen wurde und Zug und Druck das Familienband sprengten. Der spontane Volkszorn wurde bemüht, die Reichskristallnacht inszeniert, die jüdischen Gotteshäuser in Brand gesetzt, die jüdischen Mitbürger in die Konzentrationslager verfrachtet.

Am Morgen nach jener Nacht hatten meine Kinder Magda und Georg getrennt ihre besonderen Erlebnisse. Magda wurde in ihrer Klasse, wie sie berichtete, »gehänselt«. Der Lehrer ließ dies nicht zu. Er wollte Magda Gelegenheit zu einer besonderen Leistung geben, stellte sie vor die Klasse hin und forderte sie auf, ein englisches Gedicht, das Magda außerhalb der Schule gelernt hatte, vorzutragen. Frisch und frank trug sie vor: ›My Shadow‹ von R. L. Stevenson, nämlich den ersten Vers:

> I have a little shadow that goes in and out with me,
> And what can be the use of him, is more than I can see.
> He is very, very like me from the heels up to the head,
> And I see him jump before me, when I jump into my
> bed.

Daran anschließend auch die übrigen drei Verse. Als Magda fertig war, hielt der Lehrer mit seiner Anerkennung nicht zurück: »Das, was Magda kann, das kann keine einzige von euch allen.« Magda hatte eine ehrgeizige Mitschülerin. Man wußte nicht, wer von den beiden jeweils die Erste oder die Zweite werde. Die Nebenbuhlerin stand auf und sagte zu dem Lehrer: »So ein ... mädle gehört nicht so gelobt.«

Georgs Kinderschwester trieb an jenem Morgen eine verständliche Neugier anstatt zu dem üblichen Spaziergang durch den Kräherwald in die Stadt [Stuttgart], zu der Brandstätte der Synagoge in der Hospitalstraße. Georg kam ganz betrübt zur Mama nach Hause: »Mir gefällt es gar nicht mehr.« Er ließ sich nicht beruhigen. »Ich will fort.« Er blieb untröstlich: »Wenn das auf die ganze Welt kommt?« Mama sagte schließlich: »Weißt du, Georg, die Welt ist groß«, worauf der kleine Mann die Unterhaltung mit dem Satz abschloß: »Ist die Welt so groß, wie wenn man in der Inflation ein Hochhaus baut?« Das Nachdenken über dieses mathematische Problem brachte ihn offensichtlich wieder auf den festen Boden dieser bitterbösen Welt zurück.

Die Situation spitzte sich unverkennbar zu und erforderte eine Entscheidung. Nach dem Stand der Dinge waren sowohl Magda wie Georg von dem Besuch einer höheren Schule ausgeschlossen. Die Kinder mußten ins Ausland ...

Ich selbst hatte immer wieder die Möglichkeit zu zuverlässiger Orientierung über die geplanten Scheußlichkeiten gegenüber der jüdischen Bevölkerung gehabt, ehe sie unter dem Begriff »Endlösung« zusammengefaßt waren. In den von der Verfolgung betroffenen Kreisen galt ich als Pessimist. Ich mußte oft fest hinstehen, um meine Ratschläge, zu gehen, ohne Verzug zu gehen, durchzusetzen. Der Mensch ist eben einmal so geschaffen, daß er glaubt, was er sich wünscht, daß er jedenfalls das, was er sich wünscht, eher glaubt als das Unerwünschte.

Viele haben damals gesagt: »Lieber draußen Steine klopfen.« Viele sind jedoch vor dieser letzten harten Konsequenz zurückgeschreckt und sie sind untergegangen. Der unerschütterliche Wille meiner Frau hat ihr und den Kindern das Leben gerettet und – genau gesehen – auch mir selbst. Wir ließen uns nicht verwirren durch die Beurteilung und Verurteilung des geplanten Schrittes [Emigration] durch fernerstehende Menschen in gleicher Lage. Sie sahen das als eine Art Fahnenflucht an. Vor welcher Fahne wurde übrigens geflohen? Das war doch das Hakenkreuz!

Die Hitlerbewegung
(aus ›Der Wahre Jacob‹, Berlin 1933)

Carl Zuckmayer:
# Nicht Richtung Dachau

*Aus den Lebenserinnerungen*

Meine einzige Chance, ungehindert über die Grenze zu
kommen, bestand darin, daß ich die Ausreise nicht als
Flucht, sondern nur als eine vorübergehende Entfernung
erscheinen ließ, und ich hatte kurz vorher ein Telegramm
von Alexander Korda bekommen, in dem er mich bat,
baldmöglichst zur Besprechung eines neuen Filmplans nach
London zu kommen. Das hatte ich als eine Art Alibi in der
Tasche. Meine Familie sollte sich mit dem Flugzeug nach
Berlin begeben, wo ja, im Gegensatz zu Wien [nach dem
»Anschluß« Österreichs an das Deutsche Reich am 13.
März 1938], geordnete Verhältnisse herrschten und wo
unsere Freunde, vor allem Peter Suhrkamp, Hilpert, Gründ-
gens, bereitstanden, sich ihrer anzunehmen. »Sippenhaft«
war damals in solchen Fällen noch nicht üblich, und man
konnte damit rechnen, daß in Deutschland die Grenzkon-
trolle noch von der korrekten Beamtenschaft und nicht von
Parteiorganen durchgeführt wurde...

Als der Zug langsam in Feldkirch einfuhr und man die
grellen Kegel der Scheinwerfer sah, hatte ich wenig Hoffnung. Ich empfand eigentlich nichts und dachte in diesem
Moment auch nichts. Eine kalte Spannung hatte mich
erfüllt. Aber alle Instinkte waren auf die Rettung konzentriert. Ich denke heute: ob es dem Fuchs so zumute ist, wenn
er die Meute hört?

»Alles raus, mit Gepäck! Der Zug wird geräumt.«

»Träger!« rief ich.

»Selber schleppen«, rief eine Stimme, »gibt keine Träger
für euch.« Man war, als Insasse dieses Zugs, bereits nur noch
in der Mehrzahl vorhanden. So ergriff ich meine zwei
Koffer, in denen alles verstaut war, was ich hatte mitnehmen
können: das Notwendigste für kurze Zeit.

Ich sah zu meinem Schrecken, daß der Grenzdienst fast
ausnahmslos von Hitlertruppen in brauner und schwarzer

Uniform ausgeübt wurde. Der Bahnhof wimmelte von Menschen. Überall waren große Tische aufgestellt, auf die man die Koffer und Taschen der Passagiere einfach umleerte ...

Während eben ein Mann mit klobigen Händen meinen ersten Koffer umschüttete, verlangte ein anderer, in schwarzem Hemd, meinen Paß. Ich reichte ihn harmlos hin und beobachtete die Reaktion unter den Lidern.

Der Mann schaute lange auf meinen Namen, dann hob er plötzlich ruckartig den Kopf, als habe er Witterung genommen.

»Zuckmayer?« fragte er. Ich nickte.

»*Der* Zuckmayer?«

»Was meinen Sie damit?«

»Ich meine: der berüchtigte.«

»Ob ich berüchtigt bin, weiß ich nicht. Aber es gibt wohl keinen anderen Schriftsteller meines Namens.«

Seine Augen wurden spitz, wie wenn jemand Ziel nimmt und seines Treffers gewiß ist.

»Kommen Sie mit«, sagte er.

»Ich muß bei meinem Gepäck bleiben«, erwiderte ich.

»Das müssen Sie nicht«, sagte er und lächelte spöttisch, als wolle er sagen: Du brauchst kein Gepäck mehr.

Ich wurde über den langen Perron des Bahnhofs geführt, während mein Gepäck zurückblieb und der Gründlichkeit anheimfiel. Ganz am Ende des Bahnhofs, wo es stockdunkel wurde, waren einige Baracken sichtbar. Es roch knoblauchartig nach feuchtem Karbid, und der kreidige Schein einer Fahrradlampe schwankte über dem Barackeneingang.

In der Baracke saß ein blonder magerer Mensch in der Uniform der SS hinter einem Tisch, er trug eine Stahlbrille und sah überanstrengt und unterernährt aus. Vor dem Tisch stand ein Mann mit aufgeschlagenem Mantelkragen und gesenktem Kopf, der offenbar gerade verhört worden war.

»Ins Revier zum Abtransport«, hörte ich die Stimme des Beamten, »wenn überfüllt, ins Ortsgefängnis. Der nächste Herr bitte.« Zwei SA-Leute führten den völlig gebrochenen Mann hinaus, er schien zu weinen.

Dann trat ich, der nächste Herr, vor meinen Richter. Mein Häscher hatte mit ihm geflüstert, und nun schaute der andere auf.

»Carl Zuckmayer«, sagte er. – »Aha.«

Er starrte in den Paß, blätterte darin herum, sein Gesicht wurde nachdenklich. Immer wieder starrte er auf die erste Seite. Ich merkte, daß ihn die fünfjährige Gültigkeit irritierte: Juden bekamen damals nur noch Pässe für sechs Monate, wenn überhaupt. Meiner war früher im deutschen Konsulat in Salzburg ausgestellt worden, wo man korrekt verfuhr und mir wohlwollte.

Dann ließ er sich eine gedruckte Liste reichen, wohl die der politisch Verfolgten, schlug den Buchstaben Z auf, fand mich nicht, starrte wieder in den Paß. »Komisch«, sagte er und schüttelte den Kopf, »ich habe doch mal irgendwas über Sie gehört, aber ich weiß nicht mehr genau. Sie sind also gar kein Hebräer.«

Er lachte jovial, und ich grinste ein wenig. Daß meine Mutter eine geborene Goldschmidt war, brauchte ich ihm ja nicht anzuvertrauen.

»Katholisch«, las er. »Na ja. Die Pfaffen werden wir auch noch drankriegen.«

»Ich lebe nicht im Zölibat«, sagte ich, mit einem Versuch zu lachen. Er lachte mit, stand auf, kam auf mich zu, den Paß in der Hand, als wolle er ihn mir wiedergeben.

»Wo fahren Sie hin?«

»Nach London, um einen Film zu schreiben.«

»Film? Das ist interessant. Haben Sie schon mehr Filme geschrieben? Solche, die man kennt?«

»Der letzte hieß ›Rembrandt‹«, sagte ich.

»Oh – den hab ich gesehen. Der war politisch einwandfrei. Er ist in Wien gelaufen, als ich letzten Winter zum SS-Schulungskurs abkommandiert war. Illegal natürlich«, sagte er vertraulich. Dann beugte er sich zu mir vor.

»Sind Sie Parteigenosse? Haben Sie einen Parteiausweis mit?«

»Nein«, sagte ich, »ich bin kein Parteigenosse.«

Im selben Augenblick war alle Jovialität verschwunden, der Mann riß meinen Paß, nach dem ich schon die Hand ausgestreckt hatte, wieder an sich.

»So«, sagte er scharf, »ein deutscher Schriftsteller und nicht Parteigenosse? Aber Sie sind doch Mitglied der Reichsschrifttumskammer?«

»Nein«, sagte ich, »auch das nicht.« Denn zu lügen, hätte

keinen Sinn gehabt, da ich ja keine Ausweise dieser Art besaß, die sonst jeder bei sich trug.

»Und weshalb nicht?«

Sein Gesicht wurde starr und drohend.

Was ich jetzt antwortete, habe ich mir nicht für den Bruchteil einer Sekunde überlegt. Ich tat es ganz automatisch, und ich wußte nicht, warum ich es tat und was daraus folgen würde. Aber ich verstehe seitdem, daß Menschen an die Einflüsterungen von Schutzengeln oder guten Geistern glauben.

»Ich kann nicht Parteigenosse sein«, antwortete ich prompt, »weil meine Werke in Deutschland verboten sind. Sie stimmten nicht mit der nationalsozialistischen Weltanschauung überein. Deshalb arbeite ich ja in London, wo ich auch den ›Rembrandt‹-Film gemacht habe. Daß ich beliebig ins Ausland reisen kann, sehen Sie aus meinem Paß, sonst hätte ich ihn nicht. Das muß Ihnen doch genügen.«

Ich streckte wieder die Hand nach meinem Paß aus.

Aber der Sturmführer starrte mich nun ganz sonderbar an. Sein Mund klaffte auf, seine Augen waren rund geworden. Plötzlich ergriff er meine ausgestreckte Hand und schüttelte sie.

»Fabelhaft!« rief er. »Diese offene Aussage! Diese Ehrlichkeit!«

»Glauben Sie denn«, sagte ich, meinen Vorteil wahrnehmend, »jeder, der hier hereinkommt, ist ein Lügner?«

»Die meisten schon«, rief er aus, »aber Sie – Sie sind halt ein deutscher Mann! Das hätt ich nie geglaubt, daß am heutigen Tag einer offen zugibt, er ist kein PG, er ist verboten! Sie – aus Ihnen wird noch ein Parteigenosse, das garantier ich Ihnen!«

»Dankeschön«, sagte ich und nahm meinen Paß entgegen. »Kann ich jetzt zu meinem Gepäck?«

»Ich komme mit«, rief er, »ich brauche auch mal eine Ablösung. Fabelhaft. Vor Ihnen hab ich Respekt. Ihr Gepäck ist ja einwandfrei, hoffe ich?«

Er zog die Brauen hoch und bekam wieder Falten ins Gesicht. Ich dachte an meine Manuskripte, und der Gedanke an ein neues Katz- und Maus-Spiel machte mir heiß. Außerdem sah ich draußen den Kerl stehen, der mich hereingebracht hatte, und bösartig zu mir herstarren.

Jetzt – dachte ich nun ganz bewußt und berechnend – ist es an der Zeit. Ich öffnete meinen Mantel, schlug ihn zurück, als suche ich in der Hose nach meinem Taschentuch, und zwar auf der linken Seite, wo die Kriegsorden steckten. Sofort hefteten sich seine Augen darauf wie gebannt.

»Sie waren in der Front?« fragte er.

»Natürlich«, sagte ich lässig, »fast vier Jahre lang.«

»Offizier gewesen?«

Ich nickte.

»Ist das nicht – das Eiserne Kreuz Erster Klasse?«

»Ja.«

»Und das?«

»Die hessische Tapferkeitsmedaille. Ich stamme aus Mainz. Die bekam jeder, wenn er eine Zeitlang dabei war.«

»Aber das hier – mit den Schwertern?«

Es war der »Zähringer Löwe mit Eichenlaub und Schwertern«, eine Auszeichnung, die Offiziere bekommen konnten, wenn sie bei einer badischen Formation gestanden und sich dort verdient oder beliebt gemacht hatten. Ich erklärte es ihm.

»Dann sind Sie ja ein Held«, sagte er und bekam Fischaugen.

»Das nicht«, sagte ich barsch, »aber immerhin kann man sich die Dinger nicht für zehn Groschen auf der Straße kaufen.« Diese Anspielung [auf das Parteiabzeichen der Nazis] war schon ziemlich frech, aber sie tat ihre Wirkung.

»Prachtvoll«, rief er und lachte übermäßig. – »Sie meinen die Mitläufer! Die Opportunisten! Das ist deutscher Humor. Großartig!« Er nahm seine Mütze ab und wischte sich den Schweiß. Ich sah, daß er die Haare am Hinterkopf abrasiert hatte, vorne war sein Schopf »vorschriftsmäßig« zugestutzt.

»Wir von der jüngeren Generation«, begann er, als wolle er eine Rede halten, »die nicht mehr das Glück hatten, am Krieg teilzunehmen, wissen trotzdem, was wir unseren Helden schuldig sind. Achtung!« schrie er plötzlich nach draußen. »SA und SS angetreten!«

Wir verließen die Baracke, und seine Leute spritzten heran. Und nun ließ er sie, inmitten der ganzen Zolluntersuchung und all der angstverstörten Flüchtlinge, vor mir

144

antreten. »Wir ehren einen Helden des Weltkriegs 14–18«, brüllte er. »Heil Hitler!«

Eine Reihe von Braun- und Schwarzhemden hatte sich vor mir aufgebaut wie vor einem kommandierenden General, klappte die Hacken zusammen, daß der Dreck spritzte, und schrie mir ihr »Heil Hitler!« ins Gesicht, als sei ich der Führer persönlich. Ich war plötzlich der große Mann der Grenzstation und kam mir vor wie der »Hauptmann von Köpenick« in meinem eigenen Stück.

»Wo ist das Gepäck dieses Herrn?« kommandierte er. »Zuschließen. In den Schweizer Zug bringen!« Ich brauchte keine Hand mehr zu rühren. Der Koffer mit den Gedichten wurde gar nicht erst aufgemacht.

»Der Herr war noch nicht bei der Leibesvisitation«, sagte ein SA-Mann.

»Der Herr braucht nicht zur Leibesvisitation«, rief mein Beschützer, »der Herr ist abgefertigt!«

»Sie können in die Bahnhofswirtschaft gehen«, wandte er sich dann zu mir, »mit den andern haben wir noch stundenlang zu tun.«

So mußte ich als einziger von allen Passagieren nicht zu jener Prozedur, die, wie ich dann hörte, besonders für die Damen überaus peinlich war und von den Frauen der Wachleute oder Beamtinnen mit großer Roheit durchgeführt wurde...

Mein Nazi-Freund saß neben mir, vertrank meine letzten zwanzig Schillinge und schaute glasig. Immer wieder drückte er sein Bedauern aus, nicht mehr im Krieg gewesen zu sein, wo er sich hätte »bewähren« können.

»Es wird schon noch einen geben«, tröstete ich ihn.

»Ja«, rief er begeistert, »trinken wir drauf!«

Ich sah ihn plötzlich, ohne Haß, aber auch ohne Mitleid, in einer Blutlache liegen, mit fahlem Gesicht, wie ich so viele gesehen hatte. Von Zeit zu Zeit kam ein SA-Mann hereingestürzt und meldete, daß sie wieder einen erwischt hätten, der zehntausend Schillinge im Schuh oder einen Brillanten im Hintern versteckt gehabt hatte.

»Na – hunzen wer' ma den! So an Saukerl!«

»Geht's nicht bald weiter?« fragte ich.

»Nicht so bald. Wir machen groß gründlich heute.«

»Dann bleiben wir noch gemütlich beisammen«, sagte mein Kumpan.

Der Himmel war glasgrün und wolkenlos, die Sonne flimmerte auf dem Firnschnee, als der Zug die Grenze passierte. Die Schweizer Zollbeamten kamen herein und stießen freundliche Rachenlaute aus. Alles war vorbei. Ich saß in einem Zug, und er ging nicht Richtung Dachau.

## Volksabstimmung und Großdeutscher Reichstag

### Stimmzettel

Bist Du mit der am 13. März 1938 vollzogenen

### Wiedervereinigung Österreichs mit dem Deutschen Reich

einverstanden und stimmst Du für die Liste unseres Führers

# Adolf Hitler?

### Ja

### Nein

Auf diesem Stimmzettel kann man auf *zwei* Fragen nur *eine* Antwort geben. Abgestimmt wurde erst *nach* dem »Anschluß«! Die Größe der Kreise spricht für sich.

# Weisung Nr. 1 für die Kriegführung

Geheime Kommandosache        Berlin, den 31. 8. 1939

Nachdem alle politischen Möglichkeiten erschöpft sind, um auf friedlichem Wege eine für Deutschland unerträgliche Lage an seiner Ostgrenze zu beseitigen, habe ich mich zur gewaltsamen Lösung entschlossen.

Der Angriff gegen Polen ist nach den für den Fall Weiß getroffenen Vorbereitungen zu führen mit den Abänderungen, die sich beim Heer durch den inzwischen fast vollendeten Aufmarsch ergeben.

Aufgabenverteilung und Operationsziel bleiben unverändert.

Angriffstag: 1. 9. 1939

Angriffszeit: 4.45

Im Westen kommt es darauf an, die Verantwortung für die Eröffnung von Feindseligkeiten eindeutig England und Frankreich zu überlassen. Geringfügigen Grenzverletzungen ist zunächst rein örtlich entgegenzutreten. Die von uns Holland, Belgien, Luxemburg und der Schweiz zugesicherte Neutralität ist peinlich zu achten...

Der oberste Befehlshaber der Wehrmacht

ADOLF HITLER

---

Am Morgen des 1. September 1939 überschritten deutsche Truppen gemäß dieser Weisung die polnische Grenze. Der deutsch-polnische Krieg und damit der Zweite Weltkrieg hatte begonnen, ohne daß eine Kriegserklärung ergangen war. Auf den Straßen blieb der Jubel vom August 1914 aus. Hitler fuhr durch das fast menschenleere Berlin zum Reichstag und verkündete dort: Polen hat nach den Grenzzwischenfällen der letzten Tage »heute nacht zum erstenmal auf unserem eigenen Territorium auch durch reguläre Soldaten geschossen. Seit 5.45 Uhr wird jetzt zurückgeschossen! Von jetzt ab wird Bombe mit Bombe vergolten... Ich habe damit wieder jenen [Soldaten]Rock angezogen, der mir selbst der heiligste und teuerste war. Ich werde ihn nur ausziehen nach dem Sieg oder – ich werde dieses Ende nicht mehr erleben.«
Polen war am Kriegsausbruch unschuldig, denn Hitler hatte durch SS in polnischen Uniformen einen Angriff auf den deutschen Sender Gleiwitz vortäuschen lassen. Interessant ist, daß Hitler sich in seiner Rede versprochen hat: die Kampfhandlungen setzten wie vorgesehen bereits um 4.45 Uhr ein!

---

Dieser »Kohlenklau« klebte im Krieg an vielen Litfaßsäulen. Er sollte die Deutschen ständig daran erinnern, daß der private Energieverbrauch zugunsten der Rüstungsindustrie radikal eingeschränkt werden mußte.

# Ein Glückwunsch

Durch den Nichtangriffspakt mit der Sowjetunion, die Überwältigung Polens im September 1939 und die Besetzung Dänemarks und Norwegens im April 1940 hatte sich Hitler an der Westfront freie Hand geschafft. Der »Blitzkrieg« gegen Frankreich (10. Mai–25. Juni 1940) trägt ihm die Bewunderung des abgedankten deutschen Kaisers ein, der seit 1918 in Holland im Exil lebte.

*Telegramm. Doorn, 17. Juni 1940*

Unter dem tiefgreifenden Eindruck der Waffenstreckung Frankreichs beglückwünsche ich Sie und die gesamte deutsche Wehrmacht zu dem von Gott geschenkten gewaltigen Sieg mit den Worten Kaiser Wilhelms des Großen [Wilhelm I.]: Welch eine Wendung durch Gottes Fügung. In allen deutschen Herzen erklingt der Choral von Leuthen, den die Sieger von Leuthen des großen Königs [Friedrich II.] anstimmten: Nun danket alle Gott.

Wilhelm

Bertolt Brecht:

Die Oberen sagen:
Es geht in den Ruhm.
Die Unteren sagen:
Es geht ins Grab.

149

# Eingeschlossen

Im Juni 1941 befiehlt Hitler den Überfall auf die Sowjetunion. Zunächst folgt Siegesmeldung auf Siegesmeldung. Deutsche Truppen stehen vor Moskau und auf dem Kaukasus. Doch dann kommt die Wende: Ende November 1942 wird die 6. Armee unter Generaloberst Paulus (220000 Mann) bei Stalingrad eingekreist. Hitler verbietet den vorgeschlagenen Ausbruch, ein Entsatzversuch scheitert. Durch die ständigen russischen Angriffe erleiden die Eingeschlossenen furchtbare Verluste. Am 31. Januar und 2. Februar 1943 kapitulieren die Reste der 6. Armee (90000 Mann). – Die wiederaufgebaute Stadt Stalingrad heißt heute Wolgograd.
Die Briefe aus Stalingrad wurden auf Anordnung des Führerhauptquartiers Ende Januar 1943 beschlagnahmt und geöffnet, man wollte aus ihnen »die Stimmung in der Festung Stalingrad kennenlernen«. Anschriften und Absender wurden entfernt.

## Aus Briefen unbekannter Soldaten:

Es wird vieles hier gemunkelt, aber ich finde mich nicht durch. Manchmal habe ich Angst, daß wir uns nicht mehr wiedersehen. Das darf ein Mann nicht schreiben, hat mir der Heiner aus Krefeld gesagt, man ängstige nur seine Angehörigen damit. Aber wenn es doch wahr ist!

Maria, liebe Maria, ich habe immer drumherum geredet, der Spieß [Feldwebel] hat gesagt, es sei die letzte Post nach Hause, weil kein Flugzeug mehr ginge. Ich kann es nicht übers Herz bringen zu lügen. Und mit dem Urlaub wird es nun wohl nie wieder etwas werden. Wenn ich Dich doch nur noch einmal sehen könnte, wie ist das schrecklich. Wenn Ihr Weihnachten die Kerzen ansteckt, dann denkt an Euren Vater in Stalingrad.

Es ist zum Verrücktwerden, lieber Helmut ... Leben wir eigentlich auf dem Mond oder Ihr? Sitzen mit 200000 Mann im Dreck, ringsherum nur Russen und dürfen nicht sagen, daß wir eingeschlossen sind, restlos und ohne Hoffnung ... Hier sterben die Tapferen und die Feigen in einem Loche und ohne Möglichkeit zu haben sich zu wehren. Wenn wir auch einmal »nur« für 14 Tage Munition gehabt hätten,

Mensch, wäre das eine Freude gewesen mit der Ballerei. Meine Batterie hat noch 26 Schuß, das ist alles, und es kommt auch nichts mehr dazu.

Der Führer hat fest versprochen, uns hier herauszuhauen, das ist uns vorgelesen worden, und wir glaubten fest daran. Ich glaube es heute noch, weil ich doch an etwas glauben muß. Wenn das nicht wahr ist, woran sollte ich dann noch glauben? ... Ich habe mein ganzes Leben oder wenigstens acht Jahre davon immer an den Führer und sein Wort geglaubt. Es ist entsetzlich, wie sie hier am Zweifeln sind, und beschämend, die Worte zu hören, gegen die man nichts sagen kann, denn die Tatsachen sprechen für sie.

Ich war entsetzt, als ich die Karte gesehen habe. Wir sind ganz allein, ohne Hilfe von außen. Hitler hat uns sitzen lassen. Dieser Brief geht noch ab, wenn der Flugplatz noch in unserem Besitz ist.

...darum sollst Du die Wahrheit wissen. Sie steht in diesem Briefe. Die Wahrheit ist das Wissen um den schwersten Kampf in hoffnungsloser Lage. Elend, Hunger, Kälte, Entsagung, Zweifel, Verzweiflung und entsetzliches Sterben. Mehr sage ich darüber nicht.

Meine persönliche Schuld an den Dingen ist nicht abzuleugnen. Aber sie steht im Verhältnis wie 1 zu 70 Millionen, das Verhältnis ist klein, aber es ist da. Ich denke nicht daran, mich um die Verantwortung herumzudrücken, und ich argumentiere so, daß ich durch die Hingabe meines Lebens die Schuld beglichen habe... Ich bin nicht feige, sondern nur traurig, daß ich keinen größeren Beweis meiner Tapferkeit abgeben kann, als für diese nutzlose Sache, um nicht von Verbrechen zu sprechen, zu sterben.

# Das letzte Flugblatt

1942 hatten sich in München Studenten, Professoren und Künstler zu einer kleinen Widerstandsgruppe zusammengefunden. Nach der Katastrophe von Stalingrad hoffte die »Weiße Rose«, neue Kreise des aufgeschreckten deutschen Volkes für ihren Kampf gegen den Nationalsozialismus gewinnen zu können. Das letzte Flugblatt beruft sich auf die Freiheitskriege und zitiert einen Vers aus Theodor Körners ›Aufruf‹. Die Geschwister Hans und Sophie Scholl verbreiteten es am 18. Februar 1943 in der Münchener Universität; sie wurden noch am selben Tag verhaftet.

Kommilitonen! Kommilitoninnen!

Erschüttert steht unser Volk vor dem Untergang der Männer von Stalingrad. Dreihundertdreißigtausend deutsche Männer hat die geniale Strategie des Weltkriegsgefreiten [Hitler] sinn- und verantwortungslos in Tod und Verderben gehetzt. Führer, wir danken dir!

Es gärt im deutschen Volk: Wollen wir weiter einem Dilettanten das Schicksal unserer Armeen anvertrauen? Wollen wir den niederen Machtinstinkten einer Parteiclique den Rest der deutschen Jugend opfern? Nimmermehr! Der Tag der Abrechnung ist gekommen, der Abrechnung der deutschen Jugend mit der verabscheuungswürdigsten Tyrannis, die unser Volk je erduldet hat. Im Namen der deutschen Jugend fordern wir vom Staat Adolf Hitlers die persönliche Freiheit, das kostbarste Gut des Deutschen zurück, um das er uns in der erbärmlichsten Weise betrogen.

In einem Staat rücksichtsloser Knebelung jeder freien Meinungsäußerung sind wir aufgewachsen. HJ, SA, SS haben uns in den fruchtbarsten Bildungsjahren unseres Lebens zu uniformieren, zu revolutionieren, zu narkotisieren versucht. »Weltanschauliche Schulung« hieß die verächtliche Methode, das aufkeimende Selbstdenken in einem Nebel leerer Phrasen zu ersticken. Eine Führerauslese, wie sie teuflischer und bornierter zugleich nicht gedacht werden kann, zieht ihre künftigen Parteibonzen auf Ordensburgen zu gottlosen, schamlosen und gewissenlosen Ausbeutern und Mordbuben heran, zur blinden, stupiden Führergefolgschaft. Wir »Arbeiter des Geistes« wären gerade recht, dieser neuen Herrenschicht den Knüppel zu machen. Frontkämpfer werden von Studentenführern und Gauleiteraspiranten wie Schuljungen gemaßregelt, Gauleiter greifen mit geilen Späßen den Studentinnen an die Ehre. Deutsche Studentinnen haben an der Münchner Hochschule auf die Besudelung ihrer Ehre eine würdige Antwort gegeben, deutsche Studenten haben sich für ihre Kameradinnen eingesetzt und standgehalten... Das ist ein Anfang zur Erkämpfung unserer freien Selbstbestimmung, ohne die geistige Werte nicht geschaffen werden können. Unser Dank gilt den tapferen Kameradinnen und Kameraden, die mit leuchtendem Beispiel vorangegangen sind!

Es gibt für uns nur eine Parole: Kampf gegen die Partei! Heraus aus den Parteigliederungen, in denen man uns weiter politisch mundtot halten will! Heraus aus den Hörsälen der SS-Unter- und Oberführer und Parteikriecher! Es geht uns um wahre Wissenschaft und echte Geistesfreiheit! Kein Drohmittel kann uns schrecken, auch nicht die Schließung unserer Hochschulen. Es gilt den Kampf jedes einzelnen von uns um unsere Zukunft, unsere Freiheit und Ehre in einem seiner sittlichen Verantwortung bewußten Staatswesen.

Freiheit und Ehre! Zehn lange Jahre haben Hitler und seine Genossen die beiden herrlichen deutschen Worte bis zum Ekel ausgequetscht, abgedroschen, verdreht, wie es nur Dilettanten vermögen, die die höchsten Werte einer Nation vor die Säue werfen. Was ihnen Freiheit und Ehre gilt, haben sie in zehn Jahren der Zerstörung aller materiellen und geistigen Freiheit, aller sittlichen Substanzen im deutschen Volk genugsam gezeigt. Auch dem dümmsten Deutschen hat das furchtbare Blutbad die Augen geöffnet, das sie im Namen von Freiheit und Ehre der deutschen Nation in ganz Europa angerichtet haben und täglich neu anrichten. Der deutsche Name bleibt für immer geschändet, wenn nicht die deutsche Jugend endlich aufsteht, rächt und sühnt zugleich, ihre Peiniger zerschmettert und ein neues geistiges Europa aufrichtet. Studentinnen! Studenten! Auf uns sieht das deutsche Volk! Von uns erwartet es, wie 1813 die Brechung des Napoleonischen, so 1943 die Brechung des nationalsozialistischen Terrors aus der Macht des Geistes. Beresina [beim Übergang über die Beresina hatte die fliehende

Horst Lange:
# Was ich nie vergessen werde

Ich werde den neunzehnjährigen SS-Mann nicht vergessen, im Reserve-Kriegslazarett zu Lublin, wie er, die Stille nicht ertragend, in seinem Bett lag, mit unruhigen Händen über die karierte Decke fahrend, und wie er das Eiserne Kreuz [Kriegsauszeichnung] bald von sich wegschob, bald wieder hastig an sich nahm, als könnte es ihm gestohlen werden, und zuerst noch plappernd, dann aber immer deutlicher und klarer werdend, Geschichten erzählte, denen niemand zuhörte und die von Erschießungen handelten; wie er mitunter, in schlechtem Gewissen verstohlen um sich blickend, halblaut flüsterte und dann wieder dringlicher wurde und seine Stimme erhob; und wie es zuletzt eine einzige Geschichte war, die er unablässig wiederholte, im Bett hochfahrend, auf den Fluren hin und her gehend, jeden mit dieser Geschichte überfallend wie aus dem Hinterhalt seines zunehmenden Wahnsinns, mit der Geschichte gleichsam um sich schlagend, einem Tobsüchtigen vergleichbar, der nicht mehr fähig ist, sich zu beherrschen, und auf alle eindringt, die ihm in den Weg laufen, so lange, bis seine Kräfte ihn verlassen haben und er zusammensackt, um nicht mehr hochzukommen; wie er diese Geschichte immer wieder damit begann, daß er an jenem Tage in Rußland, in Borissow oder bei Minsk, schon 600 Juden erschossen hatte, er, er allein, mit seiner Maschinenpistole hinter der gesichtslosen Reihe entlanggehend, die am Rande der tiefen Grube kniete; und wie dann seine Stimme plötzlich schrill wurde und zerbarst, als er schilderte, daß eine, die da kniete, sich noch einmal umdrehte und ihr Gesicht zu ihm hinwandte, das kalkweiße Gesicht einer jungen Frau mit dunklen Augen; und wie dann der Satz wiederkehrte, bei dem er jedesmal, wenn er ihn aussprach, ein wenig tiefer in der Finsternis versank, ein einfacher Satz von wenigen Worten, aber er wog schwer genug: »...und da sah ich, daß das ein Mensch war...«; immer wieder diese neun Worte, die ihn nach unten zogen, mitten in die tiefste Nacht hinein...

Anne Frank:
# Warten auf die Befreiung

*Aus dem Tagebuch*

*Amsterdam, 29. März 1944.* Wird es nicht Jahre nach dem Krieg, vielleicht nach 10 Jahren, unglaublich erscheinen, wenn wir erzählen, wie wir Juden hier [im Versteck] gelebt, gesprochen, gegessen haben? Denn wenn ich Dir auch noch soviel erzähle, Du kennst immer nur einen kleinen Ausschnitt von diesem Leben, z. B. welche Angst die Damen haben, wenn bombardiert wird wie Sonntag, als 350 englische Flieger eine halbe Million Kilo Dynamit auf Ymuiden geworfen haben und dann die Häuser durch den Luftdruck erschüttert werden, wenn wir hören, wieviel Epidemien hier herrschen...

Die Stimmung bei der Bevölkerung kann nicht gut sein. Mit der Wochenration ist schwer auszukommen. Die Invasion läßt auf sich warten, die Männer müssen nach Deutschland. Die Kinder sind unterernährt und werden krank. Fast alle Menschen haben schlechte Kleidung und schlechte Schuhe.

*22. Mai 1944.* Vater hat am 20. Mai fünf Flaschen Yoghurt bei einer Wette an Frau v. Daan verloren. Die Invasion ist wirklich noch nicht gekommen. Ich kann ruhig sagen, daß ganz Amsterdam, ganz Niederland, ja, die ganze Westküste von Europa bis herunter nach Spanien Tag und Nacht von der Invasion spricht und debattiert, darauf wettet und ... hofft!

Die Spannung steigt bis ins Unerträgliche.

*25. Mai 1944.* Jeden Tag ist etwas anderes los. Heute morgen haben sie unseren netten Gemüsemann verhaftet, er hatte zwei Juden im Haus! Es ist ein schwerer Schlag für uns, nicht allein, daß die armen Juden nun wieder am Rande des Abgrunds stehen, es ist auch schrecklich für den armen Mann selbst.

*6. Juni 1944.* Um 10 Uhr englische Sendung in Deutsch, Holländisch, Französisch und in anderen Sprachen: »The invasion has begun!« *Also* die »echte« Invasion. Der englische Sender um 11 Uhr in deutscher Sprache: Rede von Oberbefehlshaber General Dwight Eisenhower. Englische Sendung – englisch – 12 Uhr: »This is D.-day.« General Eisenhower spricht zum französischen Volk: »Stiff fighting will come now, but after this the victory. The year 1944 is the year of complete victory, good luck!«...

Das Hinterhaus ist im Taumel. Soll denn nun wirklich die lang ersehnte Befreiung nahen, die Befreiung, von der so viel gesprochen wurde, die aber doch zu schön ist, zu märchenhaft, um jemals Wirklichkeit zu werden? Wird uns dieses Jahr 1944 den Sieg bringen? Wir wissen es noch nicht, aber Hoffnung belebt uns, gibt uns wieder Mut, macht uns wieder stark.

*23. Juni 1944.* Hier ist nichts Besonderes los! Die Engländer haben den großen Angriff auf Cherbourg begonnen. Pim und v. Daan sind der Meinung, daß wir am 10. Oktober frei sind! Die Russen nehmen teil an der Aktion und haben gestern ihre Offensive bei Witebsk begonnen, genau auf den Tag drei Jahre nach dem deutschen Einfall.

*21. Juli 1944.* Nun habe ich Hoffnung, nun endlich geht es gut! Ja, wirklich, es geht gut! Tolle Berichte! Es wurde ein Attentat auf Hitler verübt, aber nicht einmal von jüdischen Kommunisten oder englischen Kapitalisten, sondern von einem edelgermanischen deutschen General, der Graf ist und überdies noch jung! Die »göttliche Vorsehung« hat dem Führer das Leben gerettet, und er ist leider, leider mit einigen Schrammen und ein paar Brandwunden davongekommen. Ein paar Offiziere und Generäle aus seiner Umgebung sind tot oder verwundet. Der Haupttäter wurde erschossen. Es ist wohl der beste Beweis, daß viele Offiziere und Generäle den Krieg bis obenhin satt haben und Hitler gern in die tiefsten Tiefen versenken möchten.

---

Mit einer Eintragung vom 1. August 1944 endet das Tagebuch. Am 4. August drang Polizei ins Hinterhaus der Prinsengracht, Amsterdam, ein und verhaftete die beiden dort von Holländern versteckten Familien. Die fünfzehnjährige Anne Frank starb im März 1945 im Konzentrationslager Bergen-Belsen.

---

# Staatsbegräbnis!

Am 20. Juli 1944 mißglückte Graf Stauffenbergs Anschlag auf das Leben des »Führers«. Dieser nahm an den Verschwörern und anderen Widerstandsgruppen, die mit ihnen in Verbindung standen, grausame Rache (4980 Menschen – hohe Offiziere und Zivilpersonen aus allen Schichten – wurden in den Monaten nach dem Attentat erschossen, erhängt oder zu Tode gefoltert). Einen aber wagte Hitler nicht öffentlich anzuklagen: den wegen seiner Tapferkeit berühmten und beliebten Generalfeldmarschall Erwin Rommel, den »Wüstenfuchs«.

## Manfred Rommel:

Ich war damals Flakhelfer an der Illerbrücke unweit von Ulm. Am Todestag meines Vaters [14. Oktober 1944] hatte ich Wochenendurlaub. In den frühen Morgenstunden des Samstag kam ich nach Herrlingen. Da mein Vater nach seiner Verwundung schlecht sehen konnte, habe ich ihm Berichte und Zeitungsartikel vorgelesen. Er scheute sich, fremde Hilfe in Anspruch zu nehmen.

An diesem Samstagmorgen gingen wir zunächst in der Nähe unseres Hauses spazieren. Es war ein schöner Herbsttag. Mein Vater erwartete gegen 11 Uhr den Besuch der Generale Burgdorf und Maisel. Feldmarschall Keitel hatte sie etwa eine Woche zuvor angekündigt und mitgeteilt, die Generale würden mit ihm über seine Wiederverwendung sprechen. Eine Aufforderung Keitels, mit einem Sonderzug nach Berlin zu kommen, hatte mein Vater abgelehnt. »Wenn ich dorthin fahre, sieht man mich niemals wieder! So einfach mache ich es denen nicht.« Mein Vater fürchtete, verhaftet zu werden. Das sagte er wiederholt zu meiner Mutter und mir.

Mein Vater stand mit den Widerstandskreisen in Verbindung, wußte aber von den Attentatsplänen nichts. An Hitler hatte er mehrere Fernschreiben geschickt, in denen er nachdrücklich auf den Ernst der militärischen Lage hinwies. Durchschriften dieser Fernschreiben trug er stets bei sich, um bei einer eventuellen Verhaftung sagen zu können: »Ich bin niemand, der von hinten kommt!« Er hatte diese Kopie auch an seinem Todestag in der Uniformtasche.

Dem Besuch der Generale sah mein Vater mit großer Spannung entgegen. Er ahnte, was bevorstand. Wir beobachteten, daß Zivilposten der Gestapo unser Haus umstellt hatten. Gegen 11 Uhr erschienen Burgdorf und Maisel. Ich war dabei, als sie meinen Vater baten, ihn sofort allein sprechen zu dürfen. Während des etwa einstündigen Gesprächs riefen Dorfbewohner an. Sie machten uns auf verdächtige Personen aufmerksam und teilten mit, daß die Straße zu unserem Haus abgeriegelt sei.

Nach dem Gespräch mit den Generalen kam mein Vater zu uns. Er sprach mit meiner Mutter und mir. In knappen Worten unterrichtete er uns über den Inhalt der Aussprache: Hitler hat befohlen, daß er sich vergiftet. Die Generale waren als Übermittler und Vollstrecker des Befehls nach Herrlingen gekommen. Sie teilten mit, daß ihm wegen seiner Verdienste in Afrika der Strang erspart wird, falls er Gift nimmt. Dann würden auch die üblichen Maßnahmen gegen die Familie nicht ergriffen. Die Generale hatten eine Giftkapsel mitgebracht. Sie versicherten, daß das Gift innerhalb von drei Sekunden wirkt. Als Todesursache werde Hirnschlag angegeben, da sie wegen der Kopfverletzung glaubhaft sei. Nach einer kurzen Zwischenzeit, die man ihm zur Verabschiedung einräumte, werde man mit ihm nach Ulm fahren, wo er angeblich an einer Besprechung teilnehmen solle. In Ulm werde er in ein Lazarett eingeliefert, von wo aus die Todesnachricht dann telefonisch nach Herrlingen übermittelt würde. Die Generale stellten ein Staatsbegräbnis in Berlin in Aussicht. Man solle sich doch aber die »Umstände ersparen und das gleich in Ulm machen«, hat mein Vater geantwortet. Das war der Inhalt des Gesprächs zwischen den Generalen und meinem Vater.

Vater wußte, daß er keine Chance mehr hatte. »Hitler traut sich nicht, mich vor Gericht zu stellen. Ich habe mich daher entschlossen, mit den Generalen mitzugehen.« Nach 10 bis 15 Minuten verabschiedete sich mein Vater. Er gab mir seine Brieftasche und die Schlüssel. Die Generale warteten draußen. »So, jetzt ist es Zeit«, sagte er und stieg in das Auto, das vor unserem Gartentor stand. Es wurde nicht mehr viel gesprochen. Am Steuer des Wagens saß ein SS-Fahrer vom Reichssicherheitshauptamt. Offenbar scheute man sich, Soldaten als Fahrer und zur »Sicherung«

des umliegenden Geländes heranzuziehen. Man setzte daher Männer ein, in deren Vorstellungswelt die Vorgänge um den Tod meines Vaters besser paßten.

Kurze Zeit nach Vaters Abfahrt kam aus dem Lazarett Wagnerschule [in Ulm] der Anruf eines Majors vom Heerespersonalamt. Der Ordonnanzoffizier nahm ihn entgegen: Der Feldmarschall ist einem Hirnschlag erlegen – Staatsbegräbnis! Schon am Samstag nachmittag trafen Beileidstelegramme von Hitler, Göring, Himmler und anderen ein.

# Vor der Hinrichtung

Auch Graf Moltke, der schon im Januar 1944 verhaftet worden war und Gewaltanwendung stets abgelehnt hatte, zählt zu den Opfern des 20. Juli. Der Volksgerichtshof verurteilte ihn zum Tode durch den Strang.

## Helmuth James von Moltke an seine Frau Freya

*Tegel, 10. Januar 1945*

Mein liebes Herz, zunächst muß ich sagen, daß ganz offenbar die letzten 24 Stunden eines Lebens gar nicht anders sind als irgendwelche anderen. Ich hatte mir immer eingebildet, man fühle das nur als Schreck, daß man sich sagt: nun geht die Sonne das letztemal für Dich unter, nun geht die Uhr nur noch zweimal bis 12, nun gehst Du das letztemal zu Bett. Von all dem ist keine Rede. Ob ich wohl ein wenig überkandidelt bin? Denn ich kann nicht leugnen, daß ich mich in geradezu gehobener Stimmung befinde. Ich bitte nur den Herrn im Himmel, daß er mich darin erhalten möge, denn für das Fleisch ist es sicher leichter, so zu sterben. Wie gnädig ist der Herr mit mir gewesen! Selbst auf die Gefahr hin, daß das hysterisch klingt: ich bin so voll Dank, eigentlich ist für nichts anderes Platz. Er hat mich die zwei Tage so fest und klar geführt: der ganze Saal hätte brüllen können, wie der Herr Freisler [Präsident des Volksgerichtshofs], und sämtliche Wände hätten wackeln können, und es hätte mir gar nichts gemacht; es war wahrlich so, wie es im Jesaja 43,2 heißt: Denn so du durch Wasser gehst, will ich bei dir sein, daß dich die Ströme nicht sollen ersäufen; und so du ins Feuer gehst, sollst du nicht brennen, und die Flamme soll dich nicht versengen. – Nämlich Deine Seele. Mir war, als ich zum Schlußwort aufgerufen wurde, so zumute, daß ich beinahe gesagt hätte: Ich habe nur eines zu meiner Verteidigung anzuführen: nehmen Sie den Leib, Gut, Ehr, Kind und Weib, laß fahren dahin, sie haben's kein Gewinn, das Reich muß uns doch bleiben. Aber das hätte doch die anderen nur belastet; so sagte ich nur: Ich habe nicht die Absicht, etwas zu sagen, Herr Präsident...
Ich schreibe morgen weiter, aber da man nie weiß, was

geschieht, will ich in dem Brief jedenfalls jedes Thema berührt haben. Ich weiß natürlich nicht, ob ich nun morgen hingerichtet werde. Es mag sein, daß ich noch vernommen, verprügelt oder aufgespeichert werde. Kratze, bitte, an den Türen; denn vielleicht hält sie das doch von zu argen Prügeln ab. Wenn ich auch nach der heutigen Erfahrung weiß, daß Gott auch diese Prügel zu nichts machen kann, selbst wenn ich keinen heilen Knochen am Leibe behalte, ehe ich gehenkt werde, wenn ich also im Augenblick keine Angst davor habe, so möchte ich das lieber vermeiden. – So, gute Nacht, sei getrost und unverzagt.

Antoine de Saint-Exupéry:

Der heutige Krieg zerstört, was er zu schützen vorgibt. Seitdem der Krieg mit Flugzeugen und Kampfstoffen geführt wird, ist aus dem Aderlaß eine Amputation geworden. Jeder der Gegner hockt hinter seinen Betonmauern, jeder schleudert, weil er nichts Besseres vermag, Nacht für Nacht seine Flugzeuggeschwader hinüber, die den andern ins Eingeweide treffen, seine lebenswichtigen Zentren mit Bomben belegen, seine Produktionsstätten und seine Verkehrswege lähmen. Derjenige, der als letzter zugrunde geht, ist der Sieger. Aber schließlich verkommen sie alle beide.

# Christa Wolf:
# **Flucht nach Westen**

*Aus dem autobiographischen Buch*
*›Nachdenken über Christa T.‹*

Mit den letzten Fahrzeugen, im engen Fahrerhäuschen eines
Munitionsautos, fuhr sie im Januar fünfundvierzig nach
Westen. Schlimmer als die wirklichen Ereignisse war, daß
nichts, nicht einmal das Grauen selbst, einen noch überra-
schen konnte. Unter dieser Sonne nichts Neues mehr, nur
das Ende, solange es dauert. Dazu die Gewißheit: so mußte
es kommen. So muß ein Dorfgasthof aussehen, wenn die
Menschheit sich verschworen hat, aus unwissender Angst in
ihm zusammenzuströmen. Blasse Frauen, übermüdete Kinder und Soldaten bei ihrem Alltagsgeschäft der Flucht. Die
Müdigkeit, die nicht nur von sechs durchwachten Nächten
kommt; was das wichtigste war, fällt einem aus der Hand,
man bemerkt es nicht. Hockt sich auf den Boden; glücklich,
wer ein Stück Wand hat, an das er sich lehnen kann. Christa
T., um die Verzweiflung abzuwehren, zieht ein Kind auf
ihren Schoß. Da beginnt das Radio über ihr zu dröhnen:
Noch einmal, auch in der Hölle noch, diese fanatische, sich
überschlagende Stimme, Treue, Treue dem Führer bis in den
Tod. Sie aber, Christa T., noch ehe sie den Mann verstanden
hat, fühlt sich kalt werden. Ihr Körper hat, wie auch sonst,
eher begriffen als ihr Kopf, dem nun allerdings die schwere
Aufgabe des Nacharbeitens bleibt, den Schreck aufzuarbei-
ten, der ihr in den Gliedern sitzt: *Das* ist es also gewesen,
und so hat es enden müssen. Die hier sitzen, sind Verfluchte,
und ich mit ihnen. Nur daß ich nicht mehr aufstehen kann,
wenn das Lied nun kommt: Da ist es. Ich bleibe sitzen. Ich
drücke das Kind fest an mich. Wie heißt du? Anneliese, ein
schöner Name. Über alles in der Welt... Ich hebe den Arm
nicht mehr. Ich habe das Kind, kleiner, warmer Atem. Ich
singe nicht mehr mit. Wie die Mädchen singen, die auf der
Theke gesessen, wie sogar die Soldaten, die rauchend und
fluchend an den Wänden gelehnt haben, noch einmal

gestrafft stehen, geradegerückt durch das Lied, o eure geraden Rücken, wie sollen wir wieder hochkommen?

Fertigmachen, rief der Beifahrer, sie hatten ihren Wagen wieder flott, Christa T. sprang auf und quetschte sich neben ihn, da fing die Nacht erst an, der Schneesturm auch. Schon vor dem übernächsten Dorf bleiben sie stecken, da half kein Schaufeln, Hilfe mußte herbei; Sie, Fräulein, bleiben am besten hier sitzen. Sie sagte nichts, alles, was ihr zustieß, war zu genau eingepaßt in den Alptraum. Nun war sie wohl für immer in die andere Welt geraten, die dunkle, die ihr ja seit je nicht unbekannt war – ...

Glück gehabt, Fräulein. So banal sprach das Leben selbst, der verläßliche Beifahrer, den Schnee noch in der Hand, mit dem er ihr Gesicht abgerieben hatte. Er habe schon so ein Gefühl gehabt, daß sie einschlafen werde, aber wie sollte man in dieser Nacht in weniger als drei Stunden eine Zugmaschine auftreiben? Sie will lachen, Christa T., sie will das nicht ernst nehmen. Wo war sie doch eben, warm und geborgen? Es wäre das schlimmste nicht, da wieder hinzukommen. Doch der Beifahrer rüttelt sie hart an der Schulter, er springt ab und heißt sie hinaussehen. Er beleuchtet mit seiner Taschenlampe ein kleines verschneites Bündel dicht neben ihrem Wagen. Er bückt sich und wischt an einer Stelle den Schnee mit seinen großen Handschuhen weg, da kommt ein Gesicht hervor, ein Junge. Der Beifahrer schippt das kleine Gesicht wieder zu und sagt zu Christa T.: Das wär's gewesen. Sie lebt, und der ist vielleicht gestorben, als sie schlief.

Dagmar Nick:
## Städte


Da standen Städte. Doch jetzt liegen Steine.
Auf den Ruinen sitzt die Nacht.
Daneben hockt der Tod und lacht:
so habe ich es gut gemacht!
Da waren Menschen. Doch jetzt leben keine.

Durch hohle Fenster greift mit langen Händen
der Mond wie ein Gespenst aus Chrom,
zuckt durch die Rippen dort am Dom,
springt wie ein Tänzer in den Strom
und zittert schattenhaft an allen Wänden.

Verkohlte Bäume starren steif, entblättert
im Schutt. Das letzte Leben lischt.
Nur eine schwarze Krähe zischt
durchs Grau. Vergangenes verwischt.
Da standen Städte. Doch sie sind zerschmettert.

Werner Finck:
# Es hätte sich erledigt

*Aus den Lebenserinnerungen*

Es bestand jetzt kein Zweifel mehr: Die Tage des Krieges waren gezählt. Der verstörte Ortsgruppenleiter der NSDAP von Meran packte gerade die Koffer und verstaute sein Büro in einige Kisten, als der brave Spaßvogel [Werner Finck], gestützt von zwei hilfsbereiten Menschen, bei dem Ortsgruppenleiter erschien und rief: »Bitte eintreten zu dürfen!« Und nach einer kleinen Pause: »In die Partei!«

Er war wohl der letzte Antragsteller Deutschlands.

Aber die Aufnahmeformulare waren schon alle verpackt. Der schwitzende Goldfasan [Funktionär der NSDAP] fühlte sich veralbert.

»Sie sehen doch, das geht jetzt nicht mehr!« schrie er.

»Danke«, sagte der Soldat, »das wollte ich nur wissen.« Was für ein schöner Tag!

Die Disziplin ließ überall empfindlich zu wünschen übrig. Und komisch: Die am zackigsten waren, ließen sich jetzt am auffälligsten gehen. So wie Brettspieler, die erkennen, daß die Partie verloren ist, in ihrer Wut das ganze Brett umschmeißen. Jetzt war's die Partie der Partei.

Die Nachrichten von der totalen Auflösung jagten sich. Der Führer suchte vergeblich nach einem Ausweg. Als er keinen anderen mehr sah, mordete er am 30. April sich selbst ...

Allerdings wurde zu guter Letzt Finck noch zwischendurch in eine Irrenanstalt gebracht. Das hatte seinen guten Grund in der strengen Logik des Militärs. Ein Feldarzt denkt nämlich anders als ein Zivilarzt. Der sagte sich: Der Ischias ist eine Nervenkrankheit, also gehört er in eine Nervenheilanstalt.

Am 3. Mai 1945 humpelte unser Soldat an seinen Krücken mühsam durch die Halle des Hotels, in dem das Lazarett untergebracht war. Da kam ein Landser fröhlich auf ihn zu und sagte: »Mensch, schmeiß die Dinger weg, der Krieg ist aus!«

So hatten sich die Gerüchte der endgültigen Niederlage schon zur unzweifelhaften Gewißheit verdichtet. Dennoch – ein braver Soldat, den zu spielen er ja seinerzeit in Potsdam [bei seiner Vereidigung als Soldat] versprochen hatte, bleibt – solange er nicht ausdrücklich entlassen ist – stur auf dem Dienstwege. Auch dann noch, wenn der schon bodenlos geworden ist.

Ich bin also erstmal auf Schreibstube gegangen und habe gefragt, ob noch was wäre. Und erst als man mir sagte, nein, es hätte sich erledigt, gab ich mich dem wohlverdienten Zusammenbruch hin.

Volker von Törne:
**Frage**


Mein Großvater starb
an der Westfront
mein Vater starb
an der Ostfront: an was
sterbe ich?

# 7 NACH DER »STUNDE NULL« 1945–1949

*Wer Anstoß geben will, muß auch Anstoß*
*erregen können . . . Aufklärung, Widerspruch*
*und Anstoß sind miteinander verwandt und*
*allesamt Kinder der Freiheit.*

Gustav W. Heinemann

Gesprengte Brücken, zerbombte Städte, auf den Straßen Hunderttausende von Flüchtlingen, in Gefangenen-
lagern in Ost und West Millionen Kriegsgefangene, auf
den Schlachtfeldern, in KZs und Luftschutzkellern
Millionen Tote – das war die Bilanz nach zwölf Jahren
Hitler-Diktatur.

Für viele gab es ein schreckliches Erwachen, denn sie
hatten bis zuletzt ihrem »Führer« vertraut, mit den von
der Propaganda hochgespielten Geheimwaffen gerechnet, auf irgendeine Wende, irgendein Wunder
gehofft.

Zahllose andere feierten die bedingungslose Kapitulation Deutschlands als Tag der Befreiung. Immer mehr
»Volksgenossen« war während der letzten Kriegsjahre
aufgegangen, daß sie einem Wahnwitzigen folgten.
Endlich durften sie aufatmen!

1945, das Jahr des vollständigen Zusammenbruchs, war
auch ein Jahr großer Hoffnungen und Pläne. Was wog
materielle Not jetzt, wo das Leben nicht mehr unmittelbar bedroht war? So schwer die Kriegswitwen, Ausgebombten und Heimatvertriebenen an ihrem Schicksal
tragen mußten, so nervenaufreibend das oft jahrelange
Warten auf die Rückkehr der Kriegsgefangenen war, so
unschön der Schwarze-Markt-Betrieb – weite Kreise,
vor allem aus der jungen Generation, erlebten die ersten
Jahre nach der »Stunde Null« als eine geistig überaus
anregende, nach allen Seiten offene Zeit. Sie hörten

Jazz, vertieften sich in abstrakte Kunst und lasen zum erstenmal Schriftsteller wie Thomas Mann, Sartre und Hemingway. Nach zwölf Jahren der Abkapselung strömte von überall her Neues auf sie ein, neue Ideen und neue Theorien. Daß die Besatzungsmächte dabei auch ein Programm der »Umerziehung« verfolgten, mag nur wenigen bewußt geworden sein.

Der wirtschaftliche und politische Neubeginn verlief langsamer als der kulturelle; nur allmählich konnte die Demokratie wieder Wurzeln schlagen. Hemmend wirkten sich erste Unstimmigkeiten zwischen den Alliierten aus, Vorboten des Kalten Krieges. 1945 schien noch alles möglich zu sein, aber schon 1949 waren Entscheidungen gefallen, die – aus heutiger Sicht – unvermeidlich zur Existenz zweier deutscher Staaten führen mußten.

---

Hinter den Bürgerinitiativen, die seit Mitte der siebziger Jahre den Bau von Kernkraftwerken zu verhindern suchen (siehe S. 325), steht eine doppelte Angst: Angst vor Umweltverseuchung durch Atommüll oder nicht ausreichende Kühlsysteme, und Angst, daß allen Sicherheitsvorkehrungen zum Trotz doch Strahlungsunfälle – wie 1986 in Tschernobyl (siehe S. 354) – eintreten können. Die überzeugendsten wissenschaftlichen Argumente prallen an diesen Zweifeln und Ängsten ab. Ursache dafür ist nicht zuletzt die Katastrophe, mit der die Atomenergie ins Bewußtsein der Menschen trat: *Hiroshima*. Am 6. August 1945 warfen die Amerikaner, die seit 1941 mit Japan Krieg führten, die erste Atombombe auf Hiroshima ab; 260000 Menschen verbrannten in einer einzigen Sekunde zu Asche, die Überlebenden erlitten schwerste Gesundheitsschäden. Am 9. August 1945 fiel die zweite Atombombe auf Nagasaki. Kurz darauf unterzeichneten die Japaner ihre Kapitulation.

---

Günter Eich:
# Inventur

*April/Mai 1945 im Gefangenenlager
bei Remagen geschrieben*

Dies ist meine Mütze,
dies ist mein Mantel,
hier mein Rasierzeug
im Beutel aus Leinen.

Konservenbüchse:
Mein Teller, mein Becher,
ich hab in das Weißblech
den Namen geritzt.

Geritzt hier mit diesem
kostbaren Nagel,
den vor begehrlichen
Augen ich berge.

Im Brotbeutel sind
ein Paar wollene Socken
und einiges, was ich
niemand verrate,

so dient er als Kissen
nachts meinem Kopf.
Die Pappe hier liegt
zwischen mir und der Erde.

Die Bleistiftmine
lieb ich am meisten:
Tags schreibt sie mir Verse,
die nachts ich erdacht.

Dies ist mein Notizbuch,
dies meine Zeltbahn,
dies ist mein Handtuch,
dies ist mein Zwirn.

## Tauschhandel

*Anzeigen aus einer Lokalzeitung vom 19. Mai 1945*

**Tauſche** Gartenſchlauch 20 m
lang neuwertig gegen Her-
renanzug Größe 48.
Angebote unter Nr. 299 an
die Geſchäftsſtelle ds. Bl.

**Tauſche** weiße Pumps, faſt neu
Größe 37¹/₂, gegen jegliche
Sommerſchuhe Größe 38¹/₂.
Zu erfragen unter Nr. 300
bei der Geſchäftsſt. ds. Bl.

**Biete** Einbünſtgläſer, ſuche
Liegeſtuhl.
Angebote unter Nr. 303 an
die Geſchäftsſtelle ds. Bl.

# Ihr sollt Eure Lektion lernen

Am 9. Mai 1945 trat die Gesamtkapitulation der deutschen Wehrmacht in Kraft. Einen Monat darauf, am 5. Juni, unterzeichneten Eisenhower für die USA, Montgomery für Großbritannien, de Lattre de Tassigny für Frankreich und Schukow für die UdSSR in Berlin vier Deklarationen; sie regelten die Übernahme der obersten Regierungsgewalt in Deutschland durch die vier Siegermächte sowie die Organisation eines Kontrollrats für alle Angelegenheiten, die Deutschland als Ganzes berühren. Das deutsche Staatsgebiet (nach dem Stand von Ende 1937) wurde in vier Besatzungszonen aufgeteilt, Berlin in vier Sektoren. Jede Besatzungsmacht verwaltete ihre Zone nach ihren eigenen politischen und wirtschaftlichen Vorstellungen.

*Botschaft an die Bevölkerung der britischen Besatzungszone, 10. Juni 1945:*

Ihr habt Euch oft gewundert, warum unsere Soldaten Euch gar nicht beachten, wenn Ihr ihnen zuwinkt oder auf der Straße guten Morgen wünscht und warum sie nicht mit Euren Kindern spielen. Unsere Soldaten handeln gemäß ihren Befehlen. Ihr habt dieses Verhalten nicht gerne. Auch unsere Soldaten nicht, da wir von Natur aus ein freundliches und entgegenkommendes Volk sind. Aber der Befehl war notwendig, und ich will Euch erklären, warum. Im Weltkrieg von 1914, der durch Eure Führer begonnen wurde, wurden Eure Armeen im Felde geschlagen. Eure Generale ergaben sich, und Eure Führer gestanden im Vertrag von Versailles zu, daß Deutschland für den Krieg verantwortlich war. Die Kapitulation fand jedoch in Frankreich statt. Es kam zu keinen Kampfhandlungen auf deutschem Boden. Dies veranlaßte Eure Führer, das Märchen zu verbreiten, daß Eure Wehrmacht niemals geschlagen wurde; in der Folge lehnten Eure Führer auch den Paragraphen über die Kriegsschuld des Vertrages von Versailles ab. Sie versicherten Euch, daß Deutschland weder für den Krieg verantwortlich war noch besiegt wurde. Dies glaubten viele von Euch, weil Ihr niemals Kriegshandlungen in Eurem Lande erlebt hattet. Als Eure Führer abermals diesen Krieg mutwillig auslösten, habt Ihr ihnen Beifall gezollt. Abermals wurden

Eure Armeen nach Jahren von Zerstörung und Elend geschlagen. Dieses Mal sind die Alliierten entschlossen, daß Ihr Eure Lektion lernen sollt, und zwar nicht nur, daß Ihr geschlagen wurdet, was Ihr jetzt wohl wissen müßt, sondern auch, daß Ihr als Nation schuld am Beginn des Krieges wart. Denn wenn dies Euch und Euren Kindern nicht klargemacht wird, mögt Ihr Euch noch einmal durch Eure Beherrscher dazu verleiten lassen, einen neuen Krieg zu führen.

Unsere Soldaten haben schreckliche Dinge in vielen Ländern gesehen, wo Eure Beherrscher Krieg führten. Ihr denkt, daß nicht Ihr, sondern Eure Führer für diese Dinge verantwortlich sind. Aber diese Führer sind aus dem deutschen Volk gewachsen. Die Nation ist verantwortlich für ihre Führer. Solange sie erfolgreich waren, habt Ihr frohlockt, gefeiert und gelacht. Das ist der Grund, weshalb unsere Soldaten sich Euch gegenüber nicht freundlich verhalten. Wir haben dies befohlen, um Euch, Eure Kinder und die ganze Welt vor einem neuen Krieg zu bewahren. Dies wird nicht stets so bleiben, denn wir sind ein christliches Volk, das gerne vergibt. Wir schätzen es, zu lachen und freundlich zu sein. Aber es ist unser Ziel, das Übel des nationalsozialistischen Systems zu zerstören. Es ist noch zu früh, um gewiß zu sein, daß wir dieses Ziel erreicht haben. Ihr sollt dieses Euren Kindern vorlesen, wenn sie alt genug sind, und dazu sehen, daß sie es verstehen.

Feldmarschall Bernard L. Montgomery

U.S. Besatzungszone
LEA WÜRTTEMBERG
EA

**Lebensmittelkarte**
für Erwachsene über 18 Jahre

**E 90**

Gültig vom 24.6. bis 21.7.1946

Anstelle von 500 g Brot
können 375 g Mehl bezogen werden
Bei Verlust der Karte kein Ersatz

Nicht übertragbar

Lebensmittel gab es, wie im Krieg, nur »auf Marken«. Die
Erwachsenen in Württemberg z. B. bekamen für die Woche vom
21. bis 27. Mai 1945 100 g Butter, 250 g Fleisch und 1000 g Brot
zugeteilt. Erst im Frühjahr 1950 wurde die Lebensmittelrationie-
rung in der Bundesrepublik ganz aufgehoben.

# Anfänge

Der erste Ministerpräsident von Württemberg-Baden (ab 1952: Baden-Württemberg) gehörte zu den Männern, die 1945 die schwierige Aufgabe übernahmen, Deutschland aus dem Zusammenbruch herauszuführen und gleichzeitig Grundlagen für eine neue demokratische Staatsordnung zu schaffen. Hier erinnert er sich an die Zeit gleich nach der »Stunde Null«.

## Reinhold Maier:

Aus Backnang kam die erfreuende Kunde, daß der dortige Landrat bei der Militärregierung eine Zusammenkunft aller Landräte der amerikanischen Zone beantragt habe, dem Antrag sei stattgegeben worden, die Zusammenkunft finde am 20. Juni 1945 im Gasthaus Sonne-Post in Murrhardt statt. Das war eine Aktion ganz in unserem Sinne.

Als wir dann zur Konferenz in Murrhardt eintrafen – viele kamen verspätet wegen nahezu unüberwindlicher Verkehrsschwierigkeiten, wegen der gesprengten Brücken und der noch nicht wiederhergestellten Straßen –, saß Mr. Bingham (Leiter der Abteilung Arbeit und Soziales der Landesmilitärregierung) in dem kleinen Versammlungsraum. Eigentlich hätte der Mann der politischen Abteilung erscheinen müssen. Der Direktor der Militärregierung, Oberst William W. Dawson, hielt offensichtlich seine schützende Hand über dem Unternehmen; er zog es aber nicht als – damals hochverpönte – politische Versammlung auf, sondern als Aussprache über die Schaffung von Arbeitsmöglichkeiten.

Ein Thema nach dem anderen kam an die Reihe, und es ergab sich: Sämtliche Landräte hatten mehr oder weniger dieselben Sorgen, und merkwürdigerweise hatte man sich im Kampf gegen die überwältigende Fülle der Notstände mit den gleichen Mitteln geholfen. Man war Praktiker, war seinem gesunden Menschenverstand gefolgt und einigermaßen durchgekommen. Die Diskussion stand auf einem beachtlichen Niveau an Sachkenntnis. Besonders interessant war, wie selbstverständlich die Versammlung die demokratischen Spielregeln handhabe. Wie wenn die zwölf Jahre Diktatur nie gewesen wären! Die Männer erinnerten sich an ihre Tätigkeit in ihren Gemeinderäten, in ihren

Verbandsversammlungen, im Landtag und sprachen frisch von der Leber weg. Sie waren nach der langen Unterbrechung mit Leib und Seele dabei. Manchmal schlug der eine oder andere, wenn auch nicht mit der geballten Faust, auf den Tisch. Man konnte wohl selten eine Versammlung mit einem so echten Ablauf in einfacher, unmittelbarer Demokratie mitmachen. Die gemeinsame Not verband diese Leute und führte sie zu gemeinschaftlichen Beschlüssen.

*Tagebuch, 11. November 1945.* Das Wetter ist sehr schlecht, naßkalt. Täglich wachsen die Sorgen und das Elend der Bevölkerung. Ein schlimmes Kapitel sind die vom Osten einströmenden Flüchtlinge (aus Polen, der Tschechoslowakei, Ungarn). Millionen sind auf der Wanderung. In das Gebiet der amerikanisch besetzten Zone sollen zu den bisher 18 Millionen Menschen weitere zwei bis drei Millionen kommen. Nordwürttemberg wird Anfang 1946 30 Prozent mehr Menschen beherbergen als 1939. Denn es sind noch 400 000 Bombenflüchtlinge aus dem Rheinland und Westfalen im Lande und können den Rückweg nicht finden. Woher die Ernährung nehmen für diesen neuen Zuwachs? Die ankommenden Familien bestehen meistens nur aus Frauen und Kindern. Was bisher angekommen ist, gehört noch zu den geschonten Deutschen, so schlimm ihr Schicksal ist. Die Schlesier, die im letzten Herbst vor den anrückenden Russen nach Österreich geflohen sind, von dort jetzt ausgewiesen werden, können den ganzen Weg mit der Eisenbahn zurücklegen. Aber die andern müssen Hunderte von Kilometern zu Fuß gehen, bis sie eine Eisenbahnstation erreichen – wenn sie nicht vorher den Strapazen erliegen.

Auf dem Bahnhof in Schwäbisch Gmünd werden bis Januar 1946 nicht weniger als 185 000 Menschen erwartet für die sieben Kreise der Umgebung. Unser Staatsapparat ist wieder so weit organisiert, daß wenigstens das Allernotwendigste vorbereitet werden kann.

Der Nürnberger Prozeß

Die Siegermächte erhoben am 18. Oktober 1945 Anklage gegen
alle Personen und Organisationen (z. B. Reichskabinett, General-
stab, SA, Gestapo, SS und SD), die »Verbrechen gegen den
Frieden, Kriegsverbrechen und Verbrechen gegen die Menschlichkeit« begangen hatten. Das Gericht setzte sich aus amerikanischen,
britischen, französischen und sowjetischen Richtern zusammen,
jeder Angeklagte hatte einen Verteidiger. Am 30. September und
1. Oktober 1946 wurde das Urteil von Nürnberg verkündet; es
versucht zum erstenmal, die maßgeblichen politischen und militärischen Führer eines besiegten Volkes juristisch zur Verantwortung
zu ziehen. Zwölf Todesurteile (u. a. gegen Hermann Göring, der
kurz vor der Vollstreckung Gift nahm) und hohe Gefängnisstrafen
wurden ausgesprochen. – Der Engländer David Low zeichnete den
Gerichtssaal als gespenstische Szene: den Hauptkriegsverbrechern
steht das namenlose Millionenheer der mißhandelten und ermordeten Opfer gegenüber.

179

Gabriele Reich:
# Wenn unsere Nachfahren das einmal lesen

*Tagebuchaufzeichnungen*

*16. 3. 1946.* Ich habe mir vor Jahren immer gewünscht, in einer Zeit zu leben, in der große Umwälzungen vor sich gehen. Jetzt wo es soweit ist, empfindet man es gar nicht so aus Sorge um das Nächstliegende. Aber es kommt einem doch hin und wieder zum Bewußtsein. Churchill hat jetzt in Amerika eine »antisowjetische« Rede gehalten. Natürlich als Privatmann! Er hat damit nicht nur Staub aufgewirbelt, sondern Felsblöcke gelockert. Er sprach von »grenzenloser Expansionssucht« der Sowjets. Ja er hat richtig zum Kampf gegen UdSSR aufgerufen. »Churchill rasselt mit dem Säbel«, heißt es in der Täglichen Rundschau. Ob Churchill sich nicht zum Sprecher der öffentlichen Meinung Englands gemacht hat? England treibt ja eine so raffinierte Politik, daß man erst nach dem Schachmatt hinter seine Züge kommt. Man spricht allgemein davon, daß noch einmal ein Krieg ausbricht. Das fehlte noch.

*15. 4. 1946.* Seit dem 11. sind die Russen wie verrückt dabei, in G. und Pr. alle Maschinen rauszuholen. Tag und Nacht geht das. Vati ist bei der Schicht von 16.00 bis 0.00. Es ist klar, daß er da völlig erledigt ist. Die Stimmung kann man sich vorstellen: Omi nicht normal, Mutti nervös, Vati noch mehr, und wenn ich nun nicht alle meine Nerven habe, dann geht's los. Brrr! Ein Glück, daß jetzt so schönes Wetter ist. Man sagt, daß die Russen bis zum 8. 5. alles raus haben müssen, dann dürfen sie nichts mehr ausbauen. Ich kann diese Hunde bald nicht mehr sehen, diese Schweine, die uns das Paradies bringen wollen und uns zugrunde richten.

*8. 5. 1946.* Heute ist der erste Jahrestag dessen, da das Tor zur Welt und zum Ruhm vor Deutschland dröhnend sich geschlossen hat und Deutschland in ein graues Nichts zurücksank.

*1. 6. 1946.* Vati hat von früh 4 Uhr bis um 11 Uhr wegen der Registratur angestanden und nach vielen Schwierigkeiten die Erlaubnis zum Grenzübertritt erhalten. Wenn man bedenkt, daß man jetzt nach Bayern runter Grenzschwierigkeiten hat und in der Nähe der Grenze Gefahr läuft, von Russen oder Amerikanern vergewaltigt oder angeschossen zu werden, greift man sich an den Kopf. Wenn unsere Nachfahren das einmal lesen, erklären sie uns für verrückt oder das für Lüge.

Alfred Kerr:
# Deutschland, Juli 1947

*Tagebuch.* – Hier in Deutschland überrascht den Zwangsgewanderten [der Verfasser mußte 1933 emigrieren] ein unbestimmbares Gefühl. Bin heut, seit vierzehn Jahren zuerst wieder, in dem Land meiner Liebe, meiner Qual, meiner Jugend. Und meiner Sprache.

Diese Trottel wollten mir blitzdumm die Zugehörigkeit absprechen.

Ich werde nicht wehleidig... Aber wie kommt man sich vor, nach allem Vergangenen?

Nicht wie ein nachtragender Feind – wahrhaftig nicht. Sondern wie ein erschütterter Gefährte.

Erschüttert ... aber mißtrauisch.

(Man soll die Wahrheit ermitteln, sie feststellen – und dann sie sagen.)

Also: Mißtrauisch, doch weich... Nein: viel eher weich als mißtrauisch... Und trotzdem – etwas mißtrauisch...

Genau so ist es.

Zuletzt behält der romantische Begriff »Deutschland« die Oberhand. Es ist ja doch nicht auszurotten, was man so lange belacht und geliebt hat.

Und eines steht fest: über dem Ganzen dämmert die innigste Hoffnung für ein heut unglückliches Land.

München ... Nürnberg ... Frankfurt...

Alles zugleich kann ein eben Hineingeschneiter nicht sehn – doch überwiegt der Eindruck: München ist keineswegs hoffnungslos.

Du erkennst jedenfalls die Straßen, wo sie gewesen sind. Du rufst: »Da ist ja die liebe Feldherrnhalle, da ist sie ja...« Wo damals die Flucht der Erscheinungen in die Geschichte einging – nach verschiedenen Richtungen... Da ist ja der Franziskaner [Gaststätte] – wenn er auch kein »Franziskaner« mehr schenkt; ja sind denn historische Erinnerungen gar nichts?... Lag hier nicht irgendein Siegestor? Doch!... Und hier ist man bestimmt in der Kaufingerstraß'n.

Weißt, mit die Schaufenster... Hier sogar ein extra-billiger Woolworth: mit Viertel- und Achtelpreisen – für die deutsche Bevölkerung.

Sie drängt hinein.

*Tagebuch.* – Gestern, als ich über die Grenze bin, und das Auto noch stillsteht, aß ich einiges vom Bahnhof in Zürich Mitgebrachte. Ein deutsches winziges Bübchen kommt näher und fragt lächelnd: »Schmeckt's?«

Ich weiß nicht, warum, aber ich habe Lust, loszuheulen – obwohl das Kind vielleicht eingelernt ist.

Mit dem Empfangenen wandert er ab. Kommt nach sehr kurzer Zeit zurück; und fragt wieder – lächelnd.

Nürnberg...

Das war eine Stadt; und ist eine Schutthalde. Das war gemütlich-bürgerlich; und ist ein Grauen.

Ein Grauen ohne Tragik; nur noch was Unangenehmes.

Eine Ruppigkeit. Eine Häßlichkeit. Eine Trostlosigkeit... Eine Schutthalde.

In den ›Meistersingern von Nürnberg‹ klang es behaglich, friedvoll: »Wie duftet doch der Flieder...«

Es hat sich ausgeduftet.

Die Lorenzkirche steht noch. Auch ihr Gegenstück: die mit dem wundervollen Sebaldusgrab. (Ist es noch vorhanden?)

Der Weg zwischen beiden bleibt eine Seelenfolter. Du siehst kaum andres als Geröll. Irreführend wäre das Wort »Ruinen« – da denkt man immerhin an gewesene Hausungen; dies aber ist dem Staub viel näher als der billigen Vorstellung zerrissener Wände.

So daß im ersten Augenblick der Gedanke nicht abwegig scheint: dies Trümmertal seinem Zustand zu überlassen – und ein neues Nürnberg nebenan zu erbauen.

Sind das Wahnbilder?... Traumideen?...

Das alte Nürnberg wäre dann eine Sehenswürdigkeit... wie Pompeji; wie Rothenburg; oder wie das erschütternde Timgad in Nordafrika.

Ein Pilgerziel für die Fremden.

*Tagebuch.* – Ich weiß nicht, ob ich in fünf Tagen alles richtig gesehen – aber ich weiß, daß ich alles, was ich gesehen, richtig gesagt habe. (Auf das Sagen kommt es an.)

Bertolt Brecht:

**Das sind die Städte, wo wir unser »Hell!«**
**Den Weltzerstörern einst entgegenröhrten.**
**Und unsre Städte sind auch nur ein Teil**
**Von all den Städten, welche wir zerstörten.**

Max Frisch:

Wenn wir von Frieden reden, und gesetzt den Fall, wir glauben an seine Möglichkeit: Wie stellen wir uns den Frieden vor? 1946 in Frankfurt am Main, als Gast bei ausgebombten Deutschen, verstand ich unter Frieden ganz einfach: Keine Bomben mehr, keine Siege mehr, Entlassung von Kriegsgefangenen. In Prag, wo es kaum Trümmer gab, nach einem Besuch in Theresienstadt, wo ich noch den Galgen sah und Tausende von Tüten mit menschlicher Asche, schien die Antwort auch einfach: Friede als Ende der Angst, keine Uniformen der Fremdherrschaft. In Warschau, 1948, hörte ich nach einem stundenlangen Gang durch Trümmerstille plötzlich das Gedröhn von Niethämmern an den ersten Pfeilern einer neuen Brücke über die Weichsel: Der Friede.

(NZ-Karikatur von Helmut Beyer)

Das Grundgesetz der Bundesrepublik Deutschland wurde am 23. Mai 1949 verkündet. In der Präambel steht, die Bevölkerung der drei westlichen Besatzungszonen habe »auch für jene Deutschen gehandelt, denen mitzuwirken versagt war. Das gesamte Deutsche Volk bleibt aufgefordert, in freier Selbstbestimmung die Einheit und Freiheit Deutschlands zu vollenden«.

Eine Woche später, am 30. Mai 1949, bestätigte der Dritte Volkskongreß in Ostberlin die Verfassung der Deutschen Demokratischen Republik. Sie beansprucht ebenfalls Geltung für Gesamtdeutschland: »Deutschland ist eine unteilbare demokratische Republik; sie baut sich auf den deutschen Ländern auf... Es gibt nur eine deutsche Staatsangehörigkeit.«

# 8 DEUTSCHLAND GETEILT DURCH ZWEI 1949–1955

*Wir sollten diesen Staat als unseren Staat
betrachten, allerdings nicht nur im Sinne einer
hübschen und netten Redensart zur Erbauung,
sondern in dem Sinne, daß wir in diesem Staat
für das verantwortlich sind, was geschieht.
Eine Verfassung mag noch so schön sein – sie ist
immer nur ein Angebot, von ihren
Möglichkeiten Gebrauch zu machen. Daß aus
Verfassung Staat wird, liegt in unserer Hand.
Das haben wir zu bewirken.*

Carlo Schmid

Die Geschichte unseres Staates beginnt am 23. Mai
1949, dem Tag, an dem das »Grundgesetz für die
Bundesrepublik Deutschland« verkündet wurde. Davor
lagen vier Jahre der völligen Abhängigkeit von den
Besatzungsmächten. Hitlers »Tausendjähriges Reich«
war 1945 in einem Inferno zugrunde gegangen. Nach
der bedingungslosen Kapitulation (8. Mai 1945) hatten
die Alliierten USA, Großbritannien, Frankreich und
Sowjetrußland die östlich der Oder-Neiße-Linie gelegenen Gebiete von Deutschland abgetrennt und den Rest
unter sich in vier Besatzungszonen – mit jeweils eigener
Militärregierung – aufgeteilt. Die Hauptstadt Berlin
erhielt einen Sonderstatus, der sich bis heute erhalten
hat: sie wurde in vier Sektoren zerschnitten.
Hunger, Wohnungsnot, Flüchtlingselend, Arbeitslosigkeit, Schwarzer Markt, der Nürnberger Kriegsverbre-
cherprozeß, Entnazifizierung, Kahlschlagliteratur,
Währungsreform, die Blockade Berlins – das sind die
wichtigsten Stichwörter für die Jahre 1945 bis 1949. In
den drei Westzonen versuchten die noch einmal davon-
gekommenen Deutschen nach angelsächsischem Vor-

bild Demokratie zu verwirklichen, in der Ostzone lernten sie den Kommunismus kennen. Von Anfang an verliefen die Wege getrennt. Die Bereitschaft zur Zusammenarbeit schwand bei den ungleichen Verbündeten in West und Ost zusehends dahin, nachdem sie ihr gemeinsames Ziel, die Niederwerfung der Hitler-Diktatur, ja erreicht hatten. Sollte Deutschland jetzt zwischen den beiden Machtblöcken vollends zerrieben werden? Der Gedanke, im Zentrum Europas eine neutrale Pufferzone zu schaffen, fand viele Befürworter. Aber jeder mißtraute dem anderen, und so stiegen wir, die ehemaligen Feinde, allmählich zu Partnern der westlichen Besatzungsmächte auf. Notgedrungen vollzog Moskau eine ähnliche Entwicklung nach. Die Bundesrepublik Deutschland und die Deutsche Demokratische Republik – sie wurde am 7. Oktober 1949 in Ost-Berlin proklamiert – verdanken beide ihre Entstehung dem »Kalten Krieg«. Die Deutschen mußten dafür den hohen Preis der Spaltung ihres Landes bezahlen.

Das Thema »Wiedervereinigung« beherrschte lange die Politik der Bundesrepublik. 1949 glaubte und hoffte man noch, die beiden Teile in naher Zukunft wieder zu einem einheitlichen deutschen Staat verbinden zu können. Bundeskanzler Adenauer hielt einen möglichst engen Anschluß an die Westmächte und eine harte Haltung gegenüber dem Osten für die richtige Strategie. Sein Handlungsspielraum war begrenzt: die oberste Verantwortung in allen außenpolitischen (und noch manchen anderen) Fragen verblieb zunächst bei den Besatzungsmächten. Ein Besatzungsstatut, das am 21. September 1949 in Kraft trat, regelte die Befugnisse der neuen Bundesregierung; gleichzeitig löste eine Alliierte Hochkommission mit Sitz auf dem Petersberg bei Bonn offiziell die Militärregierung ab.

In seiner ersten Regierungserklärung vom 20. September 1949 beschrieb Adenauer die künftige Aufgabe: »Der einzige Weg zur Freiheit ist der, daß wir im Einvernehmen mit der Hohen Alliierten Kommission unsere Freiheiten und unsere Zuständigkeiten Stück für Stück zu erweitern versuchen.«

Günter Dahl:

# Meldungen aus dem Jahr 1949

Als die Bundesrepublik Deutschland geboren wird, leben in den drei westlichen Besatzungszonen etwas mehr als 47 Millionen Menschen. Jedem von ihnen werden etwa 1700 Kalorien pro Tag zugestanden (Mindestmenge für junge Männer z. B. 2200–2400 Kalorien). Noch sind die Lebensmittel rationiert. Es gibt pro Monat ungefähr 10 Kilo Brot, 1,5 Kilo Nährmittel, 750 Gramm Fleisch, 1125 Gramm Fett, 250 Gramm Käse, 1500 Gramm Zucker und drei Liter Magermilch auf Marken. Aber daneben sind die meisten Nahrungsmittel bereits auf dem freien Markt erhältlich; sie werden teilweise zu gleichen Preisen wie die rationierten und sogar oft über den Ladentisch verkauft...

Auf dem Schwarzen Markt der Großstädte gelten folgende Kilopreise: Bohnenkaffee, ungeröstet, 16 bis 20 DM, Butter 16 bis 18 DM, Zucker 3 DM, amerikanisches Weizenmehl 1,20 bis 1,60 DM, amerikanische Zigaretten 15 bis 20 Pfennige pro Stück...

Ein Arbeitnehmer, verheiratet, zwei Kinder, hat im Durchschnitt etwas weniger als 300 DM monatlich netto in der Tüte...

Von den Gesamtsteuereinnahmen der acht Länder in den drei Zonen entfallen 27 Prozent auf Besatzungskosten und 22 Prozent auf Kriegsfolgelasten und Sozialausgaben...

Anläßlich der Fertigstellung des 50 000. Volkswagens teilt Generaldirektor Nordhoff mit, daß die Produktion des Volkswagenwerks im kommenden Jahr von 40 000 auf 60 000 Wagen gesteigert werden soll. Bereits in diesem Jahr – 1949 – sollen etwa 10 000 VW exportiert werden...

Perlonstrümpfe bleiben Mangelware. Die ersten sollen im Herbst 1949 in der »Trizone« auf den Markt kommen...

Als erstes Land der amerikanischen Besatzungszone hat Bremen das alliierte Reparationsprogramm erfüllt und annähernd 54 000 Tonnen Maschinen und Werkzeuge abgeliefert...

Dr. Konrad Adenauer (CDU) wurde am 15. September 1949 mit
202 von 402 Stimmen – mit nur einer Stimme Mehrheit! – zum
ersten Bundeskanzler der Bundesrepublik Deutschland gewählt.
Das Foto zeigt ihn im Deutschen Bundestag kurz nach dem Eid:
»Ich schwöre, daß ich meine Kraft dem Wohle des deutschen
Volkes widmen, seinen Nutzen mehren, Schaden von ihm wenden,
das Grundgesetz und die Gesetze des Bundes wahren und
verteidigen, meine Pflichten gewissenhaft erfüllen und Gerechtigkeit gegen jedermann üben werde. So wahr mir Gott helfe.«
(Grundgesetz Artikel 56)

190

# Kurt Schumacher:
# Opposition ist...

*Aus der Bundestagsrede vom 21. September 1949.*

Nun, wir sind die Opposition, und was Opposition ist, darüber hat sich eine unglaublich naive Diskussion in der deutschen Öffentlichkeit erhoben. Die Wertung der Opposition und der Regierung, die vorbehaltlose Überbewertung der Regierungsfunktion und die ebenso vorbehaltlose Unterbewertung der Oppositionsfunktion stammt aus dem Obrigkeitsstaat, und die Begriffe des Obrigkeitsstaates scheinen noch in vielen Köpfen auch in diesem Hause sehr lebendig zu sein. Eine Opposition ist in ihren Qualitäten nicht dann staatserhaltend, wenn sie eine wohlwollende Beurteilung durch die Bundesregierung oder durch ihre Parteien findet...

Die Regierung und die Opposition werden ihre Qualität durch ihre Leistungen bestimmen... Die Opposition ist ein Bestandteil des Staatslebens und nicht eine zweitrangige Hilfestellung für die Regierung.

Die Opposition ist die Begrenzung der Regierungsmacht und die Verhütung ihrer Totalherrschaft. Ihre Eindeutigkeit zwingt alle Parteien, die der Opposition wie die der Regierung, ihr innerstes Wesen an ihren Taten zu offenbaren... Tatsachen müssen sprechen. Aber ebenso richtig ist, daß die Opposition sich nicht in der bloßen Verneinung der Regierungsvorschläge erschöpfen kann. Das Wesen der Opposition ist der permanente Versuch, an konkreten Tatbeständen mit konkreten Vorschlägen der Regierung und ihren Parteien den positiven Gestaltungswillen der Opposition aufzuzwingen...

Es ist die Aufgabe der Opposition, die Dinge im Fluß im Sinne einer Entwicklungsmöglichkeit zum Demokratischen und Sozialen zu halten... Wir sind nicht die bloße Negationserscheinung dieser Regierung. Wir sind etwas Selbständiges.

# Das böse Wort vom
# »Bundeskanzler der Alliierten«

Der erste Schritt zu einer größeren Selbständigkeit Westdeutschlands war das Petersberger Abkommen vom 22. November 1949, das Bundeskanzler Adenauer mit den Hohen Kommissaren der drei Westmächte ausgehandelt hatte; als Gegenleistung für Zugeständnisse in der Saarfrage und Deutschlands Eintritt in die Internationale Ruhrbehörde erhielt er die Zusage der Alliierten, daß die Demontagen deutscher Industriebetriebe wesentlich eingeschränkt werden. Diesen Kompromiß verurteilten die Sozialdemokraten. Vor allem nahmen sie Adenauer übel, daß er das Parlament erst nachträglich informiert, also praktisch übergangen hatte. In einer stürmischen Nachtsitzung des Bundestages schleuderte der Oppositionsführer Dr. Kurt Schumacher (SPD) seinem großen Gegenspieler Adenauer einen Zwischenruf entgegen, der in die Geschichte einging.

*Auszüge aus dem Bundestagsprotokoll*
*vom 24./25. November 1949*

DR. ADENAUER: Es ist, meine Damen und Herren, nicht etwa so, daß sämtliche Demontagen eingestellt werden. Eine Anzahl von Demontagen, das gilt in erster Linie für die Demontage von Unternehmungen, die für Kriegszwecke geschaffen sind, geht weiter und wird zu Ende geführt. Aber aus der Liste der Werke, die nunmehr von der Reparationsliste gestrichen werden, werden Sie ersehen, daß wir einen großen Schritt weitergekommen sind. Unser Wirtschaftsministerium ist der Auffassung, daß hiermit etwa 90 Prozent unserer Wünsche erfüllt seien...

DR. ADOLF ARNDT (SPD): Wären die Abmachungen der große Erfolg, und wäre der Beitritt Deutschlands zum Ruhrstatut »nichts als ein psychologischer Akt«, warum hat dann der Herr Bundeskanzler sich so gequält, mit advokatorischen Argumenten nachzuweisen, daß es irgendeiner Mitwirkung der gesetzgebenden Körperschaft in keiner Weise bedürfe? Glauben Sie, Herr Dr. Adenauer, daß ein rein psychologischer Akt wirksamer vorgenommen wird, wenn Sie allein ihn vollziehen, statt daß die gesamte frei gewählte Volksvertretung ihn sich zu eigen macht? Das sind nicht die Gründe, die hinter Ihrer Argumentation stehen, daß es eines Aktes der Volksvertretung nicht bedürfe. In Wahrheit – erlauben Sie mir bitte, bei dem Ernst der Stunde dies in aller Trockenheit zu sagen – handelt es sich um nichts anderes als um ein neues Glied der Kette der Versuche der permanenten Ausschaltung des Parlaments,

*(Sehr wahr! bei der SPD.)*

des Unterfangens, Verfassungskämpfe durch autoritären Handstreich zu gewinnen.

*(Lebhafter Beifall bei der SPD.)*

DR. THOMAS DEHLER (FDP, Justizminister): Denkt der Sozialdemokrat Arndt wirklich an den Arbeiter, um dessen Arbeitsstätte es geht?

*(Lebhafter Beifall rechts und in der Mitte. – Zurufe links.)*

Oder denkt er zunächst nur daran, wie man das Recht benützen kann, um der Regierung politische Schwierigkeiten zu machen?

ERICH OLLENHAUER (SPD): Dieses Ruhrstatut gibt der Ruhrbehörde die Möglichkeit, nicht nur die deutsche Produktion an der Ruhr zu kontrollieren; sie gibt ihr auch die Möglichkeit, die Produktion an der Ruhr nach den Konjunkturbedürfnissen der Länder zu regulieren,

*(Abgeordneter Rische: Zu strangulieren!)*

die an der Ruhrbehörde beteiligt sind. Wir wissen noch gar nicht, wie die ökonomische Situation gerade in den Produktionsgebieten von Kohle und Stahl sich in der nächsten Zukunft entwickelt. Es kann sehr gut sein, daß wir in diesem Augenblick uns selbst Verpflichtungen auferlegen, die unter Umständen dazu führen können, die Lebensmöglichkeiten der deutschen Menschen, insbesondere der arbeitenden deutschen Menschen an der Ruhr, zu beschränken. Auf diesen Gesichtspunkt hinzuweisen, erschien mir nach dem Verlauf der Diskussion in den letzten Stunden dieser Debatte notwendig. Ich glaube, daß es, wenn wir das Für und Wider abwägen, sowohl nach der verfassungsrechtlichen Seite wie nach dem materiellen Inhalt des Abkommens selbst keine Möglichkeit für das Parlament geben kann, diese Aktion, diese Entscheidung und diese Abmachung des Herrn Bundeskanzlers zu billigen.

*(Lebhafter Beifall bei der SPD.)*

DR. ADENAUER: Sie wissen genau, daß das Generalsekretariat [der Ruhrbehörde] besteht, und Sie wissen, daß der Apparat schon erheblich über hundert Köpfe stark ist. Das wissen Sie doch alles! Und Sie wissen ganz genau wie jeder Herr im Saale, daß die einzige Frage *die* ist: Sollen wir einen Vertreter entsenden, der die drei deutschen Stimmen abgibt, oder sollen wir die ganze Demontage einfach rücksichtslos bis zum Ende gehen lassen?

*(Sehr gut! bei den Regierungsparteien. – Widerspruch bei der SPD.)*

Das ist die Frage, um die es sich handelt

*(Zurufe bei der SPD: Nein!)*

und, meine Damen und Herren, ich stelle fest – ich muß das nach den letzten Reden des Herrn Kollegen Ollenhauer leider feststellen –, daß die sozialdemokratische Fraktion bereit ist, eher die ganze Demontage bis zu Ende gehen zu lassen – –

*(Sehr gut! und Hört! Hört! und lebhafter Beifall bei den Regierungsparteien. – Zuruf links: Unerhört, so was!*
*– Gegenruf rechts: Ihre englischen Freunde versagen!*
*– Zuruf von der SPD: Eine politische Taktlosigkeit!*
*– Abgeordneter Schoettle: Das sind wir ja von denen gewohnt! – Unruhe.)*

Zu dieser Frage muß die Opposition Stellung nehmen

*(Lebhafte Zustimmung bei den Regierungsparteien. – Zurufe links.)*

– das ist die Frage, um die es sich handelt, und um keine andere Frage –: Ist sie bereit, einen Vertreter in die Ruhrbehörde zu schicken, oder nicht? Und wenn sie erklärt: nein – dann weiß sie auf Grund der Erklärungen, die mir der General Robertson [britischer Hoher Kommissar] abgegeben hat, daß die Demontage bis zu Ende durchgeführt wird.

*(Abgeordneter Dr. Schumacher: Das ist nicht wahr!!*
*– Hört! Hört! und Gegenrufe bei den Regierungsparteien.*
*– Weitere erregte Zurufe von der SPD und KPD. – Glocke des Präsidenten. – Abgeordneter Renner: Wo steht denn das? – Zurufe links: Sind Sie noch ein Deutscher?*
*– Sprechen Sie als deutscher Kanzler? – Abgeordneter Dr. Schumacher: Der Bundeskanzler der Alliierten!)*

So verständlich die Empörung des SPD-Fraktionsvorsitzenden Dr. Schumacher angesichts der wahrheitswidrigen Unterstellung des Bundeskanzlers war – sein verletzender Zwischenruf ging zu weit. Der Bundestagspräsident Dr. Erich Köhler (CDU) schloß Schumacher auf die Dauer von 20 Sitzungen aus dem Parlament aus. Auch eine gemeinsame Erklärung, die schließlich am 1. 12. 1949 zustande kam, konnte den Bruch zwischen Adenauer und Schumacher nicht mehr heilen. Sie hat folgenden Wortlaut:

»In der Sitzung des Bundestages vom 24. und 25. November 1949 war der Bundeskanzler der Ansicht, daß ohne Eintritt in die Ruhrbehörde ein Demontagestopp nicht zu erreichen sei. Die sozialdemokratische Fraktion war der Ansicht, daß ein Demontagestopp auch ohne bedingungslosen Eintritt in die Ruhrbehörde erreicht werden könne.

Der Bundeskanzler ist überzeugt, daß die sozialdemokratische Fraktion sich bei der Haltung von der Überzeugung hat leiten lassen, auf diese Weise das Beste für das deutsche Volk zu erreichen, und hält Formulierungen, die anders verstanden worden sind, nicht aufrecht.

Dr. Schumacher ist seinerseits der Auffassung, daß der Bundeskanzler überzeugt war, nur durch den Eintritt in die Ruhrbehörde den Demontagestopp erreichen zu können. Er hält daher den Zwischenruf ›Bundeskanzler der Alliierten‹ nicht aufrecht.«

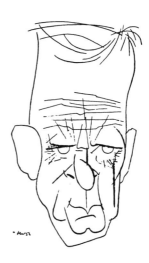

Mirko Szewczuk:
Kurt Schumacher

# Notopfer Berlin

Im Juni 1948 hatte die Sowjetunion mit dem Versuch begonnen, West-Berlin durch eine Abriegelung sämtlicher Zufahrtswege in ihren Machtbereich zu zwingen. Fast ein Jahr lang, bis zum 12. Mai 1949, versorgten die westlichen Alliierten nach einem Plan des amerikanischen Militärgouverneurs General Clay die drei West-sektoren der Stadt über eine »Luftbrücke« mit Lebensmitteln, Kohle und den wichtigsten Verbrauchsgütern (rund 200 000 Flüge). Zwischen den Verbündeten des Zweiten Weltkriegs war der »Kalte Krieg« ausgebrochen; die Kluft zwischen den freien und den kommunistischen Ländern vertiefte sich immer mehr.

Während der Blockade Berlins, am 1. Dezember 1948, wurde in der amerikanischen und britischen Zone das »Notopfer Berlin« eingeführt – eine Abgabe, der sich die französische Zone erst nach Beendigung der Blockade anschloß. Der Bundestag verabschiedete im Dezember 1949 ein Gesetz, das die Erhebung des »Notopfers Berlin« für das ganze Bundesgebiet einheitlich regelte. Bis zum 31. März 1956 mußte jede Postsendung zusätzlich mit einer 2-Pfennig-Steuermarke beklebt werden.

Das Porto für einen einfachen Brief betrug vom 1. 9. 1948 bis 31. 3. 1966 DM 0,20, im Ortsverkehr sogar nur DM 0,10 (ab 1. 3. 1963 gab es den verbilligten Ortstarif bloß noch in Berlin).

General Lucius D. Clay:

*1948*

Wir stehen in Berlin. Ich werde diese Stadt niemals verlassen, denn es macht mir viel zuviel Spaß, hier den Abwehr-kampf gegen die Russen zu organisieren.

# Die Moskauer Note vom März 1952

Am 10. März 1952 richtete die Sowjetunion an die Regierungen
der drei Westmächte eine Note mit dem Vorschlag, »unverzüglich
die Frage eines Friedensvertrages mit Deutschland zu erwägen«;
sie enthielt das weitestgehende Angebot, das die Sowjetregierung
– um die Westintegration der Bundesrepublik und das Zustande-
kommen der Europäischen Verteidigungsgemeinschaft (EVG;
siehe S. 215) in letzter Minute zu verhindern – in der Deutschland-
frage jemals gemacht hat. Der sowjetische Entwurf eines Friedensvertrages stellte folgende »Politische Leitsätze« auf:

1. Deutschland wird als einheitlicher Staat wiederherge-
   stellt. Damit wird der Spaltung Deutschlands ein Ende
   gemacht, und das geeinte Deutschland gewinnt die
   Möglichkeit, sich als unabhängiger, demokratischer,
   friedliebender Staat zu entwickeln.
2. Sämtliche Streitkräfte der Besatzungsmächte müssen
   spätestens ein Jahr nach Inkrafttreten des Friedensvertrages aus Deutschland abgezogen werden. Gleichzeitig
   werden sämtliche ausländischen Militärstützpunkte auf
   dem Territorium Deutschlands liquidiert.
3. Dem deutschen Volk müssen die demokratischen Rechte
   gewährleistet sein, damit alle unter deutscher Rechtspre-
   chung stehenden Personen ohne Unterschied der Rasse,
   des Geschlechts, der Sprache oder der Religion die
   Menschenrechte und die Grundfreiheiten genießen, einschließlich der Redefreiheit, der Pressefreiheit, des
   Rechts der freien Religionsausübung, der Freiheit der
   politischen Überzeugung und der Versammlungsfrei-
   heit...
7. Deutschland verpflichtet sich, keinerlei Koalitionen oder
   Militärbündnisse einzugehen, die sich gegen irgendeinen
   Staat richten, der mit seinen Streitkräften am Krieg gegen
   Deutschland teilgenommen hat.

# Eine Chance
# für die Wiedervereinigung vertan?

Ob das sowjetische Angebot vom März 1952 ernst gemeint war, darüber gingen die Ansichten in der Bundesrepublik weit auseinander. Adenauer wertete die Note als Propagandatrick ab, während die SPD-Opposition meinte, man müsse die Sowjets beim Wort nehmen und wenigstens in eine Diskussion mit ihnen eintreten. Der Streit, wer in der Beurteilung der Moskauer Note recht hatte, ging über viele Jahre und flackert hie und da heute noch auf. In seinem Buch über ›Die Außenpolitik der Bundesrepublik‹ (1970) schrieb der Historiker

## Waldemar Besson:

Adenauer empfand, wie erregt die öffentliche Meinung war. Er zögerte deshalb nicht, das ganze Arsenal seiner taktischen Fähigkeiten einzusetzen. Vor allem vermied er es, sich in innerparteiliche Diskussionen einzulassen, bis die Westmächte ihre negative Stellungnahme in Moskau abgegeben hatten. Erst als dies am 25. März 1952 geschehen war, orientierte der Kanzler den CDU-Fraktionsvorstand. Zufrieden versicherte er dort, er habe an der Abfassung der Antwort mitgewirkt. Die Sowjetnote sei nur an die Adresse der deutschen Nationalisten und der amerikanischen Isolationisten gerichtet. Die Zeit der Verhandlungen mit Moskau halte er noch nicht für gekommen. Erst müsse der Westen entsprechend stark geworden sein...

Die westliche Antwort sprach von der Notwendigkeit, in ganz Deutschland erst die sozialen Voraussetzungen für freie Wahlen zu schaffen. Das hieß, die sozialistische Revolution rückgängig zu machen, die in Mitteldeutschland stattgefunden hatte. Das aber konnte die Sowjetunion nicht akzeptieren, genausowenig wie die Einschaltung der UNO als Kontrolleur im eigenen Herrschaftsbereich. Während Moskau mit dem Friedensvertrag beginnen wollte, der den militärischen Status eines wiedervereinigten und neutralen Deutschlands definieren sollte, noch ehe eine deutsche Regierung gebildet worden war, bestanden der Westen und Adenauer auf dem umgekehrten Weg. Einen Friedensvertrag dürfe es erst geben, wenn eine gesamtdeutsche Regierung in völliger Handlungsfreiheit existiere. Brüsk lehnte man das Geschäft ab, das die Sowjetunion vorschlug: Verzicht auf die DDR für ein neutralisiertes Deutschland, dessen eine Garantiemacht die Sowjetunion gewesen wäre.

Zweifellos ist die Deutschlandpolitik der Sowjetunion von der Ablehnung ihrer Note sowie der noch folgenden und sogar erweiterten Angebote tief beeinflußt worden. Wer das nicht glaubte, mißverstand die Natur einer Großmacht vom Rang der Sowjetunion. Als der Notenwechsel nach einem halben Jahr verebbte, wandte sich Moskau einem Deutschlandkonzept zu, das immer konsequenter mit zwei deutschen Staaten rechnete...

Das Frühjahr 1952 war in der Tat der Moment, der nicht wiederkam. Der Westkurs kostete einen Preis, der moralisch um so anfechtbarer war, da ihn die 18 Millionen Mitteldeutschen bezahlen mußten. Aber Adenauer handelte im Sacro egoismo [heiligen Egoismus] der Staatsräson der Bundesrepublik, weil er für die Zukunft von 50 Millionen Westdeutschen den schlüpfrigen Weg der Neutralisierung fürchtete. Mehr und mehr Westdeutsche sind ihm darin gefolgt, als sie spürten, daß der Kanzler ihren elementaren Wunsch, nicht mehr zwischen zwei Feuern leben zu müssen, besser verstand als jeder andere deutsche Politiker.

Freilich, die Beteuerungen, nichts für die Wiedervereinigung unversucht zu lassen, hatten an Glaubwürdigkeit verloren. Adenauer handelte im Frühjahr 1952 dem Bewegungsgesetz der Bundesrepublik gemäß. Aber er glaubte jetzt um so mehr, von der Wiedervereinigung reden zu sollen, und so begann sich zwischen seinem Reden und Handeln eine Kluft aufzutun. Das war eine schlimme Frucht des Frühjahrs 1952. Der Verlust der gesamtdeutschen Unschuld löste die unterschwellige Gegenbewegung gegen Adenauer aus, vor allem bei Theologen, Professoren und Studenten, die ihm seinen auf die Bundesrepublik bezogenen Gestaltungswillen niemals vergaben. Der nationale Stachel bohrte sich schließlich so tief in seine Politik, daß er ihn, umkleidet von gaullistischen Ideen, am Ende seiner politischen Tage noch selbst herauszuziehen sich bemühen wird.

Die Kehrseite des Westkurses war seit der Sowjetnote vom März 1952 offenbar. Darum ist sie ein Markstein in der außenpolitischen Tradition der Bundesrepublik.

# Dieses Land ohne Gewissenskrise

Junge Schriftsteller und Intellektuelle spürten zuerst, wie die 1945 gegebene Chance eines völligen Neubeginns nach Gründung der Bundesrepublik mehr und mehr vertan wurde: der geistige Schwung kippte in egoistisches Besitzdenken um, alte bürgerliche Wertvorstellungen verfestigten sich wieder, der Reformwille erlahmte. Viele von ihnen kehrten enttäuscht der Politik den Rücken und beschränkten sich darauf, die restaurative Entwicklung des jungen Staates mit bissigen Kommentaren zu begleiten. Nach dem Titel eines 1957 erschienenen Buches von Helmut Schelsky bezeichnete man sie im nachhinein als »Die skeptische Generation«.

Ein Franzose, der Deutschlandkorrespondent von ›Le Monde‹, machte sich 1950 Gedanken über die erstaunliche Wandlung des deutschen Nationalgefühls.

## Alain Clément:

Ein anderes beunruhigendes Zeichen der tiefgehenden Erschlaffung ist der klare Spannungsverlust des Nationalgefühls. Im Grunde ist die Mehrheit der Deutschen völlig uninteressiert am Schicksal ihrer Brüder in der Ostzone; die Abtrennung der Saar hat die Hälfte der Bevölkerung in den Westzonen nicht ernsthaft bewegt, und man mußte sie mit Gewalt dazu bringen, zwei Pfennige je Brief zu zahlen, um dem von den Russen abgeschlossenen Berlin zu Hilfe zu kommen.

Diesen Anzeichen einer tiefen Wandlung des Nationalgefühls, von denen wir noch hundert Beispiele geben könnten, wird man das Auftauchen gewisser nationalistischer Tendenzen entgegenhalten, die sich in der letzten Zeit immer häufiger zeigten. Eine gewissenhafte Untersuchung der Vorfälle, die sie hervorriefen, erhellt jedoch, daß es sich hier weniger um Bewegungen auf lange Sicht als vielmehr um nationalistische Anfälle handelt...

Es wäre zu gewagt, eine Beschreibung des Weges geben zu wollen, der zur Errichtung eines neuen Deutschland hätte führen können. Stellt die Volksrepublik der Ostzone nicht eine so grausame Karikatur dar, daß sie auf immer die einfache Hypothese zerstört? Ebenso wahr ist jedoch, daß die reaktionären Lösungen, die man ihr im Westen entgegenstellt, im Grunde vom geschichtlichen Standpunkt aus ein nicht weniger gewagtes Unternehmen sind, selbst wenn sie dem »deutschen Temperament« eher angepaßt zu sein scheinen. Die Gefahr jedoch liegt darin, daß dieses Temperament zwiespältig ist, und daß eine Politik in dem Maße, in dem sie eine Wahl zwischen Möglichkeiten ist, eine Wette auf den Menschen darstellt. Welche Tugenden oder Fehler der Deutschen werden durch eine Restauration gefördert werden? Man kann Zweifel daran hegen, daß es die schöpferischsten sind: Nationalstolz, das Gefühl eines Deutschland durch die anderen Mächte zugefügten ständigen Unrechts, und weiterhin der Respekt vor der bestehenden Ordnung und den allgemein üblichen Traditionen, die das Erbe des »deutschen Genius« in sich tragen (nach dem Motto: »Was Demokratie anbelangt, haben wir von niemandem etwas zu lernen!«), Abneigung gegen jede tiefgehende Reform. Im Grunde genommen ist der Revisionismus nach außen nur das Instrument für den Konformismus im Innern...

Entgegen der in der internationalen Öffentlichkeit verbreiteten Annahme lassen gewisse Anzeichen vermuten, daß der Augenblick günstig ist, den Nationalismus aus den Herzen der Deutschen zu verbannen, was für sie in erster, für Europa in zweiter Linie einen unschätzbaren Fortschritt darstellen würde. Kann man vom Kanzler erwarten, daß er diese Aufgabe auf sich nimmt, wo er doch öffentlich verkündet, daß »kein« Feind rechts steht?

Die ganze Welt spendet der »Weisheit« des deutschen Volkes Beifall und beneidet heimlich dieses Land ohne Streik, ohne Gewissenskrise. Im sichtbaren Deutschland vollzieht sich alles so, als ob es über keine Probleme mehr nachzudenken gäbe, und als ob man an nichts mehr zweifelte. Wer aber wagte zu behaupten, daß diese kompakte Ruhe und Gelassenheit nicht eine Weltuntergangsharmonie wäre?

# Wiederaufbau

Den Trümmerjahren der unmittelbaren Nachkriegszeit, die mit der Währungsreform vom 20. Juni 1948 (Abwertung im Verhältnis 10 Reichsmark : 1 DM West) zu Ende ging, folgte die Phase des »Wirtschaftswunders«. Darunter versteht man den raschen, kaum für möglich gehaltenen Aufschwung zu materiellem Wohlstand in den fünfziger Jahren. Fleiß und der Wille zu überleben waren wichtige Voraussetzungen des »Wunders«, erklären es aber nicht allein: Seit 1948 flossen Gelder des Europäischen Hilfsprogramms der USA (nach dem US-Außenminister der Jahre 1947–1949, George Marshall, meist Marshall-Plan genannt) auch nach Westdeutschland und halfen bei der Ankurbelung der Produktion. Bis April 1951 verteilten die USA in Europa 12,4 Milliarden Dollar.

Ein gutes Beispiel für die Dynamik des wirtschaftlichen Aufstiegs ist das Baugewerbe, speziell der Wohnungsbau: Über ein Fünftel des gesamten Wohnungsbestandes war im Gebiet der Bundesrepublik nach dem Zweiten Weltkrieg zerstört oder unbewohnbar; man schätzte die Trümmermengen auf 250 Millionen Kubikmeter. Vergrößert wurde die Wohnungsnot noch durch die etwa 8 Millionen Vertriebenen und Flüchtlinge. Ende 1949 fehlten mehr als 5 Millionen Wohnungen.

In dieser Zwangslage kam es darauf an, in kürzester Zeit möglichst *viel* zu bauen; eine großzügige Stadtplanung konnte man sich noch nicht leisten. Der erste Bundesminister für Wohnungsbau, Eberhard Wildermuth (FDP), entwarf das Konzept des »sozialen Wohnungsbaus«: Der Staat förderte die Errichtung mietgünstiger Wohnungen durch erheblichen Einsatz öffentlicher Mittel (Erstes Wohnungsbau-Gesetz). Von den 360 000 neuen Wohnungen des Jahres 1950 entfielen 300 000 auf den sozialen Wohnungsbau. Die Zahl der arbeitslosen Baufacharbeiter sank im selben Jahr von 337 000 auf 91 000. Sprunghaft stieg der Materialverbrauch an: Wer Straßen, Fabriken oder Häuser baut, benötigt Holz und Ziegel, Zement, Maschinen und Strom. Die Kurven des Schaubildes rechts machen das Wort vom »Wirtschaftswunder« augenfällig.

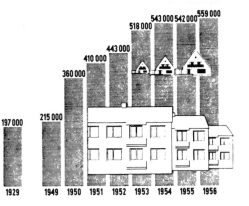

Fertiggestellte Wohnungen im Bundesgebiet (ohne Saarland und West-Berlin).

197 000 — 1929
215 000 — 1949
360 000 — 1950
410 000 — 1951
443 000 — 1952
518 000 — 1953
543 000 — 1954
542 000 — 1955
559 000 — 1956

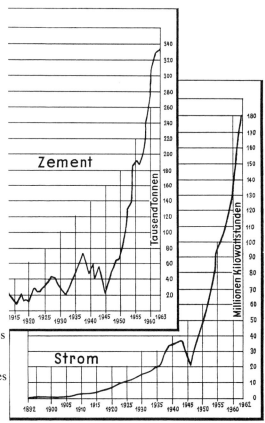

Zement

Tausend Tonnen

1915 1920 1925 1930 1935 1940 1945 1950 1955 1960 1963

Strom

Millionen Kilowattstunden

1892 1900 1905 1910 1915 1920 1925 1930 1935 1940 1945 1950 1955 1960 1962

Produktion des Zementwerks in Lauffen/Neckar und des Elektrizitätswerks Heilbronn.

# Nicht der Mannequin der Bundesrepublik

Professor Theodor Heuss (FDP), der erste Bundespräsident (1949–1959), traf mit seinen Aussprüchen den Nagel oft auf den Kopf. Zum geflügelten Wort wurde die ironisch-wohlwollende Aufforderung: »Nun siegt mal schön!«, mit der er 1957 Bundeswehrsoldaten ins Manöver verabschiedete. Bezeichnend für Heuss ist auch seine Antwort auf einen Brief der Woll- und Haarhutindustrie, der mißfallen hatte, daß der Bundespräsident oft ohne Hut zu sehen war. (»Wir glauben, daß es zu den Aufgaben der führenden Persönlichkeiten des öffentlichen Lebens gehört, auch bei der Auswahl ihrer äußeren Hülle der Allgemeinheit mit gutem Beispiel voranzugehen. Dazu gehört nach unserer Auffassung auch das Tragen des Hutes.«)

## Theodor Heuss:

Ganz gewiß beruht dieser Vorgang (ohne Hut zu gehen) nicht auf einem Versehen und auch nicht auf einer Unachtsamkeit, sondern auf dem bewußten und dankbaren Genuß einer ersten schönen Frühlingswärme. Es hat mir Spaß gemacht, daß ich von Ihnen offenbar für so etwas wie der Mannequin der Bundesrepublik angesehen werde. Wenn ich Ihrer besorgten Mahnung folge, daß ich mit gutem Beispiel vorangehen müßte, komme ich in arge Verlegenheit. Ich habe nie in meinem Leben Gamaschen getragen – soll ich nun? Meine Krawatte ist ohne Nadel – brauche ich jetzt eine? Ich habe keine Brille auf der Nase – erwartet die optische Industrie, daß ich das Gemäße tue?

Zu Ihrer Beruhigung: Ich trage einen Hut, aber ich nehme ihn manchmal vom Kopf. Aber als Reklamemodell im internationalen Wettbewerb möchte ich meine Funktion nicht begriffen wissen.

# Das Lied der Deutschen.

Unsere Nationalhymne zwingt zu einem Rückblick:
1841 schrieb der Dichter und Demokrat Heinrich Hoffmann von
Fallersleben sein ›Lied der Deutschen‹. Mit einer bekannten
Melodie aus Joseph Haydns Kaiser-Quartett (oben ist die erste
Ausgabe abgebildet) wurde es schnell populär, denn »Einigkeit und
Recht und Freiheit für das deutsche Vaterland« ersehnten in den
Jahren vor und nach der 48er-Revolution die meisten. In den Rang
einer Nationalhymne rückte das Lied aber erst am 11. August 1922,
dem dritten Jahrestag der Weimarer Verfassung, durch eine
Proklamation des Reichspräsidenten Friedrich Ebert (1871–1925)
auf. Die Nationalsozialisten koppelten es 1933 mit ihrem Kampf-
lied ›Die Fahne hoch‹. Nach 1945 waren dann beide Hymnen
verpönt. In den vier kleinen Besatzungszonen mochte keiner mehr
das Land »von der Maas bis an die Memel, von der Etsch bis an den
Belt« besingen.
Eine neue ›Hymne an Deutschland‹ von Rudolf Alexander
Schröder konnte sich jedoch in der Bundesrepublik nicht durchsetzen. Da entschied Bundespräsident Theodor Heuss im Mai 1952,
daß künftig die dritte Strophe des alten Liedes als Nationalhymne
zu singen sei:

Einigkeit und Recht und Freiheit
für das deutsche Vaterland!
Danach laßt uns alle streben
brüderlich mit Herz und Hand!
Einigkeit und Recht und Freiheit
sind des Glückes Unterpfand –
blüh im Glanze dieses Glückes,
blühe, deutsches Vaterland!

# Der Dammbruch ist da!

Den planmäßigen »Aufbau der Grundlagen des Sozialismus« beschloß die Sozialistische Einheitspartei Deutschlands (SED) Mitte 1952 in Ost-Berlin. Mit Propaganda, Wirtschaftsplänen und Terror bleute sie den Bewohnern der Ostzone die kommunistische Ordnung ein. Die fünf Länder (Mecklenburg, Brandenburg, Sachsen-Anhalt, Sachsen, Thüringen) wurden in vierzehn Bezirke aufgeteilt, wodurch die letzten Reste von Selbstverwaltung verlorengingen; die landwirtschaftlichen Betriebe wurden verstaatlicht und die Bedingungen des Interzonenreiseverkehrs zunehmend erschwert. Alle diese Maßnahmen wirkten zusammen: beängstigend schwoll der Flüchtlingsstrom an, der sich seit 1945 von Ost nach West ergoß.

Am 25. Februar 1953 waren die »Zwangsmaßnahmen gegen die Bauern im anderen Teil Deutschlands« Thema einer Bundestagssitzung. Für die SPD sprach ein Abgeordneter, der bis 1942 selbst der Kommunistischen Partei angehört hatte.

## Herbert Wehner:

Die menschliche und nationale Tragödie, die sich in der sowjetisch besetzten Zone Deutschlands abspielt, geht uns alle an. Es geht nicht länger, daß wir von Betroffenen reden und uns nicht selbst darunter verstehen. Wir sind in jeder Beziehung mit davon betroffen.

*(Beifall bei der SPD und den Regierungsparteien.)*

Durch die besondere Beleuchtung dessen, was der bäuerlichen Bevölkerung zugefügt wird, soll das, was den anderen Schichten geschieht, die zur Zeit unter diesem furchtbaren Druck stehen und zum Teil nach dem Westen ausweichen, nicht verkleinert werden.

Nachdem hier [von einer Vertreterin der Kommunistischen Partei] mit falschen Zahlen operiert worden ist, möchte ich eine Zahl, die ich soeben von einem Berliner Kollegen bekommen habe und die amtlich nachgeprüft ist, hier noch einmal zur Feststellung der Größenordnungen, um die es geht, ins Gedächtnis rufen. Vom 1. Januar dieses Jahres bis zum 21. Februar dieses Jahres sind beim ärztlichen Dienst in Berlin 51 374 Personen als Flüchtlinge zugegangen.

*(Hört! Hört!)*

Ich glaube, man muß diese Zahl sehen angesichts der Ungeheuerlichkeit, mit der hier von der KPD einfach geleugnet wird, daß es so etwas gibt...

Was hier zur Debatte steht, sind die Wirkungen ganz kalt berechneter Maßnahmen, die seit dem Sommer des vergangenen Jahres, seit den Beschlüssen einer Konferenz der SED, einem Höhepunkt zustreben. In einem Monat dieses Jahres sind mehr Bauern nach dem Westen geflohen als in einem der letzten drei Jahre. Die Bauern gehören bestimmt nicht zu denen, die ihr Eigentum leicht aufgeben. Ich sehe ihn noch vor mir, einen aus einer ganzen Gruppe geflüchteter tüchtiger Bauern, der auf die Frage eines Ministers, ob man es nicht doch noch hätte versuchen können, sich am Boden festzuklammern, die Antwort gegeben hat: »Herr Minister, mein Hof war 400 Jahre im Besitz derselben Familie, Sie glauben doch nicht, daß ich gegangen wäre, wenn mir ein anderer Weg als der ins Zuchthaus geblieben wäre!«

Vor diese furchtbare Alternative werden heute Menschen gestellt, die beileibe nicht versucht haben, sich um sogenannte Politik zu kümmern. Sie versuchten einfach, ihr ehrliches Leben zu leben und mit ihren Händen zu arbeiten.

Man sagt nun, sie sollten in Produktionsgenossenschaften hineingehen. Genossenschaften sind allerdings etwas anderes, als was man dort mit diesem Namen zu bezeichnen wagt. Die Produktionsgenossenschaften sind ganz einfach Zwangskollektive. Wer über 20 Hektar hat, fällt sowieso aus der Reihe derer, die hinein können; der wird eben gepeinigt. Wer unter 20 Hektar hat, ist aber auch nicht sicher. Das Landwirtschaftsministerium hat, glaube ich, eine Schätzung ausgegeben. Ich darf mich an die Minimalzahl halten. Allein in der Kategorie derjenigen, die über 20 Hektar besitzen, sind 45 000 Familien von der Gefahr bedroht, daß ihnen die Gurgel zugedrückt wird...

Das Ziel dieser Maßnahmen ist in jedem Fall: diese bäuerlichen Bevölkerungsteile sollen weg von dem Hof, sollen weg aus der Kategorie der Bauern und sollen in ein graues Heer von Zwangsarbeitern hineingepfercht werden. Zu dem Ziel gehört auch, sie zu »Kriminellen« zu machen, sie dann auch noch beschimpfen zu lassen, als wären es Kriminelle...

Meine Damen und Herren! Alle Anzeichen sprechen dafür, daß wir es in der sowjetisch besetzten Zone mit einer Entwicklung in der Richtung der sogenannten Volksdemokratie zu tun haben. Die Besatzungsmacht schafft dort durch ihre Handlanger unwiderrufliche Tatsachen, und sie schafft sie in einem wahren Hetztempo. So gut gemeint und so verständlich demgegenüber die Mahnung an die Menschen drüben ist, auszuhalten, so wenig kann man gegen einen Dammbruch und die hereinbrechende Flut mit Eimern oder mit Ermahnungen ankämpfen. Wir alle haben zusammen, glaube ich – von einem Häuflein Leute, die dafür kein Verständnis haben, abgesehen –, die Sorge, daß uns nicht eines Tages unter heuchlerischer Berufung darauf, dieses Gebiet sei entdeutscht, die wahren Schuldigen noch dazu mit der Behauptung quälen werden, das sei nur noch geographisch ein Begriff, das Gebiet habe einmal zu Deutschland gehört. Diese Sorge haben wir alle zusammen. Aber der Dammbruch ist auch da! Wenn die Menschen von dort weggehen – und gerade die bäuerliche Bevölkerung geht doch, weil sie das Gefühl hat, so wie es alle Kreatur hat, entschuldigen Sie das Wort, wenn sie eine furchtbare Gefahr fühlt und schon im Nacken sitzen hat – und wenn sie von Panik erfaßt sind, dann kann man nicht mehr darüber diskutieren, wieweit die Furcht graduell berechtigt sei oder nicht. Wir müssen uns mit diesen Ereignissen auseinandersetzen und ihnen konfrontieren.

# Ost-Berlin, 17. Juni 1953

Der 17. Juni, als »Tag der deutschen Einheit« gesetzlicher Feiertag, erinnert an die Erhebung vom 17. Juni 1953 in Ost-Berlin und der DDR. Ausgangspunkt der Unruhen war eine Erhöhung der Arbeitsnormen, die indirekt eine rund dreißigprozentige Minderung der Arbeitslöhne bedeutete. Die Arbeiter forderten, daß diese Verordnung rückgängig gemacht werde. Am 16. Juni zogen etwa 2000 protestierende Arbeiter zum Regierungsviertel in Ost-Berlin und riefen: »Schluß mit den Qualen, wir fordern freie Wahlen«; drei Jungarbeiter holten die rote Fahne vom Brandenburger Tor herunter. Am Abend nahm Ministerpräsident Otto Grotewohl die

Normenerhöhungen zurück – zu spät, um die Bevölkerung noch zu beschwichtigen. Es ging längst nicht mehr allein um die Arbeitsnormen, sondern um die Forderung nach Freiheit und Einheit der Deutschen.

Am 17. Juni demonstrieren 50 000 Menschen in den Straßen von Ost-Berlin, auf dem Brandenburger Tor wird die schwarz-rot-goldene Fahne gehißt. Mittags fallen aus dem Regierungsgebäude die ersten Schüsse, sowjetische Panzer fahren in die Menge. 13.30 Uhr verhängt der sowjetische Militärkommandant den Ausnahmezustand. Volkspolizisten schießen aus kürzester Entfernung, als die Menschenmassen sich nicht zerstreuen wollen. Der Aufstand greift auf Dresden, Leipzig, Magdeburg, Halle, Merseburg, Jena, Erfurt und andere Städte der DDR über.

Acht Tage später gibt die DDR-Regierung bekannt, 19 Demonstranten seien getötet und 126 verletzt worden. In Wirklichkeit ist die Zahl der Opfer weit höher; die Angaben schwanken zwischen 285 Toten (Arbeitsgemeinschaft 13. August) und ca. 400 Toten. Nach Ermittlungen in West-Berlin wurden 1241 Bürger jenseits der Grenze wegen ihrer Teilnahme am Aufstand des 17. Juni zu mehrjähriger Haft verurteilt; vier Todesurteile (andere sprechen von ca. 100 Todesurteilen) sollen gefällt und drei davon vollstreckt worden sein.

## »Die Verbrechen der West-Berliner Provokateure«

So überschrieb die in Ost-Berlin erscheinende Zeitung ›Neues Deutschland‹, das Zentralorgan der SED, einen Artikel vom 18. Juni 1953 (8. Jg., Nr. 140). Er entstellt die Wahrheit in grober Weise:

Im Verlaufe des 17. Juni 1953 versuchten bezahlte verbrecherische Elemente aus West-Berlin die Bevölkerung des demokratischen Sektors zu Gewalttaten gegen demokratische Einrichtungen, Betriebe, Läden und Geschäftshäuser und gegen die Volkspolizei aufzuhetzen. Die West-Berliner Provokateure zogen plündernd und raubend durch einzelne Straßenzüge, wobei sie zu hinterhältigen bewaffneten Überfällen gegen Volkspolizei und fortschrittlich eingestellte Bevölkerungsteile übergingen. So wurden von den Rowdies u. a. Konsumstände in der Zentralmarkthalle am Alexanderplatz zerstört. An der Oberbaumbrücke rissen sie die Oberleitungen der Straßenbahn herunter. Im Berolinahaus am Alexanderplatz wurde von den Banditen die Einrichtung zerschlagen. Sie drangen in die HO-Lebensmittelfiliale in der Liebknechtstraße und in andere Läden und Kioske ein und raubten die Waren. Hierbei gingen sie gegen Angestellte der Läden und Kioske mit brutaler Rücksichtslosigkeit vor...

Die Bevölkerung distanzierte sich von den Provokateuren und ihren verbrecherischen Handlungen und trug mit zur Festnahme einer großen Anzahl der Täter durch die Volkspolizei bei. Bei den Festgenommenen handelt es sich größtenteils um West-Berliner Provokateure aus faschistischen Organisationen.

Bertolt Brecht:

# Die Lösung

Nach dem Aufstand des 17. Juni
Ließ der Sekretär des Schriftstellerverbands
In der Stalinallee Flugblätter verteilen
Auf denen zu lesen war, daß das Volk
Das Vertrauen der Regierung verscherzt habe
Und es nur durch verdoppelte Arbeit
Zurückerobern könne. Wäre es da
Nicht doch einfacher, die Regierung
Löste das Volk auf und
Wählte ein anderes?

---

Dieses Gedicht steht in Brechts letztem Gedichtzyklus, den 1953 geschriebenen ›Buckower Elegien‹. In Buckow bei Berlin hatte Brecht ein Haus mit Garten an einem See gepachtet. Am 17. Juni 1953 war er in Berlin. Das ›Neue Deutschland‹ veröffentlichte von Brecht am 21. Juni *Auszüge* eines Briefes an Walter Ulbricht und am 23. Juni folgende Stellungnahme:
»Ich habe am Morgen des 17. Juni, als es klar wurde, daß die Demonstrationen der Arbeiter zu kriegerischen Zwecken mißbraucht wurden, meine Verbundenheit mit der Sozialistischen Einheitspartei Deutschlands ausgedrückt. Ich hoffe jetzt, daß die Provokateure isoliert und ihre Verbindungsnetze zerstört werden, die Arbeiter aber, die in berechtigter Unzufriedenheit demonstriert haben, nicht mit den Provokateuren auf eine Stufe gestellt werden, damit nicht die so nötige große Aussprache über die allseitig gemachten Fehler von vornherein gestört wird.«

---

# Immer davon sprechen!

Reinhold Maier:
*Rede vor dem FDP-Bundesparteitag in Lübeck, 28. Juni
1953*

Westdeutschland, die Bundesrepublik, ist der an Volkszahl
dreifach Größere, es ist der materiell Stärkere. Ihm obliegt
die Pflicht zur Führung. Das Immer-daran-Denken, Nicht-
davon-Sprechen paßt auf den Fall von ganz Deutschland
nicht. Immer daran denken, immer davon sprechen! Wir
müssen schreien und rufen, um so lauter rufen, je mehr die
außenpolitischen Tendenzen des letzten Jahres die Deutschen im Westen ohne ihre Absicht und unverdient dem
Verdacht aussetzten, sie wollten sich abwenden, anderswo-
hin wenden...

Es gibt keine westdeutsche Politik, es gibt nur eine
deutsche Politik. Wenn die deutsche Politik jetzt einen
Schritt nach dem Westen zu tun hatte, galt es noch mehr als
je, die entschieden deutsche, gesamtdeutsche Politik sichtbar zu machen. Durch Worte, aber nicht durch Worte allein.
Auch nicht durch Gesten, sondern weit über taktische
Handlungen hinaus durch politische Aktionen und konkrete
Bemühungen von einer Entschiedenheit, deren ernster
Wille jenseits des Eisernen Vorhangs gespürt und geglaubt
wird. Vor allem auf unserer Seite des Eisernen Vorhangs
muß der Ruf erschallen und unsere westdeutschen Schlaf-
mützen aufscheuchen aus müder und fauler Ruhe und
Philistertum...

Früher oder später wird die Bundesrepublik und auch die
westliche Welt die Urkraft eines Vereinigungssturmes erle-
ben, deren rauher Form das feingeschliffene Protokoll der
Bonner Diplomatie nichts gleichermaßen Ursprüngliches
wird entgegenzustellen vermögen... Bezwingen es die
Demokraten nicht, so bemächtigen sich der Aufgabe
Rechtsradikale oder Kommunisten und lösen sie auf ihre
Art. Von beiden Enden, von der Ostzone her und von der
Westzone her, werden sie anpacken. Daraus wird ein
Gesamtstaat werden, den wir den schuldhaft Lauen und
Matten im Westen gern wünschen, nicht aber uns selbst. Es
wäre nochmals der Freiheit Ende.

# Im Block

Walter Kempowski, heute erfolgreicher Schriftsteller in der Bundesrepublik, wurde 1948 in der Ostzone zu einer langjährigen Haftstrafe verurteilt und 1956 vorzeitig entlassen. Im März 1953 übertrug man ihm die Stelle eines Schreibers in der Sattlerei des Zuchthauses Bautzen.

Walter Kempowski:

Im Mai [1953] wurde unser Betrieb den Bautzener Lederwerken unterstellt. Wir kriegten einen Produktionsleiter, der hieß Lemke. Ein Zivilist. Er trug Knickerbocker. Mit grämlichem Gesicht machte er sich an die Arbeit.

Zuerst wollte er mich rausschmeißen; die Bücher würden in der Buchhaltung geführt, sagte er. Dann behielt er mich doch.

Ich bekam 250 Mark. 220 wurden mir für »Aufenthalt und Verpflegung« weggesteuert, den Rest konnte ich für Obst und Tabak ausgeben.

Ab und zu gab's HO-Ware. Ich bestellte meistens Margarine, Mettwurst und Kunsthonig. Die Arbeiter verdienten mehr als ich. Sie konnten sich sogar Anzüge und Aktentaschen kaufen. Die wurden ihnen natürlich nicht ausgehändigt.

Lemke war großzügig. Ihm sei egal, wann und wie ich arbeitete. Hauptsache, ich schaffe mein Teil.

Er könne sich gar nicht vorstellen, daß wir alle unschuldig seien. Man sperre doch keine unschuldigen Menschen ein . . .

Am 17. Juni hörten wir Schüsse. Die Posten auf der Mauer drehten die MP nach außen. Das Knattern wurde lauter. Einer zielte auf unser Fenster. Da löste sich ein Schuß. Kalk platzte von der Decke. Ehe wir begriffen, was passiert war, erschoß er sich und fiel mit zerschmettertem Kopf in die Feuerzone.

Ein paar Wochen später mußte der Kirchenchor Uniformen von degradierten Polizisten säubern und bügeln. Ganze Wagenladungen wurden angeliefert.

Die Sattler sangen das ›Feierabendlied‹. Das sei die neue Nationalhymne der DDR.

Lemke ließ sich nicht sehen.

Er habe immer Pech, sagte er, als er später wiederkam. Wenn's mal andersrum komme, schlügen wir ihn bestimmt tot. Er brachte uns einen Rucksack voll Äpfel. Seine Frau lasse grüßen, auch die Tochter. Die sei etwas zu klein geraten, Liliputanerin. Er habe eben immer Pech.

Ich schenkte ihm einen aus Brot gekneteten Fisch, eine echte Knastrologenarbeit, noch aus der schlechten Zeit.

Er zog die Jacke aus, setzte sich auf einen Schemel und arbeitete mit ...

Der Westen hätte 'ne Briefmarke rausgebracht: »Denkt an die Gefangenen!«

Die Sattler sagten, da hätten sie ruhig 'ne ganze Serie genehmigen können, wie früher am Tag der Wehrmacht. Häftling mit Krug, Häftling hinter Gittern ...

Oder verschiedene Strafanstalten Grau in Grau.

*Wir* seien gar nicht gemeint, sagte Lemke. Es gehe um die Kriegsgefangenen in Rußland.

Ab und zu verschaffte er uns Zigarettenprämien. Bei der Ausgabe fragte er jeden einzelnen: »Na, ist das schön?«

Als Büromensch hatte ich keinen Anspruch auf Prämien. Gelegentlich fand ich eine Schachtel in meiner Schublade ...

Im Juli wurden 30 Häftlinge zusätzlich eingestellt. Die nahmen Haltung vor mir an. Neulehrer Föthes war dabei. Als er die Patronentaschen sah, verweigerte er die Arbeit.

»Ich frage Sie jetzt zum letztenmal, wollen Sie arbeiten oder nicht?« sagte der Polizeimeister, den Lemke zu Hilfe geholt hatte.

»Nein«, sagte Föthes mit zitternder Stimme. Er kam auf Einzelhaft.

# Ein schwarzer Tag für Europa

Seit der Blockade Berlins 1948/49 hatte sich das Verhältnis zwischen der Sowjetunion und den Westmächten ständig verschlechtert; der Ausbruch des Korea-Kriegs im Juni 1950 führte zur offenen Konfrontation. Das brachte auch für die Bundesrepublik eine Wende: Die drei Westmächte erkannten, daß ein schutzloses Deutschland ihre eigene Position schwächt. Man begann, einen deutschen Verteidigungsbeitrag im Rahmen der europäischen Gemeinschaft zu diskutieren.

Zwei Jahre später, am 27. Mai 1952, setzte Bundeskanzler Adenauer seine Unterschrift unter den Vertrag zur Gründung der Europäischen Verteidigungsgemeinschaft (EVG). Dieses in der deutschen wie der französischen Öffentlichkeit heiß umkämpfte Abkommen trat nie in Kraft; die Franzosen konnten ihr Mißtrauen gegen den ehemaligen Feind nicht überwinden. Adenauer nannte das Scheitern der EVG am 30. August 1954 einen »schwarzen Tag für Europa«, denn man hatte gehofft, das Verteidigungsbündnis könne den Weg zu einem politischen Zusammenschluß der beteiligten Staaten (Belgien, Bundesrepublik Deutschland, Frankreich, Holland, Italien und Luxemburg) ebnen. – Am 5. Mai 1955 wurde die Bundesrepublik in den Nordatlantikpakt (NATO) aufgenommen.

General Speidel und General Heusinger, beide in den folgenden Jahren führend am Aufbau der Bundeswehr beteiligt, hatten zusammen mit Theodor Blank, dem Sicherheitsbeauftragten der Bundesregierung seit 1950 und ersten Verteidigungsminister 1955/56, den EVG-Vertrag in Paris ausgehandelt. Im Winter 1953/54 setzte in Frankreich erneut eine erbitterte Agitation gegen die EVG ein.

## Hans Speidel:

Wie ein roter Faden hatte sich durch die Verhandlungen das Verlangen gezogen, Deutschland unter keinen Umständen an der Führung zu beteiligen. Jetzt liefen die französischen Forderungen im Grunde auf eine radikale Änderung des Vertragswerkes hinaus. Immer wieder versuchte Mendès-France [seit Juni 1954 französischer Ministerpräsident], Großbritannien und die USA zu neuen politischen »Garantien« hinsichtlich der Eingliederung der deutschen Truppen zu bewegen. Die Haltung Frankreichs schien nach wie vor von Argwohn gegenüber der Bundesrepublik bestimmt. Sicher war es nicht leicht für die Franzosen, als besiegte

215

Sieger des Zweiten Weltkriegs den wirtschaftlichen Aufstieg Deutschlands vor Augen zu haben, während Frankreich von inneren Krisen geschüttelt wurde, seine Finanzen durch den Entkolonialisierungsvorgang stark belastet waren und sein weltweiter Einfluß immer mehr zurückging. Es war die Zeit, in der [der französische Schriftsteller] François Mauriac schrieb, er bewundere Deutschland so sehr, daß er es vorziehe, zwei Deutschlands statt einem zu haben – eine geistreich zugespitzte Formulierung eines französischen Empfindens, das weit verbreitet war und die Gefühle des Mannes auf der Straße ebenso zu bestimmen schien wie die Verhandlungsstrategie der Pariser Delegation.

So waren die Verhandlungen im Militärausschuß immer schwieriger geworden, obwohl sich General de Larminat alle Mühe gegeben hatte, eine Übereinstimmung herbeizuführen. Aber neben der Bundesrepublik widersetzten sich auch die Beneluxländer und Italien dem französischen Verlangen entschieden. Im Sommer waren die Dinge verfahrener denn je.

Am 30. August 1954 wurde der Vertrag über die EVG in Paris dadurch zu Fall gebracht, daß nach zweitägiger Redeschlacht in der Nationalversammlung der Antrag auf einen Wechsel des Beratungsthemas angenommen wurde. Damit hatte Mendès-France erreicht, daß die Verträge ohne Behandlung abgelehnt waren, obwohl sie lediglich ad calendas graecas [=nie] von der Tagesordnung abgesetzt wurden. De Gaulle wie die Kommunisten konnten mit diesem Ergebnis zufrieden sein.

Eine Sternstunde für Europa war nutzlos verstrichen. Frankreich hatte sich gegen die Einigung Europas gestellt. Die EVG wäre der entscheidende Schritt gewesen. Schon im Krieg wurde in den verschiedenen Widerstandsbewegungen von Goerdeler bis Einaudi, von Moltke bis Visser't Hooft der Gedanke verfolgt, daß durch gemeinsame Streitkräfte eine europäische Föderation gefestigt würde.

Nun waren die Vereinigten Staaten von Europa in weite Ferne gerückt. Damit hatte die Idee des Nationalstaats, die dem Weltbild des 19. Jahrhunderts angehörte, über das gemeineuropäische Bewußtsein gesiegt. Die Rechnung war aber für Frankreich insofern ohne den Wirt gemacht worden, als nun die Vereinigten Staaten und Großbritannien darauf drängten, Deutschland in die NATO aufzunehmen. Das hatte Frankreich bisher unter allen Umständen zu verhindern gesucht, weil es Deutschland eine größere Unabhängigkeit geben mußte, als sie in einer europäischen Verteidigungsgemeinschaft möglich gewesen wäre. Frankreich bekam keine Europa-Armee, in der deutsche Stäbe hätten mitreden können, sondern statt dessen eine neue deutsche Armee, wenn auch in ein Bündnis eingegliedert.

Hermann Hesse:

Jeder, der an einen Sinn im Leben und an die hohe Bestimmung des Menschen glaubt, ist im heutigen Chaos wertvoll, einerlei zu welcher Konfession er gehört und an welche Zeichen er glaubt.

# Der Warschauer Pakt

Am 14. Mai 1955 schließen die UdSSR, Albanien, Bulgarien, die DDR, Polen, Rumänien, die Tschechoslowakei und Ungarn den Warschauer Beistandspakt ab, der sie im Falle eines Angriffs in Europa auf einen oder mehrere Unterzeichnerstaaten zur gegenseitigen militärischen Hilfeleistung verpflichtet. – Prof. Sontheimer lehrt Politische Wissenschaft an der Universität München.

## Kurt Sontheimer:

Als die deutsche Teilung durch die 1949 erfolgte Gründung von zwei deutschen Staaten perfekt war, gab es noch eine etwa sechs Jahre dauernde Periode, in der die Sowjets, jeweils unterstützt durch ihre deutschen Statthalter in Ost-Berlin, den Versuch machten, die völlige militärische Integration Westdeutschlands und seines wirtschaftlichen Potentials in das 1949 ins Leben gerufene westliche Verteidigungsbündnis der NATO zu verhindern. In dieser Phase machten die Sowjets sogar verlockende Angebote für eine Wiedervereinigung Deutschlands mittels Abhaltung freier Wahlen [siehe S. 197 ff.] . . .

Durch die 1955 vollzogene Integration Westdeutschlands in das gegen den Sowjetblock gerichtete Bündnissystem der NATO war für die Sowjetunion und die DDR eine neue außenpolitische Lage entstanden. Sie beantworteten sie mit der Gründung des Warschauer Paktes, eines Verteidigungsbündnisses der sozialistischen Länder mit einem vereinten, von den Sowjets befehligten Kommando aller Streitkräfte der Teilnehmerstaaten. Von einer Wiedervereinigung Deutschlands war in der Außenpolitik des Ostblocks seither nicht mehr die Rede.

# Die wiedergewonnene Freiheit

Die Pariser Verträge (Protokoll über die Beendigung des Besatzungsregimes, Vertrag über den Aufenthalt ausländischer Streitkräfte, Beitritt der Bundesrepublik zur Westeuropäischen Union und zur NATO, Saarabkommen) wurden Ende Februar 1955 im Bundestag mit großer Mehrheit – gegen die Stimmen der SPD – verabschiedet. Sie traten am 5. Mai 1955 in Kraft, nachdem die USA, Großbritannien und Frankreich die Ratifizierungsurkunden in Bonn hinterlegt hatten.

Damit reihte sich die Bundesrepublik als gleichberechtigtes Mitglied in die westliche Völkergemeinschaft ein, sie hatte ihre Freiheit, ihre Souveränität wiedererlangt. Die Besatzungstruppen waren fortan Verbündete, an die Stelle der Hohen Kommissare traten Botschafter der westlichen Großmächte.

Der Bundeskanzler hatte eine Hauptaufgabe seiner Politik gelöst; er verlas zum Tag der Souveränität in seinem Amtssitz Palais Schaumburg folgende Proklamation.

## Konrad Adenauer:
*5. Mai 1955*

Heute, fast zehn Jahre nach dem militärischen und politischen Zusammenbruch des Nationalsozialismus, endet für die Bundesrepublik die Besatzungszeit. Mit tiefer Genugtuung kann die Bundesregierung feststellen: Wir sind ein freier und unabhängiger Staat. Was sich auf der Grundlage wachsenden Vertrauens seit langem vorbereitete, ist nunmehr zur rechtsgültigen Tatsache geworden: Wir stehen als Freie unter Freien, den bisherigen Besatzungsmächten in echter Partnerschaft verbunden.

Mit der Bundesregierung gedenken in dieser Stunde fünfzig Millionen freier Bürger der Bundesrepublik in brüderlicher Verbundenheit der Millionen Deutschen, die gezwungen sind, getrennt von uns in Unfreiheit und Rechtlosigkeit zu leben. Wir rufen ihnen zu: Ihr gehört zu uns, wir gehören zu euch! Die Freude über unsere wiedergewonnene Freiheit ist so lange getrübt, als diese Freiheit euch versagt bleibt. Ihr könnt euch immer auf uns verlassen, denn gemeinsam mit der freien Welt werden wir nicht rasten und ruhen, bis auch ihr die Menschenrechte wiedererlangt habt und mit uns friedlich vereint in einem Staate lebt.

In dieser Stunde gedenken wir der vielen Deutschen, die immer noch das harte Los der Kriegsgefangenschaft tragen müssen. Wir werden alles daransetzen, daß ihnen auch bald die Stunde der Befreiung schlägt.

Freiheit verpflichtet. Es gibt für uns im Inneren nur einen Weg: den Weg des Rechtsstaates, der Demokratie und der sozialen Gerechtigkeit. Es gibt für uns in der Welt nur einen Platz: an der Seite der freien Völker.

Unser Ziel: in einem freien und geeinten Europa ein freies und geeintes Deutschland.

---

Die SPD hatte gegen die Pariser Verträge gekämpft, weil sie durch diese einseitige Bindung an den Westen die Chance einer Vier-mächte-Vereinbarung über die Wiedervereinigung vertan sah; ihr Vorsitzender gab in der Bundestagssitzung vom 5. Mai 1955 ebenfalls eine Erklärung ab.

---

## Erich Ollenhauer:

Für das deutsche Volk bietet die Ablösung des bisherigen Besatzungsrechts im Geltungsbereich des Grundgesetzes keinen Anlaß zum Feiern. Die der Bundesrepublik mit den Pariser Verträgen zuerkannte politische Bewegungsfreiheit ist schwerwiegend eingeschränkt durch die Verpflichtungen zur Leistung eines militärischen Beitrags im Rahmen des Nordatlantik-Pakts und durch in Vertragsrecht umgewandeltes bisheriges Besatzungsrecht. Deutschland ist nach wie vor gespalten. Von der Souveränität Deutschlands kann erst die Rede sein, wenn Deutschland in Freiheit wiedervereinigt ist. Dieses Ziel zu erreichen, bleibt die vordringlichste politische Aufgabe des ganzen deutschen Volkes.

# 9 UND DANN KAM DIE MAUER 1955–1961

*was habe ich hier? und was habe ich hier zu suchen,*
*in dieser schlachtschüssel, diesem schlaraffenland,*
*wo es aufwärts geht, aber nicht vorwärts ...*
Hans Magnus Enzensberger

Der 5. 5. 55 hatte uns also die Souveränität gebracht. Dieses einschneidende Datum, das man sich so leicht merken kann, markiert jedoch keinen Kurswechsel der bundesdeutschen Politik: auch in den folgenden Jahren orientiert sie sich einseitig an den Westmächten, Adenauer bleibt die beherrschende Persönlichkeit; auf seinen Regierungsstil wurde der Begriff »Kanzlerdemokratie« geprägt. In der 3. Bundestagswahl (1957) führte Adenauer die CDU/CSU zum Triumph der absoluten Mehrheit; offensichtlich entsprach die von ihm vertretene »Politik der Stärke«, die Sicherheit verhieß und Wohlstand für alle, genau den Wunschvorstellungen der Westdeutschen. Adenauers Ansehen in der Bevölkerung war so groß, daß er im Frühjahr 1959 seinen Entschluß, in das ruhigere Amt des Bundespräsidenten überzuwechseln, trotz erheblicher öffentlicher Kritik noch einmal rückgängig machen konnte. Er schützte außenpolitische Belange vor, ließ aber intern verlauten, er habe im Urlaub das Grundgesetz studiert und gesehen, daß ihm als Bundespräsident zu wenig politischer Spielraum bliebe. Daraufhin wählte die Bundesversammlung den Landwirtschaftsminister Heinrich Lübke (CDU) zum zweiten Bundespräsidenten (1959–1969), und der 83jährige Kanzler behielt weiter die Zügel in der Hand. Das Nachsehen hatte der von Adenauer bewußt ausmanövrierte Nachfolge-Kandidat Ludwig Erhard (CDU; Wirtschaftsminister seit 1949).

Im September 1955 erklärte die Sowjetunion die DDR ebenfalls zum souveränen Staat, aber von echter Selbständigkeit kann dort bis heute nicht die Rede sein; drei Monate später übergab die ehemalige Besatzungsmacht die alleinige Grenzüberwachung an die »Deutsche Grenzpolizei«. Die DDR-Regierung ließ die Sperranlagen an der Westgrenze ständig verstärken, weil jährlich Tausende ihrer Bürger in die Bundesrepublik flohen. Mit dem Mauerbau in Ost-Berlin am 13. August 1961 verschloß sie das letzte Schlupfloch in die Freiheit.

Im Ost-West-Konflikt war nach Stalins Tod im März 1953 und nach dem erfolgreichen Test der ersten russischen Wasserstoffbombe im August 1953 (Atompatt!) eine gewisse Entspannung eingetreten, doch die Niederwerfung des Ungarn-Aufstands durch sowjetische Panzer im Oktober 1956 und Chruschtschows Berlin-Ultimatum vom November 1958 (siehe S. 236) verschärften die Lage erneut. Angst vor einem dritten Weltkrieg bedrückte viele Menschen.

Die größte Sensation lieferte Sputnik I: seit dem 4. Oktober 1957 umkreiste der erste künstliche Satellit – ein russischer Satellit! – rhythmisch piepend unsere Erde. Die Amerikaner brauchten fast ein Jahrzehnt, bis sie diesen Vorsprung eingeholt hatten; dann allerdings gewannen sie den Wettlauf zum Mond.

# Heimkehr zehn Jahre nach Kriegsende

Vom 9. bis 13. September 1955 besuchte Bundeskanzler Adenauer mit einer Regierungsdelegation Moskau. Die Aufnahme diplomatischer Beziehungen und der Abschluß eines Handelsvertrages wurden vereinbart. Im Tausch dafür trotzte Adenauer den Russen die Entlassung von 10000 deutschen Kriegsgefangenen und Zivilinternierten ab – ein Erfolg, der ihm einen großen Prestigegewinn brachte. Im Spätherbst trafen die ersten Transporte im Durchgangslager Friedland ein. Bundespräsident Heuss übernahm die Begrüßung.

## Theodor Heuss an Toni Stolper
*18. 10. 1955 abends 10.15 Uhr*

Wohin ging es? Nach dem Lager Friedland, Rußland-Heimkehrer, größter Transport, Adenauer hatte mich gebeten, ihn dort zu vertreten – der im Bett geschriebene Brief durchaus »zügig«... Ich nahm mir 3 Leute mit, die vor 6 oder 7 Jahren in Rußland entlassen waren, lauter Leute des BuPrä-Amtes, und es gab in der Tat auch Wiedersehensszenen! Da der BuPrä fuhr, fuhren auch der Kölner Erzbischof Kardinal Frings und der evangelische »Landesbischof« von Oldenburg, Jacobi. Vor 2 Jahren hatte ich solchen Empfang schon einmal mitgemacht. Es hat etwas Rührendes: Frauen mit Schildern, auf denen Namen von Vermißten stehen, auch ihre Photographien, umrahmen die Heimkehrenden: Wer weiß was von dem und dem? Die Leute, ca. 600, in russischen Militäranzügen (nicht Uniform) neu eingekleidet, natürlich viel durchfurchte Gesichter, sehr ernst, eigentlich hatte ich nur mit *einem* jungen Kerl eine Unterhaltung im fröhlichen Stil, da er so vergnügt war, gleich mir zu begegnen. Mit vieren aß ich zusammen das Lageressen des Tages, das ich als Huldigung für mich empfand: Linsen mit Speck. Einer, der behauptete, mich schon vor 33 in der Politik gekannt zu haben, galt den anderen als »politisch geschult« – sie bekamen ja nur ostberliner und russische Zeitungen und dieser Mann, aus dem Sudetenland stammend, interpretierte offenbar einigermaßen richtig. Transport ab Frankfurt an der Oder, jetzt nur mehr nachts, um Rempeleien zwischen sympathisieren-

*Bundespräsident Heuss beim Besuch eines Flüchtlingslagers in Berlin; links: Berlins Regierender Bürgermeister (1957–1966) Willy Brandt.*

der Zivilbevölkerung und »Volkspolizei«, wie sie kürzlich vorkamen, zu vermeiden. (Angeblich hat aber ein russischer Begleitoffizier einem heimatlos Gewordenen empfohlen, nicht in Frankfurt a. O. auszusteigen, da er es im Westen besser haben würde. Rückfrage bei einem früheren Oberst: Er halte das für durchaus möglich.)

---

Eine Meinungsumfrage kurz nach Adenauers Tod (1967) ergab, daß für die Mehrheit der Bevölkerung die Moskau-Reise 1955 das entscheidende Adenauer-Erlebnis war. Die Frage des Instituts für Demoskopie Allensbach lautete: »Was sind Ihrer Meinung nach Adenauers größte Verdienste?« An der Spitze erschien: »Die Heimführung der deutschen Kriegsgefangenen aus Rußland« (75%); an zweiter Stelle: »Die Aussöhnung und Freundschaft mit Frankreich« (70% – siehe S. 244); an dritter Stelle: »Daß er Deutschland wieder zu Ansehen und Geltung in der Welt verholfen hat« (65%).

---

224

Thilo Koch:

# Nun zwei Armeen

*Bericht aus Berlin, 18. Januar 1956*

18. Januar 1871: Reichsgründung, Bismarck, Versailles.

18. Januar 1956: Die Volkskammer, das Parlament der Deutschen Demokratischen Republik, beschließt, eine *Nationale Volksarmee* und ein »Ministerium für Nationale Verteidigung« zu schaffen. Willi Stoph, einer der stellvertretenden Ministerpräsidenten des SED-Regimes, begründet die Gesetzesvorlage; er stand in olivgrüner Litewka [Uniformrock], mattgoldenen Schulterstücken mit drei Sternen und dunkelblauer Hose mit roten Generalsstreifen vor der Volkskammer.

Aber dieser sowjetrussische Zuschnitt im Erscheinungsbild sowjetdeutscher Uniformen soll verschwinden. Nicht umsonst ertönte heute in der Volkskammer immer wieder das Wort national. Die nationale sowjetdeutsche Volksarmee wird nicht die Uniform der Volkspolizei tragen, sondern in Schnitt und Farbe der militärischen Tradition der deutschen Armeen zweier Weltkriege angeglichen sein. Stoph berief sich hierbei auf Vorbilder wie Blücher, Scharnhorst, Gneisenau, zugleich aber auch auf Liebknecht, Luxemburg, Thälmann. Wie diese nationalen Führer den nationalen Einheits- und Freiheitswillen der deutschen Nation verkörpert hätten, so werde auch die Nationale Volksarmee der DDR dem Kampf um die nationale Wiedervereinigung dienen...

Willi Stoph, künftig nun der Gegenspieler Theodor Blanks [siehe S. 54], begründete seine Forderung nach einer nationalen Volksarmee mit dem, wie er sagt, westdeutschen Söldnerheer, das man schon äußerlich, an der Uniform, als im Dienste des amerikanischen Monopolkapitals und Imperialismus stehend erkenne. Ministerpräsident Grotewohl hingegen schlug gleichzeitig in seiner Regierungserklärung ein Abkommen zwischen beiden deutschen Teilstaaten vor über den Verzicht jeder Anwendung von Gewalt gegeneinander. Stoph will also die sowjetdeutsche

Armee als Folge westlicher Aufrüstung hinstellen, Grotewohl möchte sogar die militärisch vollendeten Tatsachen dazu nutzen, die Anerkennung seines Regimes zu erzwingen.

Der heutige Tag und die Ostberliner Beschlüsse schaffen für den Augenblick keine neuen Realitäten. Zunächst haben die 120 000 Mann Kasernierte Volkspolizei nur einen anderen Namen erhalten; eine allgemeine Wehrpflicht wurde noch nicht eingeführt. Die Stärke der sowjetdeutschen Armee soll »begrenzt sein durch die Aufgaben der Verteidigung«. An welche Größenordnung man in Ost-Berlin gegenüber den zwölf westdeutschen NATO-Divisionen denkt, ist nicht bekannt. Das wird vor allem auch von der wirtschaftlichen Leistungsfähigkeit der DDR abhängen, die ohnehin für die Rüstung des ganzen sowjetischen Blocks überbeansprucht ist. Geschehen ist am heutigen 18. Januar dennoch etwas Historisches: Die deutsche Tragödie der Spaltung wurde militärisch manifestiert. Den zwei Staaten, die sich bildeten, entsprechen nun zwei Armeen, die sich bilden werden.

Christoph Meckel:

# In diesen Tagen

Wir sind geboren
für eine Zeit,
die unsern Vätern
lichte Zukunft schien,
doch uns ruhmlos
gegenwärtig ist
und die uns,
falls wir sie überleben,
finster vergangen
sein wird ...

# Innere Führung

Im Januar 1956 wurden in Andernach die ersten Bundeswehrein-
heiten aufgestellt. Am 6. März 1956 beschließt der Bundestag – mit
den Stimmen der SPD – wehrpolitische Ergänzungen des Grundgesetzes, die das am 7. Juli 1956 verabschiedete Wehrpflichtgesetz
erst ermöglichten.
Die Bundeswehr ist die erste deutsche Wehrpflichtarmee in einem
demokratischen Staat. Sie mußte neue Formen suchen, da sie nicht
an die Traditionen der alten Wehrmacht anknüpfen konnte: die
Hitler-Zeit war ein unüberwindliches Hindernis.
Graf Baudissin (er prägte den Begriff »Staatsbürger in Uniform«),
Graf Kielmansegg und Ulrich de Maizière erarbeiteten ein Konzept
der »Inneren Führung«, das davon ausgeht, daß Vorgesetzte und
Untergebene als Staatsbürger gleiche Rechte und Pflichten haben
und sich gegenseitig Achtung und Vertrauen schulden. Der Soldat
ist nicht wie früher Untertan, sondern vollberechtigter Staatsbürger.
Um das Reformwerk der ersten Stunde im Bewußtsein der
Offiziere und Soldaten lebendig zu halten, betont die Bundesregierung in ihrem Weißbuch 1970, Nr. 152:

Das Grundgesetz hat die Bundeswehr demokratisch fun-
diert. Es hat – ohne es ausdrücklich zu nennen – das Leitbild
des »Staatsbürgers in Uniform« verbindlich gemacht. Deswegen sind die Grundsätze der Inneren Führung keine
Maske, die man ablegen könnte, sondern ein Wesenskern
der Bundeswehr. Wer sie ablehnt, taugt nicht zum Vorge-
setzten unserer Soldaten.

Gemeint ist mit »Innere Führung« die Entwicklung und
Anwendung moderner Menschenführung im militärischen
Bereich; sie umfaßt die Grundsätze für Bildung, Ausbil-
dung, Fürsorge und Personalführung. Ein Soldat, der die
Wertordnung des Grundgesetzes nicht im militärischen
Alltag erlebt, wird schwerlich die Notwendigkeit seines
Dienstes für die Allgemeinheit einsehen.

# Gelöbnis zur Jugendweihe

Die als Ersatz für Konfirmation und Erstkommunion gedachte Jugendweihe wird in der DDR seit 1955 gefeiert; mit einem Gelöbnis zum Sozialismus sollen Kinder, die auf der Schwelle zum Erwachsenenalter stehen (meistens Schüler der 8. Klasse), stärker an den kommunistischen Staat gebunden werden. Unterrichtsstunden mit Gesprächen über »Themen der Natur, der Gesellschaftswissenschaft und der Beziehungen der Menschen untereinander« bereiten die Jugendweihe vor. Zur Feierstunde selbst gehören Festreden, Gedichte, Kammermusik und die Nationalhymne. Und hinterher wird der »Ehrentag« in der Familie weitergefeiert. Niemand wird formal zur Jugendweihe gezwungen, doch wer Schwierigkeiten auf seinem späteren Berufsweg vermeiden will, nimmt besser an ihr teil. Jugendweihe (rechts ein Foto aus dem Jahr 1958) und Konfirmation schließen sich nicht gegenseitig aus.

*Frage:* Liebe junge Freunde!

Seid ihr bereit, als treue Söhne und Töchter unseres Arbeiter- und Bauernstaates für ein glückliches Leben des ganzen deutschen Volkes zu arbeiten und zu kämpfen, so antwortet mir!

*Antwort:* Ja, das geloben wir!

*Frage:* Seid ihr bereit, mit uns gemeinsam eure ganze Kraft für die große und edle Sache des Sozialismus einzusetzen, so antwortet mir!

*Antwort:* Ja, das geloben wir!

*Frage:* Seid ihr bereit, für die Freundschaft der Völker einzutreten und mit dem Sowjetvolk und allen friedliebenden Menschen der Welt den Frieden zu sichern und zu verteidigen, so antwortet mir!

*Antwort:* Ja, das geloben wir!

Wir haben euer Gelöbnis vernommen, ihr habt euch ein hohes und edles Ziel gesetzt. Ihr habt euch eingereiht in die Millionenschar der Menschen, die für Frieden und Sozialismus arbeiten und kämpfen.

Feierlich nehmen wir euch in die Gemeinschaft aller Werktätigen in unserer Deutschen Demokratischen Republik auf und versprechen euch Unterstützung, Schutz und Hilfe.

Gemeinsam mit vereinten Kräften – vorwärts!

# Es ist viel, was ich Dir sagen muß

In den letzten Kriegsjahren wurden durch Flucht, durch Umsiedlung oder Bombenangriffe viele Familien auseinandergerissen. Zehntausende von Kleinkindern standen nach 1945 allein auf der Welt: keiner kannte ihren Namen oder wußte, wann und wo sie geboren sind. Über 290 000 Suchanträge wurden von Eltern (zwei Drittel) und Kindern (ein Drittel) an das Deutsche Rote Kreuz gestellt. Der DRK-Suchdienst konnte bis Ende 1981 99,3% der Fälle klären. Ein paar hundert Menschen aber forschen auch heute, 44 Jahre nach Kriegsende, immer noch nach ihrer Vergangenheit. Daß ein Wiederfinden nach langer Zeit neue Probleme aufwerfen kann, verdeutlicht der folgende Brief:

Frau B. S. an ihre Pflegetochter
*Koblenz, 6. Juli 1956*

Liebe Dorothea!
Heute ist nun Dein 14. Geburtstag. Du wirst Dich wundern, einen Brief von mir neben Deiner Geburtstagstorte zu finden.

Setze Dich ruhig hin, es ist viel, was ich Dir sagen muß.

229

Du lebst bei Deinem Vati und Deiner Mutti, und Du hast eine schöne Kindheit in Geborgenheit und Harmonie bei uns gehabt. Aber, Du unser liebes Kind gehörtest uns nicht von Anfang an, nicht ich habe Dich geboren, sondern eine andere Frau. – Ich weiß, wie schrecklich diese Nachricht für Dich ist. –

Nun werde ich Dir der Reihe nach über Dein Schicksal berichten.

1942 wurdest Du in Königsberg geboren. 1943 fiel Dein Vater bei Stalingrad. 1944 trat Deine Mutter mit Dir die Flucht in den Westen an. Auf einem kleinen Bahnhof dann wurdest Du von ihr getrennt. Deine Mutter wollte mit Dir in den Wagen eines Flüchtlingszuges einsteigen, als sie Dich hineinreichte, fuhr der Zug an, und sie wurde zurückgestoßen. Ich, die ich mich ebenfalls in dem Zug befand, nahm mich Deiner an. Nie werde ich das verzweifelte Rufen Deiner Mutter nach Dir vergessen! Als ich mich mit meinem Mann in Westdeutschland ansiedelte, forschten wir vergeblich nach Deiner Mutter, ja man sagte uns sogar, sie sei noch auf der Flucht gestorben. So entschlossen wir uns, Dich als unser Kind anzusehen und großzuziehen. Ich hatte es beinahe vergessen, daß nicht ich Dich gebar, wir lieben Dich wie unser Kind. Und wir wissen es, wie froh und glücklich Du bei und mit uns all die Jahre warst, 12 Jahre lang.

Nun haben wir erfahren, daß Deine Mutter lebt. Auch sie versuchte, ihr Kind wiederzufinden und gelangte tatsächlich auf den Weg zu uns. Vorgestern stand sie vor unserer Tür. Nun möchte sie Dich zurückhaben. Wir verstehen Deine Mutter gut, sie hat sehr viel gelitten.

Du verstehst, wie uns zumute ist. Ich hätte Dir dies alles nicht sagen können und deshalb schrieb ich Dir.

Mein liebes, liebes Mädchen, Du mußt jetzt sehr tapfer sein, denn wir wissen nicht, wie alles werden wird.

Deine Mutti

»Nicht wahr, Michelchen – keine Experimente!« sagt die Kinderschwester Adenauer auf dieser Karikatur von H. E. Köhler zum
satten Bundesbürger, der mit all seinen Errungenschaften im
Statussymbol Auto schläft und sich willig kutschieren läßt.
Mit dem Slogan »Keine Experimente« gewann die CDU/CSU in
der dritten Bundestagswahl am 15. September 1957 die absolute
Mehrheit (50,2%).

# Wider die Hallstein-Doktrin

Die Hallstein-Doktrin, benannt nach dem Staatssekretär im Auswärtigen Amt Prof. Walter Hallstein, sah den Abbruch der diplomatischen Beziehungen zu allen Staaten vor, die die DDR anerkennen. Am 15. Oktober 1957 wurde sie erstmals gegen Jugoslawien angewendet. Die linke Zeitschrift ›Konkret‹ brachte dazu im November 1957 eine Stellungnahme von

## Peter Rühmkorf:

Fünfzig Komma zwei Prozent bundesdeutscher Wahlstimmen für Konrad Adenauer, ein Resultat von freien demokratischen Wahlen, sicher, aber das Bekenntnis auch zu einem Demokraten? Viele Leute von Rang und Kopf hatten vor ihm gewarnt. Viele Leute von Amt und unter ihrer Würde hatten SEINEN Namen von den Kanzeln herab verkündet. Das Ergebnis ist zweifellos frappierend, dennoch nicht unerklärlich, der Mann paßt, paßt wie die Faust aufs blinde Auge dieses bundesweiten Restauratoriums, auf seine Eisschrankmoral und sein Nestwärmebedürfnis, seine Beharrungsfreude und seine Veränderungsunlust, im übrigen einundachtzig Jahre, liest und schreibt noch ohne Brille, welche rein biologische Garantie für weitere vier Jahre Stabilität und Sicherung der Bestände, fragt sich nur, was im einzelnen noch verankert werden wird.

Deutsch sein heißt »festhalten am Bestehenden«, und sei es bis viertel nach zwölf. Wobei das getrübte Realitätsbewußtsein sich alles mögliche unter dem Gütesiegel »bestehend« vorgestellt haben mag, nur eben vermutlich nicht dies: die deutsche Spaltung, die Obstipation [Verstopfung] in Sachen Ostpolitik und also die unentwegt anstehende Kriegsgefahr. So sicher ist der Kalte Krieg nämlich nicht, daß er den heißen gewissermaßen unter Eis konservierte; und er ist es vor allem nicht dann, wenn man ihn unter dem Vorwand, das politische Klima zu erwärmen, nur in einen neuen, gefährlicheren Aggregatzustand überführt. Denn das und nichts anderes hat es zu bedeuten, wenn neuerdings von regerer Ostpolitik in Bonn geredet wird, nichts Besseres, wenn man von einer »Verbesserung der Beziehungen zu Polen« spricht...

Bleibt natürlich die Frage, ob Bonn bei seinen anscheinend unveräußerlichen Zwangsfixierungen eine erfolgverheißende Ostpolitik überhaupt betreiben *kann.* Nicht dreht es sich ja vornehmlich nur um einen Mangel an Fingerspitzengefühl, nicht darum, daß ein objektiver Tatbestand von einiger Komplexität trickreich umschifft werden könnte. Unverrückbar wie das klare Faktum DDR steht der Bemühung, nein, steht uns selbst eine Bewußtseinsblockierung in der Quere, die vor lauter Nichtanerkennung überhaupt nicht mehr zum Erkennen der Lage kommt. Aber die Tatsachen, die von Polen aus gesehen schon lange Tatsachen sind, und die als solche jetzt noch einmal von Jugoslawien bestätigt wurden, durch Aufnahme vollgültiger Beziehungen zur DDR, sie strecken sich nicht nach unseren weltumfassenden Wunschvorstellungen ...

Wo eine Hallstein-Doktrin zum politischen Glaubensartikel erhoben wird, da ist des doktrinären Glaubenskrieges kein Ende. Da wird man für Ostpolitik vermutlich noch halten, was oft nur Anrempelei, gelegentlich Schamlosigkeit ist, zum Beispiel gegenüber einem Land, das seine entscheidenden Eindrücke von deutscher Ostlandstrategie immerhin durch deutsche Panzer- und SS-Einheiten erfuhr und das trotzdem als eines der ersten nach dem Kriege *uns* die Versöhnungshand entgegenstreckte. Daran zu erinnern hatte die Stirn der scheidende jugoslawische Botschafter Kveder, und die Verlustbilanz, die er noch einmal zu ziehen wagte, belief sich (»menschlich gesehen«, wie in Bonn die Politik gern anvisiert wird) auf 1 700 000 Menschen (in Worten: Einemillionsiebenhunderttausend), also rund gerechnet zwölf Prozent der Bevölkerung. Kein Argument für Bonn natürlich, dem es vor allem darauf ankam, zu zeigen, was ein Glaubensartikel, was eine Harke ist.

# Atomwaffen für die Bun~~~

Noch ehe sich die Westdeutschen mit ~
abgefunden hatten, kam es erneut zu heftigen
gen über die Frage, ob die Bundeswehr mit takt.
ausgerüstet werden solle. Großen Zulauf hatte ᴏ
Atomwaffengegner, die zur Aktion »Kampf ᴏ
aufrief.
Der Bundesverteidigungsminister erläuterte den Stanᴜ
Regierung am 20. März 1958 vor dem Bundestag.

## Franz Josef Strauß:

Im übrigen ist es ja kein nationales Verfügungsrecht; das ist
ja eine Irreführung der Öffentlichkeit. Wenn heute die
Streitkräfte der Alliierten der NATO mit taktischen Atom-
sprengköpfen ausgestattet werden für ihre Mehrzweckwaf-
fen, heißt das *erstens,* daß für diese Waffen auch normale
Sprengköpfe vorhanden sind, heißt das *zweitens,* daß die
Sprengköpfe im amerikanischen Eigentum bleiben, daß sie
unter amerikanischem Verschluß bleiben, daß sie der
nationalen Verfügungsgewalt – was wir selbst wünschen
– entzogen sind und daß ihr Einsatz nur ernsthaft überhaupt
angedroht und in Betracht kommen kann, wenn die
Gesamt-NATO von der Zentrale aus auf Grund einer
erfolgten Aggression das für notwendig hält.

Und jetzt denken Sie an die indirekte Verteidigung:
Damit die Aggression *nicht* erfolgt, soll der Aggressor
wissen, daß die Zentrale diesen Beschluß fassen würde und
auch fassen könnte, weil die Waffen vorhanden sind. Das ist
der einzige Grund, warum wir sie haben wollen, sonst für gar
nichts.

Der FDP-Abgeordnete (und ehemalige Ministerpräsident von
Baden-Württemberg) Reinhold Maier faßte sein Mißtrauen nach
diesen Ausführungen in die Worte: »... wenn jemand so spricht wie
der Herr Bundesverteidigungsminister, der schießt auch!«
Am 25. März 1958 wurde die atomare Ausrüstung der Bundeswehr
im Rahmen der NATO beschlossen.

# ...gute Nerven

...rlin, die geteilte Stadt, war seit der Blockade 1948/49 eine Art Barometer des Kalten Krieges. Immer wieder rüttelte die Sowjetunion am Sonderstatus von Berlin, um diesen Vorposten der Westmächte in ihr Einflußgebiet einzugliedern. Im Herbst 1958 kündigte sich durch Schikanen im Reiseverkehr und drohende Reden des Ministerpräsidenten Chruschtschow (1958–1964) ein neuer Klimasturz an. Seine Berlin-Note vom 27. November 1958 löste eine monatelange Krise aus: Chruschtschow wollte das Vier-Mächte-Statut außer Kraft setzen und forderte die Westmächte ultimativ zum Abzug aus Berlin innerhalb von sechs Monaten auf. Selbstverständlich bestanden die Alliierten auf ihren Rechten, das heißt, sie lehnten eine solche »freie Stadt West-Berlin« ab.

Der Regierende Bürgermeister von West-Berlin betonte in einer Rede vor dem Berliner Abgeordnetenhaus im November 1958 den Durchhaltewillen der Bevölkerung.

## Willy Brandt:

Aus internationalen Verträgen, aus völkerrechtlichen Vereinbarungen kann man sich nicht einseitig lösen, ohne rechtsbrüchig zu werden. Wer glaubt, sich darüber hinwegsetzen zu können, wird selbst sehr ernste Rückwirkungen in Kauf nehmen müssen...

Lassen Sie es mich von dieser Stelle aus der ganzen Welt noch einmal sagen: Hier leben $3^1/_2$ Millionen Berliner, $2^1/_4$ Millionen West-Berliner, die nichts weiter wollen, als in Freiheit zu leben und zu arbeiten und ihr friedliches Aufbauwerk zu vollenden. Wir haben keine Waffen, aber wir haben ein Recht zu leben, und wir haben gute Nerven. Auf unseren Nerven wird vermutlich noch etwas herumgetrampelt werden, aber das wird uns weder beirren, noch verwirren können. Berlin hat nicht zur DDR gehört, es gehört nicht dazu und es wird nicht dazu gehören. Berlin war, ist und bleibt vielmehr die Hauptstadt Deutschlands...

Das freie Berlin gehört zum freien Westen. Wir Berliner lassen uns nicht von unseren Freunden trennen, so wenig wie unsere Freunde sich von Berlin trennen lassen werden.

# Eine Mauer quer durch Berlin

Ein Journalist bezeichnete die Berliner Mauer einmal als »das gräßlichste Bauwerk, das in Deutschland nach der Auflösung der Konzentrationslager errichtet wurde«.

Sie symbolisiert nicht nur die deutsche Teilung, sondern auch das politische Versagen des kommunistischen Regimes: die DDR braucht die Mauer, um überleben zu können. Von 1945 bis 1961 waren 3,6 bis 3,7 Millionen Deutsche aus dem DDR-Gebiet und Ost-Berlin geflohen; eine weitere Bevölkerungseinbuße diesen Ausmaßes hätte die DDR wirtschaftlich nicht verkraften können – vom Prestigeverlust einmal ganz abgesehen.

Am 13. August 1961, einem Sonntag, begannen Kampfgruppen in den frühen Morgenstunden mit dem Mauerbau, gesichert durch Verbände der Grenz- und Volkspolizei. Begreiflicherweise äußerten zahlreiche Westberliner ihren Zorn über diese Willkürmaßnahme, die die Freizügigkeit innerhalb ihrer Stadt aufhob. Das Ministerium des Innern in Ost-Berlin bauschte solche Proteste maßlos auf und benützte sie als Vorwand, den Übergang am Brandenburger Tor zu schließen.

Bekanntgabe des Ministeriums des Innern:
*Berlin, 15. August 1961 (›Neues Deutschland‹, 16. Jg.,*
*Nr. 224)*

Auf Grund der andauernden Provokationen am Brandenburger Tor, insbesondere wegen der am Montag in den Mittagsstunden durch Vertreter des West-Berliner Senats und der Bonner Regierung durchgeführten Hetzdemonstration sowie der unverantwortlichen Aufforderung des Senders »Freies Berlin« und des »Rias«, gewaltsam die Grenzen am Brandenburger Tor zu verletzen und andere gefährliche Provokationen vorzubereiten, sieht sich der Minister des Innern veranlaßt, den Übergang am Brandenburger Tor ab 14. August 1961, 14 Uhr, vorübergehend zu schließen.

Von West-Berlin aus haben einige gewissenlose Elemente – aufgeputscht von den durch die Maßnahmen der Regierung der DDR empfindlich getroffenen Spionageorganisationen und Menschenhändlern sowie von der Frontstadtpresse – an verschiedenen Stellen versucht, die Sicherungskräfte an der Grenze nach West-Berlin durch feindliche Handlungen zu behindern. Das Ministerium sieht sich daher veranlaßt, mit aller Eindringlichkeit darauf hinzuweisen, daß Befehl erteilt worden ist, solche Angriffe unmittelbar mit Gegenmaßnahmen zu beantworten.

Allen Bürgern West-Berlins wird im Interesse ihrer eigenen Sicherheit empfohlen, sich den Sicherungskräften auf nicht mehr als 100 Meter zu nähern und jeden unnötigen Aufenthalt in ihrer Nähe zu vermeiden.

## Was weißt du von der Mauer?
*Antworten von vier Ulmer Schülern im Dezember 1977*

In einer »Nacht- und Nebel-Aktion« wurde die Mauer errichtet. Deutsche Staatsmänner kamen an die Mauer. Die Bundesrepublik protestierte gegen den Bau der Mauer, aber es war nutzlos. Von dem Tag an, da die Mauer steht, wurde sie laufend ausgebaut. Selbstschußanlagen, meterhohe Zäune und Mauern. Daß trotzdem Leute versuchen zu flüchten, zeigt, was für schlimme Umstände in der DDR herrschen müssen. – Die Mauer ist das Symbol der Regierung. So eine brutale Grenze gibt es in ganz Europa nicht mehr!
Frank Sch., *14 Jahre*

Die Mauer steht wegen dem Krieg, weil der Ostblock ein anderes Wirtschaftssystem hat wie wir. Mehrere Leute sind im Krieg geflüchtet, da hat die DDR gesagt »Es geht nicht so weiter!« und hat dann die Mauer gebaut. Die Mauer wird schwer bewacht mit Selbstschußanlagen und Wachttürmen und Flutlicht für die Nacht.
Frank B., *12 Jahre*

Diese Mauer trennt zwei Welten, nicht nur Ost- und West-Berlin, sondern den Osten vom Westen. Sie hat vielen Menschen Unglück gebracht, Familien getrennt, denn viele wollten aus dem Osten fliehen.
Silke T., *14 Jahre*

Die Mauer steht, weil sich die DDR von anderen Staaten abkapseln will, und außerdem will sie demonstrieren, daß sie *der* deutsche Staat ist, also nichts mit uns zu tun hat.
Volkart W., *15 Jahre*

# Flucht aus der DDR

*Zeitungsmeldung vom 7. Januar 1978*

171 Menschen sind in den letzten 15 Jahren bei Fluchtversuchen aus der DDR ums Leben gekommen. Dies stellte gestern die Internationale Juristenkommission in Genf fest.

*Zeitungsmeldung vom 26. März 1982*

Die DDR hat gestern in einem von der Volkskammer verabschiedeten Wehrdienstgesetz die vormilitärische Ausbildung und die Voraussetzung für die Einbeziehung von Frauen in die allgemeine Wehrpflicht sowie in einem Grenzgesetz den Schußwaffengebrauch an der Grenze verankert. Der DDR-Schießbefehl ist jetzt Gesetz.

Die Grundsätze für den Schußwaffengebrauch an der Grenze der DDR sehen in der Anwendung der Schußwaffe »die äußerste Maßnahme von Gewaltanwendung gegenüber von Personen«. Es dürfe nur geschossen werden, wenn andere Maßnahmen erfolglos blieben. Gerechtfertigt sei die Anwendung, »um die unmittelbar bevorstehende Ausführung oder die Fortsetzung einer Straftat zu verhindern, die sich den Umständen nach als ein Verbrechen darstellt«. Das umfaßt nach Auffassung der DDR-Behörden auch die sogenannte Republikflucht ... Verboten sei es, so heißt es in dem Gesetz weiter, auf Unbeteiligte oder Kinder zu schießen. Gegen Jugendliche und Frauen seien Schußwaffen »nach Möglichkeit nicht anzuwenden«.

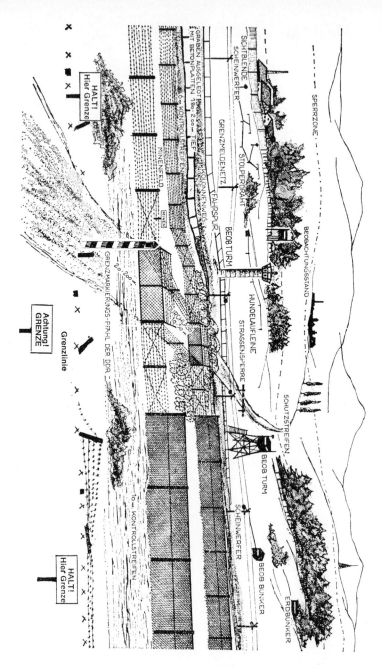

SPERRZONE

SICHTBLENDE
SCHEINWERFER

GRENZMELDENETZ

BEOBACHTUNGSSTAND

STOLPERDRAHT

BEOB TURM

HUNDELAUFLEINE

GRABEN AUSGELEGT MIT BETONPLATTEN
MIT BETONPLATTEN

6 m KONTROLLSTREIFEN

MINENFELD

KOLONNEN-N.-WEG
FAHRSPUR

STRASSENSPERRE

SCHUTZSTREIFEN

BEOB TURM

HALT!
Hier Grenze

GRENZMARKIERUNGS-PFAHL DER DDR

Achtung!
GRENZE

Grenzlinie

6 m KONTROLLSTREIFEN

SCHEINWERFER

BEOB BUNKER

ERDBUNKER

HALT!
Hier Grenze

240

# 10 JAHRE DES ÜBERGANGS 1961–1969

```
ordnung        ordnung
ordnung        ordnung
ordnung        ordnung
ordnung        ordnung
ordnung        ordnung
ordnung        unordn  g
ordnung        ordnung
ordnung        ordnung
ordnung        ordnung
ordnung        ordnung
ordnung        ordnung
```

Timm Ulrichs

»Der 13. August 1961 gab den letzten Jahren der Ära Adenauer das Gepräge. Der Bau der Berliner Mauer hatte brutal demonstriert, daß die Erhaltung des Status quo [gegenwärtiger Zustand] in Mitteleuropa zum gemeinsamen Ziel der Weltpolitik beider Großmächte geworden war. Der Eindruck, mit den eigenen nationalen Wünschen an eine unübersteigbare Grenze gelangt zu sein, ließ in der Bundesrepublik eine allgemeine Stimmung der Resignation entstehen« (Waldemar Besson).

Hinzu kamen Verschiebungen in der Innenpolitik, bewirkt durch den neuerlichen Eintritt der FDP in die Regierung nach der 4. Bundestagswahl am 7. September 1961 (CDU/CSU nur noch 45,4% der Stimmen). Der Ruf nach einem Kanzlerwechsel wurde immer lauter, auch in der CDU. Wenn die von Adenauer bei verschiedenen Gelegenheiten verkündete Behauptung »Die Lage war noch nie so ernst!« zutraf, dann hätte man lieber einen jüngeren und beweglicheren Mann die

Richtlinien der Politik bestimmen sehen. Nach vier-
zehnjähriger Regierungszeit trat Adenauer im Herbst
1963 schließlich ab. Er krönte seine Amtszeit mit dem
deutsch-französischen Freundschaftsvertrag vom Januar 1963 (siehe S. 244). Nachdem Adenauer sein großes Ziel, die politische Einigung Europas, nicht erreicht
hatte, war dies die zweitbeste Lösung.
Ludwig Erhard, von dem der charakteristische Satz
stammt: »Wir sind wieder wer«, konnte sich mit seinem
bedeutenden Vorgänger nicht messen; nicht allein
seine Feinde warfen ihm Führungsschwäche vor. Nach
drei Jahren mußte er seinen Platz, von der CDU auf
ungute Weise geschoben, dem dritten CDU-Bundes-
kanzler Kurt Georg Kiesinger räumen. Die Regierung
der Großen Koalition (CDU/CSU und SPD; 1967–1969)
stand vor der Aufgabe, die bundesdeutsche Außenpolitik an die weltpolitischen Gegebenheiten anzupassen:
der Alleinvertretungsanspruch für ganz Deutschland
ließ sich nur schwer aufrechterhalten, wenn die Sowjetunion und die Vereinigten Staaten sich in Europa um
Entspannung bemühten. Hier mußte ein Wandel eintreten; es ging nicht länger an, die Existenz eines zweiten
deutschen Staates – der »Zone« oder der »sogenannten
DDR«, wie der Sprachgebrauch seit Adenauers Zeiten
war – einfach zu leugnen. Kiesinger stellte deshalb in
seiner Regierungserklärung die Forderung nach Wiedervereinigung nicht mehr in den Vordergrund. Die
Ostpolitik geriet nach jahrelanger Starre langsam in
Bewegung.
Den Hauptakzent jedoch setzte in den ausgehenden
sechziger Jahren die Studentenrevolte. Eine Generation, die das Elend des Krieges nicht mehr bewußt
miterlebt hatte, rebellierte gegen das Versorgungsden-
ken und die bequeme Gewöhnung der Bundesbürger.

Helga M. Novak:
# Lernjahre sind keine Herrenjahre

mein Vaterland hat mich gelehrt:
achtjährig
eine Panzerfaust zu handhaben
zehnjährig
alle Gewehrpatronen bei Namen zu nennen
fünfzehnjährig
im Stechschritt durch knietiefen Schnee
zu marschieren
siebzehnjährig
in eiskalter Mitternacht Ehrenwache
zu Stalins Tod zu stehen
zwanzigjährig
mit der Maschinenpistole gut zu treffen
dreiundzwanzigjährig
meine Mitmenschen zu denunzieren
sechsundzwanzigjährig
das Lied vom guten und schlechten
Deutschen zu singen
wer hat mich gelehrt
*Nein* zu sagen
und ein schlechter Deutscher zu sein?

# Aussöhnung mit Frankreich

Unglaublicher Jubel schlug dem französischen Staatschef Charles de Gaulle entgegen, als er vom 4. bis 9. September 1962 durch die Bundesrepublik reiste. In seinen Reden unter freiem Himmel bestätigte er den Deutschen, was sie seit Kriegsende nicht mehr gehört und kaum noch geglaubt hatten: sie seien eine »große Nation«. Daß es zu einer Annäherung der Feinde in zwei Weltkriegen gekommen war, verdanken wir Konrad Adenauer, der sich von Anfang an um gute Beziehungen zum Nachbarland bemüht hatte. Am 22. Januar 1963 unterzeichneten de Gaulle und er im Elysée-Palais in Paris den »Vertrag über Freundschaft und Zusammenarbeit«.

Mag dieses Vertragswerk in der großen Politik auch keine so bedeutende Rolle spielen, wie Adenauer erhofft hatte, so bewirkt es doch im Kleinen viel Gutes (z. B. das deutsch-französische Jugendwerk). Rückblickend schreibt der französische Botschafter in der Bundesrepublik von 1958 bis 1962 und 1965 bis 1969

François Seydoux:

Washington war einer vom Vertrag angekündigten außergewöhnlichen Zusammenarbeit nicht sonderlich gewogen. Der Bundestag setzte der Ratifizierung des Vertrages [16. Mai 1963] eine Präambel voraus, die diesen in den atlantischen Rahmen einbettete und auf solche Weise seine Natur empfindlich veränderte. Die deutsch-französische Zusammenarbeit würde sich nun nicht ganz so intim abspielen können, wie de Gaulle und Adenauer es sich ursprünglich vorgestellt hatten.

De Gaulle wurde davon tief getroffen. Aber er ließ es sich weise nicht anmerken. Der große Wandel in den Beziehungen zweier Völker, die unlängst noch Feinde waren, durfte nach seiner Ansicht nicht wieder in Frage gestellt werden. Er wollte sich mit dem zufrieden geben, was man jenseits des Rheins für möglich hielt, und das Maximum an Zusammenarbeit aus dem Vertrag herausholen. Trotz allgemeinen, beinahe forcierten guten Willens aber herrschte bei allen Pessimismus vor: Würde der Vertrag nach dem Stoß, den er bekommen hatte, nicht wie so viele andere zu einem Fetzen Papier werden?

Aber es geschah ein Wunder. Der Vertrag hat nicht nur

244

gehalten, er beweist Tag für Tag seine Nützlichkeit. Die Staats- und Regierungschefs, Minister, hohen Beamten beider Seiten kommen regelmäßig zusammen, knüpfen untereinander außerordentliche Bande der Freundschaft und des Vertrauens, sprechen über alles, ebnen Unstimmigkeiten ein, suchen gemeinsam nach dem Terrain, auf dem sich Zusammenarbeit entwickeln kann.

Als ich, zum zweitenmal, von 1965 bis 1969 Botschafter am Rhein war, gab es häufig Schwierigkeiten. Aber jedes Mal klammerten sich beide Seiten an den Vertrag, weil er das einzige Instrument war, mit dem Hindernisse überwunden und ruhigere Gewässer aufgesucht werden konnten. Es gibt weder in Paris noch in Bonn eine Regierung, die sich nicht auf ihn beziehen oder seinen Wert in Frage stellen würde.

Es war notwendig, daß Frankreich und Deutschland sich einander annäherten, nachdem sie sich so lange gegenseitig bekämpft hatten. Soweit ich die Dinge übersehe, ist der Elysée-Vertrag einmalig in seiner Art. Trotz aller Zwischenfälle und Verstimmungen, die zwischen Völkern ebenso unvermeidlich sind wie zwischen den besten Eheleuten, drückt er den Willen von Franzosen und Deutschen aus, sich auf immer miteinander versöhnt zu haben und in einer Welt voller Unsicherheiten und Gewalt zusammenzustehen.

Wenn jemals ein Unglück Europa oder die Welt bedrohen sollte, in Paris würde man sofort nach Bonn blicken, und in Bonn würde man sofort Paris konsultieren. Was für eine phänomenale Veränderung!

# Ein »Abgrund von Landesverrat«

1961 hatte die CDU die absolute Mehrheit wieder verloren. Die FDP durfte sich mit 12,8% der Stimmen (67 Sitze gegenüber 41 im Jahr 1957) als der eigentliche Sieger fühlen. Aber zur Enttäuschung vieler ihrer neuen Anhänger konnte sie nicht die vor der Wahl propagierte Ablösung Adenauers durchsetzen: sie »fiel um«! Adenauer bildete sein viertes Kabinett, obwohl sich auch in seinen eigenen Reihen Opposition gegen ihn regte.

Im Herbst 1962 sorgte die ›Spiegel‹-Affäre für gewaltige Aufregung. Am 26. Oktober wurden die Redaktionsräume des Magazins durchsucht und Haftbefehle wegen Landesverrats gegen den Herausgeber Rudolf Augstein und den Chefredakteur Conrad Ahlers erlassen. Ahlers verhaftete man in seinem spanischen Urlaubsort Malaga. Es ging um den wehrpolitischen Artikel »Bedingt abwehrbereit« vom 10. Oktober 1962, der Staatsgeheimnisse preisgebe.

Am 7. November 1962 versucht Bundeskanzler Adenauer die Aktion vor dem Parlament zu rechtfertigen.

---

DR. ADENAUER: Nun, meine Damen und Herren,
  *(Anhaltende Zurufe von der SPD.)*
wir haben
  *(Fortgesetzte Zurufe von der SPD.)*
einen Abgrund von Landesverrat im Lande.
  *(Abgeordneter Seuffert: Wer sagt das?)*
Ich sage das.
  *(Laute Rufe von der SPD: Aha! So? – Abgeordneter*
  *Seuffert: Ist das ein schwebendes Verfahren oder nicht?)*
Denn, meine Damen und Herren,
  *(Zurufe des Abgeordneten Seuffert.)*
wenn von einem Blatt, das in einer Auflage von 500000 Exemplaren erscheint, systematisch, um Geld zu verdienen, Landesverrat getrieben wird –
  *(Erregte Zurufe von der SPD: Pfui! Huh! – Pfeifen und*
  *anhaltende Zurufe von der SPD.)*
Ich bin erstaunt, Sie wollten sich doch gar nicht vor den Spiegel stellen!...

Und nun Malaga! Also, meine Damen und Herren, gegen den Herrn Ahlers hatte auch die zuständige Stelle des Bundesgerichts Haftbefehl erlassen wegen des Verdachts, ein Verbrechen begangen zu haben, sogar ein Verbrechen

246

von besonderer Abscheulichkeit: Landesverrat. Das hatte das Bundesgericht getan, meine Damen und Herren. Nun war der zufällig in Malaga. Ich habe eben gehört, daß auch die Rede von Tanger gewesen ist, und holen Sie bitte mal einen aus Tanger heraus! Ich wüßte nicht, wie wir das machen sollten.

*(Heiterkeit.)*

Sehen Sie, meine Damen und Herren, wenn der Herr Ahlers in Deutschland gewesen wäre und er wäre dann verhaftet worden, könnte kein Mensch etwas dagegen sagen.

*(Lachen bei der SPD.)*

Nun war er zufällig in Spanien, und da hat ihn dasselbe Mißgeschick getroffen.

*(Lachen bei der SPD.)*

. . .

WOLFGANG DÖRING (FDP): Herr Bundeskanzler, ich bin es nicht nur meinem Freunde, sondern auch dem Staatsbürger Augstein schuldig, dagegen zu protestieren, daß Sie hier sagen: Herr Augstein verdient am Landesverrat. Dann haben Sie als erster hier ein Urteil gefällt, das zu fällen nur den Gerichten zusteht.

*(Beifall.)*

Herr Bundeskanzler, ich weiß, was ich sage. Ich bin nicht bereit – und das ist keine koalitionspolitische Frage –, unwidersprochen hinzunehmen, daß durch eine ganz bestimmte Stimmungsentwicklung, gleichgültig, wer sie bewirkt, Leute verurteilt sind, bevor sie überhaupt jemals einen Gerichtssaal gesehen haben.

*(Beifall.)*

---

In der Fragestunde vom 8. November 1962 muß der Bundesinnenminister Hermann Höcherl (CSU) zugeben, daß die Verhaftung von Conrad Ahlers in Spanien »etwas außerhalb der Legalität« (bald ein geflügeltes Wort!) erfolgt sei; seine Beamten könnten »nicht den ganzen Tag mit dem Grundgesetz unter dem Arm herumlaufen«. – Später stellte sich zur Blamage der Regierung heraus, daß in dem fraglichen ›Spiegel‹-Artikel gar keine Staatsgeheimnisse verraten wurden. Am 13. Mai 1965 lehnte das Bundesverfassungsgericht die Eröffnung des Verfahrens gegen Rudolf Augstein und Conrad Ahlers ab.

# In des Meisters Schuhen?

Über die ›Spiegel‹-Affäre war die Regierung im Herbst 1962 gestürzt. Bundesverteidigungsminister Franz Josef Strauß (CSU) hatte seine anfänglichen Beteuerungen, er sei an der Verhaftung Conrad Ahlers' in Spanien völlig unbeteiligt gewesen, nicht aufrechterhalten können. An den von der SPD geforderten Rücktritt dachte er nicht. Da legten die FDP-Bundesminister am 19. November 1962 geschlossen ihre Ämter nieder, um den Weg für eine Regierungsumbildung frei zu machen. Der neuen Koalitionsregierung aus CDU/CSU und FDP gehörte Strauß nicht mehr an; zwischen den Partnern wurde vereinbart, daß Ludwig Erhard innerhalb eines Jahres Adenauer als Kanzler ablösen solle.

Am 16. Oktober 1963 war es dann so weit: Erhard übernahm die Rolle des Nachfolgers, für die Adenauer ihn nicht geeignet hielt (siehe auch S. 221). Der Zeichner Ironimus (= Gustav Peichl) fand, die Schuhe des Vorgängers seien Erhard ein paar Nummern zu groß.

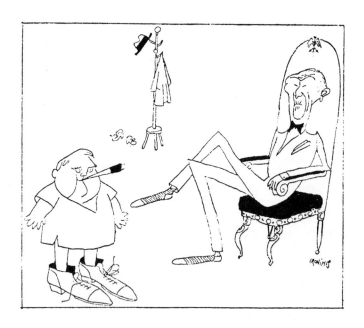

# Bildungsnotstand

»Deutsche Bildungskatastrophe« überschrieb der evangelische Theologe Georg Picht eine Artikelserie (›Christ und Welt‹, 1964), in der er die verheerenden Folgen des herrschenden Lehrermangels ausmalte. »Chancengleichheit« im Bildungswesen forderte kurz darauf der Soziologe Ralf Dahrendorf (FDP). Politiker aller Parteien griffen diese Themen auf und warben für bessere Ausbildungsmöglichkeiten. Der Trend zum Abitur verstärkte sich, die Universitäten konnten den Studentenandrang bald kaum noch fassen: für immer mehr Fächer mußten sie Zulassungsbeschränkungen (Numerus clausus) einführen.

Die Zahl der Studenten stieg um das fünf- bis zehnfache an. Nicht lange, und man sprach von der »Bildungsexplosion«. Leicht ließ sich ausrechnen, daß in ein paar Jahren mehr Akademiker die Hochschulen verlassen würden, als der Arbeitsmarkt verkraften kann. Der traditionelle Lehrbetrieb versagte vor den Problemen der Massenuniversität.

»Unter den Talaren Muff von tausend Jahren« stand auf einem Spruchband der studentischen Protestbewegung 1968/69 (siehe S. 267); sie stürzte die Hochschulen in eine schwere Krise, brachte aber auch längst fällige Reformen endlich in Gang. Und der Anstoß wirkte weiter: in Kindergärten und Schulen entbrannte zwischen Eltern und Erziehern die Auseinandersetzung über Vor- und Nachteile einer »antiautoritären Erziehung«.

Doch zurück zum Jahr 1964.

## Georg Picht:

Die Kulturpolitik des Bundes und der Länder war im letzten Jahrzehnt weithin von der Tendenz beherrscht, die elementaren Probleme unseres Bildungswesens nicht etwa zu lösen, sondern totzuschweigen und zu verdrängen. Die wirklichen Fakten und Aufgaben kamen nicht in den Blick und sind deshalb auch der Öffentlichkeit kaum bekannt. Vergleicht man diesen Zustand mit der Intensität der Diskussion über dieselben Fragen in anderen Kulturstaaten, so wirkt er nahezu unbegreiflich ... Es gibt kaum ein Land in der Welt, in dem die Kulturpolitik ideologisch so vergiftet ist wie in Deutschland. Dies gilt selbst im Vergleich zu den kommunistischen Staaten, die sich durch ihre Ideologie nicht hindern ließen, die großen Bildungsaufgaben der modernen Zivilisation mit dem ihnen eigenen robusten Realismus anzupakken, während in der Bundesrepublik eine ideologische

Selbstzerfleischung um sich greift, die uns die geschichtliche Stunde versäumen läßt...

Bildungsnotstand heißt wirtschaftlicher Notstand. Der bisherige wirtschaftliche Aufschwung wird ein rasches Ende nehmen, wenn uns die qualifizierten Nachwuchskräfte fehlen, ohne die im technischen Zeitalter kein Produktionssystem etwas leisten kann. Wenn das Bildungswesen versagt, ist die ganze Gesellschaft in ihrem Bestand bedroht. Aber die politische Führung in Westdeutschland verschließt vor dieser Tatsache beharrlich die Augen... So kann und darf es nicht weitergehen. Die Öffentlichkeit muß nun endlich die Wahrheit zur Kenntnis nehmen, und die Politiker werden sich entschließen müssen, jene harten Entscheidungen zu treffen, wie sie ein nationaler Notstand erster Ordnung erfordert.

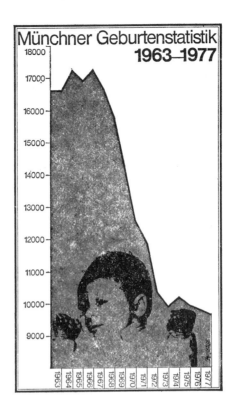

Was die Bildungspolitiker nicht voraussehen konnten, war der
»Pillenknick«, den die Kurve oben deutlich zeigt. Die seit 1962 in
der Bundesrepublik erhältliche Antibabypille (hormonale Emp-
fängnisverhütung) vereinfachte die Familienplanung und führte
innerhalb eines Jahrzehnts zu einem drastischen Geburtenrück-
gang. Ohne Frage verstärkte die Frauenemanzipation (siehe S. 316)
den Trend zur Kleinfamilie. In München waren 1964 noch über
17 000 Kinder geboren worden, 1977 nur noch 9600. Zwanzig
Grundschulen mußten schließen. Im ganzen Bundesgebiet, nicht
nur in den Großstädten, sank die Geburtenzahl fast auf die Hälfte,
so beispielsweise in Baden-Württemberg von 161 000 im Jahr 1964
auf 91 000 im Jahr 1977.
Dem von Georg Picht beklagten Lehrermangel folgte mit aus
diesem Grund in relativ kurzer Zeit eine Lehrerschwemme.

# Gesang von der Rampe II

Am 25. März 1965 faßte der Bundestag mit überwältigender Mehrheit den Beschluß, durch Gesetz die Verjährungsfristen für nationalsozialistische Verbrechen zu verlängern: er setzte den Stichtag für den Beginn der zwanzigjährigen Frist auf den 31. Dezember 1949 neu fest. 1969 wird die Verjährungsfrist auf 30 Jahre erhöht, am 3. Juli 1979 beschließt der Bundestag die generelle Aufhebung der Verjährung von Mord.

In seinem Dokumentarstück ›Die Ermittlung‹, das im Oktober 1965 an 16 Bühnen zugleich uraufgeführt wurde, verdichtete Peter Weiss die Aussagen von Hunderten von Zeugen und der Angeklagten des Auschwitz-Prozesses zu einem Konzentrat. »Dieses Konzentrat soll«, wie er in einer Anmerkung erklärt, »nichts anderes enthalten als Fakten, wie sie bei der Gerichtsverhandlung [in Frankfurt/Main] zur Sprache kamen.«

Peter Weiss:

ZEUGE 3: Wir fuhren fünf Tage lang
    Am zweiten Tag
    war unsere Wegzehrung verbraucht
    Wir waren neunundachtzig Menschen im Waggon
    Dazu unsere Koffer und Bündel
    Unsere Notdurft verrichteten wir
    in das Stroh
    Wir hatten viele Kranke
    und acht Tote ...
    Unsere Kinder hatten zu jammern aufgehört
    als wir in der letzten Nacht vom Bahndamm
    auf ein Nebengleis abbogen
    Wir fuhren durch eine flache Gegend
    die von Scheinwerfern beleuchtet wurde
    Dann näherten wir uns einem langgestreckten
    scheunenähnlichen Gebäude
    Da war ein Turm
    und darunter ein gewölbtes Tor
    Ehe wir durch das Tor einfuhren
    pfiff die Lokomotive
    Der Zug hielt
    Die Waggontüren wurden aufgerissen
    Häftlinge in gestreiften Anzügen erschienen

und schrien zu uns herein
Los raus schnell schnell
Es waren anderthalb Meter herab zum Boden
Da lag Schotter
Die Alten und Kranken fielen
in die scharfen Steine
Die Toten und das Gepäck wurden herausgeworfen
Dann hieß es
Alles liegen lassen
Frauen und Kinder rüber
Männer auf die andere Seite
Ich verlor meine Familie aus den Augen
Überall schrien die Menschen
nach ihren Angehörigen
Mit Stöcken wurde auf sie eingeschlagen
Hunde bellten
Von den Wachttürmen waren Scheinwerfer
und Maschinengewehre
auf uns gerichtet
Am Ende der Rampe war der Himmel
rot gefärbt
Die Luft war voll von Rauch
Der Rauch roch süßlich und versengt
Dies war der Rauch
der fortan blieb ...
ZEUGIN 5: Ich hielt das Kind
meiner Schwägerin an der Hand
Sie selbst trug ihr kleinstes Kind auf dem Arm
Da kam einer von den Häftlingen auf mich zu
und fragte ob das Kind mir gehöre
Als ich es verneinte sagte er
ich solle es der Mutter geben
Ich tat es und dachte
die Mutter hat vielleicht Vorteile
Sie gingen alle nach links
ich ging nach rechts
Der Offizier der uns einteilte
war sehr freundlich
Ich fragte ihn
wohin denn die andern gingen
und er antwortete

Die gehen jetzt nur baden
in einer Stunde werdet ihr euch wiedersehn
RICHTER: Frau Zeugin wissen Sie wer dieser Offizier war
ZEUGIN 5: Ich erfuhr später
daß er Dr. Capesius hieß
ZEUGE 6: Ich kannte Dr. Capesius
von meinem Heimatort her
Ich war dort Arzt
und er hatte mich vor dem Krieg mehrmals
als Vertreter des Bayer-Konzerns besucht
Ich begrüßte ihn und fragte
was mit uns geschehen sollte
Er sagte
Hier wird alles gut werden...
RICHTER: Besteht für Sie kein Zweifel
daß dies Dr. Capesius war
ZEUGE 6: Nein
Ich habe ja mit ihm gesprochen
Es war damals eine große Freude für mich
ihn wiederzusehn
RICHTER: Angeklagter Capesius
Kennen Sie diesen Zeugen
ANGEKLAGTER 3: Nein
RICHTER: Waren Sie bei ankommenden Transporten
auf der Rampe
ANGEKLAGTER 3: Ich war nur dort
um Medikamente aus dem Gepäck der Häftlinge
entgegenzunehmen
Diese hatte ich in der Apotheke zu verwahren
RICHTER: Herr Zeuge
Wen von den Angeklagten
sahen Sie noch auf der Rampe
ZEUGE 6: Diesen Angeklagten
Ich kann auch seinen Namen nennen
Er heißt Hofmann
RICHTER: Angeklagter Hofmann
Was hatten Sie auf der Rampe zu tun
ANGEKLAGTER 8: Ich hatte für Ruhe und Ordnung zu sorgen
RICHTER: Wie ging das vor sich
ANGEKLAGTER 8: Die Leute wurden aufgestellt
Dann bestimmten die Ärzte

wer arbeitsfähig war
und wer zur Arbeit nicht infrage kam
Mal waren mehr
mal weniger Arbeitsfähige
rauszuholen
Der Prozentsatz war bestimmt
Er richtete sich nach dem Bedarf
an Arbeitskräften
RICHTER: Was geschah mit denen
die nicht zur Arbeit gebraucht wurden
ANGEKLAGTER 8: Die kamen ins Gas

---

Leider waren es nicht nur die großen Prozesse, die zu einer
erneuten Auseinandersetzung mit dem Nationalsozialismus zwan-
gen. Mitte der sechziger Jahre formierte sich aus vielen nationalisti-
schen Grüppchen, zu denen sich ehemalige Nationalsozialisten
zusammengefunden hatten, die Nationaldemokratische Partei
Deutschlands (NPD). Zwischen 1966 und 1969 ist die NPD bei
Landtagswahlen erfolgreich: in den württembergischen Landtag
zum Beispiel ziehen 1968 12 NPD-Abgeordnete ein (9,8% der
Stimmen). Im In- und Ausland erheben sich warnende Stimmen,
denn man glaubt Parallelen zu Hitlers Aufstieg erkennen zu
können. (Von einer nostalgischen Hitler-Welle auf dem Film- und
Buchmarkt war man damals noch weit entfernt!)
Zur allgemeinen Erleichterung konnte die NPD bei der Bundestagswahl 1969 die 5%-Hürde nicht überspringen; danach verlor
diese Rechtspartei rasch an politischer Bedeutung.
Ausgestorben sind die extremen Rechten jedoch nicht: sie erhalten
neuerdings auch Zulauf aus der Jugend und machen immer wieder
mal durch Hakenkreuzschmierereien und ähnliche Aktionen von
sich reden. Seit 1978 verübten die Neonazis mehrere gefährliche
Bombenanschläge; 1980 fielen 19 Menschen ihren Attentaten zum
Opfer, im Herbst 1981 wurden in der Lüneburger Heide umfang-
reiche Waffenlager von Rechtsradikalen entdeckt.

# Offener Brief an Kurt Georg Kiesinger

Ludwig Erhard, der populäre »Vater des Wirtschaftswunders«, wie er oft tituliert wurde, erfüllte als Kanzler nicht die allgemeinen Erwartungen. Immer deutlicher zeichnete sich ab, daß Adenauer mit seinen Bedenken gegen ihn recht behalten sollte: Erhard fehlte die Kraft, die von ihm propagierte Politik des Ausgleichs und der Vernunft durchzusetzen. Sein Schlagwort von der »formierten Gesellschaft«, mit dem er den deutschen Staatsbürgern neue Orientierungspunkte geben wollte, beflügelte nicht einmal die eigene Partei zu außergewöhnlichen Leistungen, und als Mittel gegen die einsetzende Wirtschaftsflaute fruchteten seine Maßhalteappelle wenig, da konkrete Abhilfemaßnahmen ausblieben. Am 30. November 1966 erklärte der glücklose Kanzler seinen Rücktritt.

Aus der Krise ging die Regierung der Großen Koalition hervor, mit Kurt Georg Kiesinger als Bundeskanzler. Die CDU stellte sieben Minister, die CSU drei und die SPD neun. Willy Brandt übernahm – zur Enttäuschung vieler seiner Freunde – das Außenministerium und trat als Vizekanzler fast gleichrangig neben Kiesinger auf; die SPD war mitverantwortlich für die »Notstandsverfassung«, die am 30. Mai 1968 vom Bundestag verabschiedet wurde. Im Parlament gab es jetzt nur noch eine ganz schmale Opposition: die FDP (49 Sitze).

Günter Grass:
*Frankfurter Allgemeine Zeitung, 1. Dezember 1966*

Sehr geehrter Herr Kiesinger,
bevor Sie morgen zum Bundeskanzler gewählt werden, will ich in aller Öffentlichkeit den letzten Versuch unternehmen, Sie zur Einsicht zu bewegen.

Ich gehöre einer Generation an, deren Väter in der Mehrzahl die ab 1933 verübten Verbrechen wissend oder unwissend unterstützt haben. Ich weiß, daß in vielen deutschen Familien dieser Bruch geheilt werden konnte: Das Eingeständnis der Väter begegnete dem Verstehenwollen der Söhne. Sie, Herr Kiesinger, sind 1933 als erwachsener Mann in die NSDAP eingetreten, erst die Kapitulation vermochte Sie von Ihrer Mitgliedschaft zu entbinden.

Erlauben Sie mir die folgende Fiktion: Wenn Sie mein Vater wären, würde ich Sie bitten, mir Ihren folgenreichen Entschluß aus dem Jahre 1933 zu erklären. Ich wäre in der

Lage, ihn zu verstehen, denn die Mehrzahl aller Väter meiner Generation verlor ihre besten Jahre im Zeichen solcher Fehlentscheidungen. Wenn aber Sie, der fiktive Vater, mich, den fiktiven Sohn, fragten: »Ich soll Bundeskanzler werden. Politik interessiert mich leidenschaftlich. Ich habe immer schon außenpolitische Ambitionen gehabt. In meinem Land Baden-Württemberg war ich erfolgreich. Die Leute mögen mich. Soll ich Ja sagen?«, dann hieße die Antwort des fiktiven Sohnes: »Gerade weil dich Politik leidenschaftlich interessiert, weil du außenpolitische Ambitionen hast, mußt du Nein sagen. Denn eigentlich müßtest du wissen, daß in diesem Land mit seiner immer noch nicht abgetragenen Hypothek, in diesem geteilten Land ohne Friedensvertrag, das Amt des Bundeskanzlers niemals von einem Mann wahrgenommen werden darf, der schon einmal wider alle Vernunft handelte und dem Verbrechen diente, während andere daran zugrunde gingen, weil sie der Vernunft folgten und dem Verbrechen Widerstand boten. Dein Anstand sollte dir verbieten, dich nachträglich zum Widerstandskämpfer zu ernennen.«

Sie, Herr Kiesinger, sind nicht mein Vater. Mögen Sie einen Sohn haben, der Ihrem unheilvollen Entschluß Widerstand leistet.

Ich frage Sie:

Wie soll die Jugend in diesem Land jener Partei von vorgestern, die heute als NPD auferstehen kann, mit Argumenten begegnen können, wenn Sie das Amt des Bundeskanzlers mit Ihrer immer noch schwerwiegenden Vergangenheit belasten?

Wie sollen wir der gefolterten, ermordeten Widerstandskämpfer, wie sollen wir der Toten von Auschwitz und Treblinka gedenken, wenn Sie, der Mitläufer von damals, es wagen, heute hier die Richtlinien der Politik zu bestimmen?

Wie soll fortan der Geschichtsunterricht in unseren Schulen aussehen?

Hat ein Herr Globke [siehe S. 87] nicht schon genug Schaden anrichten dürfen?

Soll es dem Altstalinisten Ulbricht aus Gründen möglich sein, auf uns mit Fingern zu deuten?

Gibt es in der SPD/CSU/CDU keinen Mann, der unbelastet genug wäre, das Amt des Bundeskanzlers zu verwalten?

Fast möchte ich glauben, es habe die SPD den Mut eines Otto Wels* unter Hausarrest gestellt, denn ihre Aufgabe wäre es gewesen, Ihnen diese Fragen zu stellen. So bleibt es mir, stellvertretend für viele, überlassen, noch einmal, in letzter Minute, empörten Einspruch zu erheben.

Die Verantwortung werden Sie tragen müssen, wir die Folgen und die Scham.

F. C. Delius

# Abschied von Willy

Brandt: es ist aus. Wir machen nicht mehr mit.
Viel Wut im Bauch. Die Besserwisser grinsen.
Der letzte Zipfel Hoffnung ging verschütt.

Für uns ist längst krepiert, was Sieben Schwaben
Wie euch noch gut scheint, euch zu kopulieren.
Den Spieß herum, es gilt zu formulieren:
Wer Notstand macht, der will den Notstand haben.

Wer jetzt nicht zweifelt, zweifelt niemals mehr.
Was jetzt versaut ist, wird es lange bleiben.
Von Feigheit, Dummheit läßt sich nichts mehr
        schreiben,
Kein Witz kommt auf; Verzweiflung nur und Spott,
        die treiben

Uns zurück, wohin ich gar nicht will,
Verflixt noch mal, ich stecke im Idyll.

---

Die dritte Strophe klingt an den Schluß des Gedichtes ›Herbsttag‹ von Rainer Maria Rilke (1875–1926) an: »*Wer jetzt kein Haus hat, baut sich keines mehr. / Wer jetzt allein ist, wird es lange bleiben, / wird wachen, lesen, lange Briefe schreiben / und wird in den Alleen hin und her / unruhig wandern, wenn die Blätter treiben.*«

---

\* SPD-Vorsitzender 1931–1933; er verurteilte im Reichstag am 23. 3. 1933 scharf Hitlers Willkürmaßnahmen und stimmte mit seiner Fraktion gegen das Ermächtigungsgesetz (vgl. S. 129).

Werner Finck:
# Vorzüge der Bundesrepublik

Der politische Kolumnist einer großen Abendzeitung gebrauchte in einem zornigen Kommentar anläßlich der geplanten Notstandsgesetzgebung einmal die Worte: »Das armselige bißchen Freiheit, das wir heute noch haben, wird uns nun auch noch genommen usw.«...

Wir jammern zu viel um die viele Freiheit, die wir nicht haben, und jubeln zu wenig über die viele Unfreiheit, die wir – gottlob – auch nicht haben.

Die Mängel und Schwächen unserer Bundesrepublik werden so häufig erörtert, daß ich im einzelnen nicht auf sie einzugehen brauche. Von den wenigen Vorzügen aber hört man nichts. Und darauf möchte ich gerne aufmerksam machen.

Ein Vorzug zum Beispiel ist die Möglichkeit, so oft und so öffentlich über die Mängel und Schwächen unserer Bundesrepublik zu sprechen und zu schreiben. Das ist nicht viel. Aber noch einer: Man kann auswandern. Wenn Ihnen hier etwas nicht paßt, dann sagen Sie: »Es paßt mir nicht, ich möchte meinen Paß.« Dann bekommen Sie den, und bitte: wenn Sie rausgehen, wird nicht hinter Ihnen hergeschossen. Das ist ein schönes Gefühl. Oder ein dritter Vorzug: Sie können sich jederzeit orientieren, Sie dürfen hier den östlichen Freiheitssender hören. Wie hat man in den Zeiten der Unfreiheit darunter gelitten, daß man nur unter den lächerlichsten Sicherheitsvorkehrungen Sender hören konnte, die interessant waren, also feindliche. Man bekam sie ja, aber was man außerdem bekam, waren Halsmuskelschmerzen, weil man das Ohr dicht an den leise eingestellten Lautsprecher halten und mit den Augen auf die Türe hinter sich starren mußte. Wenn Sie heute einen Feindsender einstellen, einen roten Freiheitssender etwa, der gegen die Bundesrepublik hetzt, und es klingelt, Sie machen auf und es ist die Polizei, dann können Sie ruhig sagen: »Warten Sie doch bitte einen Moment, ich höre gerade den roten Sender.« Da wartet der natürlich und bringt dann erst die Sache mit dem Parkvergehen an.

# Der Türke erzählte

Zur Zeit des wirtschaftlichen Aufschwungs waren Millionen Gastarbeiter in die Bundesrepublik geströmt. In jeder Krise sind ihre Arbeitsplätze am stärksten gefährdet. Das war 1966/67 der Fall, als sich die Wirtschaftslage zum erstenmal drastisch verschlechterte, und das ist seit 1975 wieder so. Mit der Arbeitslosigkeit (siehe S. 328) wächst die Ausländerfeindlichkeit.
Ein Auszug aus der Erzählung ›Lenz‹ (1973) soll die Problematik beleuchten. Lenz ist ein junger Intellektueller, den der Autor ein paar Seiten vor dieser Stelle so einführt: »Er kaufte sich eine Zeitung und sah die Leute in den S-Bahnhof strömen. Männer mit großen Schritten und Aktentaschen, Frauen auf flachen Schuhen, immer etwas hastiger als die Männer. Sie gehen zur Arbeit, dachte Lenz. Er verband mit dem Satz keine Vorstellung.«

## Peter Schneider:

An einem anderen Tag stellte sich Lenz im Büro einer großen Elektrofirma vor. Vor dem Zimmer des Personalchefs warteten mehrere Männer, die Lenz mißtrauisch ansahen. Lenz unterschied griechische und türkische Satzfetzen. Griechisch hatte er einmal in den Ferien gelernt, er verstand ein paar Wörter. Einer der Wartenden erzählte, daß er schon zum drittenmal herkomme und nun schon seit zwei Stunden warte. Wenn er keine Arbeit finde, werde er aus dem Wohnheim geworfen. Lenz verstand nicht genau, was er über die Miete sagte, die er bezahlte. Der Personalchef öffnete die Tür und warf einen kurzen Blick auf die Wartenden. Er bat Lenz hereinzukommen. Lenz zögerte, die anderen blickten ihn an, als hätte er sich mit dem Personalchef gegen sie verschworen. Der Personalchef wiederholte seine Aufforderung. Lenz gehorchte, um nicht aufzufallen, merkte dann, daß er damit nur dem Personalchef nicht auffiel. Der bot Lenz eine Stelle an einer automatischen Rechenmaschine an. Lenz lehnte ab, er wolle lieber am Band arbeiten. Der Personalchef machte ihn darauf aufmerksam, daß er dann wesentlich weniger verdienen würde. Außerdem sei es nicht üblich, daß Männer am Band arbeiten. Allenfalls käme eine Arbeit im Einzelakkord in Betracht. Seiner Frage, welchen Beruf Lenz denn vorher ausgeübt habe, er sähe doch, daß er in ihm einen intelligenten Menschen vor sich habe, wich Lenz aus. Er bestand darauf, als Hilfsarbeiter eingestellt zu werden. Der Personalchef händigte ihm einen Vertrag aus, den Lenz soweit wie möglich falsch ausfüllte. Lenz wurde für 4,20 DM pro Stunde eingestellt.

Beim Hinausgehen wurde Lenz von einem türkischen Arbeiter angesprochen, der ihn nach dem Ergebnis seiner Verhandlung mit dem Personalchef fragte. Der Türke erzählte ihm, wie er in einem Zug, in dem nicht einmal Platz zum Sitzen war, drei Tage lang nach Deutschland gefahren war. Vorher, bei der Untersuchung durch die deutschen Ärzte, hatte er einen Arm, den er sich gerade gebrochen hatte, bewegt, als sei er gesund. »Du hast dich gesund gestellt, um arbeiten zu können?«, fragte Lenz. Er mußte sich gegen den Gedanken wehren, daß er dem Türken den Arbeitsplatz weggenommen hatte. Der Türke erzählte dann von einem kleinen Unfall, den er mit dem Auto eines Freundes gehabt hatte. Bei der Blutprobe wurde ein zu hoher Alkoholspiegel festgestellt. Er wurde zu zwei Monaten Gefängnis verurteilt. Da er so seinen Arbeitsplatz verlor, erlosch seine Aufenthaltsgenehmigung, und er mußte fürchten, in die Türkei abgeschoben zu werden. Seit einer Woche bemühe er sich vergeblich um Arbeit. Die Personalchefs verlangten alle eine genaue Rechenschaft darüber, was er in der Zeit, die er in Deutschland sei, gemacht habe. Lenz gelang es kaum zuzuhören. Am meisten achtete er auf die Augen des Türken und auf seine kraftvollen, boxerhaften Armbewegungen. Er hatte den heftigen Wunsch, die Welt durch seine Augen zu sehen. Für einen Augenblick war es ihm, als müßte er ihm um den Hals fallen, ihn sich zum Freund machen. Lenz ließ sich von dem Türken in dessen Zimmer mitnehmen. Sie setzten sich auf das Bett und fingen sofort an zu trinken. Ein zweites ungemachtes Bett stand leer. Sein Kollege sei auf Arbeit, erklärte der Türke, wenn er zurückkomme, werde er ihn mit einem Essen empfangen. Ob Lenz kochen könne. Später nahm Lenz die Gitarre, die an der Wand hing, und griff ein Lied, zu dem er die Worte vergessen hatte. Der Türke fragte, was für ein Lied er da spiele. Lenz erwiderte, es sei ein Lied über einen Mann, der zum ersten Mal nach Amerika kommt und denkt, das sprengt ihm den Kopf auseinander. Lenz verabschiedete sich hastig, er versprach wiederzukommen.

Liselotte Rauner:

Die Tatsache
daß an ausländische Arbeiter
auch Komfort-Toiletten
als Wohnräume vermietet werden
halte ich für ein böswilliges Gerücht
denn sechs bis acht Schlafstellen
sind darin nicht unterzubringen

## Die Hippies

Lange Haare, Bärte, exzentrische Kleidung, lautstarker Jazz, Beat, Pop-art, Drogen – all das signalisierte Protest. Die junge Generation scherte aus der sterilen Bürgerwelt ihrer Eltern aus, sie wollte nicht mehr mitmachen. Die Welle ging von Amerika aus, San Francisco war seit 1965 ein Zentrum der »Hippies« oder »Blumenkinder«, wie sie auch genannt wurden.

Gisela Bonn:

Sie brachen auf zu einem merkwürdigen Stern, in das Land der Wunschlosigkeit. Sie ließen alles zurück, was junge Menschen gewöhnlich erträumen: ein Leben im Wohlstand, gute Erziehung, elegante Wohnungen und rassige Sportwagen. An den Rändern der alten Gesellschaft begannen sie das ungebundene Dasein einer fröhlichen Bohème. Sie bemalten ihre Gesichter wie afrikanische Tänzer, kostümierten sich als Landstreicher und Beatniks, kramten im alten Theater-Fundus nach grotesker Kleidung. Seit sie sich in gewissen Straßen amerikanischer Großstädte ansiedelten, schwingen sie zum Zeichen ihrer Naturverbundenheit und Friedensliebe Blumen in den Händen. »Make love, not war«, »Führe keinen Krieg, liebe«, ist ihre Parole.

Es konnte kaum einen größeren Schock für die selbstbewußte amerikanische Überflußgesellschaft geben, als diese gewaltlose, fast heitere Abkehr von ihr. Hilflos sieht sie zu, wie das Geld als Lockmittel des Dompteurs Gesellschaft versagt: die Hippies leben bedürfnislos. Anstelle des Kampfes um Karriere und Wohlstand haben sie ihre Ideale vom Nichtstun, von freiem Sex und allumfassender Liebe, von Ehrenhaftigkeit und Frieden gesetzt . . .

Potentielle Hippies gibt es in allen hochindustrialisierten Ländern. Sie sind unter uns. Aufsässige Kinder gelangweilter Eltern. Angewidert von Materialismus, Gefühlskälte, Ruhelosigkeit, Gewinnsucht und Oberflächlichkeit. Rebellen ohne revolutionäre Alternative, entschlossen nur in der Abwehr der sich ständig steigernden, kaum noch erfüllbaren Forderungen der Leistungsgesellschaft, in der sie keine Zuflucht finden.

Das Erlebnis der Geborgenheit kennen die Blumenkinder nicht. Ihre Trotzreaktion – Betonung hemmungsloser Ungebundenheit und Lebensfreude – trägt deutliche Zeichen von Melancholie. Ihre Kostümierung ist Tarnung, ihre Fröhlichkeit Attitude. In Wahrheit leiden sie an der Welt und sind auf der Suche nach ihrer Identität, dem wahren Selbst, der Seele, von der ihre Eltern und Lehrer angeblich niemals mit ihnen gesprochen haben.

Wir sollten sie anhören, ehe wir urteilen. Die Träume und Vorstellungen, Ängste, Verirrungen und Visionen der Hippies gehen uns mehr an, als wir aus gesicherter Ferne ahnen. Das Drama der amerikanischen Jugend, von dem Senator Robert Kennedy sprach, ist das Drama der Jugend in allen hochentwickelten Staaten, das Schicksal unserer Generation: »Sie hat alles – außer einer einzigen Sache, und diese Sache ist das Wesentliche.«

Erich Fried:
# Gründe

1964/65 fanden sich Studenten amerikanischer Hochschulen in rasch wachsender Zahl zu Vietnam-Demonstrationen und Aktionen gegen den Atomkrieg zusammen; sie wollten das politische Gewissen ihrer Landsleute wachrütteln, um das Ende des grausamen Vietnam-Kriegs (siehe S. 318) herbeizuzwingen. Diese linke Protestbewegung griff in den folgenden Jahren auf Europa über und politisierte zunehmend auch die Jugend der Bundesrepublik. Die Ostermärsche der Atomwaffengegner erhielten neuen Zulauf, eine »Kampagne für Abrüstung« wurde aktiv, Unterschriftensammlungen und eine Flut von Protestschriften richteten sich gegen die Notstandsgesetze. Politische Lyrik hatte Hochkonjunktur.

»Weil das alles nicht hilft
Sie tun ja doch was sie wollen

Weil ich mir nicht nochmals
die Finger verbrennen will

Weil man nur lachen wird:
Auf dich haben sie gewartet

Und warum immer ich?
Keiner wird es mir danken

Weil da niemand mehr durchsieht
sondern höchstens noch mehr kaputtgeht

Weil jedes Schlechte
vielleicht auch sein Gutes hat

Weil es Sache des Standpunktes ist
und überhaupt wem soll man glauben?

Weil auch bei den andern nur
mit Wasser gekocht wird

Weil ich das lieber
Berufeneren überlasse

Weil man nie weiß
wie einem das schaden kann

Weil sich die Mühe nicht lohnt
weil sie alle das gar nicht wert sind«

Das sind Todesursachen
zu schreiben auf unsere Gräber

die nicht mehr gegraben werden
wenn das die Ursachen sind

*Entstand 1966. Bis auf die vier Schlußzeilen zusammenge-*
*stellt aus selbstgehörten Äußerungen von Bürgern der Bun-*
*desrepublik und West-Berlins.*

Robert Havemann:

Der Krieg in Vietnam findet nicht nur in
Vietnam statt, er ist überall. In allen
Ländern der Erde spüren wir ihn, fühlen
uns von ihm bedroht, hoffen auf sein
Ende.

Guntram Vesper:
# Korruption


Mit zwanzig bejahte mein Vater den Sozialismus
Mit dreißig fiel er in Rußland ein
Als er zurück war interessierte er sich nur noch
für den Schmied von gegenüber der eine Ölmühle
                                    im Keller hatte
Heute sagt er beim Abschied wenn ich ihn besuche:
Tu deine Pflicht sie lohnt sich
Halt keine Reden
Revolution Gerechtigkeit Schwindel das alles
Ich lese Trotzki zur Entspannung
Da
Sagt er dann und gibt mir fünfzig Mark


Viele Abhandlungen über den Terrorismus (siehe S. 329 ff.) führen
als eine seiner Ursachen den Generationskonflikt an: die in den
Nachkriegsjahren heranwachsenden Kinder warfen ihren Eltern
vor, sie seien Hitler blind gefolgt und hätten dann – statt Reue und
Wiedergutmachung auf ihr Panier zu schreiben – diese furchtbare
Vergangenheit einfach verdrängt; Geldverdienen sei das einzige,
was für sie zähle. Mit Geld aber wollten sich die Söhne nicht
korrumpieren [bestechen] lassen. Sie pfiffen auf die Ideale der
Älteren (»Trau keinem über dreißig!«), auf Reichtum, Fleiß und
Ordentlichkeit, und zogen dem Elternhaus das Leben in Kommu-
nen vor, wo sich niemand über ihren Gammel-Look aufregte und
keiner sie zu irgendeiner »Leistung« antrieb; dort konnten sie
ungestört Hermann Hesse oder die Schriften von Marx, Lenin,
Trotzki und anderen Revolutionären lesen.

# Die Geburtsstunde der APO

Spannungen, die sich zwei, drei Jahre lang aufgestaut hatten, entluden sich beim Besuch des Schahs von Persien in Berlin am 2. Juni 1967. Die Polizei griff bei einer Demonstration gegenüber dem Opernhaus unverhältnismäßig scharf durch. Benno Ohnesorg, ein Germanistik-Student, wurde durch einen Querschläger tödlich verletzt (Foto S. 269). Geschossen hatte Kriminalobermeister Karl-Heinz Kurras. Bei der Gerichtsverhandlung gab er an, er habe sich durch zwei Unbekannte mit Messern bedroht gefühlt und in die Luft gefeuert. Ohnesorgs Tod und Kurras' Freispruch am 22. November 1967 schweißte die verschiedenen antiautoritären Bewegungen zusammen, sie verstanden sich von nun an als Außerparlamentarische Opposition (APO).

Mit Parolen wie »Macht kaputt, was euch kaputtmacht!«, »Enteignet Springer!«, »Brecht dem Schütz die Gräten, alle Macht den Räten!« (gerichtet gegen Berlins Regierenden Bürgermeister Klaus Schütz, der im September 1967 Heinrich Albertz abgelöst hatte) zog die APO durch die Straßen und drängte auf Veränderung.

Höhepunkte waren eine Vietnam-Demonstration im Februar 1968 und die Osterunruhen 1968. Nach einem Mordanschlag auf den herausragenden Kopf der Bewegung, Rudi Dutschke, am Gründonnerstag (11. April 1968) demonstrierten 60 000 junge Menschen in den Großstädten der Bundesrepublik; sie belagerten in Berlin das Springer-Hochhaus und verhinderten in mehreren Städten die Auslieferung der BILD-Zeitung, deren Hetze sie für das Attentat verantwortlich machten. Danach fiel die APO langsam auseinander. Der Studentenaufruhr war nicht, wie gehofft, auf die Arbeiter übergesprungen; diese nämlich hatten die eigentlichen Ziele der APO unter dem Gestrüpp verwirrender Theorien nicht erkennen können – und wohl auch nicht so viel an ihrem Staat auszusetzen wie die jungen Intellektuellen. So zerrann nach zwei heißen Sommern der Traum vom Aufbruch in eine bessere Welt.

Ein Reporter der ›ZEIT‹ schrieb diesen Augenzeugenbericht über den Polizeieinsatz vom 2. Juni 1967 in Berlin.

## Kai Hermann:

Um 19.56 Uhr trafen der Schah und die Schahbanu im Mercedes 600 vor dem Opernportal ein. Auf der anderen Straßenseite, 30 Meter entfernt, skandierten die knapp tausend Demonstranten in Sprechchören »Schah, Schah, Scharlatan« und »Mörder, Mörder«. Unversehrt erreichten

267

die Staatsgäste das Opern-Foyer. Die Demonstration war beendet.

Die Demonstranten, eingepfercht zwischen einem Bauzaun und Absperrgittern in einen langen Schlauch, wollten gehen. Vierzehn Krankenwagen fuhren auf. Dann zogen die Polizisten, die sich in einer Reihe vor den Demonstranten aufgestellt hatten, ihre Gummiknüppel. Einige Schaulustige und Schah-Gegner versuchten, Böses ahnend, über die Gitter hinweg zu entkommen. Sie wurden zurückgetrieben, festgenommen und zusammengeschlagen. Um 20.09 Uhr sprangen Polizisten etwa in der Mitte des Demonstrantenschlauches in zwei Keilen über die Barrieren. Ohne die zwingend vorgeschriebene Warnung über Lautsprecher schlugen sie auf die Studenten ein.

In der Oper hörten derweil das iranische Herrscherpaar und Berlins Regierungsspitze Wolfgang Amadeus Mozarts ›Zauberflöte‹.

Bert Berkensträter:

## Unmöglich, daß beides hinhaut: Demokratie und Polizei.

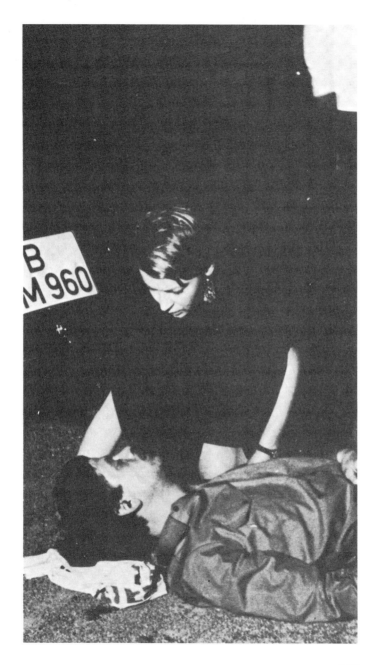

# Ich war Dutschkes Parteigänger

Seinen ersten Eindruck von Rudi Dutschke (1940–1979; Foto rechts), dem, wie er »damals sicher war, bedeutendsten Vertreter der Neuen Linken«, schildert der heutige Herausgeber des Herrenmagazins ›New York‹ (damals ›Konkret‹) in seinem Buch ›Fünf Finger sind keine Faust‹ (1974); er lernte Dutschke in Berlin kennen.

Klaus Rainer Röhl:

Rudi Dutschke holte mich am Flughafen ab, um mich ins SDS-Büro [Sozialistischer Deutscher Studentenbund] und dann in die Kommune I zu fahren. Er war – ja wie war er? Überwältigend? Faszinierend? Der erste Eindruck ist nicht mit einem Wort zu beschreiben. Vielleicht müßte man als erstes die Selbstverständlichkeit nennen, mit der er mich als Genosse, ja als Freund behandelte, die außerordentliche Bescheidenheit. Seine Fähigkeit, zuzuhören und auf den anderen einzugehen, um dann mit ebenso großer Selbstverständlichkeit zu erklären, so und so sei die Lage einzuschätzen, und dies und das sei infolgedessen zu tun. Es ist bekannt, daß Dutschke eine Ausstrahlung hatte, dem sich gerade skeptische Intellektuelle allzu gern aussetzen. So ging es auch mir. Ich war von diesem ersten Augenblick an entschlossen, mit allen meinen publizistischen Fähigkeiten und meiner Zeitung für diesen Mann und seine Sache einzutreten.

Es war eine Freundschaft auf den ersten Blick. Lange Jahre wurde sie auch von Rudi D. erwidert, bis ihn seine ständigen »Ratgeber« mehr und mehr von mir abdrängten. Keinen Augenblick glaubte ich ihm, wenn er, gerade in bezug auf sich selbst, die Rolle der Einzelpersönlichkeit herabsetzte und begeistert die kollektive Führung und Spontaneität der stets austauschbaren Räte pries. Je einleuchtender er so etwas ausführte, desto mehr verstärkte sich der Eindruck, daß eben dieser Prophet keineswegs durch irgendeinen beliebigen Semler, Lefèvre oder Amendt zu ersetzen sei. Ich war von diesem Frühsommer 67 an Dutschkes Parteigänger und stellte die Zeitung in dem Maße zur Verfügung, wie er es forderte. Verlangte er kurzerhand

2000,– Mark, überwies ich sie in der festen Überzeugung, daß das Geld gut angewandt sei. Schlug er eine Kampagne wie »Enteignet Springer« oder »Raus aus der NATO« – oder auch diffizilere Sachen wie die Unterstützung von Desertationen aus der US-Wehrmacht durch Adressenangabe – vor, so folgte ich ihm gern, wenn ich nicht ohnehin von mir aus mit der Kampagne begonnen hatte.

# Das Problem der politischen Minderheiten

Die FDP-Opposition war der Ansicht, die Regierung der Großen
Koalition habe sich mit den Osterdemonstrationen 1968 – bei
Auseinandersetzungen zwischen Studenten und Polizei war ein
Student ums Leben gekommen – nicht in angemessener Weise
befaßt. Auf ihren Antrag hin trat der Bundestag am 30. April zu
einer Sondersitzung zusammen. Der Abgeordnete Walter Scheel,
Bundesvorsitzender der FDP, warf der Regierung Mittelmäßigkeit
und Entschlußlosigkeit vor. Es mangle ihr an Autorität, weil die
politischen Institutionen nicht mehr die Anerkennung durch die
Bevölkerung besäßen.

## Walter Scheel:
*Aus der Bundestagsrede vom 30. April 1968*

Wenn es noch eines Beweises bedurft hätte, wie nötig diese
Diskussion ist, dann war es die Rede des Herrn Innenmini-
sters [Ernst Benda, CDU], der doch über weite Strecken
– ja, ich glaube, in vier Fünfteln seiner Rede – für einen
uninformierten Zuhörer den Eindruck erweckt hat, es habe
in der Osterwoche und auch vorher auf den deutschen
Straßen nur SDS-Drahtzieher, nur Verfassungsbrecher, nur
Steinewerfer und nur Schläger gegeben.
*(Lebhafter Widerspruch bei der CDU/CSU.)*
Ich habe kein Wort davon gehört, daß es in dieser Zeit auf
den deutschen Straßen nicht nur Tausende, sondern Zehntausende junger Menschen gegeben hat, die nicht dieser
Kategorie angehören.
*(Beifall bei der FDP. – Lebhafte Zurufe von der
CDU/CSU.)*
Ich glaube, es ist unsere Pflicht, uns hier darüber zu
unterhalten. Macht in einer Demokratie entsteht nicht aus
sich selbst; Macht verdankt man nicht sich selbst, sondern
denen, die die Macht in der Demokratie unterstützen. Ob es
nun demokratische Regierungen oder ob es autoritäre
Regierungen sind, sie sind gleichermaßen in ihrer Macht
ohnmächtig, wenn sie die Unterstützung durch die Bevölkerung verlieren.
  Parlamentarische Regierungen müssen nicht nur daran
denken, sich auf ihre Mehrheiten zu verlassen, die sie ins

Amt gebracht haben, sondern sie müssen auch ständig daran arbeiten, die Unterstützung weiter Bevölkerungskreise für ihre Maßnahmen zu gewinnen. Hier liegt eine Gefahr für diese Regierung und eine Gefahr für die Koalition [CDU/CSU und SPD], die hinter der Regierung steht. 90 Prozent Mehrheit in einem Parlament schaffen den Grad an Gelassenheit, der diese Regierung auszeichnet, schaffen den Grad an Gelassenheit, der leicht dazu verleitet, auch über die eigenen Schwächen hinwegzusehen.

*(Beifall bei der FDP.)*

Da liegt die Gefahr für diese Regierung.

Eine Demokratie schwebt immer in dem Dilemma, sich zwischen zwei Extremen hin und her zu bewegen: einmal der Lethargie [Interesselosigkeit] der Bevölkerung gegenüber dem politischen Geschehen – in einer solchen Situation verkümmern einfach die bürgerlichen Freiheiten, weil sie nicht wahrgenommen werden, nicht wahrgenommen werden wollen – und zum anderen Extrem, daß wir den politischen Widerstand unterschätzen, der latent vorhanden ist. Der Geist des politischen Widerstandes gehört nun einmal zu einer funktionierenden Demokratie. »Er ist oft«, so sagt Thomas Jefferson [1743–1826; Präsident der USA], »die in Reserve gehaltene Macht der Revolution.«

Zwischen diesen beiden Extremen bewegt sich eine Demokratie hin und her. In den fünfziger Jahren neigten wir sehr zum ersten Extrem. Der Politik gegenüber war unsere Bevölkerung eher lethargisch als zu intensiv mit ihr beschäftigt. Wenn die Unruhe heute nicht im demokratischen Sinne genutzt wird, sind wir in Gefahr, an das zweite Extrem heranzurücken.

Das Problem, vor dem wir stehen, ist das Problem der politischen Minderheiten in einer Demokratie, das Problem der politischen Minderheiten, die man aus der Gesellschaft herausdrängt, wenn man über sie Pauschalurteile vergiftender, verleumderischer Art fällt, wie das heute allzu häufig geschieht, – nicht einmal aus bösem Willen, sondern aus Unkenntnis der Folgen, die sich daraus ergeben.

Günter Eich:

# Episode

---

Gegen zusätzliche Notstandsgesetze kämpften die Gewerkschaften, die APO und viele Intellektuelle. Sie fürchteten eine Ausweitung der staatlichen Macht und – in lebendiger Erinnerung der Nazi-Zeit – die Gefahr des Mißbrauchs. Am 11. Mai 1968 trafen sich etwa 30 000 »Notstandsgegner« in Bonn zu einer Protestdemonstration, vier Tage vor Beginn der zweiten Lesung. Vergeblich. 384 Abgeordnete von der CDU/CSU und SPD stimmten am 30. Mai 1968 für die Notstandsgesetze, 100 dagegen (54 SPD, 45 FDP, 1 CDU); sie traten am 24. Juni 1968 in Kraft.
Eich verarbeitet Erinnerungen an die Schreckensherrschaft der Nazis zu einer grotesken Horror-Vision.

---

Ich wache auf und bin gleich im Notstand. Die Gründe weiß ich nicht genau, verhafte aber vorsorglich meine Kinder, Verhaftungen müssen sein. Im Rundfunk stelle ich Tanzmusik ein, drehe die Antenne in Richtung Luxemburg. Mit den Handschellen klirrend patrouilliere ich durch die Etagen. Im Mezzanin [Zwischengeschoß] ist alles in Ordnung, im Keller auch, aber sonst? Kein Erkennen der Lage, kein Ernst, kein Verlaß, Bananenschalen auf den Treppen. So weit kommt es, wenn man die Zügel locker läßt.

Unter dem Dach herrscht volle Anarchie, jemand liest Karsunke [Yaak K.; linker Schriftsteller], meine Hauswirtin schläft, mit achtzig Jahren sollte sie wissen, was man zu tun hat. Webern liegt auf dem Plattenteller, so zersetzt ist alles und die Wände voll Schimmel. Durchgreifen. Ordnung ist das halbe Leben, die andere Hälfte auch. Mit feuchten Augen höre ich die ersten Nachrichten aus dem Hauptquartier. Man beglückwünscht sich, es wird alles besser, das Strafgesetz schon umgearbeitet, man hatte es in den Schubladen. Im ersten Stock stellt man sich inzwischen um, beginnt realistisch zu denken. Ein Polizist aus Berlin, auf Urlaub, übernimmt das Standrecht und die Löscheimer. Viel Idealismus.

Um elf habe ich auch das Erdgeschoß auf Vordermann gebracht, mit etwas Nachhilfe, aber nicht viel. Um zwölf sortiere ich staatsfeindliches und jugendgefährdendes Schrifttum aus. Um eins versammle ich die Hausgemeinschaft zu einer Ansprache, die als Mittagessen eingelegt wird. Um zwei umstellt Gendarmerie das Haus und verhaftet uns alle.

So gemütlich ist es immer noch.

Dieter Höss:

## Hörfehler

Die Phonzahl entscheidet nie,
wenn die Melodie
den Ohren der Mehrheit vertraut ist.
Gewöhnung ermächtigt.

Drum, wenn es in Deutschland mal laut ist,
wird immer der Rufer nach Demokratie
des ruhestörenden Lärmens verdächtigt.
Die lärmenden Rufer
nach Ruhe und Ordnung nie.

# Die zweite Verfassung der DDR

Die DDR gab sich am 9. April 1968 eine gänzlich neue Verfassung. In der ersten Verfassung aus dem Jahr 1949 hieß es: »Deutschland ist eine unteilbare demokratische Republik; sie baut sich auf den deutschen Ländern auf ... Es gibt nur eine deutsche Staatsangehörigkeit.«
Jetzt wird stolz herausgestellt, was sich in wirtschaftlicher und gesellschaftlicher Hinsicht inzwischen verändert hat. Der entsprechende Passus lautet:

*Artikel 1*
Die Deutsche Demokratische Republik ist ein sozialistischer Staat deutscher Nation. Sie ist die politische Organisation der Werktätigen in Stadt und Land, die gemeinsam unter Führung der Arbeiterklasse und ihrer marxistisch-leninistischen Partei den Sozialismus verwirklichen.

Die Hauptstadt der Deutschen Demokratischen Republik ist Berlin. Die Staatsflagge der Deutschen Demokratischen Republik besteht aus den Farben Schwarz-Rot-Gold und trägt auf beiden Seiten in der Mitte das Staatswappen der Deutschen Demokratischen Republik. Das Staatswappen der Deutschen Demokratischen Republik besteht aus Hammer und Zirkel, umgeben von einem Ährenkranz, der im unteren Teil von einem schwarzrotgoldenen Band umschlungen ist.

Der DDR-Künstler Ernst Jazdzewski hat Wähler und einen Kandidaten am Wahltag festgehalten. Titel der Tuschzeichnung: ›Da kommt er ja!‹ (1967)

Eberhard Jäckel:

# In der Volkskammer wird nicht entschieden

Die Bestimmungen über die Volkskammer waren 1949 fast wörtlich der Weimarer Reichsverfassung entnommen. Galt die Volkskammer damals als »höchstes Organ der Republik«, so gilt sie seit 1968 als »das oberste staatliche Machtorgan«, mit dem Zusatz: »Sie entscheidet in ihren Plenarsitzungen über die Grundfragen der Staatspolitik.« Es bedarf jedoch keiner Worte, daß die Verfassungswirklichkeit diesen Bestimmungen nicht entspricht. Jeder Blick in irgendeine Debatte zeigt es.

Bei der Debatte über die Schaffung der Nationalen Volksarmee am 18. Januar 1956 mußten die Abgeordneten zum Beispiel über einen Gesetzentwurf entscheiden, den einige von ihnen »aus technischen Gründen« erst in der Mittagspause des Beratungstages erhielten, und der Volkskammerpräsident Dr. Johannes Dieckmann, einst aktiver Politiker der Weimarer Republik, trieb die Selbstverspottung des Parlaments so weit, daß er die Annahme der Tagesordnung als vorweggenommene Abstimmung interpretierte, worauf »heitere Zustimmung« erfolgte.

Viel ernster als die heitere Konstatierung dieses Widerspruchs zwischen Verfassungstext und Verfassungswirklichkeit ist die Frage, warum sich das Regime der DDR ebenso wie viele andere in Vergangenheit und Gegenwart diesem Widerspruch aussetzen. Hat man darin das Eingeständnis zu erblicken, der Parlamentarismus sei ein Kennzeichen der Demokratie? Der Vergleich mit dem nationalsozialistischen Reichstag drängt sich auf, aber auch der Unterschied. Weder hier noch dort wurde entschieden. Aber im Reichstag gab es nur eine Partei, und Hitler redete allein. In der Volkskammer dagegen gibt es Fraktionen, und es finden Diskussionen statt, die allerdings in ebensolcher Einmütigkeit verlaufen, wie die Abgeordneten auf einer Einheitsliste gewählt worden sind. An die Stelle des Pluralismus, des entscheidenden Merkmals einer parlamentarischen Demokratie, ist die Herrschaft einer vor jeder öffentlichen Konkurrenz geschützten Gruppe getreten.

Reiner Kunze:

# Hinter der Front

Selten ist eine Entwicklung hinter dem Eisernen Vorhang im Westen mit so viel Sympathie verfolgt worden wie der »Prager Frühling«. Am 5. Januar 1968 wurde der Parteichef Antonin Novotny entmachtet und damit die stalinistische Ära beendet. Sein Nachfolger Alexander Dubcek versuchte einen »Sozialismus mit menschlichem Antlitz« zu verwirklichen – ein Kurs, der den Moskauer Interessen zuwiderlief. Am 21. August 1968 rückten russische Panzer in Prag ein und zermalmten alle Frühlingshoffnungen. Truppen des Warschauer Paktes (siehe S. 218) besetzten die Tschechoslowakei, unter ihnen auch Einheiten der Nationalen Volksarmee. Nach dieser Aktion zweifelten viele junge DDR-Bürger zum ersten Mal an ihrem Staat. Auch die Tschechen hatten noch nicht vergessen, daß im Jahr 1939 schon einmal deutsche Soldaten über ihre Grenzen marschiert waren.

Am Morgen des 22. August 1968 wäre meine Frau beinahe gestürzt: Vor der Wohnungstür lag ein Strauß Gladiolen. In der Nachbarschaft wohnte ein älteres Ehepaar, das einen Garten besaß und manchmal Blumen brachte. »Wahrscheinlich haben sie gestern abend nicht mehr stören wollen«, sagte meine Frau. Am Nachmittag kam sie mit drei Sträußen im Arm. »Das ist nur ein Teil«, sagte sie. Sie waren in der Klinik, in der meine Frau arbeitet, für sie abgegeben worden, und außer ihr selbst hatte sich niemand darüber gewundert. Es sei doch bekannt, daß sie aus der Tschechoslowakei sei.

# 11 EIN ZWEITER ANFANG 1969–1974

*Jede Wiederannäherung in Deutschland setzt die Anerkennung der Spaltung voraus.*

Arnulf Baring

*Eine bessere Welt läßt sich leicht wünschen, mühsam verändert – so oder so – wird sie im Parlament.*

Günter Grass

Bundeskanzler Willy Brandt leitete einen neuen Abschnitt der deutschen Nachkriegsgeschichte ein. Nach zwanzigjähriger CDU-Herrschaft übernahm am 21. Oktober 1969 eine SPD/FDP-Koalition, nur auf eine knappe Mehrheit gestützt, die Regierung. Schon die Wahl des dritten Bundespräsidenten im März 1969 hatte signalisiert, daß ein Machtwechsel in der Luft lag: der Kandidat der CDU/CSU wurde überraschend geschlagen, weil die FDP geschlossen für den Sozialdemokraten Gustav Heinemann stimmte. Konsequent gab die FDP vor der 6. Bundestagswahl im Herbst 1969 die Parole aus, sie wolle »die alten Zöpfe abschneiden«. Viele Wechselwähler, die eine Veränderung einfach für überfällig hielten, wählten aber gleich die SPD: sie kann gegenüber 1965 einen Zuwachs von 22 Mandaten verzeichnen.

Adenauers unbestreitbares Verdienst war die Aussöhnung mit dem Westen, vor allem mit Frankreich. Seine Politik der Stärke gegenüber dem Ostblock muß sich dagegen aus heutiger Sicht Kritik gefallen lassen; die Festigung der Sowjetzone zum Staat DDR geht mit auf ihr Konto. – Willy Brandt versuchte nun, allen Widerständen hüben wie drüben zum Trotz, Brücken zum

Osten zu schlagen, also die westdeutsche Politik ins Gleichgewicht zu bringen.

In seiner Rede zum 30. Jahrestag des Kriegsbeginns (am 1. September 1939 war Hitler in Polen eingefallen!) analysierte Bundespräsident Heinemann die veränderte Lage: »Wie lange bleiben wir noch ein gespaltenes Volk über der europäischen Scheidelinie zwischen den Blockmächten in West und Ost? Wie lange bleibt Berlin eine zerschnittene Stadt? Wann wird Europa zu einer Ordnung des Friedens und zu einer eigenständigen Funktion in der Welt kommen? Auf solche und andere Fragen gibt es bis heute, dreißig Jahre nach dem Beginn des Zweiten Weltkrieges, noch keine Antwort. Eines aber liegt klar zutage: Keine dieser Fragen wird sich lösen, wenn wir nicht mit *allen* Nachbarn zu einer Aussöhnung kommen und neues Vertrauen zueinander gewinnen.

Was mit dem ehemaligen ›Erbfeind‹ Frankreich zu unserer großen Befriedigung erreicht ist, steht gegenüber Polen als eine ungelöste Aufgabe noch immer vor uns. Polen war das erste Opfer des Überfalls von 1939 ... Wie schwer auch das Los unserer Landsleute gewesen ist, die 1945 das Opfer des Verlustes ihrer Heimat jenseits von Oder und Neiße bringen mußten, so kann doch nichts daran vorbeiführen, daß es zwischen Polen und uns nicht so bleiben kann, wie es ist. Auch hier gilt es, die alten Gräben endlich zuzuschütten, so fest, daß niemand mehr einbrechen kann. Dafür müssen die entscheidenden Voraussetzungen geschaffen werden ... Wir müssen einen neuen Anfang zwischen uns und unseren östlichen Nachbarn, zumal mit Polen, setzen.« (Rundfunk- und Fernsehansprache vom 1. 9. 1969)

# In der Wahlnacht

vom 28. zum 29. September 1969, als sich für den 6. Bundestag die Sitzverteilung: CDU/CSU 242, SPD 224, FDP 30 abzeichnete, nahmen deutsche Politiker wie folgt Stellung:

*20.25 Uhr*
HERBERT WEHNER, stellvertretender SPD-Vorsitzender, auf die Frage, ob die CDU das Mehrheitswahlrecht zu einer Bedingung für die Fortführung der Großen Koalition machen könne: »Hören Sie mal, da kann ich nur husten. Eine Partei, die zurückgeht, will einer anderen Partei, die vorwärts marschiert, Bedingungen stellen – können sie doch nicht mit uns machen. Nein, das war schon Quatsch vor der Wahl, und das ist jetzt noch ›quätscher‹ nach der Wahl.«

*20.55 Uhr*
WALTER SCHEEL, FDP-Vorsitzender, auf die Frage, ob eine Mehrheit von sechs Abgeordneten für eine SPD/FDP-Koalition reiche: »Die SPD hat 1966, als sie die Möglichkeit hatte, eine Regierung zu bilden mit einer solchen Mehrheit, es nicht getan. Ob sie im Jahre 1969 eine andere Haltung einnimmt, das kann ich nicht entscheiden. Das wird die SPD zu entscheiden haben.«

*21.12 Uhr*
DR. RAINER BARZEL, CDU: »Es ist klar, daß der Führungsanspruch bei der CDU/CSU bleibt. Ich bin für folgendes, daß wir in den großen nationalen Fragen die Kooperation aller aufrechterhalten, aber im übrigen die Spannung im Parlament wieder herstellen zwischen einer großen Opposition und einer großen Regierung, daß wir wieder eine Politik der sozialen Marktwirtschaft machen und nicht eine Politik sozialistischer Gängelei.«

*21.15 Uhr*
FRANZ JOSEF STRAUSS, Vorsitzender der CSU: »Die CDU/CSU hat damit ihr Wahlkampfziel erreicht, das ich in allen Wahlreden so formuliert habe: ›Wir wollen und müssen so stark werden, daß man ohne uns und gegen uns keine Koalition bilden und daß man ohne und gegen uns die

großen Entscheidungen unserer Innen- und Außenpolitik in Zukunft nicht gestalten kann.‹ Dieses Ziel scheint erreicht zu sein... Ich glaube, daß eine Koalition CDU/CSU-SPD eine Kopflastigkeit der Regierungsmehrheit bedeuten und im übrigen von manchen Wählern in beiden Parteien als enttäuschend empfunden würde, gerade, wenn man davon ausgeht, daß es auch eine starke Opposition im Parlament geben soll. Andererseits hat die Wählerschaft die FDP einfach zurückgestellt. Und damit ergibt sich für uns die Frage, soll die CDU/CSU mit einer Partei koalieren, die vom Wähler ganz offensichtlich tiefer gestuft worden ist? Da müssen wir uns entscheiden dazwischen.«

*21.40 Uhr*
PROF. KARL SCHILLER, SPD, Bundeswirtschaftsminister: »Auf jeden Fall steht es fest, die einzige Partei, die wirklich zugenommen hat, ist die SPD, das ist ein deutlicher Erfolg für meine Partei. Alle drei Fraktionen müssen miteinander sprechen, und keine der Möglichkeiten ist ausgeschlossen. Was deutlich ist an diesem Ergebnis, ist die Polarisierung der Wähler auf die großen Parteien. Wir sind die einzige Partei, und wir können das immer nur wiederholen, die etliche Prozent zugenommen hat.«

*22.00 Uhr*
HANS-DIETRICH GENSCHER, FDP: »Ich glaube, daß das Wahlergebnis, wie es sich jetzt abzeichnet, nicht so ist, daß die FDP Vorschläge für den Abschluß von Koalitionsvereinbarungen machen sollte. Zunächst einmal sollten die anderen Parteien ihre Positionen klären, ihre Koalitionsabsichten deutlich machen, und wenn daraus sich ein Angebot an die FDP ergibt, muß man darüber reden.«

*23.25 Uhr*
PROF. HORST EHMKE, SPD, Bundesjustizminister, auf die Frage, ob er bei einer Mehrheit von sechs Abgeordneten die kleine Koalition (SPD/FDP) vorziehen würde: »Ich würde es mir jedenfalls sehr ernsthaft überlegen und sehr, sehr vorsichtig sein in dem Versuch, der CDU irgendwelche Zugeständnisse zu machen. Die Jungens sollen erstmal kommen. So gut ist das Ergebnis für sie nicht. Wir haben gewonnen. Sie haben verloren.«

# Umschwung

Obwohl die CDU/CSU auch im 6. Bundestag die stärkste Fraktion stellte, kam sie nicht zum Zug. Die Sozialdemokraten einigten sich mit dem Verlierer FDP (sie hatte 19 Sitze eingebüßt und mit 5,8% der Stimmen ihr bisher schlechtestes Wahlergebnis erzielt).

## Gustav W. Heinemann:

*Aus der Rede des Bundespräsidenten vor der Übergabe der Ernennungsurkunden an die Minister der Regierung Brandt/ Scheel am 22. Oktober 1969*

Der Amtsantritt einer neuen Regierung kann viel oder wenig bedeuten. Eine neue Regierung kann schlicht fortsetzen, was Vorgänger taten. Sie kann aber auch Veränderungen der Kräfte und des Wollens anzeigen. Hier sprechen die Anzeichen für das letztere.

Wenn wir es äußerlich ansehen, so tritt an die Stelle einer großen Koalition mit kleiner Opposition jetzt eine kleine Koalition mit großer Opposition. Unter der Großen Koalition entfiel auf zehn Abgeordnete der Regierungsparteien ein Abgeordneter der Opposition. Künftig werden je zehn Abgeordnete der Regierungsparteien mindestens neun Abgeordneten der Opposition gegenüberstehen. Das ist das Äußerliche.

Wesentlicher aber ist die Tatsache, daß mit dieser Regierung erstmalig in der Bundesrepublik überhaupt und nach fast vierzigjähriger Unterbrechung seit der Weimarer Zeit die andere große Partei unseres Landes, die Sozialdemokratische Partei Deutschlands, eine Regierung führt und somit der recht eigentliche Umschwung zwischen Regierung und Opposition stattfindet, der zur Bewährung unserer Demokratie gehört...

Niemand von uns ist der Staat. Auch Ihnen ist nicht mehr als kontrollierte Macht auf Zeit anvertraut. Nutzen Sie diese Ihre Zeit.

# Mehr Demokratie wagen

Willy Brandt:
*Aus der Regierungserklärung vom 28. Oktober 1969*

Unser Volk braucht wie jedes andere seine innere Ordnung. In den siebziger Jahren werden wir aber in diesem Lande nur soviel Ordnung haben, wie wir an Mitverantwortung ermutigen. Solche demokratische Ordnung braucht außerordentliche Geduld im Zuhören und außerordentliche Anstrengung, sich gegenseitig zu verstehen.

Wir wollen mehr Demokratie wagen. Wir werden unsere Arbeitsweise öffnen und dem kritischen Bedürfnis nach Information Genüge tun. Wir werden darauf hinwirken, daß nicht nur durch Anhörungen im Bundestag, sondern auch durch ständige Fühlungnahme mit den repräsentativen Gruppen unseres Volkes und durch eine umfassende Unterrichtung über die Regierungspolitik jeder Bürger die Möglichkeit erhält, an der Reform von Staat und Gesellschaft mitzuwirken. Wir wenden uns an die im Frieden nachgewachsenen Generationen, die nicht mit den Hypotheken der Älteren belastet sind und belastet werden dürfen; jene jungen Menschen, die uns beim Wort nehmen wollen – und sollen. Diese jungen Menschen müssen aber verstehen, daß auch sie gegenüber Staat und Gesellschaft Verpflichtungen haben.

Wir werden dem Hohen Hause ein Gesetz unterbreiten, wodurch das aktive Wahlalter von 21 auf 18, das passive von 25 auf 21 Jahre herabgesetzt wird. Wir werden auch die Volljährigkeitsgrenze überprüfen.

Mitbestimmung, Mitverantwortung in den verschiedenen Bereichen unserer Gesellschaft wird eine bewegende Kraft der kommenden Jahre sein. Wir können nicht die perfekte Demokratie schaffen. Wir wollen eine Gesellschaft, die mehr Freiheit bietet und mehr Mitverantwortung fordert.

Aufgabe der praktischen Politik in den jetzt vor uns liegenden Jahren ist es, die Einheit der Nation dadurch zu wahren, daß das Verhältnis zwischen den Teilen Deutschlands aus der gegenwärtigen Verkrampfung gelöst wird. Die

Deutschen sind nicht nur durch ihre Sprache und ihre Geschichte – mit ihrem Glanz und Elend – verbunden; wir sind alle in Deutschland zu Haus. Wir haben auch noch gemeinsame Aufgaben und gemeinsame Verantwortung: für den Frieden unter uns und in Europa. Zwanzig Jahre nach Gründung der Bundesrepublik Deutschland und der DDR müssen wir ein weiteres Auseinanderleben der deutschen Nation verhindern, also versuchen, über ein geregeltes Nebeneinander zu einem Miteinander zu kommen.

Die Bundesregierung setzt die im Dezember 1966 durch Bundeskanzler Kiesinger und seine Regierung eingeleitete Politik fort und bietet dem Ministerrat der DDR erneut Verhandlungen beiderseits ohne Diskriminierung auf der Ebene der Regierungen an, die zu vertraglich vereinbarter Zusammenarbeit führen sollen. Eine völkerrechtliche Anerkennung der DDR durch die Bundesregierung kann nicht in Betracht kommen. Auch wenn zwei Staaten in Deutschland existieren, sind sie doch füreinander nicht Ausland; ihre Beziehungen zueinander können nur von besonderer Art sein.

Unser nationales Interesse erlaubt es nicht, zwischen dem Westen und dem Osten zu stehen. Unser Land braucht die Zusammenarbeit und Abstimmung mit dem Westen und die Verständigung mit dem Osten.

Aber auf diesem Hintergrund sage ich mit starker Betonung, daß das deutsche Volk Frieden braucht – den Frieden im vollen Sinn dieses Wortes – auch mit den Völkern der Sowjetunion und allen Völkern des europäischen Ostens. Zu einem ehrlichen Versuch der Verständigung sind wir bereit, damit die Folgen des Unheils überwunden werden können, das eine verbrecherische Clique über Europa gebracht hat... Wir sind frei von der Illusion, zu glauben, das Werk der Versöhnung sei leicht oder schnell zu vollenden. Es handelt sich um einen Prozeß; aber es ist an der Zeit, diesen Prozeß voranzubringen.

Meine Damen und Herren! Diese Regierung redet niemandem nach dem Mund. Sie fordert viel, nicht nur von anderen, sondern auch von sich selbst. Sie setzt sich konkrete Ziele.

Diese Ziele sind nur zu erreichen, wenn sich manches im Verhältnis des Bürgers zu seinem Staat und seiner Regierung ändert.

Die Regierung kann in der Demokratie nur erfolgreich wirken, wenn sie getragen wird vom demokratischen Engagement der Bürger. Wir haben so wenig Bedarf an blinder Zustimmung, wie unser Volk Bedarf hat an gespreizter Würde und hoheitsvoller Distanz. Wir suchen keine Bewunderer; wir brauchen Menschen, die kritisch mitdenken, mitentscheiden und mitverantworten.

Das Selbstbewußtsein dieser Regierung wird sich als Toleranz zu erkennen geben. Sie wird daher auch jene Solidarität zu schätzen wissen, die sich in Kritik äußert. Wir sind keine Erwählten; wir sind Gewählte. Deshalb suchen wir das Gespräch mit allen, die sich um diese Demokratie mühen.

Meine Damen und Herren, in den letzten Jahren haben manche in diesem Land befürchtet, die zweite deutsche Demokratie werde den Weg der ersten gehen. Ich habe dies nie geglaubt, ich glaube dies heute weniger denn je.

Nein: Wir stehen nicht am Ende unserer Demokratie, wir fangen erst richtig an. Wir wollen ein Volk der guten Nachbarn sein und werden im Innern und nach außen.

Hildegard Matz:
# hierzulande – heutzutage


man darf alles – man ist frei
hierzulande – heutzutage
man darf gammeln beaten träumen
ruhig bleiben – überschäumen
dösen schuften geldverdienen
reden schweigen lieben hassen

man darf alles bleiben lassen

darf sich die regierung wählen
und parteien zugesellen
darf sich auf die straße stellen
protestieren und marschieren
würfeln knobeln und verlieren

hat man was – man darf's verschenken

und ganz ohne nachzudenken
darf man sich in alles fügen
und sich dabei selbst betrügen
rekeln sich im wohlstandsschein

und so recht zufrieden sein

man darf mächtig konsumieren
und auch andere verführen
man darf mit werbung und parolen
andre menschen auch verkohlen

man haut alles auf die preise

und überhört dabei die leise
frage nach der selbstbesinnung
braucht man da noch mitbestimmung

# Spontane Begeisterung

löste Willy Brandts Besuch in Erfurt am 19. März 1970 aus. Diesem ersten innerdeutschen Gipfeltreffen folgte ein zweites in Kassel: am 21. Mai 1970 erwiderte DDR-Ministerpräsident Willi Stoph den Besuch. Brandt ging es darum, zwischen der Bundesrepublik und der DDR gleichberechtigte Beziehungen herzustellen und die Verbindung zwischen der Bevölkerung zu verbessern.

Die Gespräche wurden von Vertretern beider Regierungen fortgesetzt und führten schließlich zum Grundlagenvertrag vom 21. Dezember 1972 (siehe S. 304 f.), dessen Artikel 7 vorsieht, daß Bonn und Ost-Berlin »im Zuge der Normalisierung ihrer Beziehungen praktische und humanitäre Fragen regeln«.

## Willy Brandt:

Um neun Uhr dreißig kam der Zug in Erfurt an. Ministerpräsident Stoph empfing mich höflich und ein wenig steif. Ich hörte Sprechchöre: Willy. Es hätte dem einen oder dem anderen gelten können. Dann bestätigend: meinen vollen Namen. Erst später konnte ich mir beschreiben lassen, was sich auf dem Bahnhofsvorplatz während meiner Ankunft zutrug: Tausende durchbrachen, in einem lebensgefährlichen Gedränge, die schwachen Absperrungen. Wir erreichten das vom Bahnhof gut fünfzig Meter entfernte Hotel »Erfurter Hof«, ehe die Ordnung für geraume Zeit völlig zusammenbrach. Conrad Ahlers kam nach ein paar Minuten in mein Zimmer, in dem ich mich frisch machen wollte, um mir zu berichten, die Menge rufe in immer drängenderen Sprechchören: »Willy Brandt ans Fenster!«

Ich zögerte; dann ging ich doch ans Fenster und blickte auf die erregten und hoffenden Menschen: sie hatten sich das Recht zu einer spontanen Kundgebung genommen. Für einen Augenblick fühlten sie sich frei genug, ihre Gefühle zu zeigen. Es war gewiß keine übersteigerte nationale oder gar nationalistische Emotion, die ich in diesem Augenblick spürte. Ich erinnerte mich daran, daß ich schon einmal in ein unfreies Deutschland gereist war. Damals mußte ich mich als Feind im eigenen Land fühlen. Hier war es anders. Ich war bewegt. Doch ich hatte das Geschick dieser Menschen zu bedenken: Ich würde anderntags wieder in Bonn sein, sie nicht... So mahnte ich durch eine Bewegung meiner Hände zur Zurückhaltung. Man hat mich verstanden. Die Menge wurde stumm. Ich wandte mich schweren Herzens ab. Mancher meiner Mitarbeiter hatte Tränen in den Augen. Ich fürchtete, hier könnten Hoffnungen wach werden, die sich nicht würden erfüllen lassen. Das durfte nicht sein. So legte ich mir die notwendige Reserve auf. (Später rückten Verstärkungen der Volkspolizei und linientreue Betriebsgruppen an, die nun in Sprechchören nach Stoph riefen und die »Anerkennung« forderten.)

# Gegensätzliche Gesellschaftsordnungen

Willi Stoph:
*Aus der Grundsatzerklärung in Erfurt am 19. März 1970*

Grundlage der Beziehungen zwischen souveränen und voneinander unabhängigen Staaten sind aber stets die allgemeingültigen Normen des Völkerrechts. Das hat volle Gültigkeit auch für die Beziehungen zwischen den beiden unabhängigen und souveränen Staaten DDR und BRD. Es ist müßig, die Verweigerung der völkerrechtlichen Beziehungen mit der Formel tarnen zu wollen, wir seien doch »alle Deutsche«. So simpel ist die Sache nicht. Seit Beginn des vorigen Jahrhunderts hat es stets Deutsche gegeben, die auf der Seite des Fortschritts, der Arbeiterklasse und des arbeitenden Volkes, und andere, die auf der Seite der Reaktion, auf der Seite des Kapitalismus standen. Heute existieren die sozialistische Deutsche Demokratische Republik und die monopolkapitalistische Bundesrepublik, zwei voneinander unabhängige Staaten. Ihre Bürger leben und arbeiten unter völlig gegensätzlichen Bedingungen. Die Bürger der DDR mehren mit ihrer Arbeit den eigenen Wohlstand und den der sozialistischen Gesellschaft. In der Bundesrepublik dagegen profitiert eine kleine Schicht von Millionären aus der Arbeit des werktätigen Volkes. Es sind die gleichen Monopolkreise, die an der Rüstung verdienen und mit ihrem expansiven Machtstreben den Frieden bedrohen. Es gibt also einen fundamentalen gesellschaftlichen Unterschied zwischen dem Volk in der DDR und dem Volk in der Bundesrepublik...

Sie selbst, Herr Bundeskanzler [Willy Brandt], haben geäußert, daß es zwischen den gegensätzlichen gesellschaftlichen Systemen in der DDR und der BRD »keine Mischung, keinen faulen Kompromiß« geben könne. In der Tat – die beiden souveränen Staaten DDR und BRD lassen sich nicht vereinigen, weil gegensätzliche Gesellschaftsordnungen nicht vereinigt werden können. Ich würde es begrüßen, wenn diese – wie es scheint – übereinstimmende Einschätzung auch Grundlage für eine realistische Politik, für eine Politik der Vernunft zur Herstellung gleichberechtigter völkerrechtlicher Beziehungen zwischen der DDR und der BRD werden würde.

Natürlich – wer wollte das verschweigen – sind wir als Sozialisten am Sieg des Sozialismus in allen Ländern und auch in der Bundesrepublik interessiert, was eine spätere Vereinigung auf der Grundlage von Demokratie und Sozialismus möglich machen würde.

# Der Begriff der Nation

Willy Brandt:
*Aus dem Bericht zur Lage der Nation vom 14. Januar 1970*

25 Jahre nach der bedingungslosen Kapitulation des Hitler-Reiches bildet der Begriff der Nation das Band um das gespaltene Deutschland. Im Begriff der Nation sind geschichtliche Wirklichkeit und politischer Wille vereint. Nation umfaßt und bedeutet mehr als gemeinsame Sprache und Kultur, als Staat und Gesellschaftsordnung. Die Nation gründet sich auf das fortdauernde Zusammengehörigkeitsgefühl der Menschen eines Volkes. Niemand kann leugnen, daß es in diesem Sinne eine deutsche Nation gibt und geben wird, soweit wir vorauszudenken vermögen. Im übrigen: Auch – oder, wenn man so will –, selbst die DDR bekennt sich in ihrer Verfassung als Teil dieser deutschen Nation.

Reiner Kunze:
## Mitschüler

Ein in der DDR geschriebener, aber in der DDR nicht mehr
veröffentlichter Text. Er steht in dem Buch ›Die wunderbaren
Jahre‹, das 1976 in der Bundesrepublik erschien. 1977 durfte
Kunze die DDR verlassen; er lebt heute in der Nähe von Passau.

Sie fand, die Massen, also ihre Freunde, müßten unbedingt
die farbige Ansichtskarte sehen, die sie aus Japan bekommen hatte: Tokioter Geschäftsstraße am Abend. Sie nahm
die Karte mit in die Schule, und die Massen ließen beim
Anblick des Exoten kleine Kaugummiblasen zwischen den
Zähnen zerplatzen.

In der Pause erteilte ihr der Klassenlehrer einen Verweis.
Einer ihrer Mitschüler hatte ihm hinterbracht, sie betreibe
innerhalb des Schulgebäudes Propaganda für das kapitalistische System.

Christa Wolf:

Auch heute wachsen Kinder auf, in den
beiden deutschen Staaten. Fragen wir
uns denn ernst genug: Wie sollen die,
wenn sie groß sind, miteinander reden?
Mit welchen Wörtern, in was für Sätzen,
und in welchem Ton?

# Der Kniefall von Warschau

Eine Aussöhnung mit Polen und die Normalisierung der Beziehungen hat der deutsch-polnische Vertrag (Warschauer Vertrag) zum Ziel, den Bundeskanzler Brandt und der polnische Regierungschef Cyrankiewicz am 7. Dezember 1970 in Warschau unterzeichneten. Die Bundesrepublik bestätigte die Oder-Neiße-Linie als polnische Westgrenze und damit den Verzicht auf die ehemaligen deutschen Ostgebiete. Polens Zusage, seinen Staatsbürgern deutschen Volkstums die Übersiedlung in die Bundesrepublik zu ermöglichen, steht nicht im Vertrag selbst, sondern in einer zusätzlichen »Information«.

Die Vertriebenenorganisationen kritisierten den Vertrag scharf. Im Ausland aber wurde anerkannt, daß die Bundesrepublik mit ihrer Ostpolitik einen Beitrag zum europäischen Frieden leistete. Am 20. Oktober 1971 verlieh die Nobelpreiskommission des norwegischen Parlaments Bundeskanzler Brandt den Friedensnobelpreis.

## Willy Brandt:

Als ich im Dezember 1970 nach Warschau flog, um den Vertrag mit der Volksrepublik Polen zu unterzeichnen, fühlte ich, daß ich mich – stellvertretend für meine Landsleute – auf einen Prüfstand der Geschichte zu begeben hatte. Der Weg in die polnische Hauptstadt bezeichnete die Erinnerung an millionenfachen Mord. Mehr als bei irgendeinem anderen Abschnitt unserer Vertragspolitik begegneten wir hier Bewegungen des Gefühls und Geboten der Vernunft, die einander bestärkten. Nackte Zahlen können das Grauen nicht vermitteln, das Polen seit dem Überfall im September 1939 bis zum furchtbaren Ende des Schreckens erdulden mußte. Sechs Millionen Opfer hatte das polnische Volk zu beklagen – eine Zahl, die fast seine gesamte jüdische Bevölkerung einschloß. Auf polnischem Boden hatte sich die massenweise Vernichtung jüdischer Kinder, Frauen und Männer ereignet – an die vier Millionen Menschen wurden allein in Auschwitz ermordet. In Warschau hatte sich das Getto 1943 zu einem Todeskampf aufgebäumt, von dem die Weltöffentlichkeit kaum mehr Notiz nahm als vom Aufstand in der polnischen Hauptstadt wenige Monate danach.

Ich kam am Nachmittag des 6. Dezember in Warschau an und wurde mit militärischen Ehren empfangen. Ein Journa-

list registrierte: »Die Gesichter der Polen, von denen viele
langjährige KZ-Häftlinge waren, verrieten während des
Deutschlandliedes heftige Erregung...« Das Programm für
den nächsten Vormittag sah – vor der Unterzeichnung des
Vertrages – zwei Kranzniederlegungen vor. Zunächst am
Grabmal des Unbekannten Soldaten. Dort schrieb ich in das
ausliegende Gästebuch: »Im Gedenken an die Toten des
Zweiten Weltkrieges und an die Opfer von Gewalt und

Verrat, in der Hoffnung auf einen dauerhaften Frieden und auf Solidarität zwischen den Völkern Europas.«

Vor dem Denkmal für die im Warschauer Getto Umgekommenen kniete ich nieder. Ich habe mich, trotz hämischer Kommentare in der Bundesrepublik, dieser Handlung nicht geschämt. Der Kniefall von Warschau, den man in der ganzen Welt zur Kenntnis nahm, war nicht »geplant«. Ich hatte mir freilich am frühen Morgen überlegt, daß es gelingen müsse, die Besonderheit des Gedenkens am Getto-Monument zum Ausdruck zu bringen. Ich sprach darüber mit niemandem. Unter der Last der jüngsten deutschen Geschichte tat ich, was Menschen tun, wenn die Worte versagen; so gedachte ich der Millionen Ermordeter. Aber ich dachte auch daran, daß Fanatismus und Unterdrückung der Menschenrechte – trotz Auschwitz – kein Ende gefunden haben. Wer mich verstehen wollte, konnte mich verstehen; und viele in Deutschland und anderswo haben mich verstanden. Meine Freunde in der Delegation hatten Tränen in den Augen, die den Opfern galten. Ein Reporter notierte: »Dann kniet er, der das nicht nötig hat, für alle, die es nötig haben, aber nicht knien – weil sie es nicht wagen oder nicht können oder nicht wagen können.« Das war es auch: der Versuch, im Ausdruck der Verbundenheit eine Brücke zu schlagen zu der Geschichte unseres Volkes und seiner Opfer.

Bei meinen polnischen Gastgebern war an jenem Dezembervormittag eher Betroffenheit zu beobachten. Man äußerte sich nicht, weder mittags, noch am Abend; ich schloß daraus, daß auch Polen diesen Teil seiner Geschichte noch nicht verarbeitet hatte. Doch am nächsten Morgen, im Auto, nahm mich Ministerpräsident Cyrankiewicz am Arm und sagte, vielen sei meine Geste sehr nahe gegangen. Seine Frau habe abends mit einer Freundin in Wien telefoniert; beide hätten am Telefon bitterlich geweint.

Am Abend jenes Tages sagte ich in einer Fernsehansprache: »Der Vertrag von Warschau soll einen Schlußstrich setzen unter Leiden und Opfer einer bösen Vergangenheit. Er soll eine Brücke schlagen zwischen den beiden Staaten und beiden Völkern. Er soll den Weg dafür öffnen, daß getrennte Familien wieder zusammenfinden können und daß Grenzen weniger trennen als bisher. Und trotzdem:

Dieser Vertrag konnte nur nach ernster Gewissenserforschung unterschrieben werden.«

Wir mußten von dem ausgehen, was ist; was geworden ist, auch in bezug auf die Westgrenze Polens. Niemand hatte uns zu dieser Einsicht gezwungen. Es ging um den Beweis unserer Reife und um den Mut, die Wirklichkeit anzuerkennen. Für den Vertrag mit Polen galt, was ich schon im August in Moskau gesagt hatte: »Er gibt nichts preis, was nicht längst verspielt worden wäre. Verspielt nicht von uns, die wir in der Bundesrepublik Deutschland politische Verantwortung tragen und getragen haben. Sondern verspielt von einem verbrecherischen Regime ... Unsere polnischen Gesprächspartner wissen, was ich Ihnen zu Hause auch noch einmal in aller Klarheit sagen möchte: Dieser Vertrag bedeutet nicht, daß wir Unrecht anerkennen oder Gewalttaten rechtfertigen. Er bedeutet nicht, daß wir Vertreibungen nachträglich legitimieren.« Großes Leid hatte auch das eigene Volk getroffen, vor allem unsere ostdeutschen Landsleute. Nach denen, die Leben oder Familie verloren, hatte am bittersten für den Krieg bezahlt, wer seine Heimat verlassen mußte. – »Uns schmerzt das Verlorene, und das leidgeprüfte polnische Volk wird unseren Schmerz respektieren.«

# Negative Bilanz

Franz Josef Strauß:
*Aus einem Artikel in ›Christ und Welt‹,*
*6. November 1970*

Dieser Kanzler [Willy Brandt], der großspurig versprach, ein Kanzler der inneren Reformen sein zu wollen, ist in Gefahr, ein Kanzler nicht nur der Teilung Deutschlands durch Verträge, der Legalisierung des Unrechts, sondern auch der inneren Spaltung unseres Volkes zu werden. Dies macht die Bilanz endgültig negativ.

Kurt Sontheimer:

# Die »zweite deutsche Teilung«

Spaltet, wie die Opposition behauptet, die Ostpolitik der Bundesregierung das deutsche Volk? Führt die Politik der Regierung Brandt zu einer zweiten deutschen Teilung? Hat der Warschauer Vertrag statt der Versöhnung mit Polen Feindschaft unter die Deutschen gebracht? – Diese Fragen griff ein Essay aus dem Jahr 1971 auf, dem folgende Auszüge entnommen sind:

Es kommt nicht von ungefähr, daß von der zweiten deutschen Teilung in dem Augenblick die Rede ist, in dem die Politik der Bundesregierung sich offiziell mit der ersten deutschen Teilung einverstanden erklärt. Die früheren, von der CDU geführten Bundesregierungen hatten sich zu einer solchen Haltung nie verstehen können. Gestützt auf das im Grundgesetz fixierte Ziel der Wiedervereinigung des getrennten deutschen Volkes erhielten sie den Anspruch aufrecht, als frei gewählte demokratische Regierung allein das gesamte deutsche Volk zu vertreten; sie hielten es für richtig, den zweiten deutschen Staat in seiner Existenz zu negieren, und sie betrachteten das unter polnische Verwaltung gestellte Gebiet östlich von Oder und Neiße als einen vorübergehend abgetrennten Teil Deutschlands, auf den nie und nimmer verzichtet werden könne. Aus der Bestimmung des Potsdamer Abkommens, daß über die polnische Westgrenze im Friedensvertrag endgültig zu befinden sei, haben die Kritiker der Bonner Ostpolitik einseitig immer nur einen fortbestehenden Rechtsanspruch auf deutsches Gebiet herausgelesen. Diese Interpretation erlaubt ihnen heute zu behaupten, die Bundesregierung habe ein Viertel deutschen Territoriums ohne zwingenden Grund aufgegeben, sie habe verzichtet, deutsches Land verschenkt und preisgegeben. In Wahrheit handelt es sich jedoch nur um den von Deutschland wie von Polen geltend zu machenden Anspruch darauf, im Rahmen einer Friedensregelung auch das Problem der deutschen Grenze mit Polen endgültiger zu regeln, als es [1945] durch die Potsdamer Formel von der vorläufigen Verwaltung dieses Gebietes durch Polen geschehen ist...

Das Verhältnis zur DDR als zweitem deutschen Staat war

einem ähnlichen Wandlungsprozeß unterworfen. Jahrelang war es der Bonner Politik gelungen, der DDR als sowjetisch besetzte Zone die legitime Eigenstaatlichkeit abzusprechen, sich als alleinige Vertreterin der deutschen Interessen auszugeben und eine völlig unrealistische Politik der Wiedervereinigung zu propagieren. Diese war billig zu haben, weil es nichts kostete, eine nationale Einheit zu fordern, die man in realistischer Einschätzung der durch den Zweiten Weltkrieg geschaffenen machtpolitischen Lage im europäischen Osten auf diesem Wege ohnehin nicht bekommen konnte. Der von dieser Politik gleichzeitig unterstrichene Wunsch, den »Brüdern und Schwestern im geteilten Deutschland« zu helfen und ihre menschlichen Verhältnisse zu erleichtern, zerstob an der Härte der neuen Staatsräson der DDR, der alles darauf ankam, sich als selbständiger deutscher Staat zu behaupten und der anderen deutschen Seite zu zeigen, daß die DDR sehr wohl ein souveränes staatliches Gebilde mit eigenen Staatsgrenzen und einer eigenen effektiven Staatsgewalt ist. Sollte also die Politik der menschlichen Erleichterungen mehr werden als eine unverbindliche Forderung, deren Nichterfüllung man bequem der anderen Seite zur Last legen konnte, so mußte man sich auch in diesem Falle dazu verstehen, die Tatsache der Existenz eines zweiten deutschen Staates offiziell zur Kenntnis zu nehmen. Man konnte nicht mehr so tun, als gäbe es dieses andere Deutschland gar nicht, wenn man Verbesserungen für die Lage seiner Bewohner anstrebte. So sah man sich genötigt – und das tat selbst Kiesinger im Rahmen der Großen Koalition –, unterhalb des Prinzips der völkerrechtlichen Anerkennung alle Arten von politischen Kontakten anzubieten, um die Lage der Menschen im geteilten Deutschland wirksamer verbessern zu können. Schritte, die in der Ära Adenauer für ein Sakrileg der Deutschlandpolitik gegolten hätten, wurden im Lauf der Zeit als etwas Selbstverständliches empfunden, selbst innerhalb der CDU...

Die Moral des Kalten Krieges negiert, daß die machtpolitischen Verhältnisse in Osteuropa, insbesondere die Tatsache der Dreiteilung des Deutschen Reiches in den Grenzen von 1937, eine direkte Folge des von Hitlerdeutschland entfesselten Zweiten Weltkrieges sind. Die heutige Ostpolitik ist zwar nicht denkbar ohne den Erfolg der Adenauerschen Westpolitik, aber dieser Erfolg hat viele in der Bundesrepublik vergessen lassen, daß Deutschland den Krieg nicht nur vom Zaun gebrochen, sondern ihn auch so total verloren hat, wie man nur einen Krieg verlieren kann: Die deutsche Staatsgewalt ging 1945 ganz an die Siegermächte über.

Was die Bundesrepublik durch ihre Verträge mit der Sowjetunion [Moskauer Vertrag vom 12. 8. 1970] und Polen anerkannt hat, nämlich die durch den Zweiten Weltkrieg geschaffene territoriale und machtpolitische Neuordnung in Osteuropa einschließlich der Teilung Deutschlands, ist nichts anderes als die Anerkennung dessen, was historisch als Folge des verlorenen Krieges geworden ist und was ohne Gewalt zu ändern nicht in unserer Macht steht. Die Bundesregierung hat angesichts einer starken Strömung in der öffentlichen Meinung, die diesen Zusammenhang im Gefühl des Erstarkens der eigenen Wirtschafts- und Staatsmacht zu übersehen neigt, den Mut aufgebracht, diese Wirklichkeit offiziell anzuerkennen, weil nur vom Boden der Anerkennung der Wirklichkeit aus eine Politik der Vernunft und der Verständigung möglich ist.

# Wir haben uns die Finger blutig gemacht

Vor dem Warschauer Vertrag hatten Bundeskanzler Brandt und Ministerpräsident Kossygin am 12. August 1970 in Moskau schon ein deutsch-sowjetisches Gewaltverzichtsabkommen unterzeichnet. Die neue Verständigungspolitik mit dem Osten führte 1971 auch in der Berlin-Frage zu einem Durchbruch: die vier Mächte schlossen ein Abkommen, das viele praktische Erleichterungen brachte und West-Berlins Bindung an die Bundesrepublik bestätigte. Die DDR konnte danach ihre Vorstellung, West-Berlin sei eine »selbständige politische Einheit«, nicht länger aufrechterhalten. Am 3. Juni 1972 trat das Viermächteabkommen in Kraft.

Trotz dieser unverkennbaren Erfolge bekämpfte die Opposition die Ostorientierung der Regierung Brandt/Scheel weiterhin aufs heftigste. Einige Abgeordnete konnte sie zum Übertritt in ihre Reihen bewegen. Die CDU/CSU, voran ihr neuer Kanzlerkandidat Rainer Barzel, glaubte nun die Regierung durch ein konstruktives Mißtrauensvotum stürzen zu können. Bei der Abstimmung am 27. April 1972 verfehlte Barzel jedoch sein Ziel: zwei Abgeordnete seiner eigenen Partei müssen gegen ihn gestimmt haben (einer von ihnen, Julius Steiner, bekannte ein Jahr später, er sei mit 50 000 DM bestochen worden; ein parlamentarischer Untersuchungsausschuß versuchte vergeblich, die Affäre aufzuklären).

Spannung und Ungewißheit schwingen in Vizekanzler Scheels beschwörendem Appell kurz vor der befürchteten Niederlage mit.

## Walter Scheel:
*Rede vor dem Bundestag am 27. April 1972*

Jeder einzelne Abgeordnete muß heute eine Entscheidung von großer politischer Tragweite fällen. Es geht um den Versuch, eine Veränderung politischer Mehrheitsverhältnisse ohne Wählerentscheid herbeizuführen. Das trifft unabhängig von der formalen Legitimität den Nerv dieser Demokratie.

Wenn es zur Regel werden sollte, daß Mehrheitsverhältnisse in den Parlamenten durch Parteienwechsel, also ohne Wählervotum, verändert werden, dann stirbt die Glaubwürdigkeit der parlamentarischen Demokratie.

Wir achten die freie Gewissensentscheidung jedes Abgeordneten. Höchster Maßstab der Gewissensprüfung müssen aber die Achtung vor dem Votum der Wähler, die Funktionsfähigkeit des demokratischen Systems und das Ansehen der politischen Parteien sein.

300

Wer hat denn jemals einen Volksvertreter daran gehindert, seinem Gewissen zu folgen und sein Mandat in die Hände der Wähler seiner Partei zurückzulegen?

Hüten wir uns davor, große Worte zu strapazieren, wenn es um ganz handfeste Dinge geht! Die Sicherung der persönlichen politischen Zukunft ist keine Gewissensfrage. Man sollte die Wähler in einer solchen Situation nicht verhöhnen und mit unser aller Ruf als Volksvertreter nicht Schindluder treiben. Das wäre gewissenlos.

Sie wollen an die Regierung, ohne eine Bundestagswahl gewonnen zu haben. Wenn Ihnen die Wähler dieses Landes eine Mehrheit verschaffen, dann könnten wir darüber zwar nicht froh sein, würden uns aber selbstverständlich vor dem Urteil der Wähler verneigen und Ihnen noch die Siegespalme reichen. Doch das, was hier gespielt werden soll, ist ein schäbiges Spiel...

Diese Regierung soll kurz vor dem Ziel gestürzt werden.

In der Außenpolitik sind wir wenige Meter vor der Marke, hinter der die Gefahr der außenpolitischen Isolierung gebannt ist und eine gesicherte Entspannung der Lage in Mitteleuropa beginnt.

Die Lage der Wirtschaft entwickelt sich allen Unkenrufen zum Trotz besser als erwartet.

In diesem Land herrschen, von wenigen Ausnahmen abgesehen und im Gegensatz zu der Zeit der Regierung Kiesinger und zur Lage in einigen Nachbarländern, Ruhe und Frieden.

Notwendige Reformgesetze, die jahrelang auf die lange Bank geschoben worden waren, wurden verabschiedet oder auf den parlamentarischen Weg gebracht. Sie fürchten unter diesen Umständen die Wahlen von 1973; darum wollen Sie ihnen zuvorkommen...

Wir Liberalen leben bewußt mit dem Risiko. Wir sind so viele Krisen und Rückschläge gewohnt, daß wir die Existenzangst überwunden haben. Wir haben 1969 das getan, was für unser Volk richtig und notwendig war, obwohl wir wußten, daß wir damit in die schwerste Belastungsprobe unserer Parteigeschichte gehen würden. Ich hätte heute nicht den Mut, vor unsere vielen Mitglieder, die draußen im Land Zeit, Kraft, Nerven, Geld und oft ihre gesellschaftliche Stellung für diese Partei eingesetzt haben, vor unsere Helfer und Wähler zu treten, wenn wir das politisch Falsche getan hätten, nur um auf jeden Fall unsere Haut zu retten.

Diese kleine und mutige, gescholtene und geschlagene, häufig für tot erklärte und immer wieder aufgestandene Freie Demokratische Partei hat mehr für das Wohl dieser Republik bewirkt, als ihrer zahlenmäßigen Stärke zuzutrauen war...

Der Regierungswechsel war nach zwei Jahrzehnten überfällig. Hätten wir ihn nicht bewirkt, so hätten wir im demokratischen Sinn in entscheidender Stunde versagt. Wie sah es denn 1969 in diesem Lande aus, außenpolitisch, währungspolitisch, wirtschaftspolitisch, auf unseren Straßen und Plätzen?

Diese Regierung hat keine Wunder bewirkt. Sie hat dieses Land aber vor einer gefährlichen außenpolitischen Isolierung bewahrt, sie hat die ihr überlassene überhitzte Konjunktur, ohne Umschlag in eine Rezession, gezähmt, zahlreiche Reformwerke durchgebracht oder auf den parlamentarischen Weg gegeben und dieses Land befriedet.

Das alles wollen Sie aufs Spiel setzen, nur weil Sie es nicht vier Jahre lang auf den Bänken der Opposition aushalten können, um den Wähler dann in Ruhe das Urteil sprechen zu lassen.

Ich sage ganz offen: Vielleicht haben wir hier und dort zu viele Erwartungen geweckt. Wir haben in zweieinhalb Jahren aber auch viel geleistet. Wir können uns neben jeder Regierung sehen lassen. Wir haben uns bis an die Grenze unserer Kräfte für dieses Volk eingesetzt. Da haben wir ein ganz gutes Gewissen.

Diese Regierung hat ihre Spur tief in die Nachkriegsgeschichte unseres Volkes eingekerbt, komme, was da wolle. Diese Regierung hat sich geschichtlich allein schon dadurch gerechtfertigt, daß sie mit ihrer knappen Mehrheit das geschaffen hat, was andere mit ihren großen Mehrheiten nicht erreichen wollten oder konnten: unser Volk über seine Tabuschwellen hinwegzuführen, es von Illusionen wegzubringen, ihm auch harte Wahrheiten über seine Lage zu sagen und auf diese Weise die ihm nach zwei verlorenen Weltkriegen verbliebene nationale Wertsubstanz dauerhaft zu sichern.

Wir haben den Schutt weggeräumt, und wir haben uns die Finger dabei blutig gemacht.

Sie haben uns bei dieser politischen Knochenarbeit nicht geholfen, meine Damen und Herren. Sie haben uns verspottet und verteufelt, aber nun wollen Sie die Früchte unserer Mühe genießen. Selbst wenn Ihnen das gelingen sollte, könnte das den Stolz auf unsere unter schwierigsten Umständen erbrachte politische Leistung nicht mindern.

Ich will nicht mehr, als an die schwere Verantwortung jedes einzelnen Abgeordneten appellieren. Lassen Sie diesem Volk noch ein Jahr lang seinen inneren Frieden, stellen wir uns dann gemeinsam dem Urteil der Wähler. Machen Sie unser Land und sich selber nicht unglücklich, indem Sie zur falschen Zeit mit den falschen Methoden eine Regierung etablieren wollen, deren Fundament sich auf politische Überläufer stützen müßte und deren Geburtsstunde vom Makel des Wortbruchs gekennzeichnet wäre.

Eine Regierung gegen Treu und Glauben hat unser Volk nicht verdient. Das haben auch Sie nicht verdient, Herr Dr. Barzel.

Unsere Regierung mag ihre Schwächen haben. Ein unter solchen Umständen geborenes Kabinett wäre das schwächste aller Zeiten.

Sie sind wieder einmal zu früh gestartet, Herr Kollege Barzel. Das kann nur ein Fehlschlag werden, so oder so. Wir sollten Sie und uns vor den Folgen bewahren.

---

Willy Brandt blieb Bundeskanzler. Am 17. Mai 1972 ratifizierte der Bundestag nach langen Debatten die Ostverträge. Die CDU/CSU-Abgeordneten hatten sich der Stimme enthalten; Oppositionsführer Rainer Barzel lehnte die Ostverträge nicht grundsätzlich ab, gab aber die Parole aus: »So nicht!«, das heißt, er wollte verbesserte Verträge. Im Bundestag war eine Patt-Situation entstanden. Weder Regierung noch Opposition hatten eine verläßliche Mehrheit. Im Herbst 1972 einigte man sich endlich auf Neuwahlen.

# Ich bin glücklich

Aus der 7. Bundestagswahl am 19. November 1972 geht die sozial-liberale Koalition mit einem Vorsprung von 46 Mandaten als eindeutiger Sieger hervor (SPD 230, CDU/CSU 225, FDP 41 Sitze). Die SPD stellt als stärkste Fraktion jetzt zum erstenmal den Bundestagspräsidenten: Annemarie Renger. Brandt kommentiert den Wahlausgang: »Die Mehrheit hat uns bestätigt, daß wir auf dem rechten Kurs sind.«
In der Wahlnacht sagte der Fraktionsvorsitzende der SPD

Herbert Wehner:

Meine Reaktion ist: Ich bin glücklich, warum sollte ich das verhehlen. Ich habe Ihnen mal vorhin gesagt, darauf habe ich 23 Jahre gewartet.

# Der Grundvertrag

Der »Vertrag über die Grundlagen der Beziehungen zwischen der Bundesrepublik Deutschland und der Deutschen Demokratischen Republik« wurde am 21. Dezember 1972 in Ost-Berlin von DDR-Staatssekretär Michael Kohl und Bundesminister Egon Bahr unterzeichnet. Von Bahr, einem engen Vertrauten und Freund Willy Brandts, stammt die Formel »Wandel durch Annäherung«, die den Anfang der neuen Ostpolitik begleitete.
Im Grundvertrag bekräftigen die beiden deutschen Staaten die Unverletzlichkeit der zwischen ihnen bestehenden Grenze und betonen – womit sich die DDR gegen den »Alleinvertretungsanspruch« der Bundesrepublik verwahrt –, daß keiner das Recht hat, für den anderen in seinen inneren und äußeren Angelegenheiten zu handeln (Artikel 3 und 4). Die früheren Vertragsverpflichtungen der Bundesrepublik (EG und NATO) und der DDR (Warschauer Pakt) werden durch den Grundvertrag nicht berührt, das heißt, der eine deutsche Staat bleibt nach wie vor dem westlichen, der andere dem östlichen Machtsystem verhaftet.
In der Frage der Staatsangehörigkeit kam man zu keiner Einigung: die Bundesrepublik hält daran fest, daß es nur eine einzige deutsche Staatsangehörigkeit gibt; sie hat die DDR bis heute völkerrechtlich nicht anerkannt. Demzufolge wurden auch nicht – wie bei

ausländischen Staaten – Botschafter ausgetauscht, sondern »Ständige Vertreter«.

Die CDU/CSU-Opposition warf der Bundesregierung vor, sie habe zu nachgiebig verhandelt. Solange der Schießbefehl auf Flüchtlinge bestehe und an der Demarkationslinie Todesautomaten angebracht seien, könne von »normalen, gutnachbarlichen Beziehungen zueinander auf der Grundlage der Gleichberechtigung« (Artikel 1) nicht die Rede sein. Tatsächlich haben sich wesentliche Hoffnungen, die man seinerzeit in Bonn hegte, noch nicht erfüllt.

Bundesaußenminister Scheel erläuterte kurz nach Abschluß des Grundvertrags seine Bedeutung.

---

## Walter Scheel:

Der Grundvertrag dient einem dreifachen Ziel.

*Erstens.* Er soll die Verbindung und das Gespräch zwischen den Menschen in Deutschland erleichtern. Er soll damit die Härte der Teilung mildern und das Bewußtsein der nationalen Zusammengehörigkeit aller Deutschen lebendig erhalten.

*Zweitens.* Er soll die Voraussetzung einer Zusammenarbeit zwischen den beiden deutschen Staaten auf vielen Gebieten schaffen. Kontakte, die in den vergangenen Jahren immer schwieriger und spärlicher wurden, oder ganz abgerissen sind, sollen neu geknüpft werden.

Und *drittens.* Er soll den gegenwärtigen Zustand der Teilung als Konfliktherd in der Mitte Europas entschärfen, ohne daß wir auf das Ziel der Überwindung der Teilung verzichten.

## Egon Bahr
*nach Unterzeichnung des Grundvertrags:*

# Bisher hatten wir keine Beziehungen, jetzt werden wir schlechte haben – und das ist der Fortschritt.

# Artikel 33, Absatz 3

des Grundgesetzes lautet: »Der Genuß bürgerlicher und staatsbürgerlicher Rechte, die Zulassung zu öffentlichen Ämtern sowie die im öffentlichen Dienste erworbenen Rechte sind unabhängig von dem religiösen Bekenntnis. Niemandem darf aus seiner Zugehörigkeit oder Nichtzugehörigkeit zu einem Bekenntnisse oder einer Weltanschauung ein Nachteil erwachsen.«
Rechtsextremisten (NPD) wie Linksextremisten (Kommunisten) berufen sich auf diesen Artikel, wenn der Staat sie nicht ins Beamtenverhältnis übernehmen will. Der Tübinger Professor für Politikwissenschaft rückte in einem Aufsatz in der ›ZEIT‹ vom 8. Januar 1971 die Begriffe zurecht.

## Theodor Eschenburg:

In einer rechtsstaatlichen Demokratie darf die Freiheit nur insoweit eingeschränkt werden, als sie zur Beeinträchtigung oder zur Beseitigung der »verfassungsmäßigen Ordnung« mißbraucht wird. Von dem Beamten wird nicht nur erwartet, daß er die verfassungsmäßige Ordnung nicht beeinträchtigt oder beseitigt, sondern daß er ihr dient.

Die NPD ist nicht verboten, aber deswegen braucht es noch keine Verletzung des Art. 33, Abs. 3 zu sein, wenn Mitglieder der NPD zum öffentlichen Dienst nicht zugelassen werden. Wer aus radikaler politischer Haltung die Regierung haßt, das parlamentarisch-demokratische System im Grund verachtet, eignet sich nicht für den öffentlichen Dienst...

Abweisung ist keine Strafe, sondern gleichsam eine Schutzmaßnahme im Interesse des öffentlichen Dienstes.

306

# Radikalenerlaß

Böses Blut machte der »Radikalenerlaß« vom 28. Januar 1972. Nach einem gemeinsamen Beschluß des Bundeskanzlers und der Ministerpräsidenten der Länder kann denjenigen, die »Zweifel daran zulassen, ob sie jederzeit für die freiheitlich demokratische Grundordnung eintreten werden«, die Anstellung im öffentlichen Dienst verweigert bzw. die Entlassung angedroht werden. Der Erlaß wurde auf den griffigen Nenner gebracht: Kein Staat ist verpflichtet, seinen Gegnern später Pensionen zu bezahlen. Von einer Praxis der »Berufsverbote« zu sprechen, ist daher falsch. – Betroffen waren vor allem Marxisten, andere Extremisten und Mitglieder der Deutschen Kommunistischen Partei (DKP, 1968 neu gegründet; die KPD war 1956 verboten worden). Von 50 000 Bewerbern für den öffentlichen Dienst wurden z. B. im Jahr 1977 lediglich 34 nicht eingestellt. – Seit 1979 verzichtet der Bund wieder auf die sogenannte Regelanfrage. Ein Entwurf des Innenministeriums vom März 1982 sieht weitere Liberalisierungen vor: künftig soll auch die Stellung des Beamten berücksichtigt werden (die DKP-Zugehörigkeit fällt z. B. bei einem Lokomotivführer weniger ins Gewicht als bei einem Verfassungsschutzbeamten). Ohne Frage sind bei den Prüfungsverfahren Fehler gemacht worden. Peter Schneider sammelte solche Fälle in seinem Buch ›. . . schon bist du ein Verfassungsfeind. Das unerwartete Anschwellen der Personalakte des Lehrers Kleff‹ (1975). – Daraus ein Textbeispiel; die kursiv gedruckten Sätze sind authentisch.

Peter Schneider:

Übrigens fällt mir auf: noch nie ist so oft von der »freiheitlich-demokratischen . . .« die Rede gewesen. Gibt es die erst seit zwei Jahren? Oder spricht man erst von ihr, seitdem man dabei ist, sie abzuschaffen?

Nun hat das Bundesverfassungsgericht in seinem letzten Urteil ausdrücklich gesagt, mit der Treuepflicht [der Beamten] sei nicht die Treue zu einer bestimmten Regierung gemeint. Aber ein paar Seiten weiter heißt es dann, der Dienstherr habe das Recht, aus der Zugehörigkeit des Bewerbers zu einer nicht verbotenen Partei Zweifel abzuleiten, wenn er, der Dienstherr, diese Partei für verfassungswidrig hält. Dann ist es also doch der Dienstherr, nicht einmal die Regierung, der den Inhalt der Treuepflicht bestimmt. Heute halten viele Dienstherrn die Deutsche Kommunistische Partei, die nicht verboten ist, für verfassungsfeindlich. Nehmen wir an, eine andere Regierung kommt an die Macht und hält die jetzige Regierungspartei, zumindest einen Teil von ihr, für verfassungsfeindlich. Dann macht sich ein Beamter verdächtig, der dieser Partei angehört. Finden Sie diese Überlegungen zu weit hergeholt?

Im Januar 1972 schrieb Herbert Wehner, kurz bevor er dem Beschluß zustimmte: *Wenn man hier einmal anfängt, wo wird man enden? Wann wird die nächste Gruppe fällig sein und die übernächste? Ich sehe keinen Sinn darin, die freiheitliche Grundordnung durch den ersten Schritt zu ihrer Beseitigung schützen zu wollen. Kampf gegen Kommunismus darf nicht als Schablone für die Verdächtigung und Schmähung von allem, was nicht konservativ ist, gebraucht werden.*

Vor ein paar Wochen habe ich mir nun einen Artikel aus der Zeitung ausgeschnitten, in dem von dem Protest einer sozialdemokratischen Bezirksgruppe die Rede ist: *Mitglieder der sozialdemokratischen Partei fallen in zunehmendem Maß unter das Verdikt des Ministerpräsidentenbeschlusses... Politisch wirkt sich das dahingehend aus, daß auf diesen Wegen die Sozialdemokratie an den Rand der Verfassung gedrückt wird.*

Alexander Mitscherlich:

Die Gesellschaft muß dem Individuum die Möglichkeit geben, sich nach Kräften eines *konstruktiven Ungehorsams* bedienen zu dürfen. Sie muß die kritischen Fähigkeiten stärken, damit überhaupt erst einmal der Gedanke gedacht werden darf, daß auf allen Ebenen des sozialen Lebens Unsinn entstehen, geduldet und verbreitet werden kann.

# Aufnahme in die Vereinten Nationen

Der im Dezember 1972 auf der Basis der Gleichberechtigung
geschlossene Grundvertrag hatte die Voraussetzungen für eine
Mitgliedschaft beider deutscher Staaten in den Vereinten Nationen
(UNO) geschaffen. Am 11. Mai 1973 erfolgte die Ratifikation
dieses Vertrags sowie des Gesetzes über den Beitritt der Bundesre-
publik zur UNO durch den Bundestag.
Anläßlich der Aufnahme der Bundesrepublik Deutschland und der
DDR in die Weltorganisation sprachen die beiden Außenminister
am 19. September 1973 vor der Generalversammlung der UNO in
New York.

## Walter Scheel:

Vor 47 Jahren, fast auf den Tag genau, trat Deutschland in
den Völkerbund ein. Acht Jahre waren seit dem Ersten
Weltkrieg verstrichen. Der deutsche Außenminister, Gustav
Stresemann, wurde von seinem französischen Kollegen,
Aristide Briand, mit den Worten begrüßt: »Vorbei ist die
Reihe schmerzvoller und blutiger Begegnungen, mit denen
alle Seiten der Geschichte befleckt sind ... kein Krieg mehr,
keine blutigen und brutalen Lösungen unserer Zwistigkei-
ten...« Stresemanns Antwort: »...wenn wir in die Höhe
kommen wollen, können wir es nicht im Kampf gegeneinander, sondern nur im Zusammenwirken miteinander...«

Ein Dialog der Erwartungen und Hoffnungen, getragen
von bestem Willen. Eine flüchtige Chance des Friedens.
Schon wenige Jahre später war sie vertan.

Diesmal sind 28 Jahre seit Kriegsende verstrichen. Jetzt
stehen zwei deutsche Außenminister vor den Delegierten.
Hier zeigt sich das Schicksal meines Volkes: Ursprung und
Opfer des Krieges, geteilt ohne eigenes Zutun, nun in zwei
Staaten lebend, und ungewiß einer gemeinsamen Zukunft.

Verstehen Sie, warum wir zögerten, den Schritt in die
Vereinten Nationen zu tun? Es ist schmerzlich, der politischen Realität der Teilung des eigenen Landes ins Auge zu
sehen. Wir befürchteten, ein solcher Schritt könnte den
Eindruck erwecken, als resignierten wir. Als hätten wir die
Hoffnung auf Einheit aufgegeben. Wir machten uns Sorge,
die Schranken zwischen den Menschen in Deutschland

könnten durch die Mitgliedschaft beider Teile noch höher werden.

Jetzt haben wir einen neuen Ausgangspunkt. Die beiden Staaten in Deutschland haben ihre Beziehungen zueinander durch den Grundvertrag vom 21. Dezember 1972 geregelt. Für Berlin kam das Viermächte-Abkommen unter Beteiligung der beiden Staaten in Deutschland am 3. September 1971 zustande. Dieses Abkommen hat nicht zuletzt den Weg dafür freigemacht, daß Berlin (West) an unserer Mitarbeit in den Vereinten Nationen teilhaben kann. Unser Ziel bleibt klar: Die Bundesrepublik Deutschland wird weiter auf einen Zustand des Friedens in Europa hinwirken, in dem das deutsche Volk seine Einheit in freier Selbstbestimmung wiedererlangt.


## Otto Winzer:

Die Aufnahme der Deutschen Demokratischen Republik in die Organisationen der Vereinten Nationen ist ein historisches und beglückendes Ereignis im Leben unseres Volkes. Es ist ein Höhepunkt in dem Prozeß des gleichberechtigten Teilnehmens der Deutschen Demokratischen Republik am internationalen Leben.

# Fußgänger auf der Autobahn

Ende 1973 bot sich dieses Bild geisterhaft leerer Straßen an mehreren Wochenenden. Ägyptens Überfall auf Israel am 6. Oktober (Jom-Kippur-Krieg) hatte einen neuen Nahost-Konflikt ausgelöst – und eine weltweite Energiekrise. Die arabischen Staaten verfolgten nämlich eine neue Taktik: sie setzten ihr Erdöl als Waffe ein, das heißt, sie trieben eine erpresserische Preispolitik, indem sie die Erdöl-Ausfuhr ganz oder teilweise sperrten. Wenn die westliche Welt Versorgungsengpässe vermeiden wollte, mußte sie ihre Vorräte einteilen.

Am 9. November 1973 verabschiedete der Deutsche Bundestag zur Bekämpfung der Ölkrise ein Energiesicherungsgesetz. Autofahrverbote und die Schließung vieler Behörden zwischen Weihnachten und Neujahr wurden angeordnet. – Die Ölkrise beschleunigte Planung und Ausbau von Atomkraftwerken sowie Forschungen auf dem Gebiet der Sonnenenergie. Man wollte sich aus der Abhängigkeit von den arabischen Ölquellen befreien. Der amerikanische Präsident Richard Nixon hat damals die Lösung des Energieproblems als »eine der großen Aufgaben unserer Zeit« bezeichnet.

# Der Spion Guillaume

Die Nachricht vom DDR-Spion in des Kanzlers Vorzimmer schlug im Frühjahr 1974 wie eine Bombe ein. Völlig unbegreiflich war, wieso Günter Guillaume (er wurde 1975 zu 13 Jahren Haft verurteilt und im Herbst 1981 ausgetauscht), ein Offizier der Volksarmee, den Kanzler noch *nach* seiner Enttarnung durch das Bundesamt für Verfassungsschutz, die fast ein Jahr zurücklag, in einen Norwegenurlaub begleiten und so Einblick in geheime NATO-Akten nehmen konnte. Die verschiedenen Überwachungsorgane hatten ihre Arbeit nicht aufeinander abgestimmt und bei den Ermittlungen überdies unverantwortliche Sorglosigkeit an den Tag gelegt.

Der Bundeskanzler trat überraschend zurück. Vor dem Bundestag begründete er seinen Schritt.

## Willy Brandt:

Am Abend des 6. Mai [1974] habe ich dem Bundespräsidenten meinen Rücktritt erklärt und damit die politische und persönliche Verantwortung für Fahrlässigkeiten im Zusammenhang mit der Agentenaffäre übernommen. Diese Entscheidung konnte mir niemand abnehmen. Mein Rücktritt geschah aus Respekt vor ungeschriebenen Regeln der Demokratie und auch, um meine persönliche und politische Integrität nicht zerstören zu lassen.

Als Brandt am 6. Mai 1974 resignierte, war der Spion Guillaume sicherlich nicht der einzige Grund. Schon länger mußte ihm klar sein, daß einige seiner Parteigenossen seine Führungsfähigkeit in Zweifel zogen. Herbert Wehner hatte bei einem Moskau-Besuch Unfreundliches verlauten lassen, die Gewerkschaftsbosse hielten sich nicht an die Tarifgrenzen, die Brandt gerade noch für vertretbar hielt, und die Jungsozialisten waren unzufrieden, weil dem Versprechen von 1969, mehr Demokratie zu wagen, keine sichtbaren innenpolitischen Konsequenzen folgten. Eingeleitete Reformen wurden durch die Wirtschaftskrise gestoppt, andere wieder zurückgenommen – wie etwa die Mitbestimmungsregeln an den Hochschulen. Der Elan der sozialliberalen Koalition erschlaffte. Brandt geriet in den Ruf eines Zauderers. Sein Partner Scheel verstärkte die Unsicherheit noch durch seinen Ende 1973 bekannt gewordenen Entschluß, für das Amt des Bundespräsidenten zu kandidieren.

# 12 WACHSENDE PROBLEME
## 1974–1982

*Sicherlich können wir die Zukunft nur
gemeinsam gewinnen. Klagen oder Vorwürfe
helfen dabei gar nichts. Die Vorwürfe aus der
Jugend gegen uns Ältere müssen wir hören, auch
wenn niemand mehr etwas ändern kann an dem,
was geschehen oder versäumt worden ist.
Wir sollten uns, so meine ich, pauschale
Vorwürfe gegen die Jüngeren – bei aller Abwehr
von Ausschreitungen – abgewöhnen und uns
besser in das hineindenken, was vor ihnen steht.*

Gustav W. Heinemann

»In einer Zeit weltweit wachsender Probleme konzentrieren wir uns in Realismus und Nüchternheit auf das
Wesentliche, auf das, was jetzt notwendig ist, und
lassen anderes beiseite. *Kontinuität* und *Konzentration*
– das sind die Leitworte dieser Bundesregierung.«
Der neue Bundeskanzler Helmut Schmidt, von vielen als
»Macher« apostrophiert, hat am 17. Mai 1974 mit diesen
energischen Worten sein Regierungsprogramm verkündet. Er konnte sein Amt nicht mit einem hohen
Anspruch antreten wie Willy Brandt, er mußte den
politischen Alltag, die Krise bewältigen, wenn die
SPD/FDP-Koalition nicht scheitern sollte. Hans-Dietrich Genscher übernahm als Außenminister und FDP-
Vorsitzender Walter Scheels Erbe, der am 15. Mai zum
vierten Bundespräsidenten gewählt worden war. Die
Aufgaben, die damals anstanden, sind heute noch
schwerwiegende Probleme: Bewältigung der Wirtschaftskrise und der Arbeitslosigkeit, Umweltschutz,
Sicherung der Energieversorgung, kontrollierte,
gleichgewichtige Abrüstung.
Die DDR strich im September 1974 durch eine weitere
Verfassungsänderung die Vokabeln »deutsches Volk«

und »deutsche Nation« aus ihrem Verfassungstext. Die Formel »sozialistischer Staat deutscher Nation« (Artikel 1; siehe S. 276) wurde ersetzt durch »sozialistischer Staat der Arbeiter und Bauern«. Artikel 6 besagt jetzt, die DDR sei »für immer und unwiderruflich mit der Union der Sozialistischen Sowjetrepubliken verbündet«. Für die DDR-Oberen gibt es keine deutsche Nation mehr.

Nach der Ölkrise 1973 kündigte das plötzlich populäre Wort von der »Tendenzwende« ein neues Bewußtsein an: der Reformeifer der ersten Jahre nach dem Regierungswechsel von 1969 war erlahmt, konservative Ansichten fanden wieder eher Gehör.

Die sozial-liberale Koalition unter Helmut Schmidt, 1976 und 1980 wiedergewählt, konnte die gegensätzlichen Auffassungen in der Wirtschafts-, Finanz- und Haushaltspolitik immer weniger überbrücken. Der Kanzler verlor den Rückhalt in seiner nach links abdriftenden Partei. Die SPD trug nur zu Teilen den Ende 1979 unterzeichneten NATO-Doppelbeschluß (Nachrüstung im Falle des Scheiterns der Genfer Abrüstungsverhandlungen) und die notwendigen Kürzungen sozialer Leistungen mit. Vergeblich rechnete Helmut Schmidt der SPD-Fraktion im Juni 1982 vor, daß in den letzten zwölf Jahren die Zahl der Arbeitsplätze um 1,3 Millionen gefallen und gleichzeitig die Arbeitslosigkeit von praktisch 0 auf 1,8 Millionen gestiegen sei, folglich die Kreditaufnahme (Staatsverschuldung) nicht weiter erhöht werden dürfe. Die Zinslast für den Bundeshaushalt hatte sich im Verlauf von 13 Jahren mehr als verzehnfacht: 1983 betrug sie 28 Milliarden DM gegenüber 2,3 Milliarden DM 1970.

Im September 1982 zerstritten sich die beiden Regierungsparteien endgültig. Die CDU/CSU-Opposition und die meisten Abgeordneten der FDP – auch wenn sie Genschers Winkelzüge bei der »Wende« nicht unbedingt billigten – strebten eine Koalition der Mitte an, um die Wirtschaftskrise zu überwinden. In einem konstruktiven Mißtrauensvotum wählte der Deutsche Bundestag am 1. Oktober 1982 Helmut Kohl (CDU) zum neuen Bundeskanzler.

# Der Auftrag des Grundgesetzes

Helmut Schmidt:
*Aus der Regierungserklärung vom 30. Januar 1975*

Die Deutschen wollen nicht – und wer es etwa wollte, der könnte es nicht – sich von ihrer *Zugehörigkeit zur deutschen Nation* lossagen. Aus einem in der DDR gegebenen Anlaß [Verfassungsänderung; siehe S. 313 f.] hat Ernst Bloch am 7. Oktober 1974 mit Recht gesagt: »... man kann nicht durch Volkskammerbeschluß die Zugehörigkeit zu einer zweitausendjährigen Geschichte aufheben und zu dem, was ... in einer Kulturnation aufgebaut ist.«
*(Beifall auf allen Seiten des Hauses.)*
Nach unserer gemeinsamen Überzeugung ist deshalb in der Tat das *Verhältnis zwischen den beiden deutschen Staaten ein Verhältnis von besonderer Art.* Wir bleiben dabei, auch wenn die Führung der DDR darin – fälschlich – den Versuch der Bundesrepublik zu sehen meint, der DDR einen internationalen Minderstatus aufzuzwingen. Die Bundesregierung spricht von der Besonderheit im Verhältnis der beiden deutschen Staaten zueinander nicht etwa, um zu versuchen, die Souveränität der DDR anzutasten; sondern wir erblicken die Besonderheit darin, daß in beiden deutschen Staaten Deutsche leben und daß wir Deutschen einen Anspruch auf Gestaltung unseres nationalen Schicksals nach unserem eigenen Willen haben.
Von dieser Überzeugung läßt sich die Bundesregierung auch in Zukunft leiten. Sie wird auch in der Zukunft alles tun, um den Menschen in Deutschland so viel Möglichkeit zur Nation zu schaffen, wie sie es nur kann. Diese Politik entspricht dem Auftrag des Grundgesetzes*, das ja übrigens in Artikel 116 eine einheitliche Staatsangehörigkeit unter seinen Schutz gestellt hat.

---

* Präambel: »Das gesamte deutsche Volk bleibt aufgefordert, in freier Selbstbestimmung die Einheit und Freiheit Deutschlands zu vollenden.«

---

# Bevormundet

Nach der studentischen Jugend revoltierten die Frauen: gegen die überlieferte Rolle der Unterlegenen, der Dienenden, gegen ungleiche Bezahlung bei gleicher Arbeit, gegen die Unsicherheit ihrer Arbeitsplätze in wirtschaftlichen Krisenzeiten (über 60% der in der Bundesrepublik gemeldeten Arbeitslosen waren 1977 weiblichen Geschlechts), gegen den § 218 (Abtreibungsverbot; Parole: »Mein Bauch gehört mir!«), gegen das eintönige Hausfrauendasein.

Das Grundgesetz garantiert der Frau zwar seit 1953 die Gleichberechtigung (Artikel 3), doch die Wirklichkeit sah und sieht oft anders aus. Ehe, Haushalt, Kinder, Beruf – eine Patentlösung, wie diese verschiedenen Aufgaben in Einklang zu bringen sind, gibt es nicht. Aber Erleichterungen sind möglich, die gesellschaftliche Stellung der Frau kann verbessert werden, wenn Frauen sich emanzipieren (befreien, selbständig werden), zu einem neuen Selbstbewußtsein finden.

Anfang der siebziger Jahre schlossen sich Frauen zu Gruppen zusammen und gründeten eigene Buchläden und Zeitschriften, drehten Frauenfilme, eröffneten Frauenkneipen. Die aktiven Feministinnen bezeichnen sich als »Frauen, die für Frauen kämpfen«; sie haben erreicht, daß die Parteien die Belange der Frauen stärker in ihr Kalkül einbeziehen, daß in einigen Landesregierungen Frauenbeauftragte wirken können und etliche Gemeinden für Frauenhäuser Zuschüsse bereitstellen.

Alice Schwarzer, Herausgeberin der Frauenzeitschrift ›Emma‹, zeichnete 1975 Protokolle ihrer Gespräche mit Frauen auf. Durch kursiven Druck hob sie Stellen hervor, die ihrer Ansicht nach besonders wichtig oder typisch sind.

So sieht das Leben der 33jährigen Berlinerin Renate A. aus, deren Mann Hilfsarbeiter ist:

Renate merkt zunächst nicht, daß sie es nun ist, die ganz automatisch alle Verantwortung und Pflichten auch für ihn übernimmt. Er scheint unzufrieden zu sein mit seinen Jobs, zeigt aber auch keine Ansätze, aktiv etwas zu verbessern. Es folgt eine Serie von zusätzlich belastenden Unglücken: Die Wohnung brennt aus, sie kommen in ein Neubausilo in Kreuzberg, er hat keine Arbeit mehr, verläßt neue Arbeitsstellen nach kurzer Zeit wieder, fängt an zu bummeln. *Renate geht die ganze Ehe über nebenher immer auch außer Haus arbeiten: mal als Serviererin, mal als Verkäuferin, meist als Putzfrau, weil sie da ihre Zeit am besten einteilen kann...*

Ich frage, ob er, wenn er zu Hause ist, im Haushalt mitarbeitet.

»Klar, tut er schon mal was. Er kocht und so. Aber alles macht er nicht. Wäsche zum Beispiel nicht. *Das kann er ja auch nicht. Da stellt er sich viel zu dusselig an. So was können die Männer nicht.* Im Haus hat nicht mein Mann das Heft in der Hand, sondern ich. Ich bin für alles Finanzielle verantwortlich im Haus, ich teile das Geld ein. Das lasse ich mir auch nicht nehmen.

*Obwohl ich immer arbeiten gehen mußte, hat ihm das nie gepaßt. Wir haben fünf Kinder, hat er immer gesagt, die brauchen ihre Mutter.*

Und ein Mann, der hat ja auch nicht die Fertigkeiten im Haushalt. Und ehrlich gesagt, bin ich oft diejenige, die sagt: Laß mal, ich mach das schon. *Aber mit der Zeit befriedigt mich das nicht mehr: Immer nur Haushalt und putzen gehen. Das stinkt mich an. Ich fühle mich so minderwertig...*

*Na, und bei meinem Mann, da fühle ich mich auch echt bevormundet. Bei jedem bißchen heißt es: Das darfste nicht! Das tut man nicht! Was ich darf – anschaffen gehen und schuften. Die Arbeit machen und den Mund halten. Früher habe ich das akzeptiert, heute seh ich das mit anderen Augen.*

*Ich würde mich so gern rege überall beteiligen. Aber es geht einfach über meine Kräfte.* Einmal hab ich soviel zu tun, und dann hindert er mich auch, wo er nur kann. In der Schule bin ich im Elternausschuß, da diskutieren wir viel, und ich hab' da auch viel gelernt. Aber abends bin ich dann einfach so müde, daß es für mich eine große Anstrengung ist. *Hinzu kommen die Spannungen mit ihm. Er versucht mit allen Mitteln, mich im Haus zu halten:* durch Schimpfen und, wenn das nicht mehr zieht, durch Lügen. Neulich hat er mir gesagt, die haben angerufen, der Elternabend findet nicht statt. Stimmte überhaupt nicht! Und wenn ich dann trotzdem hingehe und ihn bitte, auf die Kinder aufzupassen, dann sagt er: Weiß ich noch nicht. Ich gehe wahrscheinlich auch weg. – Was er dann auch tut. Er geht dann in die Kneipe. Dabei kommt das höchstens zweimal im Monat vor, daß ich mal weggehe.«

Martin Walser:
# Fachleutemoral

---

Anfang 1975 beendete der amerikanische Präsident Nixon den Vietnam-Krieg, der eine weltweite Solidarität mit den Nordvietnamesen bewirkt hatte. »Ho Chi Minh«, der Name des nordvietnamesischen Landesvaters, war Ende der sechziger Jahre der Schlachtruf der protestierenden Jugend gewesen, Vietnam ihr Hauptargument gegen Imperialismus und Kapitalismus.

Ein armes asiatisches Bauernvolk hatte über ein Jahrzehnt lang gegen die stärkste Militärmacht der Welt gekämpft – und dann einen unmöglich erscheinenden Sieg errungen. Die Amerikaner flohen, zurück blieb ein zerstörtes Land mit entlaubten Dschungeln, mehr als zehn Millionen Vertriebenen und mehreren Millionen Kriegstoten. Das Elend der Witwen, Waisen und Krüppel entzieht sich der Beschreibung.

Weit stärker als die Niederlage selbst bedrückte die Amerikaner, daß *ihr* Land für diese Kriegsgreuel verantwortlich war. Ihrem tief verletzten Selbstbewußtsein blieb nur der kleine Trost, daß die öffentliche Meinung letztendlich die Einstellung des sinnlosen Krieges erzwungen hatte.

---

Weil die USA den Krieg in Vietnam nicht gewinnen könnten, steht jetzt in der Zeitung sollten sie ihn aufgeben. Gewännen sie ihn, heißt das, dürften sie ihn führen.

# Entspannungspolitik

In Helsinki unterzeichneten am 1. August 1975 die Vertreter der 35 Teilnehmerstaaten die Schlußakte der »Konferenz für Sicherheit und Zusammenarbeit in Europa« (KSZE); sie stellt den Versuch dar, durch den Ost-West-Gegensatz bedingte politische Spannungen zu mindern und konkrete Verbesserungen für die Menschen zu schaffen. Helmut Schmidt und Erich Honecker begegneten sich in Helsinki zum ersten Mal persönlich.

In einer Bundestagsdebatte über die Lage der Nation warf der Oppositionsführer Dr. Karl Carstens (CDU; 1979–1984 Bundespräsident) der Regierung im Januar 1976 vor, die Sicherheitskonferenz in Helsinki sei kein »Ruhmesblatt für den Westen«. Darauf der SPD-Fraktionsvorsitzende

Herbert Wehner:

## Ich werde mich selbst an ein Blatt klammern, wenn damit etwas zu erreichen ist.

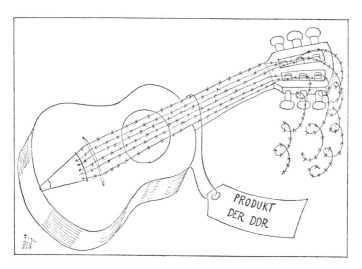

Gabor Benedek: Wolf Biermanns Gitarre

# Meinungsverschiedenheiten

Bonns Entspannungsbemühungen im Verhältnis zur DDR beeinflußten unbeabsichtigt auch die Einstellung der DDR-Bevölkerung zum SED-Regime: der Abstand hat sich vergrößert. Deutlicher als zuvor wird die Einschränkung der persönlichen Freiheit empfunden, der mangelnde materielle Wohlstand, die Sonderstellung hoher Parteifunktionäre und die daraus resultierende Ungerechtigkeit. Nicht jeder ist mehr bereit, das alles wortlos zu schlucken. Enttäuschung über die minimalen praktischen Ergebnisse der innerdeutschen Verträge schlug hier und da in Aufsässigkeit um. Auch von den KSZE-Vereinbarungen hatte man sich größere Erleichterungen erhofft, vor allem was Besuchsreisen und Übersiedlungen in den Westen anlangt.

Vor diesem Hintergrund einer allgemein angestiegenen Unzufriedenheit müssen wir die Reaktionen auf die Ausbürgerung des Liedermachers Wolf Biermann im November 1976 sehen. Das Regime glaubte die innere Sicherheit gefährdet und verstärkte den Druck.

Jürgen Fuchs unterzeichnete den Protest gegen den staatlichen Biermann-Rausschmiß und wurde daraufhin wegen »staatsfeindlicher Hetze« in Untersuchungshaft genommen. Im August 1977 schob man ihn in die Bundesrepublik ab, wo schon im Februar sein Buch ›Gedächtnisprotokolle‹ erschienen war. Daraus zwei Auszüge aus dem Dokument ›Der Brief‹. Zu einer Antwort fühlte sich der Erste Sekretär der SED nicht bemüßigt.

## Jürgen Fuchs an Erich Honecker
*26. Mai 1975*

Du hast vor einiger Zeit darauf hingewiesen, daß es für den, der auf dem festen Boden des Marxismus steht, keine Tabus geben kann. Das meine ich auch. Geradezu grotesk erscheinen mir deshalb einige Vorstellungen, die ich in letzter Zeit immer wieder zu hören bekam, daß Widersprüche etwas »Negatives« für die Entwicklung wären und daß es sie im Sozialismus nicht geben dürfe. Weil ich möchte, daß sich unsere Gesellschaft entwickelt, interessiere ich mich für ihre Gegensätze. Auch bin ich sehr dafür, daß wir uns alle kräftig einmischen in unsere eigenen Angelegenheiten – aus diesem Grunde wurde ich vor zwei Jahren Mitglied der Partei. Ich wollte noch besser als bisher Denken und Handeln verbinden; außerdem ist es für einen Marxisten naheliegend, sich der kommunistischen Partei seines Landes anzuschließen.

Ich kann Dir versichern, daß ich mir diesen Schritt gut überlegte und ihn sehr ernst nahm. Ich wurde nicht Mitglied der Partei, um Karriere zu machen, ich wollte als Genosse mithelfen, den Sozialismus in der DDR zu verwirklichen. Wohl gerade aus diesem Grunde kam es rasch zu Meinungsverschiedenheiten zwischen mir und einigen Mitgliedern unserer Partei, die zwar mit mir gemeinsam in der Versammlung saßen, die aber offensichtlich ganz andere Ziele und Interessen verfolgten als ich: Sie saßen ihre Zeit ab, waren froh, wenn niemand Fragen stellte, sie vertraten eine »offizielle« Meinung, die sie auch in der Partei äußerten, um Punkte zu sammeln, und eine »private« Meinung, die sie unter vier Augen äußerten. Was ich da zu hören bekam, brachte mich sehr auf: »Was sollen wir uns Gedanken machen, die Politik wird ohnehin oben im ZK [Zentralkomitee] gemacht / Diskutier doch nicht immer, das geht uns schon auf die Nerven, *die* (gemeint waren die führenden Politiker der DDR) werden schon wissen, was zu tun ist / Dazu kann ich noch nichts sagen, ich erhalte morgen erst Instruktionen / ›demokratischer Zentralismus‹ schön und gut, aber auf den Zentralismus kommt es an / Wenn du aus der Reihe tanzt, wirst du fertiggemacht / Denk doch an deine Familie und sei lieber still / Beschreibe doch das Schöne, nicht immer das, was noch nicht so gut ist« usw. Ich war nicht bereit, das ohne Widerspruch anzuerkennen. Sollten das die klaren und aufrichtigen Haltungen von Genossen sein, die sich vorgenommen haben, die Welt zu verändern? Die »schöpferische Initiative«, von der so viel gesprochen wurde, konnte doch nicht darin bestehen, daß das Fragen und das Drängen auf Antworten als »überflüssig«, »individualistisch«, »unparteilich« oder gar als »zersetzend« angesehen wird...

Am 12. 3. 1975 teilten mir einige führende Genossen aus Jena mit, daß ich ein »Staatsfeind« sei, ein »Hetzer«, der alles, was auch mir teuer ist, in den Dreck getreten hat. Anlaß war eine öffentliche Veranstaltung des Kulturbundes in Bad Köstritz bei Gera, an der auch B. W. und Gerulf Pannach [Leipziger Liedermacher, der ebenfalls 1976 verhaftet und 1977 abgeschoben wurde] teilgenommen hatten. Meine literarischen Werke waren plötzlich »Machwerke«, die Veröffentlichung meiner Gedichte ein »politischer

**Reiner Kunze:**

**O aus**
**einem fremden land, sieh**
**die marken ... Wie**
**heißt das land?**
**– – –**

**Deutschland, tochter**

# Staatsverdrossenheit?

Schlag- und Modeworte sagen viel über ihre Zeit aus. War in den fünfziger Jahren vom »Wirtschaftswunder« die Rede und den Konsum-Wellen (»Freß-Welle«, »Reise-Welle« etc.), Ende der sechziger Jahre vom wirtschaftlichen »Maßhalten« einerseits, der »Sex-Welle« andererseits, so stehen jetzt »Umweltbewußtsein«, »Lebensqualität«, »Wachstumsgrenze« und »Tendenzwende« (Gegenströmung nach der Studentenrevolte) im Vordergrund. Zu den gängigen Schlagworten zählt auch die »Staatsverdrossenheit«. Der Bundespräsident wurde 1977 in einem Interview gefragt, ob er bemerkt habe, »daß bei den Bürgern eine Staatsverdrossenheit zunimmt und daß es eine Parteiverdrossenheit bereits gibt«.

## Walter Scheel:

Ich glaube, beobachtet zu haben, daß weniger eine Staatsverdrossenheit besteht als vielmehr eine gewisse Skepsis den Parteien oder auch den Parlamenten gegenüber. Die Bürgerinitiativen sind ein Indiz dafür, daß die legitimierten Vertreter unseres Volkes als wesentlich erkannte Aufgaben noch nicht angefaßt oder noch nicht richtig angefaßt haben...

Ich möchte über den Bürger die politisch Verantwortlichen erreichen. In diesem Punkt bin ich selber eine Bürgerinitiative. Ich merke, daß in den Parlamenten und bei den Parteien manche Fragen nicht so im Vordergrund stehen, wie die Bürger sich das wünschen.

Wir können das Tempo der Wohlstandsmehrung, wie wir sie seit Jahrzehnten gewöhnt sind, nicht in gleichem Umfang beibehalten, ohne uns selbst das Grab zu schaufeln. Es bedarf jahrelanger, jahrzehntelanger intensiver Bemühungen, um die Einsicht in die Notwendigkeit der Änderung unserer Lebensverhältnisse zu schaffen. Darüber sollte man trefflich streiten zwischen den Parteien, wer, um eine solche Zukunft zu erreichen, die besten Mittel anbietet. Es ist ja nicht wahr, daß der einzelne Bürger einen Staat anstrebt und eine Gesellschaft bevorzugt, wo seine Eigeninitiative nicht gefragt ist, wo ihm nie Opfer zugemutet werden.

Wyhl, Brokdorf, Grohnde – diese Namen sind Schlüsselbegriffe für die Bürgerproteste gegen den Bau von Kernkraftwerken. Winzer und Bauern schlossen sich zu Bürgerinitiativen zusammen, um im für sie konkreten Einzelfall für die Erhaltung ihrer Landschaft, für mehr »Lebensqualität« zu kämpfen. Bürger zweifelten die Entscheidungen der Parlamente und teilweise auch der Gerichte an und entschlossen sich – wie seinerzeit die APO (siehe S. 267), mit der sie sonst aber nichts gemein haben –, ihre Interessen selbst wahrzunehmen. Von den Politikern fühlten sie sich alleingelassen und unzureichend informiert über Probleme der Abwärme, der Entsorgung, des Katastrophenschutzes, des Terror- und Kriegsrisikos.

Politiker aller Parteien mußten einsehen, daß sie für diese Informationslücke verantwortlich waren und Massenproteste oder Baustellenbesetzungen nicht einfach als kommunistische Aktionen abtun konnten, auch wenn diese – wie vor allem in Grohnde – von Kommunisten und Anarchisten für ihre Zwecke ausgenutzt wurden. Sie hatten die Angst der Bürger vor einer neuen, unheimlichen Technik unterschätzt und nicht gespürt, daß sich hinter dieser Angst Unsicherheit vor der Zukunft überhaupt verbirgt. Die Sorge, bald könnten »die Lichter erlöschen« (Slogan der Atomenergiebefürworter), bedrückt die Bürgerinitiativen dabei am wenigsten.

Im Februar 1977 bezog Bundeskanzler Helmut Schmidt eindeutig Stellung: Wir werden Kernkraftwerke brauchen, wenn wir nicht in wenigen Jahren in dramatischer Weise erleben wollen, was Stromsparen für die Industrie und für den Privatverbrauch bedeutet, nämlich daß etwa 10 bis 20 Prozent der Arbeitsplätze verlorengehen und der Lebensstandard entsprechend sinkt.

Oben ist ein Aufkleber der Kernkraftgegner abgebildet.

# Wehr- oder Zivildienst?

Wer aus Gewissensgründen den Kriegsdienst mit der Waffe verweigert, kann zu einem zivilen Ersatzdienst (z. Z. 20 Monate) verpflichtet werden. Über die Berechtigung der Kriegsdienstverweigerung hatten besondere Prüfungsausschüsse zu entscheiden.

Am 1. August 1977 trat ein Nachtragsgesetz in Kraft, durch das die fragwürdige Gewissensprüfung entfiel und dem einzelnen die Wahl zwischen 15 Monaten Wehr- oder 18 Monaten Zivildienst freigestellt wurde; fortan genügte die bloße Erklärung mittels einer Postkarte, man verweigere aus Gewissensgründen den Wehrdienst. Als sich zeigte, daß die Verweigerungszahlen um annähernd 50 Prozent anstiegen und die Ersatzdienstplätze bei weitem nicht ausreichten, erhob die CDU/CSU Klage gegen diese Novelle zum Wehrpflichtgesetz; das Bundesverfassungsgericht entschied am 13. April 1978, sie verstoße gegen das Grundgesetz. Damit war die »Wehrdienstverweigerung per Postkarte« wieder abgeschafft. Anfang 1984 trat ein neues Wehrdienstverweigerungsgesetz in Kraft: eine schriftliche Begründung ersetzt die mündliche Gewissensprüfung; die Zivildienstzeit wurde von 16 auf 20 Monate erhöht (sie soll generell ein Drittel länger dauern als der Wehrdienst).

Im September 1977 nahmen junge Leute in Leserbriefen an die ›ZEIT‹ zur obigen Frage Stellung:

Die Arbeit im Zivildienst stellt andere als die üblichen Bedingungen an die Person – es ist die innere Haltung und die bewußte Bereitschaft, etwas zu tun, was in der »normalen« Lebenszeit als spinnert und töricht angesehen wird: nämlich das Helfen und karitative Handeln, ausgeübt von »gestandenen« Mannsbildern, die sonst nur à la John Wayne aufzutreten pflegen. Die Umwelt sieht immer noch den Wehrdienst, den viele nicht zu Unrecht als Kriegsdienst bezeichnen, als ideale Gelegenheit an, den »inneren Schweinehund« zu überwinden, als die Lebensschule schlechthin. Der Zivildienstleistende muß ein weitaus größeres Stehvermögen besitzen als der Wehrdienstleistende, der automatisch und ohne große Gedankenstrapazen seine Arbeit antritt, weil die Motivation des Soldaten von keinerlei politischem oder gesellschaftlichem Interesse ist, die des Zivildienstleistenden aber sehr wohl von allen Seiten argwöhnisch betrachtet und getestet wird. Der Wehrdienst wird keineswegs zur Ausnahme, dafür sorgen schon natio-

nale wie ausländische Mächte, die auf Kriegsdienst nicht verzichten wollen oder können.
Matthias M., *19 Jahre*


Wenn es in der Türkei die Möglichkeit einer Kriegsdienstverweigerung mit Gewissensprüfung gäbe, wäre ich schon froh, aber die Abschaffung der Gewissensprüfung finde ich einfach toll. Ich wäre jedenfalls im Zivildienst tätig, hätte ich die deutsche Staatsangehörigkeit.
Cumhur T., *18 Jahre*


Mir stellt sich heute wie morgen die Alternative: 15 Monate meines Lebens dem Dienst mit der Waffe zu verschreiben oder 18 Monate meines Lebens dem Dienst mit der Hilfe. Müssen es nicht sonderbare Drückeberger sein, die drei Monate mehr opfern, um den unsagbaren Problemen des Alters, um dem Unglück spastisch gelähmter Kinder, um der Verzweiflung gestrauchelter oder rauschgiftsüchtiger Jugendlicher ins Auge sehen zu müssen und zu helfen? Natürlich wird es auch einen minimalen Prozentsatz von Drückebergern geben, doch werden diese schnell feststellen, daß 18 Monate Ersatzdienst kein Honigschlecken sind.
Christoph M., *16 Jahre*


Manfred Schwab:
## Der Start ins Leben


Auf die Plätze!
Feeeeertig!
## ARBEITSLOS!

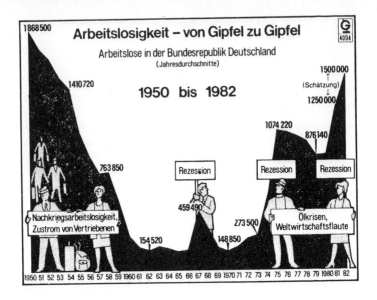

Arbeitslosigkeit – von Gipfel zu Gipfel
Arbeitslose in der Bundesrepublik Deutschland
(Jahresdurchschnitte)
1950 bis 1982

1868500
1410720
763850
154520
459490
148850
273500
1074220
876140
1500000
↑
(Schätzung)
↓
1250000

Nachkriegsarbeitslosigkeit, Zustrom von Vertriebenen
Rezession
Rezession
Rezession
Ölkrisen, Weltwirtschaftsflaute

1950 51 52 53 54 55 56 57 58 59 1960 61 62 63 64 65 66 67 68 69 1970 71 72 73 74 75 76 77 78 79 1980 81 82

# Arbeitslosigkeit

Die Ölkrise der Jahre 1973/74 löste in der ganzen Welt eine Wirtschaftsflaute aus. 1975 überstiegen die Arbeitslosenzahlen in der Bundesrepublik wieder die Millionengrenze (zum letztenmal hatte es 1953 über eine Million Arbeitslose gegeben). Im März 1978 waren es zum Beispiel 1 099 000 Arbeitslose, das sind 4,9% der Arbeitsfähigen. Zum Vergleich: die Arbeitslosenquote betrug im Frühjahr 1978 in Großbritannien 6,3%, in Holland 5,5%, in Belgien 7,1%, in Frankreich 6,2% und in Italien sogar 7,2%.
Nach der Revolution im Iran im Februar 1979 begann die zweite Ölteuerung; das Wirtschaftswachstum geriet erneut ins Stocken. 1981 gab es in der Bundesrepublik 1 271 600 Arbeitslose im Jahresmittel, 1982 fast 2 Millionen (1 833 000).
Leider sind die Zukunftsaussichten wenig erfreulich: neue Techniken (Mikroelektronik) bedrohen Millionen traditioneller Arbeitsplätze, ohne daß bis jetzt andere Beschäftigungsmöglichkeiten erkennbar wären. In immer mehr Fabriken werden Computer die Fließbandarbeit übernehmen. Voll erfaßt hat die Computer-Revolution heute schon die Druckindustrie: Ein ganzer Berufsstand, der der Maschinensetzer, fiel dem technischen Fortschritt zum Opfer. In allen westeuropäischen Industrienationen ist die Jugendarbeitslosigkeit ein besonders schwerwiegendes Problem; zu ihrer Bekämpfung gibt es die verschiedensten Hilfsprogramme, aber noch kein Patentrezept.

# Terror in unserem Land

Über den Terrorismus und seine mutmaßlichen Ursachen erschienen unzählige Artikel und Bücher, doch eine einfache Erklärung des beängstigenden Phänomens gibt es nicht. Eine englische Autorin nannte die deutschen Terroristen »Hitlers Kinder«, während diese umgekehrt unserem Staat »Faschismus« vorwerfen. – Die einen sprechen von einer ungeduldigen und verwöhnten Generation, andere von einer gelangweilten und gekränkten, die das Selbstmitleid zum Prinzip erhebe. Auffällig ist, daß die meisten Terroristen eben jenem wohlhabenden Bürgertum entstammen, dem ihr gnadenloser Haß gilt.

Ihre Attentate haben nichts mit Politik zu tun, darüber sind sich alle einig. Aber sie wirken indirekt politisch, weil der Staat für die Sicherheit seiner Bürger sorgen muß, also zu Abwehrmaßnahmen gezwungen wird. Viele kritische Intellektuelle befürchteten in dieser Situation eine Über-Reaktion des Staates: die stückweise Aufgabe unserer liberalen Rechtsstaatlichkeit.

Wie sich die anfangs propagierte »Gewalt gegen Sachen« steigerte bis zum bedenkenlosen Mord, warum eine hochintelligente Frau wie Ulrike Meinhof oder eine Anzahl von Rechtsanwälten ins gesellschaftliche Abseits gerieten und eine irrationale Scheinwelt um sich aufbauten, ob und welche Verbindungen zur Protestbewegung der späten sechziger Jahre bestehen, das alles kann hier nicht im einzelnen analysiert werden. Die folgende Aufzählung der Hauptereignisse bis zum Herbst 1977 möge für sich sprechen.

## Chronik bis Oktober 1977:

| | | |
|---|---|---|
| 1968 | 6. 3. | im Flur des Berliner Kriminalgerichts explodiert eine Zeitbombe; es entsteht Sachschaden |
| | 2./3. 4. | Gudrun Ensslin, Andreas Baader und zwei weitere Täter zünden zwei Frankfurter Kaufhäuser an; Sachschaden in Millionenhöhe |
| | 11. 4. | Attentat auf Rudi Dutschke |
| | 19. 12. | Brandanschlag auf das Rektorat der Freien Universität Berlin |
| 1969 | 9. 3. | Brandanschlag auf die Kennedy-Gedenkbibliothek in Berlin |

| 1970 | 14. 5. | Ulrike Meinhof, Ingrid Schubert und Irene Goergen befreien Andreas Baader aus der Haft, ein Pförtner wird schwer verletzt (erste Aktion der RAF) |
|------|--------|------|
| 1971 | 15. 7. | bei einem Schußwechsel mit der Polizei in Hamburg wird Petra Schelm erschossen |
| | 21. 10. | der Polizist Norbert Schmid wird bei einem Feuergefecht erschossen |
| | 4. 12. | bei einer Großfahndung in Berlin wird der Anarchist Georg von Rauch erschossen, ein Polizist leicht verletzt |
| | 22. 12. | bei einem Banküberfall wird der Polizist Herbert Schoner erschossen |
| 1972 | 11. 5. | Bombenanschlag auf eine US-Kaserne in Heidelberg; ein Toter, 16 Verletzte |
| | 19. 5. | Sprengstoffanschlag auf das Springer-Hochhaus in Hamburg; 17 Arbeiter und Angestellte werden verletzt |
| | 1. 6. | Baader, Meins und Raspe festgenommen |
| | 7. 6. | Gudrun Ensslin in Hamburg verhaftet |
| | 15. 6. | Ulrike Meinhof bei Hannover verhaftet |
| | 5. 9. | Überfall palästinensischer Terroristen auf die israelische Olympiamannschaft in München; insgesamt 17 Tote |
| 1973 | 14. 8. | Bombenanschlag auf das Haus des Baader/Meinhof-Gutachters Prof. Witter in Homburg |
| 1974 | 4. 6. | der ehemalige Terrorist Ulrich Schmücker wird in Berlin erschossen aufgefunden (Fememord) |
| | 9. 11. | der inhaftierte Holger Meins stirbt nach fast zweimonatigem Hungerstreik |
| | 10. 11. | der Berliner Kammergerichtspräsident Günter von Drenkmann wird von der Terroristenorganisation »Bewegung 2. Juni« in seiner Wohnung erschossen |
| | 30. 11. | ein Pistolen-Attentat auf den CDU-Politiker Walter Leisler-Kiep schlägt fehl |

| 1975 | 27.2. | der Berliner CDU-Chef Peter Lorenz wird von der »Bewegung 2. Juni« entführt; der Staat erfüllt die Forderungen der Erpresser: eine Lufthansa-Maschine fliegt am 4. März die Häftlinge Ingrid Siepmann, Verena Bekker, Rolf Pohle, Rolf Heißler und Gabriele Kröcher-Tiedemann nach Aushändigung von Pässen und 120000 DM in die Volksrepublik Südjemen aus. In der Nacht zum 5. März wird Peter Lorenz freigelassen |
|---|---|---|
| | 24.4. | ein »Kommando Holger Meins« besetzt die Deutsche Botschaft in Stockholm und nimmt die Angestellten als Geiseln. Die Bundesregierung lehnt die Forderung ab, 26 inhaftierte Mitglieder der Baader/Meinhof-Bande freizulassen. Die Terroristen erschießen Andreas von Mirbach und Heinz Hillegart; sie setzen die Botschaft in Brand. Zwölf Geiseln werden gerettet, fünf Terroristen festgenommen, einer getötet |
| | 21.5. | in Stuttgart-Stammheim beginnt der Prozeß gegen Baader, Ensslin und Raspe |
| | Juli | seit Februar 1972 erbeutete die »Bewegung 2. Juni« in Berlin bei zehn Banküberfällen insgesamt 860000 DM |
| | 21.12. | in Wien nimmt der Terrorist Carlos bei der OPEC-Konferenz (Vereinigung der Erdöl exportierenden Länder) 70 Geiseln; drei Menschen kommen ums Leben |
| 1976 | 9.5. | Ulrike Meinhof begeht in ihrer Zelle in Stuttgart-Stammheim Selbstmord |
| | 7.7. | aus dem Berliner Frauengefängnis Lehrter Straße brechen Inge Viett, Gabriele Rollnick, Juliane Plambeck und – die inzwischen wieder inhaftierte – Monika Berberich aus |
| 1977 | 7.4. | Gründonnerstag; Terroristen ermorden Generalbundesanwalt Siegfried Buback, seinen Fahrer Wolfgang Göbel und den Justizbeamten Georg Wurster in Karlsruhe |

| 1977 | 28. 4. | Urteilsverkündung in Stuttgart-Stammheim: lebenslange Freiheitsstrafen für Baader, Ensslin und Raspe |
| | 3. 5. | im Zug der Fahndung nach den Buback-Mördern werden in Singen Günter Sonnenberg und Verena Becker gefaßt |
| | 20. 7. | vier der Stockholm-Attentäter (1975) werden in Düsseldorf zu lebenslanger Haft verurteilt |
| | 30. 7. | Jürgen Ponto, Vorstandsmitglied der Dresdner Bank, wird in seinem Haus in Oberursel/ Taunus erschossen; ahnungslos empfing er seine Mörder: Susanne Albrecht war sein Patenkind |
| | 25. 8. | ein auf das Gebäude der Bundesanwaltschaft in Karlsruhe gerichteter Anschlag (Stalin-Orgel) kann verhindert werden |
| | 5. 9. | Hanns Martin Schleyer, Präsident der Bundesvereinigung der Deutschen Arbeitgeberverbände und des Bundesverbandes der Deutschen Industrie, wird in Köln von fünf Terroristen entführt; sein Fahrer und drei Polizeibeamte werden niedergeschossen |
| | 6. 9. | ein »Kommando Siegfried Hausner RAF« (Rote Armee Fraktion) fordert für die Geisel Schleyer die Freilassung von Andreas Baader, Gudrun Ensslin, Jan Carl Raspe und acht weiteren Terroristen. Der Krisenstab in Bonn, dem auch führende Vertreter der CDU/CSU-Opposition angehören, beschließt, der Erpressung nicht nachzugeben |
| | 7. 9. | Bundesjustizminister Hans Jochen Vogel (SPD) veranlaßt, daß jeglicher Kontakt inhaftierter Terroristen zur Außenwelt unterbunden wird |
| | 13. 9. | die Anwälte der inhaftierten Terroristen reichen beim Bundesverfassungsgericht Verfassungsbeschwerden ein, mit denen sie sich gegen die Kontaktsperre für ihre Mandanten wenden |

| 22. 9. | in Utrecht/Holland wird der deutsche Terrorist Knut Folkerts nach einer Schießerei festgenommen; ein niederländischer Polizeibeamter wurde erschossen, zwei andere wurden schwer verletzt |
| 29. 9. | der Bundestag verabschiedet das Kontaktsperre-Gesetz (zeitlich begrenzte Unterbrechung der Kontakte inhaftierter Terroristen untereinander und zur Außenwelt) mit 392 gegen vier Stimmen bei 17 Enthaltungen |
| 30. 9. | der Bundesrat stimmt dem Kontaktsperre-Gesetz zu |
| 2. 10. | das Kontaktsperre-Gesetz tritt in Kraft |
| 4. 10. | die Verfassungsbeschwerden der Anwälte vom 13. 9. 1977 gegen die Kontaktsperre werden vom Bundesverfassungsgericht zurückgewiesen |
| 13. 10. | die Lufthansa-Boeing 737 »Landshut«, die sich auf dem Flug von Mallorca nach Frankfurt befindet, wird entführt. An Bord sind 86 Passagiere und fünf Besatzungsmitglieder. Ein »Hauptmann Mohammed« verlangt die Freilassung aller in der Bundesrepublik inhaftierten »Kameraden« |
| 14. 10. | Zwischenlandungen der »Landshut« in Bahrein am Persischen Golf und in Dubai. Die Entführer lehnen es ab, Frauen und Kinder freizulassen. Staatsminister Hans-Jürgen Wischnewski (SPD) fliegt nach Dubai |
| 15. 10. | Schleyers Sohn Hanns Eberhard ruft das Bundesverfassungsgericht in Karlsruhe an, um durch eine Einstweilige Anordnung die Freilassung der Gefangenen zu erzwingen und so das Leben seines Vaters zu retten |
| 16. 10. | das Bundesverfassungsgericht lehnt eine Einstweilige Anordnung auf Freigabe der Häftlinge ab. – Um 12.19 Uhr startet die »Landshut« in Dubai und landet dreieinhalb Stunden später – trotz der Sperrung des Flughafens – in Aden. Flugkapitän Schu- |

mann wird vom Anführer der Terroristen vor den Augen der Geiseln erschossen

17. 10.  die »Landshut« startet erneut. Sie landet um 4.34 Uhr in der somalischen Hauptstadt Mogadischu. Mittags trifft Staatsminister Wischnewski in Mogadischu ein, nach Einbruch der Dunkelheit landet eine Lufthansa-Sondermaschine mit einem Einsatzkommando der Grenzschutzgruppe 9 (GSG 9). Nachmittags demonstrieren mehrere Angehörige der »Landshut«-Geiseln in Bonn vor dem Bundeskanzleramt dagegen, daß die Bundesregierung alle Ultimaten der Luftpiraten verstreichen läßt; sie werden im Kanzleramt über den Stand der Entführung informiert

18. 10.  0.05 Uhr. Die Grenzschutz-Einheit stürmt in Mogadischu das Flugzeug und bringt alle Passagiere und Besatzungsmitglieder in Sicherheit; drei Terroristen werden getötet. 0.12 Uhr. Staatsminister Wischnewski meldet dem Bundeskanzler telefonisch: »Die Arbeit ist erledigt.« Vormittags wird bekannt, daß sich die Häftlinge Baader, Ensslin und Raspe in Stuttgart-Stammheim das Leben genommen haben; Irmgard Möller hat einen Selbstmordversuch überlebt

19. 10.  16.21 Uhr. Beim Stuttgarter Büro der Deutschen Presse-Agentur meldet sich telefonisch eine Frau: »Hier RAF. Wir haben nach 43 Tagen Hanns Martin Schleyers klägliche und korrupte Existenz beendet... Wir werden Schmidt und den ihn unterstützenden Imperialisten nie das vergossene Blut vergessen. Der Kampf hat erst begonnen.« 21.11 Uhr. Die Leiche Hanns Martin Schleyers wird in Mühlhausen/Elsaß im Kofferraum eines grünen Audi 100 gefunden

# Scham

Walter Scheel:
*Aus der Rede bei der Trauerfeier für Hanns Martin Schleyer*
*Stuttgart, 25. Oktober 1977*

Wenn wir unsere eigenen Gefühle prüfen, dann fallen uns Worte ein, die in den letzten Tagen schon sehr häufig ausgesprochen wurden, Worte wie: Zorn, Wut, Empörung, Abscheu. Diese Worte bewegen uns nur noch wenig. Die Sprache ist ohnmächtig vor dem, was in diesen Tagen geschehen ist.

Ich möchte ein Wort hinzufügen: die Scham. In unserer Gesellschaft geschehen Dinge von einer Schändlichkeit, daß man ihren Anblick kaum erträgt, Dinge, die einen mit furchtbarer Deutlichkeit wieder auf etwas hinstoßen, was man so gerne vergessen mag: wie böse der Mensch sein kann. Ich schäme mich für die Bosheit dieser jungen verirrten Menschen. Sie selbst können sich wohl nicht mehr schämen... Sie sind frei von jeder Hemmung, frei von jedem Tabu. Sie haben alle Werte einer 2000jährigen Kultur auf den Müll gekippt. Sie sind frei von ihnen. Aber was für eine furchtbare Grimasse der Freiheit schaut uns da an? Das ist die Freiheit der Bosheit, die Freiheit der Zerstörung.

Die Zerstörung, die Verwirrung, Angst und Schrecken – das heißt ja Terror –, das wollen sie. Und all dem liegt ein tiefer Haß auf die Welt und auf sich selbst zugrunde. Sie sind nicht nur Feinde der Demokratie – sie sind Feinde jeder menschlichen Ordnung. Diese Feindschaft ist die nackte Barbarei...

Die Wochen, die wir durchlebt haben, sind gewiß die schlimmsten in der Geschichte der Bundesrepublik gewesen. Wir waren alle getroffen... Aber nun dürfen wir nicht einfach wieder zur Tagesordnung übergehen und so tun, als wäre nichts gewesen. Die Prüfung, die wir zu bestehen hatten, muß fruchtbar werden für unsere Zukunft...

Immer mehr Jugendliche greifen regelmäßig zur Flasche. Der
Konsum harter Drogen nimmt weiter zu. Über 380 – meist junge
– Menschen sind 1977 in der Bundesrepublik und West-Berlin
infolge Drogenmißbrauchs gestorben, 1978 waren es 430, 1979
sogar 623; 1980 ging die Zahl zurück auf 494, 1981 auf 360.
Die Einrichtung von Beratungsstellen und Kampagnen gegen
Alkoholmißbrauch, gegen Drogen, gegen das Rauchen sind Versuche der staatlichen und kirchlichen Behörden, diesen seit Jahren
drückenden Problemen beizukommen.
(Der »Flaschen«-Aufkleber oben wurde 1977 von der Bundeszentrale für gesundheitliche Aufklärung in Köln herausgegeben.)

# Anti-Terror-Gesetze

Mit einer Stimme Mehrheit billigte der Bundestag am 16. Februar 1978 die Anti-Terror-Gesetze. Den Einspruch des Bundesrates wies die Bonner Koalition am 14. April 1978 mit 252 gegen 243 Stimmen der CDU/CSU zurück. Damit erhält die Polizei die Möglichkeit, bei der Fahndung nach Terroristen Kontrollstellen einzurichten und ganze Gebäude zu durchsuchen, nicht wie bisher nur bestimmte Wohnungen; ferner können Strafverteidiger jetzt bereits bei einfachem – nicht wie bisher nur bei dringendem – Verdacht der Konspiration mit terroristischen Häftlingen von Verfahren ausgeschlossen werden.

Bei der Abstimmung am 16. Februar hatten vier SPD-Abgeordnete vom linken Flügel der Partei zusammen mit der CDU/CSU-Opposition den Gesetzentwurf abgelehnt.

## Marion Gräfin Dönhoff:
*›DIE ZEIT‹, 17. Februar 1978*

Die Regierung ist zwischen zwei Fronten geraten. Auf der einen Seite stehen diejenigen aus den eigenen Reihen, denen der Entwurf zu weit geht, auf der anderen die Opposition, die ihn »nicht ausreichend und miserabel« findet. Stimmt es eigentlich, daß die Regierung im Hinblick auf die Terroristen nichts oder zuwenig getan hat?

Während der letzten drei Jahre sind folgende Gesetze in Kraft getreten: Die Einführung des Straftatbestandes einer terroristischen Vereinigung; die Überwachung des schriftlichen Verkehrs zwischen Verteidiger und Angeklagtem; das Verbot der Mehrfachverteidigung; die Beschränkung der Zahl der Wahlverteidiger; die Möglichkeit, unter bestimmten Voraussetzungen Verteidiger auszuschließen; Gerichtsverhandlung in Abwesenheit der Angeklagten bei Obstruktion [Verzögerungstaktik], beispielsweise bei Hungerstreik; ferner die Haftrechtsverschärfung; und schließlich das umstrittene Kontaktsperre-Gesetz [siehe S. 332 f.] – also eine Fülle von neuen Gesetzen. Sie waren sicherlich notwendig, um dem neuen Phänomen des Terrors zu wehren. Aber brauchen wir wirklich immer mehr neue Gesetze?...

Eindeutig ist es das Ziel der Terroristen, unseren Staat zu immer mehr Repression [Unterdrückung] zu provozieren, um auf diese Weise seine, wie es heißt, »faschistische

Fratze« aller Welt vor Augen zu führen. So gesehen, werden sie also über jedes neue Gesetz triumphieren...

Kann man hoffen, wie die Opposition meint, mit schärferen Gesetzen Herr des Terrorismus zu werden? Mit Radikalmaßnahmen von rechts gegen Radikalterror von links vorzugehen, das kann doch nur zur Eskalation [Steigerung] und zur Zerstörung des liberalen Rechtsstaates führen.

In manchen Kreisen ist es heute üblich, die Verantwortung für den Terrorismus den Liberalen zuzuschieben. Die Intellektuellen, bestimmte Schriftsteller, der ›Spiegel‹, die ›Zeit‹ seien schuld an der Entwicklung, so heißt es, weil sie in jener ersten Zeit des Aufbegehrens der Studenten während der sechziger Jahre, als es noch keine Anarchisten und keine Terroristen gab, zuviel Verständnis für die Reformbegehren an den Tag gelegt hätten.

Jene, die schon damals die Liberalen am liebsten in Acht und Bann getan hätten, fühlen sich heute bestätigt. Sie tun so, als wäre es nie zum Terrorismus gekommen, wenn die Politiker und die Presse damals sofort reagiert hätten. Aber stimmt das? Was wäre denn wohl die Folge einer derartigen Reaktion gewesen?

Wäre damals, nach dem Tod von Benno Ohnesorg [2. Juni 1967; siehe S. 267], als eine Welle des Unmutes durch die Bundesrepublik lief, als es noch keine Terroristen, aber viele Idealisten gab, wäre damals entsprechend dem Wunsch mancher Leute »kurzer Prozeß« gemacht worden, so hätte sich ein großer Teil des Volkes mit den Rebellen solidarisiert und den Staat als Polizeistaat denunziert und bekämpft.

Weil man gelassen reagierte, ist es gelungen, die ganze Bevölkerung gegen ein paar Dutzend Verbrecher und ihre Helfershelfer zu solidarisieren. Das ist politisch von eminenter Bedeutung. Mit dieser Methode sind wir nicht schlecht gefahren. Das sollte man auch jetzt nicht vergessen.

Erich Fried:

Niemand lernt *alles* aus der Geschichte, was er eigentlich lernen müßte. Die Frage ist, ob die Bundesrepublik *genug* gelernt hat, um Demokratie zu bleiben.

Horst Haitzinger: »Vorsicht Mann, nicht ins eigene Fleisch!«

# Im Blickfeld der Jugend

Der fünfte Bundespräsident, der auf seinen – anfangs eher belächelten – Wanderungen durch Deutschland mit seiner Frau über 1500 km zurücklegte, zählt »die vielen menschlichen Begegnungen unterwegs ... zu den bewegendsten Augenblicken« in seiner Amtszeit. Die folgenden Worte sind vor dem Hintergrund neuer Jugendproteste zu sehen. Im Gegensatz zur 68er-Bewegung (siehe S. 267) lag der Hausbesetzerrebellion keine Ideologie zugrunde, Studenten spielten diesmal nur eine unwesentliche Rolle. Der Widerstand richtete sich gegen konkrete Beispiele der Umweltzerstörung, gegen den Rüstungswahnsinn und Mißstände in der Wohnungspolitik. In den größeren Städten der Bundesrepublik und vor allem in West-Berlin kam es bei Hausbesetzungen zu Gewalttätigkeiten zwischen Jugendlichen und der Polizei. Im Lauf des Jahres 1982 beruhigte sich die Szene wieder.

Karl Carstens:
*Bei der Aushändigung der Ernennungsurkunden an die*
*Bundesminister des dritten Kabinetts Schmidt am*
*5. November 1980*

Im ersten Jahr meiner Amtszeit habe ich mich besonders mit den Problemen junger Menschen befaßt und viele Diskussionen mit ihnen geführt. Dabei ist mir bewußt geworden, wie sehr die Politiker, die Repräsentanten unserer staatlichen Ordnung, im Blickfeld der Jugend stehen. Die Güte, die Qualität unserer Ordnung wird in hohem Maße nicht an den Werten, die ihr zugrunde liegen, nicht an den Versprechungen der Parteien und nicht einmal so sehr an den Erwartungen gemessen, die die Bürger in die zu treffenden Sachentscheidungen setzen, sondern an dem, was die Repräsentanten dieser Ordnung *vorleben*, an Gerechtigkeit, an Fairneß, an Toleranz, an Aufrichtigkeit, auch – wenn Sie mir diesen ganz aktuellen Bezug erlauben wollen – an Sparsamkeit ...

Viele Menschen sehen mit Sorge in die achtziger Jahre. Es wird notwendig sein, nicht nur die vor uns liegenden schwierigen Probleme zu lösen, sondern auch unserer Bevölkerung, der Jugend, die in diesen Jahren aufwächst, Zuversicht und Vertrauen zu vermitteln.

# Die Friedensbewegung

Verstärkte Rüstungsanstrengungen der Supermächte, die Aufrüstung der Roten Armee mit Mittelstreckenraketen (SS 20) und die – gemäß dem NATO-Doppelbeschluß vom Dezember 1979 – drohende Stationierung der entsprechenden amerikanischen Systeme (Pershing II, Cruise Missile), riefen eine neue Friedensbewegung auf den Plan. Am 10. Oktober 1981 trafen sich in Bonn rund 300 000 Gegner der Atomrüstung zur bis dahin größten Demonstration in der Geschichte der Bundesrepublik (Foto oben). Zur zweiten Friedensdemonstration am 10. Juni 1982, anläßlich der NATO-Gipfelkonferenz, kamen über 400 000 Teilnehmer nach Bonn.

Der Protest gegen die Nachrüstung erreichte am 22. Oktober 1983 einen Höhepunkt: zwischen Stuttgart und Neu-Ulm bildeten rund 200 000 Demonstranten eine 108 km lange Menschenkette (Foto auf dem Umschlag unten rechts). Am 22. November 1983 stimmte der Bundestag der Stationierung von atomaren US-Raketen zu (Nachrüstungsteil des NATO-Doppelbeschlusses vom Dezember 1979). In Mutlangen bei Schwäbisch Gmünd wurden am folgenden Tag die ersten Pershing II stationiert. Seither beobachtet die Friedensbewegung die Raketen-Depots dauernd und blockiert ab und zu deren Zufahrtswege. Das Interesse der Bevölkerung aber ist sichtlich abgeflaut, darüber können auch gelegentliche Einzelaktionen nicht hinwegtäuschen.

Erhard Eppler:
*auf eine Umfrage »Was heißt für mich Frieden?« 1982*

Frieden bedeutet für mich freies, gewaltloses Zusammenleben aufgrund einer gerechten Ordnung in solidarischem Miteinander. Vorläufig geht es für mich einfach um den Nicht-Krieg als Bedingung des Überlebens...

Frieden ohne Waffen ist sicher eine Utopie, aber immerhin noch eine konstruktivere Utopie als der technokratische Versuch, Frieden durch immer mehr und immer schrecklichere Waffen zu erreichen. Alle Trampelpfade zum Frieden werden irgendwo zwischen diesen beiden Utopien hindurchführen müssen.

W. Krüger: Schiffbruch

# Das Ende der sozial-liberalen Ära

Nach über dreizehn Jahren zerbrach die Bonner Regierungskoalition aus SPD und FDP. Schon im August 1981 hatte Bundesaußenminister und Vizekanzler Hans-Dietrich Genscher das Wort von der »Wende« geprägt, hin zu einer mehr marktwirtschaftlich orientierten Politik. – Im Juni 1982 machte die hessische FDP eine Koalitionsaussage zugunsten der CDU. Am 9. September 1982 forderte Helmut Schmidt vor dem Bundestag die CDU/CSU zu einem Mißtrauensvotum auf. Drei Tage später legte Bundeswirtschaftsminister Otto Graf Lambsdorff (FDP) ein Programm vor, das drastische Sparvorschläge in der Wirtschafts-, Finanz- und vor allem der Sozialpolitik enthielt; es wurde allgemein als Dokument der Trennung verstanden. – Am 17. September erklärt der Bundeskanzler die sozial-liberale Koalition für beendet (alle vier FDP-Minister treten zurück); er steht nun einem Minderheitskabinett der SPD vor, dem ersten in der Geschichte der Bundesrepublik. Die nebenstehende Karikatur zeigt links Genscher, rechts Bundeskanzler Schmidt; sie erschien am 18. September 1982 in verschiedenen Zeitungen.

Helmut Schmidt:
*Aus der Rede vor dem Deutschen Bundestag am*
*17. September 1982*

Die politische und wirtschaftliche Weltkrise verlangt eine voll handlungsfähige Bundesregierung. Mein Appell und die Plenardebatte am Donnerstag letzter Woche [9. September] haben, leider, die notwendige Klärung nicht gebracht. Herr Dr. Kohl hat meine Aufforderung nicht angenommen, die von ihm angestrebte Kanzlerschaft unverzüglich über ein konstruktives Mißtrauensvotum nach Artikel 67 des Grundgesetzes zu erreichen und danach Neuwahlen herbeizuführen. Aber ebensowenig haben die Kollegen Genscher und Mischnick [Fraktionsvorsitzender der FDP] sich eindeutig und unmißverständlich, ohne Wenn und Aber, sich für das Festhalten ihrer Partei an der sozial-liberalen Koalition ausgesprochen. Der eine klare Satz hat immer gefehlt, und er fehlte auch in dieser Woche, die morgen zu Ende geht, nämlich der Satz: Die FDP steht fest zur sozial-liberalen Koalition.

Nach dem konstruktiven Mißtrauensvotum am 1. Oktober 1982: Ex-Kanzler Schmidt gratuliert seinem Nachfolger Helmut Kohl. Im Hintergrund sind – von links nach rechts – die CDU-Politiker Heiner Geißler (Generalsekretär der CDU und von 1982–1985 Bundesminister für Jugend, Familie und Gesundheit), Philipp Jenninger (seit 1984 Bundestagspräsident) und Manfred Wörner (Bundesminister der Verteidigung seit 1982) sowie – ganz rechts – Hans-Dietrich Genscher (FDP) zu erkennen.

Helmut Schmidts herausragende Leistung bestand darin, so resümierte Theo Sommer in der ›ZEIT‹ vom 29. Oktober 1982, »daß er die Westdeutschen in die Normalität einübte, sie an das Unspektakuläre gewöhnte, ihnen Sinn für Augenmaß und Mitte gab«, aber »die Anpassung der Wirtschaftspolitik an die neuen Daten hinkte den Umständen traurig hinterher, ... auf die Umweltbewegung, die Friedensbewegung, die Grünen und Alternativen reagierte er viel zu spät«. Schmidt behielt sein Bundestagsmandat, lehnte es jedoch ab, für die SPD im Frühjahr 1983 noch einmal als Kanzlerkandidat anzutreten. Für die Wahl zum 11. Deutschen Bundestag im Januar 1987 ließ er sich nicht wieder aufstellen.

gungen des einzelnen für ihn wieder lohnen und zugleich zu einem Fortschritt für das Ganze führen; wir wollen weder die Ellenbogengesellschaft des Kapitalismus noch eine Ellenbogengesellschaft des Sozialismus. Wir wollen eine Gesellschaft, in der die Menschen sich selbst etwas zutrauen und nicht auf den Staat warten.«

Bei den Wahlen zum 10. Deutschen Bundestag am 6. März 1983 wurde die christlich-liberale Koalition eindeutig bestätigt; mit 5,6 Prozent zogen erstmals auch die Grünen in den Bundestag ein. Die wirtschaftspolitischen Maßnahmen der Regierung Kohl/Genscher bewirkten einen langsamen konjunkturellen Aufschwung, der Anstieg der Lebenshaltungskosten wurde gebremst. 1986 gingen die Verbraucherpreise erstmals seit 1953 wieder zurück, sie lagen 0,2% unter dem Stand des Vorjahres. Auf dem Arbeitsmarkt dagegen ist ein ähnlicher Erfolg nicht in Sicht: die Arbeitslosenzahlen nehmen nur langsam ab, die 2-Millionen-Grenze konnte noch nicht unterschritten werden.

Für den Bürger schwer erkennbar blieb die versprochene »geistig-moralische« Wende. Negative Schlagzeilen machten die Flick-Parteispendenaffäre und im Januar 1984 die Kießling-Affäre; Bundesverteidigungsminister Wörner legte sein Amt trotz öffentlich eingestandener Fehler nicht nieder. Die unerschütterbare Zuversicht des Kanzlers, sein »Aussitzen« der Probleme und nicht zuletzt seine unbedachten Goebbels- und KZ-Vergleiche ließen viele an seiner Kompetenz zweifeln. Als ungebetener Souffleur profiliert sich immer wieder CSU-Chef Franz Josef Strauß (siehe Karikatur rechts), der alles besser weiß und genüßlich jede Gelegenheit ergreift, Bonner Fehler zu brandmarken. Die SPD vermochte aus den Schwächen der Regierung kein Kapital zu schlagen, weil sie in der Parteispendenaffäre selbst nicht mit reiner Weste dastand und ihr die Mißwirtschaft des gewerkschaftseigenen Konzerns Neue Heimat angelastet wurde. Zudem fehlt ihr ein einheitliches Konzept: in Fragen der Außen- und Sicherheitspolitik (Abrüstung, Verhältnis zur NATO), des Wirtschaftsprogramms und der Kernenergie vertreten hohe SPD-Politiker widersprüchliche Meinungen. So war

1987 ein »Ende der Wende« nicht herbeizuführen.
Die Katastrophen des Jahres 1986, der Reaktorunfall
in Tschernobyl und die Rheinverseuchung, bescherten
den Grünen Aufwind. Doch sie ringen ebenfalls noch
um eine gemeinsame Linie. Ob sich die »Fundis« (Fun-
damentalisten), die zu keinem Kompromiß bereiten
Ökosozialisten durchsetzen werden, oder die »Realos«
(Realisten), die den tatsächlichen Gegebenheiten ein
Stück weit Rechnung tragen, ist noch offen.
Am 18. Februar 1987 konstituierte sich der 11. Deutsche Bundestag, in dem 80 Frauen vertreten sind, 30
mehr als im letzten Parlament; hält man allerdings die
Gesamtzahl der Abgeordneten (519) dagegen, so kann
man noch nicht von einem Durchbruch sprechen (lediglich 15,4%). Die Richtlinien der Politik bestimmt weiter-
hin Helmut Kohl, Genscher bleibt Außenminister und
Vizekanzler.

E. M. Lang: Der Supersouffleur in der Bonner Staatskomödie

# Selbstkritik

übte der Bundesgeschäftsführer der SPD in seinem Buch ›Die Arbeit der Zuspitzung. Über die Organisation einer regierungsfähigen Linken‹ (1984); Glotz gab sein Amt im Juni 1987 ab.

Peter Glotz:

Natürlich gibt es ökonomische Gründe für den Machtwechsel... Trotzdem wäre jede ökonomische Verschwörungstheorie eine windschiefe Konstruktion. Man darf nämlich erstens nicht übersehen, daß die CDU/CSU es in dem Jahrzehnt zwischen 1972 und 1982 geschafft hat, zuerst die Reste der alten konservativen Honoratiorenpartei in eine moderne Mitgliederorganisation zu überführen und dann durch mehrere erfolgreiche politische Diskurse die Linke in die Defensive zu bringen. Die Professorenfeldzüge zur »Tendenzwende« und zum »Mut zur Erziehung« sind Schulbeispiele für erfolgreiche Vorfeldkampagnen zur Wiedergewinnung »kultureller Hegemonie« – im Sprachgebrauch der Konservativen: »geistig-politischer Führung«; die selbstquälerische Intellektuellenverachtung sozialdemokratischer Intellektueller hat sich hier bitter gerächt. Und die von CDU-Generalsekretär Geißler erfolgreich durchgesetzten Diskurse »Staatsverschuldung«, »Anti-Staat« (Geborgenheit in der Familie, »neue Mütterlichkeit«, Entmündigung durch den Staat) und »Aufschwung« werden die neue Regierung zwar in beträchtliche Schwierigkeiten stürzen, weil sie politisch nicht erfüllbare Erwartungen geweckt haben; aber volksnah und wirksam waren sie.

Gleichzeitig hat die Linke ihre eigene Spaltung zugelassen. Die Bildung neuer sozio-kultureller Bewegungen in den 70er Jahren war wohl unvermeidlich, weil Alltag und Lebenswelt der Menschen massiv gefährdet sind und nur »von unten« verteidigt werden können, SPD und FDP hatten sich – als Regierungsparteien – »oben« festgebissen. Daß wir aber zugelassen haben, daß die Themen Ökologie, Rüstungskontrolle und Gleichstellung der Frau zu »parteierzeugenden« Problemen wurden, ist ein politischer Kunstfehler, der vermeidbar gewesen wäre – ebenso wie der Bruch zwischen

Sozialdemokraten und Liberalen, die viel zu spät versuchten, kreativ und gemeinsam den neuen »Stand der Dinge« zu bewältigen. Nach der erfolgreichen Durchsetzung der Ostpolitik wäre als zweites Bewährungsfeld der sozial-liberalen Kooperation eine neue Sozialpolitik – jenseits von Vollversorgungsphilosophie und Selbstbeteiligungsökonomismus – fällig gewesen. Diese Aufgabe wurde nicht einmal angepackt. Das Ende war dann eine klassische Haupt- und Staatsaktion mit Degen, Mantel und Giftphiole; das Stück hatte sich so lange hingeschleppt, daß das Publikum schließlich »action« sehen wollte; die bekam es dann auch.

# Freiheit erfahren

Heinrich Böll:

Freiheit verpflichtet. Sie verpflichtet [die freien Schriftsteller] auch dazu, die Selbstgefälligkeit, die Selbstzufriedenheit, die Selbstherrlichkeit allzu flotter Demokraten zu erkennen. Das haben die Demokraten und Republikaner gar nicht gerne. Es ist nicht nur die Freiheit gegenüber dem Fürstenthron; die ist selbstverständlich. Aber auch die Selbstgefälligkeit, Selbstherrlichkeit und Selbstzufriedenheit der Demokratien muß geprüft werden, auch ihr gegenüber müssen Frevel und Frivolität, beide, erlaubt sein, und was ich bei anderer Gelegenheit gesagt habe, daß man die Grenzen seiner Freiheit sehr schnell erkennt, man muß sie nämlich überschreiten. Man kann eine Grenze nicht erkennen, wenn man sie nicht überschreitet. Dann kommt der Zöllner, im schlimmsten Fall kommt der Grenzschutz und schießt. Bums. Man kann nicht innerhalb der Grenzen der Freiheit bleiben, das gibt's gar nicht, dann ist sie keine mehr. Also immer drüber, und das müssen die Demokraten und Republikaner und die politischen Parteien auch endlich – nicht respektieren, wir wollen von denen gar nicht so respektiert werden –, aber erkennen, daß man Freiheit ja nur erfahren kann, wenn man immer weitergeht.

# Zusammenarbeit

Am 1. Juli 1984 trat Richard von Weizsäcker das Amt des Bundespräsidenten an, für das er schon einmal, 1974, chancenlos gegen Walter Scheel kandidiert hatte. Man setzte in diesen Politiker des Ausgleichs hohe Erwartungen, nachdem es ihm als Regierender Bürgermeister von Berlin (1981–1984) gelungen war, die unruhige Stadt zu befrieden. Mit seiner Rede zum 40. Jahrestag des Kriegsendes am 8. Mai 1985 (siehe S. 362) gewann er Sympathien im Ausland und vor allem bei der deutschen Jugend. – Aus dem Vorwort zu seinem Buch ›Die deutsche Geschichte geht weiter‹ (1983):

## Richard von Weizsäcker:

Das Ost-West-Verhältnis ist heute nahezu vollständig auf Abrüstung, Nachrüstung oder Rüstungskontrolle konzentriert. Je ausschließlicher uns die Sorge um den Frieden beherrscht, desto einseitiger wird die Tendenz, nur noch von Rüstungsfragen zu sprechen. Das ist verständlich, aber kaum erfolgversprechend. Ein zentraler Gedanke der Friedenspolitik wird nämlich auf diese Weise eher verborgen als aufgedeckt. Die Erfahrung lehrt, daß nicht die Abrüstung den Weg zum Frieden weist, sondern daß friedliche Beziehungen den Weg zur Abrüstung bereiten. [...]

Wir können nicht aussteigen. Eine Schule in Berlin-Kreuzberg, die sich zur atomwaffenfreien Zone erklärt, hört damit nicht auf, das Schicksal ihrer Umgebung zu teilen. Eine deutsche Politik, welche sich damit empfiehlt, wir sollten die Decke der Neutralität über den Kopf ziehen, hat nur zur Folge, daß wir unsere Lage nicht mehr sehen, nicht aber daß wir sie ändern. Wir müssen aus unserer Lage Konsequenzen ziehen und dafür ebenso im Bündnis wie in der Ost- und Deutschlandpolitik eintreten. Aber ausklammern können wir uns nicht. Die deutsche Teilung ist das Mittelstück der Teilung Europas. Nur was Europa im ganzen positiv zu leisten vermag, wird sich auch positiv auf die Deutschen auswirken können. Daher müssen wir unser Interesse und unsere Anstrengungen darauf konzentrieren, Beiträge für das ganze Europa zu leisten. Damit werden wir auch der deutschen Frage den besten Dienst erweisen.

# Dieser schnelle scharfe Schnitt

In den ersten vier Monaten des Jahres 1984 gestattete die DDR überraschend rund 25 000 ihrer Bürger die Ausreise in die Bundesrepublik. Eine Journalistin aus Dresden, die samt Familie mit dieser Ausreisewelle nach Süddeutschland kam, schreibt einem ehemaligen Freund, wie sie sich nach dem »Sturz ins Leere« in der neuen Umgebung zurechtfand.

## Monika Reuter:

Peter, mein Lieber, ... Ich weiß nicht, inwieweit Du meine Entscheidung zu gehen verstehen kannst oder sie nur tolerierst. Es ist schwer, sich darüber mitzuteilen. Es ist ein Prozeß, den man selbst durchleben muß. Irgendwann an den Punkt kommen, wo man sagt: Bis hierher und nicht weiter. Ich habe mich manchmal gefragt, ob es eigentlich ein Erlebnis, einen klar benennbaren Fakt gegeben hat, der die Entscheidung endgültig gemacht hat. Ich habe keinen gefunden.

Es war mehr die Summe der Unzufriedenheit, der zunehmende Verlust der persönlichen Integrität, die verlorene Möglichkeit, sich mit seiner Umwelt, seiner Arbeit und auch dem, was man Staat nennt, zu identifizieren.

Daß ich nicht zu denen gehöre, die wegwollten, weil es hier die schickeren Klamotten gibt oder weil sie ihren Pudding mit dem Pulver von Dr. Oetker kochen und die Wäsche mit dem Weißen Riesen waschen wollen, weißt Du. Ich gehöre eher zu denen, die an ihren Idealen noch festhalten, wenn sie ihnen schon unter den Händen zerrinnen. Und ich habe mich in den letzten Jahren immer öfter und immer vergeblicher gefragt, worin der Sinn meiner Arbeit als Redakteur eigentlich liegt. Ich war vielleicht wichtig für eine Handvoll Maler, deren Ausstellungen ich rezensiert habe, einzelne, die ich interviewt habe. Aber was sonst alles zu meinem Job gehörte, erfüllte mich zunehmend mit Unbehagen. Nicht nur sozialistisches Brigadeleben, Planung und Planabrechnung, GDSF [Gesellschaft für Deutsch-Sowjetische Freundschaft]-Nachmittage und Schulen der sozialistischen Arbeit. Das hätte ich ja alles noch ertragen. Schlimm und immer weniger zu verantworten fand ich, Kommentare zu schreiben über ein Land, das man gar nicht kannte, den Kapitalismus zu entlarven, wie es so schön hieß, ohne je die Larve, geschweige denn, was darunter ist, gesehen zu haben.

Unsere Welt endet an der Elbe. Das mag erträglich sein, wenn man Urologe oder Klempner ist. Also nützliche Dinge vollbringt, gleich, wo und wie man lebt. Aber als Redakteur? Voraussetzung für eine Dienstreise ins westliche Ausland war so viel politisches Engagement, wie ich nicht bereit war, aufzubringen. Damit war die Sache klar. Im günstigsten Fall wäre eine Fahrt nach Moskau die Krönung meiner journalistischen Laufbahn gewesen. Hier dagegen ist politisches Engagement nicht nur nicht gefordert, sondern weitgehend zurückzuhalten. Jedenfalls in bezug auf meine Arbeit; denn ein parteipolitisch aktiver Journalist, so meint man, wird kein objektiver Berichterstatter sein. Natürlich sind solche Reglements auch Eingriffe in die persönliche Freiheit, aber Eingriffe, die einleuchtend sind, und die mich deshalb – jedenfalls im Augenblick – nicht belasten. Statt Wehrunterricht haben meine Kinder jetzt Religion in der Schule. Daß ich mich erfolglos empört habe, als in unserem Dresdner Kindergarten militärisches Spielzeug obligatorisch eingeführt wurde, hören sich hier die Leute nur kopfschüttelnd an. Keine Jungen Pioniere, keine FDJ, keine Abzeichen für die besten Altstoffsammler und keine Lernkonferenz, keine imaginäre Soli[Solidaritäts]-Spende, keine dauernden Appelle. [...]

Hier im Westen erwartet jeder, daß ich dankbar und froh bin, daß ich nun hier wohne, Arbeit habe, daß es mir gutgeht. Daß ich Sehnsucht hab nach zu Hause, nach einer Landschaft, nach vertrauten Menschen, verstehen nur wenige.

Wer sollte das auch begreifen: dieser schnelle scharfe Schnitt. Eines Tages bringt einer eine Karte, eine Vorladung, dann weiß man: morgen. Und man packt die Koffer, ruft ein paar Freunde an, geht mit großen Augen durch die Wohnung, verschenkt die letzten Grünpflanzen, überlegt. Vielleicht wollen die doch noch etwas anderes?

Nein, wollen sie nicht. Früh halb acht waren wir bestellt. 8.35 Uhr hatten wir unsere »Entlassungspapiere«. Und dazu den Hinweis, daß wir das Land bis 24 Uhr zu verlassen hätten.

Drei Stunden blieben bis zum Zug. Auf zwei Ämtern mußten wir uns noch abmelden, Stempel holen, und unseren Sohn aus der Schule, vom Unterricht weg.

# Übersiedlerzahlen 1974–1984

*Übersiedler und Flüchtlinge aus der DDR und Berlin-Ost in die Bundesrepublik:*

| | |
|---|---|
| 1974 | 13252 |
| 1975 | 16285 |
| 1976 | 15168 |
| 1977 | 12078 |
| 1978 | 12117 |
| 1979 | 12515 |
| 1980 | 12763 |
| 1981 | 15433 |
| 1982 | 13208 |
| 1983 | 11343 |
| 1984 | 40974 |

Hans-Dietrich Genscher
*vor der 39. Generalversammlung der Vereinten Nationen in New York am 26. September 1984:*

Unsere Zusammenarbeit mit der DDR auch in einer Zeit der Spannungen zwischen West und Ost ist Ausdruck der historisch begründeten Verantwortung beider deutscher Staaten für den Frieden in Europa. Diese Verantwortung muß sich auch in der gemeinsamen Regelung menschlicher und sachlicher Probleme bewähren. Die Menschen müssen die positiven Ergebnisse der Entspannungspolitik unmittelbar erfahren können. Wir haben dabei Fortschritte gemacht.

# Die Katastrophe von Tschernobyl

In der Nacht vom 25. zum 26. April 1986 zerbarst in Tschernobyl in der Ukraine ein Kernreaktor. Eine radioaktive Wolke stieg auf, wurde nach Skandinavien geweht und schwenkte dann um nach Mitteleuropa. Über die Auswirkungen des radioaktiven Niederschlags und mögliche Schutzmaßnahmen klafften die Meinungen wissenschaftlicher Gutachter und selbsternannter Experten weit auseinander. Die Bevölkerung wurde durch eine chaotische Informationspolitik der Bundesregierung, durch von Bundesland zu Bundesland schwankende Einschätzungen der Lage verunsichert und in ihrer Atomangst alleingelassen. Welche Konsequenzen mußten aus der Strahlenbelastung der Milch, des Gemüses und des Bodens gezogen werden? Welche Grenzwerte galten? Durften Kinder im Garten spielen oder nicht? Konnte man Regenwasser trinken oder nicht? Salat und Spinat essen oder nicht? Und welche Spätfolgen sind zu befürchten?

Es war kaum möglich, zwischen sachlichen Stellungnahmen, verharmlosenden Beschwichtigungen und schierer Hysterieerzeugung zu unterscheiden. – Gymnasiasten einer 11. Klasse zeichneten im Religionsunterricht ihre Eindrücke auf:

›Südwest Presse‹, 22. Mai 1986

Hauptsache, man verdrängt, daß morgen Tschernobyl auch bei uns sein kann, und daß dann, wie es eigentlich auch jetzt schon so ist, nicht nur der Salat draufgeht.
Katharina, *17 Jahre*

Die Selbstbestimmung, ob man überhaupt, und wenn, dann wie leben will, wird einem mir nix dir nix aus der Hand gerissen. Angst habe ich eigentlich keine, nur eine Mordswut und viel Verachtung.
Birgit, *17 Jahre*

Es kommt mir sogar zeitweise so vor, als habe ein Gott uns einen letzten Wink mit dem Zaunpfahl gegeben, mit der Scheiße endlich aufzuhören – eine letzte Chance.
Stefan, *18 Jahre*

. . . und irgendwie wächst in einem eine Riesenwut auf alles. Aber auf was eigentlich? Wen soll ich wählen bei der nächsten Bundestagswahl?
Patricia, *17 Jahre*

# Symbol »Brokdorf«

Seit Tschernobyl kann niemand mehr die Augen vor den Risiken der Kernkraft verschließen. In den siebziger Jahren wurde sie von vielen als Energiequelle der Zukunft gepriesen. Heute finden Politiker offenes Gehör, die sich für den Ausstieg aus der atomaren Stromversorgung – sie deckte 1985 knapp ein Drittel des bundesdeutschen Bedarfs – stark machen. Die Grünen forderten nach Tschernobyl die sofortige Abschaltung sämtlicher Kernkraftwerke.

Brokdorf an der Unterelbe, das am 7. Oktober 1986 in Betrieb genommen wurde, steht hier als Beispiel (siehe S. 325). Auch die Startbahn West des Frankfurter Flughafens oder die atomare Wiederaufbereitungsanlage in Wackersdorf waren und sind umstritten. Unter friedliche Demonstranten mischen sich immer wieder randalierende Chaoten. Deren neueste Taktik, das Umsägen von Strommasten und die Zerstörung von Bahngleisen, Telefon- und Oberleitungen, verursacht nicht nur Sachschäden in Millionenhöhe, sie gefährdet auch Menschenleben.

*Zeitungsmeldung vom 2. Oktober 1986*

Die Geschichte von Brokdorf – ein Symbol der Anti-Kernkraft-Bewegung – ist mit mehr als ein Jahrzehnt dauernden Auseinandersetzungen verbunden. Schon im Planungsstadium 1974 gab es über 20 000 Einsprüche gegen den Bau. 1976 wurde das 30 Hektar große Wiesengelände hinter dem Elbdeich zur Baustelle. Im selben Jahr gab es die erste große Demonstration. Rund 15 000 Kernkraftgegner fanden sich am Bauzaun ein. Bei Ausschreitungen wurden 81 Polizisten und rund 500 Demonstranten verletzt. Dann verfügte das schleswig-holsteinische Verwaltungsgericht einen Baustop. Die Arbeit am Bauplatz ruhte für mehr als vier Jahre. Im Mai 1980 entschied sich die Landesregierung für den Weiterbau. Im Februar 1981 kam es zu einer der größten Anti-Kernkraft-Demonstrationen. Rund 80 000 Menschen versammelten sich in Brokdorf. Wieder stießen gewalttätige Demonstranten und Polizei aufeinander. – Im Sommer 1986 verkündete Hamburgs Bürgermeister Klaus von Dohnanyi (SPD) den Willen des Senats zum Ausstieg aus der Kernkraft. Während die Bauarbeiten in den letzten Jahren relativ störungsfrei verliefen, wurde am 7. Juni 1986 noch einmal eine große Demonstration organisiert. Das Einschreiten der Polizei führte zu heftigen politischen Auseinandersetzungen.

# An die Mörder unseres Bruders

*Offener Brief der Brüder von Gerold von Braunmühl an die RAF*

---

Nach dem schrecklichen Herbst des Jahres 1977 hofften und glaubten viele, der Terrorismus in unserem Land (siehe S. 329) sei besiegt. Sie irrten sich: eine zweite und dritte Terroristen-Generation verfolgte die »Politik« der RAF weiter. RAF-Mitglieder ermordeten am 1. Februar 1985 den Industriellen Ernst Zimmermannn, am 9. Juli 1986 den Siemens-Manager Karl-Heinz Beckurts und seinen Fahrer, am 10. Oktober 1986 in Bonn den Diplomaten Gerold von Braunmühl. Die Regierung legte daraufhin im November verschärfte Anti-Terrorgesetze vor, die z. B. die Kompetenzen des Generalbundesanwalts erweitern; eine auf zwei Jahre befristete Kronzeugenregelung – sie sollte Gewalttätern, die sich stellen und ihre Komplizen verraten, Straffreiheit gewähren – scheiterte am Widerstand der FDP.

---

›die tageszeitung‹ (taz), Berlin, 7. Nobember 1986

Ihr habt unseren Bruder ermordet. Ihr habt Euern Mord begründet. Wir wollen Euch auf diese Begründung antworten.

Das Schreiben, das Ihr am Ort des Mordes zurückgelassen habt, haben wir aufmerksam gelesen. Auch anderes, was Ihr geschrieben habt, haben wir gelesen. Wir haben darüber nachgedacht und gesprochen. Warum habt Ihr das gemacht?

Eure Begründung ist eine Art Abhandlung: Fünf Seiten Weltpolitik, wie Ihr sie seht; eine halbe Seite, die wie ein schlecht passender Einschub wirkt – Aufzählung einiger Funktionen unseres Bruders und ein paar Worte zu dem, wovon Ihr meint, daß es sein Ziel gewesen sei.

Eure Sprache ist wie Beton. Fest verbarrikadiert gegen kritisches Denken, gegen Gefühle und gegen jede Wirklichkeit, die sich ihren erstarrten Begriffen nicht fügen will. Sie gibt dem, der sie spricht, immer recht. Sie ist schwer verständlich...

Gibt es unter Euch und Eueren Freunden keine kritischen Fragen? ... Fragt Euch niemand, wie Ihr Eure Theorien überprüft und Eure Behauptungen beweist? Und wie legitimiert Ihr das, was Ihr tut? Macht es Euch keine Schwierigkeiten zu erklären, wie eine zwanzig- oder zweihundertköpfige Gruppe, die sich kommunistisch nennt, das macht, »als internationales proletariat zu denken und zu handeln«? Daß »der prozeß der front hier und jetzt nicht massenhaft verläuft«, ist Euch nicht entgangen. Auf die Zustimmung der Menschen, für die Ihr denken und handeln wollt, habt Ihr verzichtet. – Wer erleuchtet Euch? Wer macht Euch zu Auserwählten Eurer elitären Wahrheit? Wer gibt Euch das Recht zu morden? Gibt es irgendetwas außerhalb Eurer grandiosen Ideen, was Euch erlaubt, einem Menschen Eure Kugeln in den Leib zu schießen?

Glaubt Ihr wirklich, jemanden davon überzeugen zu können, daß Ihr ausgerechnet mit dem Mord an unserem Bruder »den strategischen plan der imperialistischen bourgeoisie, weltherrschaft zu erreichen, in seinen konkreten aktuellen projekten angegriffen« habt?

Vielleicht habt Ihr deshalb den »Geheimdiplomaten« erfunden, weil das so schön verrucht klingt und ein wenig über die Verlegenheit hinweghelfen soll, die es Euch bereitet, gerade diesen Mord »politisch vermitteln« zu müssen.

Oder bringt es Euch nicht in Verlegenheit, wenn es sich auch unter Eueren Freunden herumspricht, daß Ihr einen ermordet habt, der sich nie angepaßt hat – auch nicht innerhalb dieser Bundesregierung –, einen, den Krieg und Ungerechtigkeit – egal auf welcher Seite – zutiefst empörten und der in erster Linie immer für eine Verständigung mit den sozialistischen Ländern gearbeitet hat? Wißt Ihr das überhaupt? Interessiert Euch so etwas? Untersucht man bei Euch so genau, bevor man einen Mord begeht? Aber vielleicht habt Ihr unseren Bruder ja gerade deshalb ermordet, *weil* Ihr das wußtet. *Weil* Euer Klischee vom »imperialistischen vernichtungsstrategen« verzweifelt schlecht auf unseren Bruder passen wollte . . .

Wenn Ihr auf objektive Funktionen schießt, die Ihr erkannt zu haben glaubt, – was faselt Ihr dann von Menschen und ihren Zielen, um die Ihr Euch niemals gekümmert habt? Genügt es Euren Freunden etwa doch nicht, wenn Ihr ihnen sagt, was für eine Funktion einer hatte? Verlangen sie, bevor sie Euch applaudieren, am Ende doch den »Beweis«, daß das Opfer auch noch ein »Schwein« war? Daß es all das Böse nicht nur getan, sondern auch gewußt und gewollt hat?

Und noch eine letzte Frage: Was wolltet Ihr mit diesem

Mord erreichen? Was sind Eure Ziele, und was glaubt Ihr, wird passieren, wenn Ihr so weitermacht?

– Zuerst: »wird der brd-staat so erschüttert, daß er nicht mehr handlungsfähig ist.«

– Und dann: »wird das us-militär hier das kommando übernehmen.«

– Und dann? – Weiter wollt Ihr nicht gefragt werden, denn: »es ist absolut sinnlos, für den kampf jetzt nach dem großen strategischen plan zu suchen oder über räterepublik und moral zu philosophieren. dabei kommt nur raus, daß man den eigenen boden unter den füßen verliert...«

Das ist, was Ihr zur Begründung für die Ermordung unseres Bruders vorzubringen habt. *Ihr* glaubt, Euren Gegnern bleibe nichts anderes übrig, als Euch zu diffamieren oder die inhaltliche Auseinandersetzung zu verweigern. *Wir* glauben, Eure Gegner können nichts Besseres tun, als Eure Theorien, Behauptungen und Strategien überall bekannt zu geben. Deshalb dieser offene Brief.

Es ist wahr: Unser Bruder, den Ihr ermordet habt, hat die Politik dieses Staates mitgeformt und mitgetragen. Er war für sie mitverantwortlich. Das hat er gewußt, und er war mit seiner ganzen Intelligenz und Ehrlichkeit davon überzeugt, daß diese Politik besser als alle anderen realisierbaren Möglichkeiten Frieden, Selbstbestimmung und die auch von Euch im Munde geführten »menschlichen Lebens- und Arbeitsbedingungen« erreichen helfen kann. Nicht alle von uns teilen diese Überzeugung. Aber wir alle wissen, daß niemand seine Überzeugungen besser geprüft und sich der Kritik offener gestellt hat.

Ihr setzt die mörderische Tradition derer fort, die sich für Auserwählte der Wahrheit halten, in deren Namen sie die schlimmsten Verbrechen begehen. Ihr seid auf dem schlechtesten Weg. Gegen Unrecht und Gewalt, die von Staaten und Regierungen ausgehen, werdet Ihr mit Euerem Terror am wenigsten ausrichten. Einer menschenwürdigen Welt werdet Ihr uns mit Euren Morden kein Stück näher bringen.

Hört auf. Kommt zurück. Habt den Mut, Euer geistiges Mordwerkzeug zu überprüfen. Es hält der Prüfung nicht stand. Treffend sind nicht Eure Argumente, treffend sind nur Eure Kugeln. Ihr habt das Abscheulichste und Sinnloseste getan.

# Waldsterben

»Die Zeit läuft uns davon. Wir müssen die Umweltfrage zur Überlebensfrage der Menschheit machen«, mahnte Bundespräsident von Weizsäcker am 18. Oktober 1986 auf einer Kundgebung gegen das Waldsterben, zu der die »Initiative Schwarzwald« aufgerufen hatte (Foto oben). Dramatisch zunehmende Waldschäden beschäftigen die Verantwortlichen seit Beginn der achtziger Jahre. Gutachten ergaben, daß die Luftverschmutzung an erster Stelle mehrerer Ursachen steht.

Bleifreies Benzin und abgasarme Autos sollen Abhilfe schaffen, Geschwindigkeitsbeschränkungen wurden getestet. Aber was bisher getan wurde, so der Bundespräsident, sei zu wenig, zu spät und zu langsam geschehen. Sich selbst schloß er bei dieser Politikerschelte nicht aus: »Ich sitze im Glashaus, aus dem ich werfe. Ich fahre viel Auto und zudem noch ein dickes.« – Auch bei den Bürgern klaffen wohlfeile Worte und Tun auseinander: rund 75% der Münchener, zum Beispiel, hatten sich 1983 bei einer Umfrage bereiterklärt, auf »Umweltautos« umzusteigen; 1986 waren gerade 3% der in München zugelassenen Pkws abgasentgiftet.

# Weiter Streit

Nach einem lustlosen Wahlkampf bei eisigen Temperaturen behauptete sich am 25. Januar 1987 die Koalition der Mitte. Helmut Kohl bleibt Bundeskanzler. Die CDU/CSU mit ihrem Slogan »Weiter so, Deutschland« rutschte zwar von 48,8% auf 44,3% ab, was aber durch das gute Abschneiden der FDP (9,1%; 1983: 7,0%) zum Teil ausgeglichen wurde. Außenminister Genscher mit seiner konsequenten Entspannungspolitik gewann innerhalb des Regierungsbündnisses deutlich an Gewicht. – Mit 37,0% der Stimmen erlitt die SPD eine schwere Schlappe (1983: 38,2%), denn ihr Kanzlerkandidat Rau hatte – um zur Frage einer rot-grünen Koalition nicht Stellung nehmen zu müssen – das utopische Wahlziel einer eigenen Mehrheit ausgegeben. Die Grünen konnten sich als vierte Partei fest etablieren (8,3%; 1983: 5,6%).

Ulrich Wildermuth:
*>Südwest Presse<, 26. Januar 1987*

Natürlich können die Liberalen das Ergebnis erheblich fröhlicher als ihr Partner betrachten, sie haben zugelegt und mehr als sie erwarteten – so etwas stimmt immer heiter. Die Union dagegen mußte ganz herbe Verluste hinnehmen. Von ungefähr kommen sie nicht. Wenn nämlich ein Partner, Franz Josef Strauß, eine Hauptstoßrichtung seines Wahlkampfs gegen den Koalitionspartner FDP richtet, wenn er den politischen Standort der gesamten Partei, vor allem in der Außenpolitik, verschwimmen läßt, dann erklärt es sich leicht, woher die Stimmenverluste der CDU/CSU auch stammen ...

Die Sozialdemokraten konnten von den Unionsverlusten nicht profitieren. Ihre Niederlage wiegt so schwer wie die der Union. Nichts war es mit der absoluten Mehrheit, die Johannes Rau so hochgemut für sich einforderte. Die Wähler spürten, daß die Spitze der Partei, vorweg Willy Brandt, den Kandidaten nur halbherzig unterstützte. Der Konflikt in der SPD, ob sie sich nach links orientieren solle oder ob sie ihr Heil eher in der Mitte findet – dieser Konflikt ist nicht ausgetragen worden. Er steht jetzt auf der Tagesordnung der Partei ganz oben.

Auch bei den Grünen liegt Streit in der Luft. Das Wahlergebnis gab ihnen keinen Fingerzeig dafür, ob sie sich zu einer realpolitischen Größe entwickeln oder ob sie sich in der fundamentalistischen Ecke verkriechen sollen.

Ungefährlich bleibt der Spaß, trinken zwei aus einem Glas. Beim Küßchen, Anhusten, Händeschütteln, in einer Gaststätte, im Schwimmbad und in ähnlichen Situationen besteht keine Ansteckungsgefahr. **Gefährlich wird's und gar nicht heiter, geht der Spaß zu zweit viel weiter.** In jedem Sexualkontakt mit unbekannten oder oft wechselnden Partnern steckt die Gefahr einer AIDS-Ansteckung. Schützen Sie sich, schützen Sie Ihren Partner. **Vertrauen ist gut, Kondome sind besser. An AIDS zu sterben ist entsetzlich - Kondome sind unersetzlich. Kondome ● schützen**

**AIDS**

Bei Risiko beraten und testen lassen – bei Ihrem Arzt, dem Gesundheitsamt und den Beratungsstellen.

Bundeszentrale für gesundheitliche Aufklärung

**Am Aschermittwoch ist alles vorbei. AIDS nicht!**

Mit Anzeigen und diesem Plakat warnte die Bundeszentrale für gesundheitliche Aufklärung Anfang 1987 vor der unheimlichen Infektionskrankheit AIDS, die in erster Linie durch Geschlechtsverkehr übertragen wird und das Abwehrsystem des Körpers außer Kraft setzt. Heftig diskutiert wird die Zweckmäßigkeit einer Meldepflicht für AIDS-Kranke; die Bundesgesundheitsministerin Rita Süssmuth (CDU) lehnt die vom Bayerischen Kabinett am 19. 5. 1987 erlassenen Zwangsmaßnahmen entschieden ab. – Ein Heilmittel gibt es noch nicht, deshalb ist Aufklärung und Vorbeugung der beste Schutz: »An AIDS zu sterben ist entsetzlich – Kondome sind unersetzlich.«

Richard von Weizsäcker
*in der Gedenkstunde des Deutschen Bundestages am 8. Mai*
*1985:*

Wir alle, ob schuldig oder nicht, ob alt oder jung, müssen die Vergangenheit annehmen. Wir alle sind von ihren Folgen betroffen und für sie in Haftung genommen . . .

Es geht nicht darum, Vergangenheit zu bewältigen. Das kann man gar nicht. Sie läßt sich ja nicht nachträglich ändern oder ungeschehen machen. Wer aber vor der Vergangenheit die Augen verschließt, wird blind für die Gegenwart.

# Zeittafel

| | | |
|---|---|---|
| **1787** | August | in Frankreich kündigt sich die Revolution an: Konflikt der Regierung mit dem Parlament von Paris, Aufruhr in der Stadt |
| | 17. September | Verfassung der Vereinigten Staaten von Amerika beschlossen; sie tritt 1789 in Kraft |
| **1788** | Juni | Aufruhr in Paris, Dijon und Toulouse |
| | 5. Juli | die französische Regierung erklärt sich zur Einberufung der Generalstände bereit, die sich seit 1614 nicht mehr versammelt hatten |
| | 27. Dezember | Bestätigung der doppelten Kopfzahl des dritten Standes in der Versammlung der Generalstände |
| **1789** | 24. Januar | Beginn der Wahlen zu den Generalständen |
| | 5. Mai | die Generalstände treten in Versailles zusammen |
| | 17. Juni | Umwandlung der Generalstände in die Nationalversammlung zur Ausarbeitung einer neuen Verfassung für das Königreich Frankreich |
| | 26. Juni | Ballhausschwur |
| | 14. Juli | Erstürmung der Bastille in Paris; Beginn der Französischen Revolution |
| | 26. August | Erklärung der Menschen- und Bürgerrechte in Frankreich |
| | 5./6. Oktober | Zug der Pariser nach Versailles; der königliche Hof und die Nationalversammlung werden genötigt, ihren Sitz nach Paris zu verlegen |
| **1791** | 21. Juni | ein Fluchtversuch König Ludwigs XVI. scheitert |
| | 14. September | Ludwig XVI. leistet den Eid auf die neue Verfassung |
| **1792** | 20. April | Kriegserklärung Frankreichs an Österreich; das mit Österreich verbündete Preußen tritt ebenfalls in den Krieg ein |
| | 10. August | Volksmassen erstürmen die Tuilerien; Ludwig XVI. wird mit seiner Familie gefangengesetzt |
| | 2.–6. Sept. | den »Septembermorden« fallen etwa 1100 Pariser Gefängnisinsassen zum Opfer |

| 1792 | 20. September | Kanonade von Valmy; die Preußen müssen sich zurückziehen |
| | 21. September | der Nationalkonvent tritt zusammen und schafft das Königtum ab; Frankreich wird Republik |
| 1793 | 21. Januar | Hinrichtung Ludwigs XVI. (Louis Capet) |
| | 17. September | Gesetz gegen »Verdächtige« und Emigranten; Beginn der Schreckensherrschaft in Frankreich |
| 1794 | 27./28. Juli | Sturz und Hinrichtung Robespierres |
| 1795 | 5. April | Friedensschluß zwischen Frankreich und Preußen in Basel |
| 1796 | 3. September | Erzherzog Karl von Österreich besiegt die in Süddeutschland eingedrungenen Franzosen bei Würzburg |
| 1799 | 9. November | Staatsstreich Napoleon Bonapartes in Frankreich; er wird Erster Konsul |
| 1804 | 2. Dezember | Napoleon I. krönt sich zum Kaiser der Franzosen |
| 1805 | 2. Dezember | Napoleon besiegt die Russen und Österreicher bei Austerlitz |
| 1806 | 6. August | Kaiser Franz II. (seit 1804 als Franz I. Kaiser von Österreich) legt unter dem Druck Napoleons die römisch-deutsche Kaiserwürde nieder; Ende des Heiligen Römischen Reiches deutscher Nation |
| | 7. Oktober | Napoleon lehnt Preußens Ultimatum auf Abzug aller französischen Truppen rechts des Rheins ab |
| | 14. Oktober | in der Doppelschlacht bei Jena und Auerstedt besiegt Napoleon die Preußen vollständig |
| 1807 | 7.–9. Juli | Friede von Tilsit; Preußen verliert sein Gebiet westlich der Elbe und bleibt unter französischer Besatzung |
| | 9. Oktober | mit der Aufhebung der Erbuntertänigkeit der Bauern leitet der Freiherr vom Stein in Preußen seine Reformpolitik ein |

| | | |
|---|---|---|
| **1812** | Juni | Napoleons »Große Armee« überschreitet ohne Kriegserklärung die russische Grenze |
| | 14. September | Napoleon zieht im Kreml ein |
| | 15.–20. Sept. | Brand Moskaus; danach verlustreicher Rückzug |
| | November | der Übergang über die Beresina wird zur Katastrophe; die »Große Armee« löst sich auf |
| | 30. Dezember | Konvention von Tauroggen |
| **1813** | 28. Februar | Bündnis zwischen Rußland und Preußen |
| | 17. März | König Friedrich Wilhelm III. von Preußen erläßt den Aufruf »An mein Volk« |
| | 12. August | Österreich tritt dem Bündnis Rußlands, Preußens und Englands gegen Napoleon bei |
| | 16.–19. Okt. | Völkerschlacht bei Leipzig; Napoleon zieht sich hinter den Rhein zurück |
| **1814** | 1. Januar | Generalfeldmarschall Blücher überschreitet den Rhein bei Kaub und Koblenz, die Hauptarmee bei Basel |
| | 1. Februar | Blücher siegt bei La Rothière |
| | 31. März | Einzug der Verbündeten in Paris; Napoleon I. entsagt der Krone und bekommt die Insel Elba als Fürstentum zugewiesen; Ludwig XVIII. wird König von Frankreich |
| | 22. September | Eröffnung des Wiener Kongresses |
| **1815** | 1. März | Napoleon landet in Südfrankreich |
| | 20. März | Napoleon zieht in Paris ein; Ludwig XVIII. flieht nach Gent |
| | 8. Juni | die Wiener Kongreßakte stellt das Gleichgewicht der europäischen Großmächte wieder her; an die Stelle des früheren Heiligen Römischen Reiches deutscher Nation tritt der Deutsche Bund unter Österreichs Leitung |
| | 18. Juni | ein englisch-deutsches Heer unter Wellington und ein preußisches Heer unter Blücher besiegen Napoleon bei Waterloo in Belgien |
| | 7. Juli | zweiter Einzug der Verbündeten in Paris; Napoleon wird auf die Insel St. Helena verbannt |
| **1817** | 18. Oktober | Wartburgfest der deutschen Studenten zum Gedächtnis an die Leipziger Völkerschlacht |

| | | |
|---|---|---|
| **1819** | August | die Karlsbader Beschlüsse stärken die Macht der Fürsten; sie sind gegen die nationale und liberale Bewegung gerichtet und beschleunigen die Entwicklung zum Polizeistaat |
| | 20. September | der Deutsche Bundestag bestätigt die Karlsbader Beschlüsse gegen »revolutionäre Umtriebe und demagogische Verbindungen« |
| **1820** | 15. Mai | die Verfassung des Deutschen Bundes wird in der Wiener Schlußakte festgelegt |
| **1830** | 27.–29. Juli | Julirevolution in Frankreich; Karl X. dankt zugunsten des »Bürgerkönigs« Louis Philippe ab; Unruhen in mehreren deutschen Bundesländern |
| **1832** | 27. Mai | beim Hambacher Fest versammeln sich annähernd 20000 Menschen zu einer revolutionären Kundgebung |
| | 28. Juni | der Bundestag faßt einen Beschluß, der die Presse- und Versammlungsfreiheit praktisch unterdrückt; die Leiter des Hambacher Festes müssen ins Ausland fliehen |
| **1834** | 1. Januar | der Deutsche Zollverein unter preußischer Führung faßt die meisten deutschen Länder (ohne Österreich) wirtschaftlich zusammen |
| **1848** | 22.–24. Febr. | Februarrevolution in Paris; Louis Philippe muß abdanken, die Republik wird ausgerufen |
| | 8. März | der Bundestag in Frankfurt hebt die Zensur für Druckschriften auf und erklärt Schwarz-Rot-Gold zu den deutschen Bundesfarben |
| | 13.–15. März | Aufstand in Wien; Metternich flieht nach England |
| | 18. März | Straßenkämpfe in Berlin; 230 Tote |
| | 31. März | in Frankfurt tritt ein Vorparlament zusammen und beschließt die Berufung einer Deutschen Nationalversammlung |
| | April | eine republikanische Erhebung in Baden (Struve, Hecker, Herwegh) wird durch Bundestruppen unterdrückt |
| | 18. Mai | Eröffnung der Deutschen Nationalversammlung in der Paulskirche zu Frankfurt (das erste deutsche Parlament!) |

| | | |
|---|---|---|
| **1848** | 27. Juni | Erzherzog Johann von Österreich wird von der Nationalversammlung zum Reichsverweser gewählt; der Bundestag überträgt seine Vollmachten auf ihn |
| | 28. Dezember | das »Gesetz, betreffend die Grundrechte des deutschen Volks« wird verkündet; die rasch erstarkende Gegenrevolution verhindert seine Verwirklichung |
| **1849** | 28. März | in Frankfurt wird die Reichsverfassung vollendet; an der Spitze Deutschlands soll ein erblicher Kaiser stehen; die Wahl fällt auf König Friedrich Wilhelm IV. von Preußen |
| | 3. April | der König von Preußen erklärt, die Kaiserwürde nur mit Zustimmung der Fürsten annehmen zu können |
| | 28. April | endgültige Ablehnung der Kaiserwürde durch Friedrich Wilhelm IV. |
| | 3.–9. Mai | Straßenkämpfe in Dresden; Republikaner wollen die Einführung der Reichsverfassung erzwingen |
| | 12. Mai | republikanischer Aufstand in Baden und der bayerischen Pfalz unter Beteiligung des Heeres; der Großherzog von Baden flieht nach Frankfurt und bittet Preußen um Hilfe |
| | Mai | die Nationalversammlung in Frankfurt löst sich auf; in Stuttgart bildet sich ein »Rumpfparlament« |
| | 18. Juni | die württembergische Regierung läßt das »Rumpfparlament« durch Militär sprengen |
| | 23. Juli | mit der Kapitulation der Festung Rastatt erlischt der letzte Widerstand in Baden |
| | Dezember | Erzherzog Johann legt die Würde des Reichsverwesers nieder |
| **1850** | 1. September | Wiedereröffnung des Frankfurter Bundestages; Wiederherstellung des Deutschen Bundes unter österreichischer Führung |
| **1851** | 23. August | die Grundrechte (Gesetz vom 28. 12. 1848) werden auch formell aufgehoben |
| | 2. Dezember | Staatsstreich Louis Napoleons (Neffe von Napoleon I.); er wird zum Präsidenten auf zehn Jahre gewählt |

| | | |
|---|---|---|
| **1852** | 2. Dezember | als Napoleon III., Kaiser der Franzosen, besteigt der Präsident den Thron |
| **1861** | 2. Januar | nach dem Tod Friedrich Wilhelms IV. wird sein Bruder Wilhelm I., der 1858 schon die Regentschaft übernommen hatte, König von Preußen |
| **1862** | 23. September | Wilhelm I. beruft Otto von Bismarck zum preußischen Ministerpräsidenten |
| **1864** | 18. April | Erstürmung der Düppeler Schanzen im Krieg Österreichs und Preußens gegen Dänemark |
| | 30. Oktober | Friede von Wien; Dänemark tritt die Herzogtümer Schleswig, Holstein und Lauenburg an Österreich und Preußen ab |
| **1865** | 14. August | der Gasteiner Vertrag zwischen Österreich und Preußen regelt die Verwaltung Schleswig-Holsteins |
| **1866** | 15. Juni | der Krieg zwischen Preußen und Österreich um die Vorherrschaft in Deutschland beginnt |
| | 3. Juli | in der Schlacht bei Königgrätz siegen die Preußen unter General von Moltke |
| | 23. August | im Frieden von Prag stimmt Österreich der Auflösung des Deutschen Bundes und der geplanten Neugestaltung Deutschlands ohne Österreich zu; keine Gebietsabtretungen |
| **1866–1867** | | Gründung des Norddeutschen Bundes unter Führung Preußens |
| **1867** | 2. Februar | der verfassunggebende norddeutsche Reichstag wird auf Grund des allgemeinen, gleichen und direkten Wahlrechts gewählt; Bismarck wird Bundeskanzler |
| **1868** | | Erneuerung des Zollvereins durch das Deutsche Zollparlament; es vereinigt nord- und süddeutsche Abgeordnete |
| **1870** | 19. Juli | Frankreich erklärt Preußen den Krieg; die süddeutschen Staaten stellen sich – entgegen den französischen Erwartungen – auf die Seite des Norddeutschen Bundes |

| 1870 | 1. September | in der Schlacht bei Sedan wird die Armee Mac-Mahons zur Kapitulation gezwungen; Napoleon III. gerät in Kriegsgefangenschaft |
| | 4. September | in Frankreich wird die Republik ausgerufen |
| 1871 | Januar | Beschießung der belagerten Festung Paris |
| | 18. Januar | Proklamation Wilhelms I. zum Deutschen Kaiser in Versailles; Bismarck wird Reichskanzler und bleibt daneben preußischer Ministerpräsident |
| | 28. Januar | Übergabe von Paris |
| | 8. Februar | auf Wunsch des deutschen Oberkommandos wird in ganz Frankreich eine Nationalversammlung gewählt, mit der die Friedensbedingungen ausgehandelt werden sollen |
| | 13. Februar | die französische Nationalversammlung tritt in Bordeaux zusammen; Ende März zieht sie nach Versailles um |
| | 18. März | Volkserhebung in Paris; ein Kommune-Rat wird gewählt |
| | 10. Mai | im Frieden von Frankfurt tritt Frankreich Elsaß-Lothringen an Deutschland ab |
| | 28. Mai | Truppen der Nationalversammlung besiegen die Pariser Kommune; Massenhinrichtungen |
| 1878 | 19. Oktober | nach zwei mißlungenen Attentaten auf Kaiser Wilhelm I. setzt Bismarck im Reichstag das Sozialistengesetz durch: Verbot von sozialistischen Vereinen, Versammlungen und Druckschriften; es tritt am 21. Oktober in Kraft. Führende Männer der Arbeiterbewegung werden zu Gefängnisstrafen verurteilt |
| 1879 | | Zweibund: Verteidigungsbündnis zwischen Deutschland und Österreich |
| 1881–1891 | | Bismarck versucht durch eine großzügige Sozialgesetzgebung (Kranken-, Unfall-, Invaliden- und Altersversicherung, Arbeiterschutzgesetz) die Arbeiterschaft für den Staat zu gewinnen |
| 1882 | | Beitritt Italiens zum Zweibund: Dreibund. Geheimes Bündnis mit Rumänien |

| 1887 | | Bismarck schließt mit Rußland den Geheimen Rückversicherungsvertrag ab; er wird 1890 nicht erneuert |
|------|------|------|
| 1888 | | Dreikaiserjahr: auf Wilhelm I. folgt sein schwerkranker Sohn Friedrich III., nach drei Monaten dessen Sohn Wilhelm II. |
| 1890 | 20. März | Wilhelm II. entläßt Bismarck das Sozialistengesetz von 1878 wird nicht verlängert |
| 1898 | | der verstärkte Ausbau der deutschen Flotte beginnt |
| 1914 | 28. Juni | Ermordung des österreichischen Thronfolgerpaars in Sarajewo |
| | 28. Juli | Österreich-Ungarn erklärt Serbien den Krieg; allgemeine Mobilmachung in Rußland |
| | 1. August | das Deutsche Reich erklärt Rußland den Krieg und mobilisiert seine Armee |
| | 3. August | Kriegserklärung des Deutschen Reichs an Frankreich |
| | 4. August | die Verletzung der belgischen Neutralität veranlaßt England zum Kriegseintritt |
| | September | die Schlacht an der Marne bringt den deutschen Vormarsch im Westen zum Stehen; danach Stellungskrieg |
| 1916 | September | die Engländer setzen zum ersten Mal in der Kriegsgeschichte Tanks (Panzer) ein |
| 1917 | 1. Februar | Erklärung des uneingeschränkten Unterseebootkriegs durch Deutschland |
| | 8. März | Revolution in Petersburg; Zar Nikolaus II. dankt am 15. März ab |
| | 6. April | die USA erklären dem Deutschen Reich den Krieg |
| | 24./25. Okt. | Oktoberrevolution in Rußland; die Bolschewisten mit Lenin an der Spitze stürzen die provisorische Regierung |
| 1918 | 3. März | Separatfrieden von Brest-Litowsk zwischen dem bolschewistischen Rußland und den Mittelmächten (Deutsches Reich, Österreich-Ungarn, Bulgarien und Türkei) |

| | | |
|---|---|---|
| **1918** | 5. Oktober | Waffenstillstandsangebot der deutschen Regierung an die USA |
| | 3. November | Aufstand der Matrosen in Kiel; die Revolution greift auf viele deutsche Großstädte über |
| | 7. November | Revolution in München; am 8. November wird die Bayerische Republik ausgerufen |
| | 9. November | Revolution in Berlin; Kaiser Wilhelm II. entsagt dem Thron, Friedrich Ebert (SPD) übernimmt die Geschäfte des Reichskanzlers |
| | 11. November | Abschluß des Waffenstillstandes |
| | 25. Dezember | Kämpfe in Berlin |
| **1919** | Januar | der Spartakusaufstand in Berlin wird von Freiwilligenformationen des alten Heeres blutig niedergeschlagen; Rosa Luxemburg und Karl Liebknecht, die Anführer des Aufstandes, werden von Freikorpsangehörigen ermordet |
| | 6. Februar | Eröffnung der Nationalversammlung in Weimar |
| | 11. Februar | die Nationalversammlung wählt Friedrich Ebert zum vorläufigen Reichspräsidenten; er beauftragt Philipp Scheidemann (SPD) mit der Regierungsbildung |
| | 21. Februar | der bayerische Ministerpräsident Kurt Eisner wird in München von dem nationalistischen Studenten Graf Arco erschossen |
| | 6./7. April | in München wird die Räterepublik ausgerufen |
| | 2. Mai | »weiße« Regierungtruppen erobern München; über 400 »Rote« fallen im Kampf oder werden nach Standgerichtsverfahren erschossen; Ernst Toller und Erich Mühsam werden zu mehrjähriger Festungshaft verurteilt |
| | 5. Juni | Eugen Leviné, ein führender Kommunist der Münchner Räterepublik, wird zum Tode verurteilt und hingerichtet |
| | 28. Juni | die deutsche Delegation unterzeichnet den Friedensvertrag in Versailles (große Gebietsabtretungen, hohe Wiedergutmachungszahlungen) |
| | 11. August | Unterzeichnung der Weimarer Verfassung; das Deutsche Reich ist eine parlamentarisch-demokratische Republik |

371

| 1920 | 13. März | Kapp-Putsch |
|------|----------|-------------|
| **1921** | 26. August | Matthias Erzberger, Reichsfinanzminister 1919/20, wird von zwei ehemaligen Offizieren ermordet |
| **1922** | 24. Juni | Außenminister Walther Rathenau wird von rechtsradikalen Extremisten ermordet |
| **1923** | Januar | Frankreich besetzt das Ruhrgebiet; passiver Widerstand |
| | 8./9. Nov. | der Putsch Adolf Hitlers und Erich Ludendorffs in München scheitert |
| | November | Ende der Inflation durch die Einführung der Rentenmark |
| **1926** | 8. September | Deutschland wird in den Völkerbund aufgenommen |
| **1929** | | über 2 Millionen Arbeitslose; Fehlbetrag im Reichshaushalt: 1,7 Milliarden RM |
| **1930** | 14. September | bei den Reichstagswahlen kann die NSDAP einen sensationellen Anstieg verzeichnen (107 Sitze; vorher 12) |
| | Dezember | 4,4 Millionen Arbeitslose; Notverordnungspolitik des Reichskanzlers Heinrich Brüning |
| **1931** | | Weltwirtschaftskrise |
| **1932** | | über 6 Millionen Arbeitslose in Deutschland; Verzicht der ehemaligen Gegner auf weitere Wiedergutmachungszahlungen |
| | 31. Juli | bei den Reichstagswahlen erringt die NSDAP 230 Sitze (= 37,8%); sie ist die stärkste Partei |
| | 6. November | bei den Reichstagsneuwahlen verliert die NSDAP 34 Sitze |
| **1933** | 30. Januar | Reichspräsident v. Hindenburg beruft Hitler zum Reichskanzler |
| | 1. Februar | Auflösung des Reichstages |
| | 27. Februar | Brand des Reichstagsgebäudes; Verhaftungswelle gegen Parteifunktionäre der KPD und SPD |
| | 28. Februar | die »Verordnung zum Schutz von Volk und Staat« setzt die Grundrechte der Weimarer Verfassung außer Kraft |

| 1933 | 5. März | letzte Reichstagswahl mit mehreren Parteien; die NSDAP bekommt nicht die absolute Mehrheit (43,9%) |
| | 24. März | Ermächtigungsgesetz für das Kabinett Hitler, das den Reichstag ausschaltet; nur die SPD-Abgeordneten stimmen gegen das Gesetz |
| | 10. Mai | als »Schmutz- und Schundliteratur« werden Bücher von Einstein, Freud, Heine, Kästner, Kerr, Thomas und Heinrich Mann, Marx, Mühsam, Remarque, Tucholsky und vielen anderen öffentlich verbrannt |
| | 22. Juni | Verbot der SPD; kurz darauf lösen sich alle anderen Parteien selbst auf; die NSDAP ist einzige Partei (Staatspartei) |
| 1934 | 30. Juni | Ermordung des Stabschefs der SA Ernst Röhm und der ihm ergebenen SA-Führer wegen einer angeblichen Verschwörung; gleichzeitig läßt Hitler politische Gegner töten; die Morde werden als Staatsnotwehr durch Gesetz nachträglich für rechtens erklärt |
| | 2. August | nach dem Tod Hindenburgs übernimmt Hitler das Amt des Reichspräsidenten; die Wehrmacht wird auf den »Führer und Reichskanzler« vereidigt |
| 1935 | 16. März | Wiedereinführung der allgemeinen Wehrpflicht – entgegen den Bestimmungen des Versailler Vertrages |
| | 18. Juli | mit der Militärrevolte General Francos beginnt der Spanische Bürgerkrieg |
| | 15. September | Verkündung der antijüdischen »Nürnberger Gesetze« |
| 1936 | 24. August | Wehrdienstzeit von einem Jahr auf zwei Jahre verlängert |
| | 25. Oktober | deutsch-italienischer Vertrag (Achse Berlin-Rom); beide Staaten erkennen die Regierung Franco in Spanien an |
| 1938 | 13. März | »Anschluß« Österreichs an Deutschland |
| | 9. November | »Reichskristallnacht« |

| | | |
|---|---|---|
| **1939** | 15. März | Hitler bringt die Tschechoslowakei in seine Macht; das Protektorat Böhmen und Mähren wird dem Deutschen Reich eingegliedert, die Slowakei stellt sich unter den Schutz des Reichs |
| | 28. März | Francos Truppen rücken in Madrid ein; Ende des Spanischen Bürgerkriegs |
| | 23. August | zur Überraschung der Weltöffentlichkeit schließen Hitler und Stalin einen Nichtangriffspakt (geheimes Zusatzprotokoll über die bevorstehende Aufteilung Polens) |
| | 1. September | Beginn des deutschen Angriffs auf Polen |
| | 3. September | England und Frankreich treten in den Krieg gegen Deutschland ein |
| | 6. Oktober | Ende der Kampfhandlungen in Polen |
| **1940** | 9. April– 9. Juni | Deutschland besetzt Dänemark und Norwegen |
| | 10. Mai | deutscher Angriff auf Holland, Luxemburg, Belgien und Frankreich |
| | 10. Juni | Italien erklärt Frankreich und England den Krieg |
| | 22. Juni | Waffenstillstand mit Frankreich |
| **1941** | Februar | das Deutsche Afrikakorps unter Rommel unterstützt die Italiener in Nordafrika |
| | 22. Juni | ohne Kriegserklärung marschieren deutsche Truppen in die Sowjetunion ein |
| | 31. Juli | SS-Obergruppenführer Heydrich wird mit der »Endlösung der Judenfrage« beauftragt |
| | 19. September | Juden müssen im Gebiet des Deutschen Reiches den gelben Judenstern tragen |
| | 7. Dezember | Japan tritt in den Krieg ein: Überfall auf die US-Flotte in Pearl Harbor |
| | 11. Dezember | Kriegserklärung Deutschlands an die USA |
| **1942** | 20. Januar | Wannseekonferenz: hohe SS-Offiziere unter Leitung von Reinhard Heydrich beschließen die Richtlinien für die systematische Ausrottung der europäischen Juden |
| | 27. Mai | tschechische Widerstandskämpfer verüben in Prag ein Attentat auf Heydrich, an dessen Folgen er am 4. Juni stirbt |

| | | |
|---|---|---|
| **1942** | 10. Juni | das tschechische Dorf Lidice wird von der SS als Vergeltung für Heydrichs Tod zerstört; die Männer werden erschossen, die Frauen und Kinder in KZs gebracht |
| **1943** | 2. Februar | Ende der Schlacht um Stalingrad |
| | 22. Februar | Hinrichtung der Geschwister Scholl und Christoph Probsts in München |
| | 19. April– 16. Mai | die von Himmler befohlene Räumung des Warschauer Gettos wird von der SS in heftigen Häuserkämpfen erzwungen; über 50000 Juden sterben |
| | | die schweren Luftangriffe auf deutsche Städte beginnen |
| | 13. Mai | die deutsch-italienischen Afrikaverbände kapitulieren in Tunis |
| **1944** | 6. Juni | Invasion der westlichen Alliierten in Nordfrankreich |
| | 20. Juli | Attentat und Staatsstreichversuch der deutschen Widerstandsbewegung gegen Hitler |
| | Herbst | alle waffenfähigen Männer zwischen 16 und 60 Jahren werden zum »Deutschen Volkssturm« einberufen |
| **1945** | 4.–11. Februar | Jalta-Konferenz: Roosevelt, Stalin und Churchill einigen sich über die Aufteilung Deutschlands in Besatzungszonen |
| | 5. März | Einberufung des Jahrgangs 1929 zum Volkssturm |
| | 25. April | amerikanische und sowjetische Truppen treffen sich bei Torgau an der Elbe |
| | 30. April | Selbstmord Hitlers in der Reichskanzlei in Berlin |
| | 2. Mai | Berlin kapituliert vor der Roten Armee |
| | 8. Mai | bedingungslose Kapitulation Deutschlands |
| | 5. Juni | vier alliierte Deklarationen: die Besatzungsstreitkräfte übernehmen die oberste Gewalt in Deutschland, das in vier Zonen aufgeteilt wird (Berlin in vier Sektoren) |
| | 1.–4. Juli | die Amerikaner räumen die Länder Sachsen und Thüringen, die nach der Vereinbarung vom 5. Juni zur sowjetischen Besatzungszone gehören; Einmarsch der Westalliierten in die westlichen Sektoren Berlins |

375

| | | |
|---|---|---|
| **1945** | 17. Juli– 2. August | Potsdamer Konferenz zwischen Stalin, Truman und Churchill, ab 28. Juli Attlee: Deutschland wird – bis zur Friedensregelung – in vier Besatzungszonen aufgeteilt; Königsberg und die Nordhälfte Ostpreußens kommt unter sowjetische, das übrige Ostdeutschland bis zur Oder-Neiße-Linie unter polnische Verwaltung; die Deutschen aus Polen, Ungarn und der Tschechoslowakei werden gewaltsam ausgewiesen; Wiedergutmachungsleistungen und Abbau von Industriebetrieben; Entnazifizierung |
| | 6. August | die USA werfen die erste Atombombe auf die japanische Stadt Hiroshima ab, am 9. August die zweite auf Nagasaki |
| | Oktober | 30 000 deutsche Kriegsgefangene werden als Arbeiter in belgische Kohlengruben eingewiesen, 1 750 000 aus amerikanischen Lagern zur Arbeit nach Frankreich überführt |
| | 20. November | Beginn der Kriegsverbrecherprozesse in Nürnberg (Erhebung der Anklage 18. 10. 1945) |
| **1946** | 6. März | Churchill spricht in einer Rede vom »Eisernen Vorhang in Europa« |
| | 21. April | Gründung der SED |
| | 6. September | US-Außenminister Byrnes gibt in einer Rede in Stuttgart die Aussöhnungsbereitschaft seines Landes zu erkennen |
| | 30. Sept./ 1. Oktober | Urteilsverkündung im Nürberger Hauptkriegsverbrecher-Prozeß |
| **1947** | 1. Januar | unter französisch-sowjetischem Protest schließen Amerikaner und Briten ihre beiden Besatzungszonen zu einem einheitlichen Wirtschaftsgebiet zusammen (Bizone = Doppelzone) |
| | März | die Sowjetunion gibt an, über eine Million Kriegsgefangene zurückgeführt zu haben; 890 532 befänden sich noch in russischen Lagern |
| | 5. Juni | US-Außenminister Marshall kündigt wirtschaftliche Hilfe der USA für Europa an |
| | 6.–8. Juni | einzige gesamtdeutsche Ministerpräsidentenkonferenz (nach 1945) in München; die Vertreter der SBZ reisen vorzeitig ab |

| | | |
|---|---|---|
| **1947** | 26. Juni | Bildung eines deutschen Wirtschaftsrates in Frankfurt für die Bizone |
| | 9. August | Bildung eines deutschen Verwaltungsrates für die Bizone |
| **1948** | Frühjahr | Ost-West-Spannungen führen zu einer Annäherung der französischen Deutschlandpolitik an die britisch-amerikanische |
| | 20. Juni | Währungsreform in den drei Westzonen (Abwertung im Verhältnis 10 RM : 1 DM-West) |
| | 24. Juni | die Sowjetunion reagiert auf die Währungsreform mit der Blockade Berlins; die Zufahrtswege nach Westberlin werden abgeriegelt und die Lieferungen von Lebensmitteln und Kohle eingestellt |
| | 26. Juni | die Westalliierten versorgen ihre drei Sektoren über eine »Luftbrücke« (bis zu 927 Flüge täglich) |
| | 1. August | wirtschaftliche Vereinigung der französischen Zone mit der Bizone; Aufhebung der Zonenübergangsstellen am 20. August |
| | 1. September | der Parlamentarische Rat (65 von den elf Ländern der Westzonen gewählte Mitglieder) tritt unter dem Vorsitz Konrad Adenauers in Bonn zusammen, um eine vorläufige Verfassung für Westdeutschland zu schaffen |
| | September | massiver kommunistischer Druck erzwingt die Verlegung des Berliner Stadtparlaments in die Westsektoren |
| | November | die Bildung eines Ostmagistrats führt zur Spaltung Berlins |
| **1949** | 11. Februar | der Parlamentarische Rat legt den westlichen Militärgouverneuren den Entwurf für das Grundgesetz der Bundesrepublik vor, der nach achtmonatiger Beratung verabschiedet worden ist |
| | 4. April | Abschluß des Nordatlantikpaktes (NATO = North Atlantic Treaty Organization) zwischen den USA, Kanada und zehn westeuropäischen Staaten; die Bundesrepublik wird 1955 aufgenommen |
| | 8. April | Vereinigung der drei Westzonen zur Trizone |

| 1949 | 28. April | Unterzeichnung des Ruhrstatuts, das eine internationale Kontrollbehörde für die deutsche Kohle- und Stahlproduktion vorsieht |
|---|---|---|
| | 5. Mai | Europarat gebildet |
| | 10. Mai | der Parlamentarische Rat wählt Bonn zur »provisorischen« Hauptstadt |
| | 12. Mai | Beendigung der Blockade West-Berlins die drei westlichen Militärgouverneure genehmigen das »Grundgesetz für die Bundesrepublik Deutschland«; sie machen die Einschränkung, daß Berlin »nicht durch den Bund regiert« werden darf |
| | 23. Mai | Verkündigung des Grundgesetzes für die Bundesrepublik Deutschland; es tritt am 24. Mai in Kraft |
| | 30. Mai | der Volkskongreß in Ostberlin bestätigt die Verfassung der Deutschen Demokratischen Republik |
| | 14. August | Wahlen zum 1. Deutschen Bundestag |
| | 7. September | der Deutsche Bundestag tritt zum ersten Mal zusammen und wählt Erich Köhler (CDU) zum Präsidenten des Bundestages |
| | 12. September | die Bundesversammlung wählt Theodor Heuss (FDP) zum 1. Bundespräsidenten |
| | 15. September | der Bundestag wählt Konrad Adenauer (CDU) mit 202 von 402 Stimmen zum 1. Bundeskanzler; Koalitionsregierung aus CDU/CSU, FDP und DP |
| | 21. September | das Besatzungsstatut tritt in Kraft: Ende der Militärregierung; die drei westlichen Siegermächte behalten sich erhebliche Rechte vor, z. B. Kontrolle der Ruhr und der auswärtigen Angelegenheiten, Abrüstung, Reparationen, Besatzungskosten |
| | 7. Oktober | die Sowjetische Besatzungszone (SBZ) wird zur Deutschen Demokratischen Republik (DDR) erklärt; die Provisorische Deutsche Volkskammer setzt die Verfassung vom 30. 5. 1949 in Kraft; der 7. Oktober ist Nationalfeiertag der DDR |
| | 11. Oktober | Wilhelm Pieck (SED) zum 1. Präsidenten der DDR gewählt |

| | | |
|---|---|---|
| **1949** | 12. Oktober | Otto Grotewohl von der SED zum Ministerpräsidenten der DDR ernannt |
| | 22. November | Petersberger Abkommen: die Bundesrepublik wird Mitglied der Internationalen Ruhrbehörde und erhält Zugang zum Europarat, zur Weltbank und zum Weltwährungsfonds; Demontagestop für 18 größere Werke |
| | 29. Dezember | Gesetz zur Erhebung einer Abgabe »Notopfer Berlin«(Ausdehnung auf das ganze Bundesgebiet) |
| **1950** | 8. Februar | in der DDR wird ein Ministerium für Staatssicherheit gebildet; es ist Verwaltungsbehörde der politischen Geheimpolizei (SSD = Staatssicherheitsdienst), mit deren Aufbau man schon Ende 1945 begonnen hatte |
| | 1. März | in der Bundesrepublik wird die Lebensmittelrationierung aufgehoben |
| | 3. März | Frankreich und das Saarland beschließen 12 Konventionen über den wirtschaftlichen Anschluß an Frankreich |
| | 13. Mai | Aufnahme des Saarlandes in den Europarat als assoziiertes Mitglied |
| | Juni | noch bestehende Produktionsbeschränkungen in der Bundesrepublik werden aufgehoben |
| | 24. Juni | Walter Ulbricht, stellvertretender Ministerpräsident der DDR, erkennt in Warschau die Oder-Neiße-Linie als Grenze an |
| | 25. Juni | Beginn des Korea-Kriegs: nordkoreanische Verbände stoßen über den 38. Breitengrad nach Süden vor. Alle UNO-Mitgliedsstaaten werden aufgerufen, dem demokratischen Südkorea zu helfen; US-Präsident Truman gibt den Befehl zum direkten Eingreifen der Amerikaner. Ende: Juli 1953 |
| | 6. Juli | Abkommen zwischen der DDR und der Republik Polen über die Markierung der festgelegten und bestehenden deutsch-polnischen Staatsgrenze an der Oder und an der Lausitzer Neiße (Warschauer Erklärung) |
| | 20.–24. Juli | auf dem III. Parteitag der SED wird Ulbricht zum Generalsekretär der SED gewählt; er hält in der DDR die Macht in der Hand |

| **1950** | 11. August | Winston Churchill schlägt im Straßburger Europarat die Schaffung einer europäischen Armee mit deutscher Beteiligung vor |
| | 1. September | Verfassung von Berlin; »Berlin ist ein Land der Bundesrepublik Deutschland« (Artikel 1) |
| | 12.–18. Sept. | Außenministerkonferenz in New York: die drei Westmächte entscheiden sich grundsätzlich für eine Aufrüstung der Bundesrepublik; sie anerkennen die Bundesregierung als die einzig freie und gesetzlich konstituierte Regierung bis zur Wiedervereinigung und erteilen ihr die Vollmacht, in internationalen Angelegenheiten als Vertreterin des deutschen Volkes zu sprechen |
| | 9. Oktober | die von acht Generälen und zwei Admiralen entworfene »Himmeroder Denkschrift« gilt als Geburtsurkunde der Bundeswehr; Bundesinnenminister Gustav W. Heinemann (damals CDU) tritt aus Protest gegen Adenauers Eigenmächtigkeit in der Wiederaufrüstungspolitik zurück |
| | 11. Oktober | der Bundestag wählt Hermann Ehlers (CDU) zum Präsidenten des Deutschen Bundestages |
| | 15. Oktober | erste Wahlen in der DDR (Volkskammer) |
| | 26. Oktober | in Bonn übernimmt das »Amt Blank« die Vorbereitung der Wiederaufrüstung |
| **1951** | 23. Januar | Petersberger Verhandlungen über einen Beitrag der Bundesrepublik zu den atlantischen Streitkräften |
| | 1. Feburar | der Bundestag nimmt das Gesetz über das Bundesverfassungsgericht an; es tritt am 12. 3. 1951 in Kraft, am 28. 9. 1951 nimmt das Bundesverfassungsgericht seine Tätigkeit auf |
| | 6. März | Änderung des Besatzungsstatuts: der Bundesrepublik wird eine selbständige Außenpolitik zugebilligt; Bundeskanzler Adenauer übernimmt das neue Auswärtige Amt in Bonn |
| | 8. März | in Wiesbaden wird das Bundeskriminalamt geschaffen |

| | | |
|---|---|---|
| **1951** | 18. April | Montanunion-Vertrag (Europäische Gemeinschaft für Kohle und Stahl) in Paris unterzeichnet; die Montanunion ist die Keimzelle der Europäischen Wirtschaftsgemeinschaft |
| | 2. Mai | die Bundesrepublik wird Vollmitglied des Europarats (seit dem 13.7. 1950 war sie assoziiertes Mitglied) |
| | 9. Juli | die drei westlichen Besatzungsmächte erklären den Kriegszustand mit Deutschland für beendet |
| | 20. September | Interzonenhandelsabkommen zwischen der Bundesrepublik und der DDR |
| | 9. Dezember | bei der Volksabstimmung über den Südweststaat stimmen 77,1% des Gesamtlandes für die Vereinigung der Länder Baden, Württemberg-Baden und Württemberg-Hohenzollern |
| **1952** | 29. Februar | die Insel Helgoland wird von den Besatzungsmächten freigegeben |
| | 10. März | Moskauer Note zur Deutschlandfrage mit dem Angebot der Wiedervereinigung |
| | 25. März | Antwortschreiben der Westmächte auf die Moskauer Note |
| | 25. April | Gründung des Südweststaates Baden-Württemberg; Reinhold Maier (FDP) wird zum ersten Ministerpräsidenten gewählt |
| | 5. Mai | Bundespräsident Heuss erklärt das Deutschlandlied (3. Strophe) offiziell wieder zur Nationalhymne |
| | 16. Mai | die DDR-Grenzpolizei wird dem SSD unterstellt; der Ministerrat der DDR beschließt kurz darauf den Ausbau der innerdeutschen Grenze |
| | 26. Mai | Deutschland-Vertrag von den Außenministern der drei Westmächte und Bundeskanzler Adenauer unterzeichnet; er löst das Besatzungsstatut ab und präzisiert die Rechte der Alliierten. Der Vertrag tritt in abgeänderter Form erst am 5. 5. 1955 in Kraft |

| 1952 | 27. Mai | der Vertrag über eine Europäische Verteidigungsgemeinschaft (EVG) wird in Paris von Frankreich, Italien, Belgien, den Niederlanden, Luxemburg und der Bundesrepublik unterzeichnet; er trat nie in Kraft |
| | 23. Juli | die DDR zentralisiert die Verwaltung: an die Stelle von fünf Ländern treten 14 Bezirke |
| | 25. Juli | der Montanunion-Vertrag vom 18. 4. 1951 tritt in Kraft; das Ruhrstatut und die Beschränkung der westdeutschen Stahlindustrie werden aufgehoben |
| | 14. August | das am 10. 7. 1952 vom Bundestag mit der notwendigen ⅔-Mehrheit verabschiedete Lastenausgleichsgesetz tritt in Kraft; es regelt die Entschädigung der Heimatvertriebenen, Flüchtlinge und Bombengeschädigten |
| | 25. Dezember | Beginn des deutschen Fernsehens (Hamburg) |
| 1953 | 5. März | Tod Josef Stalins (geb. 1879) |
| | 19. März | Deutschland-Vertrag und EVG-Vertrag vom Deutschen Bundestag gebilligt |
| | 1. April | die Gleichberechtigung der Frauen tritt in Kraft (Artikel 3 des Grundgesetzes: »Männer und Frauen sind gleichberechtigt.«) |
| | 28. Mai | Festsetzung erhöhter Arbeitsnormen (um 10%) in der DDR |
| | 11. Juni | die SED verkündet den »Neuen Kurs«: sie sagt eine Verbesserung der Lebenshaltung zu, nimmt die Arbeitsnormenerhöhung vom Mai 1953 aber nicht zurück |
| | 16. Juni | in der Stalin-Allee in Ost-Berlin streiken Bauarbeiter und protestieren gegen die Normenerhöhung |
| | 17. Juni | Arbeiteraufstand in Ost-Berlin, Unruhen in 242 Orten der DDR; in mehreren Städten wird der Ausnahmezustand verhängt |
| | 1. Juli | der Deutsche Bundestag erklärt den 17. Juni zum gesetzlichen Feiertag |
| | 11. Juli | Ausnahmezustand in Ost-Berlin wieder aufgehoben |

| 1953 | August | erfolgreicher Test der 1. russischen Wasserstoffbombe; Gleichgewicht des Schreckens! |
| | 22. August | Beendigung der Reparationsleistungen der DDR an die Sowjetunion |
| | 6. September | Wahlen zum 2. Deutschen Bundestag; Präsident des Bundestages: Hermann Ehlers |
| | 9. Oktober | Wiederwahl Adenauers zum Bundeskanzler; Koalitionsregierung aus CDU/CSU, FDP, DP und BHE (Block der Heimatvertriebenen und Entrechteten) |
| | 14. November | in der Bundesrepublik wird der Interzonenpaßzwang aufgehoben |
| | 25. November | auch für Einreisen in die DDR entfällt der Interzonenpaß; dafür sind jetzt Aufenthaltsgenehmigungen erforderlich |
| 1954 | 25. Januar– 18. Februar | Berliner Viermächtekonferenz; in der Deutschlandfrage keine Ergebnisse |
| | 26. Februar | der Bundestag billigt ein Gesetz zur Ergänzung des Grundgesetzes, das die Wehrhoheit der Bundesrepublik begründet |
| | 30. März | der Deutsche Bundestag ratifiziert den EVG-Vertrag (die SPD stimmt dagegen) |
| | 7. April | Beschluß des Deutschen Bundestages über den Alleinvertretungsanspruch der Bundesrepublik |
| | 27.–29. Juni | die DDR führt eine »Volksbefragung« durch: »Friedensvertrag oder EVG?« |
| | 30. August | der EVG-Vertrag scheitert in der Französischen Nationalversammlung – und damit auch der an ihn gekoppelte Deutschland-Vertrag vom 26. 5. 1952 |
| | 23. Oktober | Abschluß der Pariser Verträge: die Bundesrepublik wird in die Westeuropäische Union (WEU) aufgenommen und ihr Beitritt zur NATO beschlossen; Saarstatut |
| | 13. November | in der DDR wird ein »Zentraler Ausschuß für Jugendweihe« gebildet; die SED proklamiert eine allgemeine Jugendweihe, um ein eigenes »DDR-Bewußtsein« zu vermitteln |

| 1954 | 16. November | der Bundestag wählt Eugen Gerstenmaier (CDU) zum Präsidenten des Deutschen Bundestages |
| | 29. November–2. Dezember | Moskauer Ostblock-Konferenz: Angebot freier Wahlen gegen den Verzicht auf Wiederbewaffnung der Bundesrepublik |
| | 30. Dezember | die Französische Nationalversammlung stimmt den Pariser Verträgen zu |

| 1955 | 25. Januar | die Sowjetunion erklärt den Kriegszustand mit Deutschland für beendet |
| | 18. Februar | die Volkskammer der DDR schlägt dem Deutschen Bundestag vor, gesamtdeutsche Wahlen unter internationaler Kontrolle vorzubereiten |
| | 27. Februar | der Deutsche Bundestag ratifiziert die Pariser Verträge |
| | 5. Mai | die Pariser Verträge treten in Kraft: die Bundesrepublik erhält die volle Souveränität; Ende der Besatzungsherrschaft |
| | 6. Mai | die Bundesrepublik wird in die NATO aufgenommen |
| | 14. Mai | acht Ostblockstaaten (Albanien, Bulgarien, DDR, Polen, Rumänien, Tschechoslowakei, Ungarn, Sowjetunion) schließen als Gegenstück zur NATO den Warschauer Beistandspakt ab |
| | 15. Mai | die vier Großmächte unterzeichnen in Wien den Österreichischen Staatsvertrag: die Besatzungstruppen verlassen das Land; die Republik Österreich wird souverän. Der Vertrag tritt am 27. 7. 1955 in Kraft |
| | 28. Mai | die Sowjetische Kontrollkommission in der DDR wird aufgelöst |
| | 7. Juni | Theodor Blank (CDU) wird zum ersten Bundesminister für Verteidigung berufen |
| | 18.–23. Juli | Gipfelkonferenz (Eisenhower, Eden, Bulganin und Chruschtschow, Faure) in Genf über die deutsche Frage; Beobachterdelegationen aus der Bundesrepublik und der DDR. Keine Ergebnisse |

| | | |
|---|---|---|
| **1955** | 9.–13. Sept. | Adenauers Moskau-Reise; er wird von Chruscht-schow und Bulganin im Kreml empfangen |
| | 20. September | Vertrag über die Beziehungen der DDR und der UdSSR: die Sowjetunion erklärt die DDR zum souveränen Staat, behält sich aber u. a. die Stationierung von Truppen vor |
| | 26. September | die Volkskammer der DDR beschließt eine Verfassungsänderung: Dienst in den Streitkräf-ten ist eine »ehrenvolle nationale Pflicht« (Art. 5); die bisher versteckte Aufrüstung wird jetzt offen vollzogen |
| | 20. Oktober | die Bundesregierung richtet ein »Ministerium für Atomfragen« ein |
| | 23. Oktober | die Bevölkerung des Saarlandes lehnt in einer Volksabstimmung mit 67,7% das Saarstatut ab, d. h. sie stimmt für den Anschluß an die Bundesrepublik Deutschland |
| | 12. November | Bundesverteidigungsminister Theodor Blank überreicht die Ernennungsurkunden an die er-sten 200 Soldaten der neu entstehenden Bun-deswehr |
| | 1. Dezember | die Sowjetunion übergibt die alleinige Grenz-überwachung an die »Deutsche Grenzpolizei« |
| | 10. Dezember | Bundesaußenminister von Brentano betont das Alleinvertretungsrecht der Bundesrepublik und droht den Abbruch der diplomatischen Bezie-hungen zu Staaten an, die die DDR anerkennen (Hallstein-Doktrin) |
| **1956** | 2. Januar | in Andernach werden die ersten Einheiten der Bundeswehr aufgestellt (Freiwillige) |
| | 18. Januar | die Volkskammer der DDR nimmt (am Jahres-tag der Proklamation des Deutschen Reiches 1871!) das »Gesetz über die Schaffung der Na-tionalen Volksarmee und des Ministeriums für Nationale Verteidigung« an; Keimzelle der Ar-mee war seit 1948 die Kasernierte Volkspolizei (KVP) |
| | 14.–25. Februar | auf dem XX. Parteitag der Kommunistischen Partei der Sowjetunion hält Chruschtschow eine Rede »Über den Personenkult und seine Folgen«; Beginn der Entstalinisierung |

| **1956** | 6. März | der Bundestag beschließt mit den Stimmen der SPD das »Wehrergänzungsgesetz«, das die Voraussetzungen für die Einführung der allgemeinen Wehrpflicht schafft |
| | 31. März | das 1948 eingeführte »Notopfer Berlin« wird wieder abgeschafft |
| | 7. Juli | der Bundestag verabschiedet das Wehrpflichtgesetz |
| | 17. August | das Bundesverfassungsgericht erklärt die Kommunistische Partei (KPD; 78000 Mitglieder) für verfassungswidrig |
| | 23. Oktober | in Ungarn bricht ein Volksaufstand aus; Imre Nagy übernimmt die Regierung und sagt sich vom Warschauer Pakt los. Der Aufstand wird von sowjetischen Truppen blutig niedergeschlagen |
| | 27. Oktober | die Bundesrepublik und Frankreich unterzeichnen den Saarvertrag: am 1. 1. 1957 wird das Saarland als 10. Bundesland in die Bundesrepublik eingegliedert |
| **1957** | 21. Januar | der Bundestag nimmt mit großer Mehrheit das Rentengesetz (dynamische Rente) an |
| | 25. März | Unterzeichnung der Römischen Verträge zur Gründung der Europäischen Wirtschaftsgemeinschaft (EWG) und der Europäischen Atomgemeinschaft (EURATOM) durch die Außenminister Frankreichs, Italiens, Belgiens, der Niederlande, Luxemburgs und der Bundesrepublik |
| | 1. April | die ersten 10000 Wehr*pflichtigen* rücken in die Bundeswehrkasernen ein |
| | 12. April | 18 deutsche Atomforscher fordern, daß die Bundeswehr auf Kernwaffen verzichten soll (Göttinger Erklärung) |
| | 27. Juli | das Gesetz über den Beitritt der Bundesrepublik zur EWG wird verkündet |
| | 15. September | Wahlen zum 3. Deutschen Bundestag; die CDU/CSU gewinnt die absolute Mehrheit; Präsident des Bundestages: Eugen Gerstenmaier |
| | 3. Oktober | Willy Brandt (SPD) wird zum Regierenden Bürgermeister von Berlin gewählt |

| | | |
|---|---|---|
| **1957** | 4. Oktober | mit dem sowjetischen Sputnik I beginnt das Zeitalter der Raumfahrt |
| | 15. Oktober | die Bundesrepublik bricht aufgrund der Hallstein-Doktrin die diplomatischen Beziehungen zu Jugoslawien ab |
| | 22. Oktober | Adenauer wird zum dritten Mal zum Bundeskanzler gewählt; Koalitionsregierung aus CDU/CSU und DP |
| | 11. Dezember | die DDR ergänzt ihr Strafgesetzbuch: »Republikflucht« wird mit Gefängnisstrafen bedroht, ebenso Fluchtvorbereitung und -mithilfe |
| **1958** | 1. Januar | die Römischen Verträge treten in Kraft |
| | Frühjahr | die DDR verstärkt die westlichen Grenz-Sperranlagen und staffelt sie tiefer |
| | 10. März | Gründung des Arbeitsausschusses »Kampf dem Atomtod«; er wird von der SPD und dem Deutschen Gewerkschaftsbund unterstützt |
| | 19.–21. März | in Straßburg konstituiert sich das Europäische Parlament |
| | 25. März | der Bundestag beschließt die atomare Ausrüstung der Bundeswehr im Rahmen der NATO |
| | 25. April | der deutsch-sowjetische Handelsvertrag wird unterzeichnet |
| | 28. Mai | in der DDR wird die Lebensmittelrationierung aufgehoben |
| | 30. Juli | das Bundesverfassungsgericht erklärt eine Volksabstimmung über die Ausrüstung der Bundeswehr mit Atomwaffen für verfassungswidrig |
| | 27. November | Berlin-Ultimatum Chruschtschows; er fordert eine »Freie Stadt West-Berlin« und stellt die »Drei-Staaten-Theorie« auf; Beginn der Berlin-Krise |
| **1959** | 5. Januar | die Westmächte lehnen die sowjetische Berlin-Note vom 27. 11. 1958 ab |
| | 10. Januar | sowjetischer Entwurf eines deutschen Friedensvertrages |
| | 16. Februar | die Westmächte antworten auf den sowjetischen Friedensvertragsvorschlag, sie seien grundsätzlich verhandlungsbereit |

| | | |
|---|---|---|
| **1959** | 30. April | die Außenminister der drei Westmächte und der Bundesrepublik betonen, daß sie West-Berlin schützen werden |
| | 11. 5.–20. 6. und 13. 7.–5. 8. | Außenministerkonferenz der vier Großmächte in Genf; Vertreter der Bundesrepublik und der DDR sind in beratender Funktion zugelassen. In der Deutschland- und Berlin-Frage wird keine Einigung erzielt |
| | 1. Juli | Heinrich Lübke (CDU) wird zum 2. Bundespräsidenten gewählt, nachdem Adenauer seine am 8. 4. bekanntgegebene Kandidatur für dieses Amt am 4. 6. wieder zurückgezogen hatte |
| | 27. August | US-Präsident Eisenhower spricht in Bonn erneut eine Berlin-Garantie aus |
| | 15. September | die Sowjetunion erzielt weitere Weltraumerfolge: Luna II ist das erste Gerät, das auf einem fremden Himmelskörper landet |
| | 7. Oktober | Luna III überträgt die ersten Bilder von der Mondrückseite |
| | 15. November | die SPD verkündet das »Godesberger Programm«, mit dem sie von der Planwirtschaft, der Forderung nach Sozialisierung abrückt und den Weg von der Arbeiter- zur Volkspartei öffnet |
| **1960** | 13. Januar | Gesetz über den zivilen Ersatzdienst erlassen; Kriegsdienstverweigerer sollen Aufgaben erfüllen, die dem Allgemeinwohl dienen (z. B. in Kranken-, Heil- und Pflegeanstalten) |
| | Mai | Chruschtschow, der im September 1959 sein Berlin-Ultimatum während eines Besuchs in den USA praktisch zurückgenommen hatte, droht in dieser Frage erneut |
| | 12. August | die USA starten den ersten Nachrichtensatelliten: Echo 1 |
| | Sommer | die SED teilt mit, die Kollektivierung der Landwirtschaft sei abgeschlossen; der Flüchtlingsstrom aus der DDR schwillt an |
| | 8. September | für den Übergang nach Ost-Berlin wird für Bundesbürger eine Genehmigungspflicht eingeführt |

| | | |
|---|---|---|
| **1960** | 12. September | die Volkskammer der DDR ersetzt das Amt des Präsidenten (Wilhelm Pieck, der 1. Präsident der DDR, war am 7. 9. 1960 gestorben) durch den Staatsrat; Walter Ulbricht wird Staatsratsvorsitzender |
| | 13. September | die DDR-Behörden erkennen die Reisepässe der Westberliner nicht mehr an |
| | 27. September | die Sowjetunion erklärt in Noten an die drei Westmächte, daß sie sich an das Beliner Viermächte-Abkommen des Jahres 1949 nicht mehr gebunden fühlt |
| **1961** | 17. Februar | die Sowjetunion fordert in einem Deutschland-Memorandum abermals die Umwandlung West-Berlins in eine »Freie Stadt« |
| | 10. April | die ersten Kriegsdienstverweigerer werden zu einem zivilen Ersatzdienst herangezogen |
| | 12. April | in Wostok I wird der Russe Juri Gagarin als erster Mensch in den Weltraum geschossen |
| | 3./4. Juni | US-Präsident Kennedy und Chruschtschow behandeln bei einem Treffen in Wien die Deutschland- und Berlin-Frage |
| | 13. August | mit dem Mauerbau in Berlin vollzieht die DDR, ermächtigt von der Sowjetunion, die endgültige Trennung der beiden Teile Deutsch |
| | 7. September | Wahlen zum 4. Deutschen Bundestag; die CDU/CSU verliert die absolute Mehrheit (im Parlament sind nur noch drei Parteien vertreten: CDU/CSU, SPD und FDP); Präsident des Bundestages: Eugen Gerstenmaier |
| | 15. September | die Grenzpolizei der DDR wird als »Kommando Grenze« der Nationalen Volksarmee eingegliedert |
| | 17. September | Adenauer wird zum vierten Mal zum Bundeskanzler gewählt; Koalitionsregierung aus CDU/CSU und FDP |
| **1962** | 24. Januar | die DDR führt die allgemeine Wehrpflicht durch Gesetz ein |
| | 31. Mai | in Israel wird das Todesurteil vom 15. 12. 1961 an dem Judenmörder Adolf Eichmann, der für die »Endlösung« zuständig war, vollstreckt |

| | | |
|---|---|---|
| **1962** | 18. Juni | in einem »Nationalen Dokument« unterstreicht die DDR den Grundsatz der deutschen Zweistaatlichkeit; die wirtschaftliche Situation der DDR verbessert sich zunehmend |
| | 4.–9. Sept. | Staatsbesuch General de Gaulles in der Bundesrepublik |
| | 26./27. Oktober | die Redaktionsräume des Nachrichtenmagazins ›Der Spiegel‹ in Hamburg werden durchsucht |
| | 19. November | die fünf Bundesminister der FDP erklären wegen der ›Spiegel‹-Affäre ihren Rücktritt |
| | 27. November | die CDU/CSU-Bundesminister stellen ihre Ämter zur Verfügung |
| | 7. Dezember | Adenauer gibt bekannt, daß er im Herbst 1963 sein Amt als Bundeskanzler niederlegen will |
| | 14. Dezember | die neue Regierung (CDU/CSU-FDP-Koalition), der Franz Josef Strauß nicht mehr angehört, wird vereidigt |
| **1963** | 22. Januar | Adenauer und de Gaulle unterzeichnen in Paris den Vertrag über die deutsch-französische Zusammenarbeit (Elysée-Vertrag) |
| | 23.–26. Juni | US-Präsident Kennedy besucht die Bundesrepublik und West-Berlin |
| | 19. August | die Bundesrepublik tritt dem Abkommen über die Einstellung von Kernwaffenversuchen bei, das am 5. 8. 1963 in Moskau geschlossen wurde |
| | 16. Oktober | Bundeskanzler Adenauer tritt zurück |
| | 17. Oktober | der bisherige Bundeswirtschaftsminister Ludwig Erhard (CDU) wird Bundeskanzler und setzt die CDU/CSU-FDP-Koalition fort |
| | 22. November | Ermordung von US-Präsident John F. Kennedy in Dallas/Texas |
| | 20. Dezember | Beginn des ersten Auschwitz-Prozesses in Frankfurt a. M. (Urteilsverkündung am 19. 8. 1965) |
| **1964** | 19. März | die DDR-Regierung erläßt eine neue »Verordnung zum Schutz der Staatsgrenze der DDR« |
| | 10. April | US-Präsident Johnson und Chruschtschow vereinbaren eine Beschränkung der Atomrüstung |
| | 12. Juni | die DDR und die Sowjetunion schließen einen Beistands- und Freundschaftspakt auf 20 Jahre |

| | | |
|---|---|---|
| **1964** | 2.–5. August | Seegefecht im Golf v(... |
| | | kaner greifen mit Bon... |
| | | Mal direkt in den sch(... |
| | | Vietnam-Konflikt ein. |
| | | stützen auch amerikan... |
| | | Vietnam; Eskalation d... |
| | 21. August | die Westmächte beton(... |
| | | wjetunion ihr Recht, d... |
| | | Berlin uneingeschränk... |
| | 12. Oktober | Beginn des Treblinka-F... |
| | | (Urteilsverkündung am 3. 9. 1965) |
| | 14. Oktober | der sowjetische Partei- und Regierungschef Nikita Chruschtschow wird abgesetzt |
| **1965** | 25. März | der Bundestag verlängert die Verjährungsfristen für Nazi-Verbrechen (neuer Stichtag): nun kann bis 31. 12. 1969 Anklage erhoben werden |
| | 12. Mai | die Bundesrepublik nimmt diplomatische Beziehungen zu Israel auf |
| | 19. September | Wahlen zum 5. Deutschen Bundestag; Präsident des Bundestages: Eugen Gerstenmaier |
| | 20. Oktober | der Bundestag wählt Ludwig Erhard zum zweiten Mal zum Bundeskanzler; Koalitionsregierung aus CDU/CSU und FDP |
| **1966** | 8. Januar | in einer Note an die UNO vertritt die DDR-Regierung die Zwei-Staaten-Theorie unter dem Vorbehalt einer Nation |
| | 20. Februar | Präsident de Gaulle gibt bekannt, daß Frankreich aus der NATO ausscheiden wird |
| | 16. September | im zweiten Frankfurter Auschwitz-Prozeß werden drei Angeklagte zu hohen Zuchthausstrafen verurteilt |
| | 27. Oktober | nach Meinungsverschiedenheiten über Steuererhöhungen treten die vier FDP-Bundesminister zurück |
| | 30. November | Bundeskanzler Erhard tritt zurück |
| | 1. Dezember | der Bundestag wählt Kurt Georg Kiesinger (CDU) zum Bundeskanzler; Regierung der Großen Koalition. Willy Brandt (SPD) wird Vizekanzler und Außenminister |
| | 13. Dezember | die Regierungserklärung der Großen Koalition leitet die »Öffnung nach Osten« ein |

| | | |
|---|---|---|
| | | ersetzt die DDR den 1961/62 errichteten doppelten Stacheldrahtzaun an der deutsch-deutschen Grenze durch einen neuartigen Metallgitterzaun |
| | 27. Januar | bei einem Bodentest sterben drei US-Astronauten in Apollo 1 |
| | 31. Januar | die Bundesrepublik und Rumänien vereinbaren die Aufnahme diplomatischer Beziehungen |
| | 1. Februar | Bundeskanzler Kiesinger betont erneut den Alleinvertretungsanspruch der Bundesrepublik |
| | 10. März | die Bundesregierung legt den Entwurf einer Notstandsverfassung vor |
| | 20. April | der russische Kosmonaut Komarow stirbt in Sojus I, weil beim Landeanflug der Fallschirm versagte |
| | 27. Mai–<br>4. Juni | Staatsbesuch des Schahs von Persien in der Bundesrepublik; Demonstrationen in mehreren Städten |
| | 2. Juni | Tod des Studenten Benno Ohnesorg bei der Anti-Schah-Demonstration in Berlin |
| | 5.–10. Juni | Sechs-Tage-Krieg Israels gegen Ägypten, Jordanien und Syrien; die UNO erzwingt Waffenruhe |
| | 3. August | Wirtschaftsabkommen zwischen der Tschechoslowakei und der Bundesrepublik |
| | 20. Oktober | die Bundesregierung verabschiedet die Entwürfe für fünf Notstandsgesetze |
| **1968** | 5. Januar | »Prager Frühling«: Parteichef Novotny wird entmachtet; sein Nachfolger Alexander Dubček beendet die stalinistische Ära |
| | 31. Januar | Wiederaufnahme der diplomatischen Beziehungen zu Jugoslawien, obwohl der DDR-Gesandte noch in Belgrad amtiert (Aufgabe der Hallstein-Doktrin) |
| | 26. März | in der DDR erbringt ein Volksentscheid über die neue Verfassung 94,5% Ja-Stimmen |
| | 9. April | die DDR gibt sich eine neue Verfassung |
| | 11. April | Attentat auf den Studenten und SDS-Ideologen Rudi Dutschke; er stirbt 1979 an den Spätfolgen |
| | 12.–14. April | Osterunruhen; Beginn der studentischen Protestbewegung gegen die Hochschulordnung |

| 1968 | 13. Mai | Beginn der Mai-Unruhen in Paris; Generalstreik |
| | 30. Mai | der Bundestag verabschiedet die »Notstands-verfassung« (Grundgesetzänderung) |
| | 24. Juni | die Notstandsgesetze treten in Kraft |
| | 21. August | russische Panzer rücken in Prag ein; Truppen des Warschauer Pakts (außer Rumänien) beteiligen sich an der Aktion gegen die Tschechoslowakei |
| | 26. September | Deutsche Kommunistische Partei (DKP) als *neue* Partei gegründet (ca. 22 000 Mitglieder) |
| | 8. Oktober | das Olympische Komitee faßt den Beschluß, zwei deutsche Mannschaften (aber unter einer Flagge!) zuzulassen |
| 1969 | 5. März | der bisherige Bundesjustizminister Gustav W. Heinemann (SPD) wird zum 3. Bundespräsidenten gewählt |
| | 21. Juli | mit Apollo 11 gelingt den Amerikanern die erste bemannte Landung auf dem Mond |
| | 4. August | 9. Strafrechtsänderungsgesetz: die (mit dem 31. 12. 1949 beginnende) Verjährungsfrist für Nazi-Verbrechen, die mit lebenslanger Freiheitsstrafe bedroht sind (Mord), wird von 20 auf 30 Jahre erhöht |
| | 28. September | Wahlen zum 6. Deutschen Bundestag; Präsident des Bundestages: Kai-Uwe von Hassel (CDU) |
| | 21. Oktober | der Bundestag wählt Willy Brandt (SPD) zum Bundeskanzler; Koalitionsregierung aus SPD und FDP |
| | 28. November | die Bundesregierung unterzeichnet den Kernwaffensperrvertrag |
| 1970 | 19. März | Bundeskanzler Brandt und DDR-Ministerpräsident Stoph treffen sich in Erfurt; das Gespräch bleibt ohne greifbares Ergebnis |
| | 21. Mai | zweites Treffen Brandt/Stoph in Kassel; Brandt legt ein 20-Punkte-Programm vor |
| | 18. Juni | der Bundestag beschließt, das Wahlalter auf 18 Jahre herabzusetzen |
| | 12. August | Unterzeichnung des deutsch-sowjetischen Gewaltverzichtsabkommens in Moskau (Moskauer Vertrag) |

| | | |
|---|---|---|
| **1970** | 7. Dezember | Unterzeichnung des deutsch-polnischen Vertrags (Warschauer Vertrag); die Bundesrepublik bestätigt die Oder-Neiße-Grenze |
| **1971** | 3. Mai | in der DDR geht die Macht von Ulbricht auf Erich Honecker über: er übernimmt das Amt des Ersten Sekretärs des Zentralkomitees der SED |
| | 3. September | Viermächteabkommen über Berlin von den Botschaftern der vier Mächte unterzeichnet |
| | 16.–18. Sept. | Brandt führt mit KP-Chef Breschnew Gespräche auf der Krim |
| | 20. Oktober | Willy Brandt erhält den Friedens-Nobelpreis (Übergabe am 10. 12. 1971) |
| | 28. Oktober | das britische Unterhaus beschließt den Beitritt Englands zur Europäischen Gemeinschaft |
| | 17. Dezember | Abkommen über den Transitverkehr nach Berlin zwischen der Bundesrepublik und der DDR |
| | von 1971 an | sichert die DDR den Metallgitterzaun an der deutsch-deutschen Grenze durch Todesautomaten vom Typ »SM 70« |
| **1972** | 28. Januar | Radikalenerlaß |
| | 27. April | das von der CDU/CSU beantragte »konstruktive Mißtrauensvotum« gegen Bundeskanzler Brandt scheitert |
| | 17. Mai | Ostverträge im Bundestag mit einfacher Mehrheit ratifiziert |
| | 19. Mai | Ostverträge im Bundesrat gebilligt |
| | 24. Mai | drei amerikanische Soldaten bei einem Bombenanschlag auf das Hauptquartier der US-Armee in Heidelberg getötet |
| | 26. Mai | Verkehrsvertrag zwischen der Bundesrepublik und der DDR unterzeichnet (erster Staatsvertrag zwischen den beiden deutschen Staaten) amerikanisch-sowjetischer Vertrag über eine Begrenzung der Raketenabwehrsysteme in Moskau unterzeichnet (ABM-Vertrag) |
| | 3. Juni | das Viermächteabkommen über Berlin tritt in Kraft (Unterzeichnung des Schlußprotokolls) |
| | 23. Juni | der Bundestag beschließt einmütig, den Wehrdienst von 18 auf 15 Monate herabzusetzen |
| | 26. August | Eröffnung der XX. Olympischen Sommerspiele in München |

| 1972 | 5. September | Anschlag palästinensischer Terroristen im Münchner Olympiagelände auf die israelische Mannschaft (17 Tote) |
| | 22. September | vorzeitige Auflösung des 6. Deutschen Bundestages |
| | 29. September | die Bundesrepublik und die Volksrepublik China vereinbaren die Aufnahme diplomatischer Beziehungen |
| | 19. November | Wahlen zum 7. Deutschen Bundestag; die SPD ist stärkste Partei (Brandt bleibt Bundeskanzler, die SPD/FDP-Koalitionsregierung wird fortgesetzt); Präsidentin des Bundestages: Annemarie Renger (SPD) |
| | 21. Dezember | Unterzeichnung des Grundlagenvertrages zwischen der Bundesrepublik und der DDR in Ost-Berlin |
| 1973 | 1. Januar | die Erweiterung der Europäischen Gemeinschaft (Großbritannien, Irland und Dänemark) tritt in Kraft |
| | 11. Mai | Grundlagenvertrag und Gesetz über den Beitritt zur UNO im Bundestag gebilligt |
| | 18.–22. Mai | der sowjetische KP-Chef Leonid Breschnew besucht die Bundesrepublik; Abkommen über wirtschaftliche, industrielle und technische Zusammenarbeit |
| | 21. Juni | der Grundlagenvertrag tritt in Kraft |
| | 28. Juli–5. Aug. | X. Weltfestspiele der Jugend und Studenten in Ost-Berlin; Teilnehmer aus über 120 Staaten |
| | 31. Juli | das Bundesverfassungsgericht in Karlsruhe bestätigt, daß der Grundlagenvertrag nicht gegen die Verfassung verstößt (Ablehnung der Normenkontrollklage Bayerns) |
| | 9. August | Zivildienstgesetz (Ersatzdienst in Zivildienst umbenannt) |
| | 18. September | die beiden deutschen Staaten werden einstimmig in die UNO aufgenommen |
| | 3. Oktober | nach Ulbrichts Tod (1. 8. 1973) wird Willi Stoph in der DDR Staatsratsvorsitzender |
| | 6. Oktober | Beginn des Jom-Kippur-Krieges; die arabischen Staaten drosseln die Erdölausfuhr und lösen so die erste Energiekrise aus |

| | | |
|---|---|---|
| **1973** | 2. November | das deutsch-sowjetische Kulturabkommen tritt in Kraft |
| | 9. November | der Bundestag verabschiedet ein Energiesicherungsgesetz zur Bekämpfung der Ölkrise |
| | 11. Dezember | Unterzeichnung des Gewaltverzichtsvertrags zwischen der Bundesrepublik und der Tschechoslowakei in Prag |
| **1974** | 20. Februar | der Bundestag ratifiziert den deutsch-tschechischen Vertrag |
| | 14. März | die Bundesrepublik und die DDR richten in Ost-Berlin bzw. Bonn ständige Vertretungen ein |
| | 22. März | der Bundestag verabschiedet das Gesetz zur Herabsetzung des Volljährigkeitsalters von 21 auf 18; es tritt am 1.1.1975 in Kraft |
| | 25. April | Verhaftung des DDR-Spions Guillaume |
| | 6. Mai | Rücktritt von Bundeskanzler Brandt |
| | 15. Mai | der bisherige Bundesaußenminister Walter Scheel (FDP) wird zum 4. Bundespräsidenten gewählt; er tritt sein Amt am 1. Juli an |
| | 16. Mai | der bisherige Bundesfinanzminister Helmut Schmidt (SPD) wird zum Bundeskanzler gewählt; Fortsetzung der SPD/FDP-Koalitionsregierung. Vizekanzler: Hans-Dietrich Genscher (FDP) |
| | 27. September | die DDR ändert ihre Verfassung; sie tilgt die Begriffe »deutsches Volk« und »deutsche Nation« aus dem Text |
| | 10. November | Terroristen ermorden in Berlin den Kammergerichtspräsidenten Günter von Drenkmann |
| **1975** | 18. Februar | Besetzung des Reaktorbaugeländes Wyhl durch badisch-elsässische Bürgerinitiativen |
| | 25. Februar | das Bundesverfassungsgericht erklärt die Neufassung des § 218 (Schwangerschaftsabbruch während der ersten drei Monate straffrei) für verfassungswidrig |
| | 24. April | Überfall deutscher Terroristen auf die deutsche Botschaft in Stockholm |
| | 30. April | in Vietnam nehmen die Kommunisten Saigon ein; die amerikanische Front bricht zusammen; Ende des Vietnam-Kriegs |

| | | |
|---|---|---|
| **1975** | 30. Juli–<br>1. August | Konferenz für Sicherheit und Zusammenarbeit in Europa (KSZE): die Repräsentanten von 35 Nationen treffen sich in Helsinki. In der Schlußakte vom 1. August bekennen sich auch die Ostblockländer zum Prinzip der Wahrung der Menschenrechte. Folgekonferenzen in Belgrad 1977/78, Madrid 1980–1983 und Wien 1986/87 |
| | 26. November | in Düsseldorf beginnt der letzte große NS-Prozeß; 14 ehemalige Aufseher des Vernichtungslagers Majdanek stehen vor Gericht, über 1000 Zeugen werden befragt. Urteilsverkündung am 30. 6. 1981: einmal lebenslänglich, 6 zeitliche Strafen, 5 Freisprüche |
| | 19. Dezember | Abkommen zwischen der Bundesrepublik und der DDR über eine Transitpauschale von jährlich 400 Millionen DM bis 1979 |
| **1976** | 12. Februar | Strafrechtsänderungsgesetz (§ 218) verabschiedet: Schwangerschaftsabbruch bleibt grundsätzlich strafbar, nur in bestimmten Fällen darf ein Arzt nach vorheriger Beratung einen Abbruch vornehmen; es tritt am 21. 6. 1976 in Kraft |
| | 18. März | der Bundestag verabschiedet das Mitbestimmungsgesetz: in Unternehmen mit mehr als 2000 Beschäftigten wird die Mitbestimmung der Arbeitnehmer eingeführt |
| | 24. Juni | Anti-Terror-Gesetz verabschiedet |
| | 18. August | der evangelische Pfarrer Oskar Brüsewitz verbrennt sich in Zeitz/DDR aus Protest gegen die Unterdrückung der Jugend durch den Kommunismus |
| | 3. Oktober | Wahlen zum 8. Deutschen Bundestag; die CDU/CSU (Kanzlerkandidat: Helmut Kohl) ist stärkste Partei; Helmut Schmidt bleibt Bundeskanzler, die SPD/FDP-Koalitionsregierung wird fortgesetzt; Präsident des Bundestages: Karl Carstens (CDU) |
| | 14. November | Zusammenstöße zwischen Polizei und Demonstranten auf dem Gelände des geplanten Kernkraftwerks Brokdorf/Unterelbe |

| | | |
|---|---|---|
| **1977** | 14. März | das Verwaltungsgericht Freiburg verweigert eine Teilgenehmigung zum Bau des Kernkraftwerks Wyhl mit der Begründung, die Sicherheitsvorkehrungen reichten nicht aus (am 31. 3. 1982 hebt das Verwaltungsgericht Mannheim in 2. Instanz diese Entscheidung wieder auf) |
| | 19. März | Schlacht um die Baustelle des Kernkraftwerks Grohnde |
| | 7. April | Generalbundesanwalt Buback und seine beiden Begleiter von Terroristen ermordet |
| | 28. April | Urteilsverkündung im Baader/Meinhof-Prozeß |
| | 1. Juli | Großbritannien, Irland und Dänemark voll in die EG-Zollunion integriert |
| | 30. Juli | Jürgen Ponto von Terroristen ermordet |
| | 1. August | die Wehrdienstnovelle vom 13. 7. 1977 tritt in Kraft: die Gewissensprüfung bei Kriegsdienstverweigerern entfällt |
| | 5. September | Hanns Martin Schleyer von Terroristen entführt; seine vier Begleiter werden ermordet |
| | 13. Oktober | Entführung der Lufthansa-Maschine »Landshut« durch palästinensische Terroristen |
| | 18. Oktober | Befreiung der »Landshut«-Geiseln in Mogadischu |
| | 19. Oktober | im Elsaß wird die Leiche Schleyers gefunden |
| | 15. Dezember | die CDU/CSU erreicht, daß die Wehrdienstnovelle vom 13. 7. 1977 durch eine Einstweilige Anordnung vorläufig ausgesetzt wird |
| **1978** | 1. Januar | das Bundesdatenschutzgesetz tritt in Kraft |
| | 16. Februar | Anti-Terror-Gesetze der Regierung vom Bundestag mit einer Stimme Mehrheit gebilligt |
| | 13. April | das Bundesverfassungsgericht erklärt die Wehrdienstnovelle vom 13. 7. 1977 für verfassungswidrig |
| | 18. April | die Anti-Terror-Gesetze treten in Kraft, nachdem das Parlament den vom Bundesrat eingelegten Einspruch am 13. 4. 1978 zurückgewiesen hat |
| | 4.–7. Mai | Besuch des sowjetischen Staats- und Parteichefs Breschnew; gemeinsame Deklaration über die Förderung der Entspannung und der guten Nachbarschaft |

| 1978 | 16. Juli | Weltwirtschaftsgipfel in Bonn |
|------|----------|-------------------------------|
| | 26. August– 3. September | Sigmund Jähn (DDR) als erster Deutscher – an Bord eines sowjetischen Raumschiffs – im Weltall |
| | 24. September | in Dortmund wird ein Polizeibeamter von RAF-Angehörigen erschossen |
| 1979 | Frühjahr | der Rückgang der persischen Öllieferungen löst die zweite Energiekrise aus (der Schah hatte am 16. Januar den Iran verlassen müssen; islamische Revolution) |
| | 23. Mai | Karl Carstens (CDU) zum 5. Bundespräsidenten gewählt; er tritt sein Amt am 1. Juli an |
| | 31. Mai | Richard Stücklen (CSU) als Carstens Nachfolger zum Bundestagspräsidenten gewählt |
| | 10. Juni | 1. Direktwahl zum Europäischen Parlament |
| | 28. Juni | Wahlgesetzänderung in der DDR: die Einführung der Direktwahl der 66 Ostberliner Volkskammer-Abgeordneten verletzt das Viermächteabkommen über Berlin |
| | 3. Juli | der Bundestag beschließt die generelle Aufhebung der Verjährung von Mord |
| | 14. Oktober | Anti-Atom-Demonstration in Bonn (ca. 70000 Teilnehmer) |
| | 30. Oktober | Abkommen mit der DDR über die Straßenbenutzungsgebühren: sie entfallen ab 1. 12. für Lkws und Omnibusse, ab 1. 1. 1980 auch für Pkws; statt dessen bezahlt die Bundesregierung jährlich 50 Millionen DM pauschal an die DDR |
| | 12. Dezember | Doppelbeschluß der NATO: Rüstungskontrollangebot an Moskau; sollten die Abrüstungsverhandlungen bis Ende 1983 zu keinem Ergebnis führen, wird nachgerüstet (atomare Mittelstreckenwaffen) |
| 1980 | 1. Januar | das »Gesetz zur Neuregelung der elterlichen Sorge« tritt in Kraft (Umwandlung der »elterlichen Gewalt« in »elterliche Sorge«) |
| | 12. Januar | die Grünen konstituieren sich als Bundespartei |
| | 30. Januar | das Innenministerium verbietet die neonazistische »Wehrsportgruppe Hoffmann« |

| 1980 | 22. August | Rechtsextremisten verüben in Hamburg einen Brandanschlag auf ein Ausländer-Wohnheim; zwei Vietnamesen sterben |
| | 26. September | Sprengstoffanschlag auf dem Münchener Oktoberfest: 13 Tote (darunter der rechtsextremistische Attentäter), 210 Verletzte |
| | 5. Oktober | Wahlen zum 9. Deutschen Bundestag: CDU/CSU (Kanzlerkandidat: F. J. Strauß) 44,5%, SPD 42,9%, FDP 10,6%. Die sozialliberale Koalition wird fortgesetzt; Helmut Schmidt bleibt Bundeskanzler, Richard Stücklen Bundestagspräsident |
| | 9. Oktober | die DDR erhöht den Zwangsumtausch für Westbesucher auf 25,– DM pro Tag (Verdoppelung des bisherigen Betrags); Rückschlag für die Entspannungspolitik |
| | Dezember | schwere Jugendunruhen und Hausbesetzungen, vor allem in West-Berlin |
| | 19. Dezember | Neonazis erschießen in Erlangen den jüdischen Verleger Levin und seine Lebensgefährtin |
| | 24. Dezember | der Rechtsextremist Schubert tötet zwei Schweizer Zöllner und sich selbst |
| 1981 | 1. Januar | Griechenland tritt als 10. Mitglied der EG bei |
| | 21. Januar | Ronald Reagan wird als 40. Präsident der USA in sein Amt eingeführt |
| | 14. Februar | in mehreren Städten der Bundesrepublik demonstrieren über 100 000 Bauern gegen die Bonner und die EG-Agrarpolitik |
| | 28. Februar | Demonstration gegen den Bau des Kernkraftwerks Brokdorf (rund 80 000 Teilnehmer) |
| | 5. März | nach einer Hausbesetzerdemonstration werden im Nürnberger Jugendzentrum KOMM 164 junge Leute vorläufig festgenommen; gegen 141 von ihnen ergehen Haftbefehle wegen Verdachts des schweren Landfriedensbruchs |
| | 12.–14. April | Flug der ersten wiederverwendbaren US-Raumfähre Columbia |
| | 16. April | der Terrorist Sigurd Debus stirbt an den Folgen seines Hungerstreiks in Hamburg |
| | 11. Mai | der hessische Wirtschaftsminister Heinz Herbert Karry wird in Frankfurt ermordet |

| | | |
|---|---|---|
| **1981** | 15. September | bei einem Panzerfaust-Attentat der RAF wird US-General Kroesens in Heidelberg verwundet |
| | 22. September | schwere Krawalle in Berlin, nachdem der Senat 8 von 157 besetzten Häusern räumen ließ; der Demonstrant Klaus-Jürgen Rattay wird von einem Bus erfaßt und stirbt |
| | 10. Oktober | Friedensdemonstration in Bonn (rund 300000 Teilnehmer) |
| | 20. Oktober | nahe München kommen bei einer Schießerei mit der Polizei zwei Rechtsextremisten ums Leben |
| | 22.–25. Nov. | dritter Besuch des sowjetischen Staats- und Parteichefs Breschnew in Bonn |
| | 30. November | UdSSR und USA beginnen Abrüstungsverhandlungen in Genf (Reduzierung der Mittelstreckenraketen in Europa) |
| | 4. Dezember | das Düsseldorfer Oberlandesgericht verurteilt den Schleyer-Attentäter Stefan Wisniewski zu lebenslanger Freiheitsstrafe |
| | 11.–13. Dez. | DDR-Staatsratsvorsitzender Honecker und Bundeskanzler Schmidt treffen sich am Werbellinsee (DDR); der »innerdeutsche Gipfel« wird überschattet von der Ausrufung des Kriegsrechts in Polen (13. 12.) |
| **1982** | 20. Januar | Volksbegehren gegen den Bau der Startbahn West des Frankfurter Flughafens abgelehnt; am 30. Januar blutige Auseinandersetzungen zwischen Startbahn-Gegnern und Polizei (140 Verletzte) |
| | 5. Februar | Bundeskanzler Schmidt stellt im Bundestag die Vertrauensfrage; 269 von 493 Abgeordneten sprechen ihm das Vertrauen aus |
| | 25. März | die DDR-Volkskammer verabschiedet ein Wehrdienstgesetz, in dem die vormilitärische Ausbildung von Jugendlichen und die Einbeziehung von Frauen in die Wehrpflicht im Verteidigungsfall verankert wird |
| | 30. Mai | Spanien wird 16. Vollmitglied der NATO |
| | 10. Juni | Gipfelkonferenz der NATO in Bonn; aus diesem Anlaß demonstrieren dort mehr als 400000 Menschen gegen das Wettrüsten |

| | | |
|---|---|---|
| **1982** | 17. September | Bruch der sozial-liberalen Regierungskoalition; Schmidt wirft der FDP »Verrat« vor |
| | 28. September | Bundesrepublik und DDR schließen ein Umweltschutzabkommen ab |
| | 1. Oktober | der CDU-Vorsitzende Helmut Kohl wird durch ein konstruktives Mißtrauensvotum zum neuen Regierungschef gewählt |
| | 4. Oktober | die erste Regierung Kohl wird vereidigt; ihr gehören acht CDU-Minister, vier CSU- und vier FDP-Minister an |
| | 17. November | Christian Klar, führender Kopf der RAF, verhaftet. Am 2. 4. 1985 wird er wegen Beteiligung an mehreren Morden zu lebenslanger Freiheitsstrafe verurteilt |
| | 1. Dezember | die Zahl der Arbeitslosen in der Bundesrepublik ist zum ersten Mal seit 1950 auf mehr als 2 Millionen gestiegen |
| | 17. Dezember | der Bundestag verweigert Helmut Kohl das Vertrauen, um Neuwahlen zu ermöglichen |
| **1983** | 7. Januar | Bundespräsident Karl Carstens löst den 9. Deutschen Bundestag gemäß Artikel 68 des Grundgesetzes auf und bestimmt den 6. März als Termin für Neuwahlen |
| | 6. März | Wahlen zum 10. Deutschen Bundestag: CDU/CSU 48,8%, SPD (Kanzlerkandidat: H.-J. Vogel) 38,2%, FDP 7,0%, Grüne 5,6%. Die Koalition der Mitte wird fortgesetzt, Helmut Kohl bleibt Bundeskanzler |
| | 23. März | US-Präsident Reagan kündigt ein weltraumgestütztes Raketenabwehrsystem (SDI) an und bietet den NATO-Partnern an, sich an diesem Forschungsprogramm zu beteiligen (Krieg-der-Sterne-Rede) |
| | 29. März | der 10. Bundestag nimmt seine Arbeit auf; Rainer Barzel (CDU) wird Bundestagspräsident |
| | 13. April | das Bundesverfassungsgericht stoppt per einstweiliger Anordnung die für den 27. April geplante Volkszählung |
| | 9. Juni | in Bonn tritt der vom Bundestag eingesetzte Untersuchungsausschuß zur Aufklärung der Flick-Parteispendenaffäre zusammen |

| **1983** | 29. Juni | die Bundesrepublik übernimmt die Bürgschaft für einen Bankkredit von 1 Milliarde DM für die DDR |
| | 13. Juli | Verschärfung des Demonstrationsrechts: wer sich nach polizeilicher Aufforderung nicht sofort aus einer Menschenmenge entfernt, in der Straftaten begangen werden, macht sich strafbar |
| | 27. September | die DDR beginnt mit dem Abbau der Selbstschußanlagen an der innerdeutschen Grenze. Die Aktion wird am 30. 11. 1984 abgeschlossen. Der Schießbefehl besteht weiterhin, der Grenzstreifen bleibt vermint |
| | 22. Oktober | Menschenkette der Friedensbewegung von Stuttgart nach Neu-Ulm mit 80 000 Teilnehmern |
| | 22. November | gemäß dem NATO-Doppelbeschluß vom 12. 12. 1979 billigt der Bundestag – gegen die Stimmen der SPD und der Grünen – die Stationierung von US-Nuklearraketen |
| | 9. Dezember | an Bord der US-Raumfähre Columbia landet der erste Bundesdeutsche im Weltall, der Physiker Ulf Merbold, nach zehntägigem Flug in Kalifornien |
| | 15. Dezember | das Bundesverfassungsgericht erklärt eine Volkszählung grundsätzlich für verfassungsgemäß, die ursprünglich geplante Form aber in einigen Punkten für rechtswidrig. Neuer Termin: 25. 5. 1987 |
| **1984** | Januar–April | unerwartet viele Ausreisewillige, etwa 25 000, dürfen aus der DDR in die Bundesrepublik übersiedeln. Ab Ende April drosselt die DDR die Genehmigungen wieder auf monatlich ca. 1200 |
| | 1. Januar | das neue Kriegsdienstverweigerungsgesetz tritt in Kraft: an die Stelle der mündlichen Gewissensprüfung tritt eine schriftliche Begründung; die Dauer des Zivildienstes beträgt 20 Monate (bisher 16), d. h. sie überschreitet die Wehrdienstzeit nun um ein Drittel |
| | 18. Januar | die Sowjetunion beginnt mit der Aufstellung neuer Nuklearraketen in der DDR |

| **1984** | 1. Februar | der stellvertretende NATO-Oberbefehlshaber General Kießling wird voll rehabilitiert; er war im Dezember 1983 fristlos entlassen worden, weil sein Privatleben aufgrund einer Verwechslung als ein Sicherheitsrisiko angesehen wurde |
| | 12. April | die Startbahn West des Frankfurter Flughafens wird in Betrieb genommen; Demonstrationen in den folgenden Tagen |
| | 23. Mai | Richard von Weizsäcker (CDU) zum 6. Bundespräsidenten gewählt; er tritt sein Amt am 1. Juli an |
| | 17. Juni | 2. Direktwahl zum Europäischen Parlament |
| | 26. Juni | Bundeswirtschaftsminister Graf Lambsdorff tritt zurück (Flick-Parteispendenaffäre); Martin Bangemann (FDP) wird sein Nachfolger |
| | 29. Juni | die EG-Umweltminister einigen sich auf die Einführung bleifreien Benzins von 1989 an |
| | 31. August | das Verwaltungsgericht Braunschweig untersagt die Inbetriebnahme des Kohlekraftwerks Buschhaus. Am 8. 3. 1985 wird der Baustopp aufgehoben |
| | 18. September | die Bonner Koalition einigt sich darauf, daß von 1989 an abgasarme Autos Pflicht werden |
| | 25. September | Bundestagspräsident Barzel tritt im Zusammenhang mit der Flick-Affäre zurück; 1986 werden die Ermittlungen gegen ihn eingestellt |
| | 5. November | Philipp Jenninger (CDU) wird zum Bundestagspräsidenten gewählt |
| | 18. Dezember | das Bundesverfassungsgericht weist eine gegen die Raketenstationierung gerichtete Klage der Grünen zurück |
| | 20. Dezember | ein Bombenanschlag der RAF auf die NATO-Schule in Oberammergau mißglückt |
| **1985** | 11. Januar | Pershing-Unfall bei Heilbronn; drei US-Soldaten sterben |
| | 23. Januar | das Bundeskabinett beschließt den Bau einer Wiederaufbereitungsanlage für verbrauchte Kernbrennstoffe; die Entscheidung für den Standort Wackersdorf fällt am 4. 2. 1985 |
| | 1. Februar | der Industrielle Ernst Zimmermann wird in Gauting von RAF-Mitgliedern erschossen |

| **1985** | 16. Februar | erste Demonstration in Wackersdorf (30 000 Teilnehmer) |
| | 18. April | Bundeskanzler Kohl unterstützt in einer Regierungserklärung das amerikanische Forschungsvorhaben SDI im Grundsatz, läßt aber eine Beteiligung der Bundesrepublik offen |
| | 24. April | das Bundesverfassungsgericht erklärt den gegenüber dem Wehrdienst um 5 Monate längeren Zivildienst für verfassungskonform |
| | 25. April | der Bundestag verabschiedet ein Gesetz gegen die »Auschwitz-Lüge« |
| | 26. April | der Bundesrat stimmt der steuerlichen Begünstigung von abgasarmen Autos zu, die der Bundestag am 19. 4. 1985 beschlossen hatte |
| | 1.–6. Mai | Staatsbesuch von US-Präsident Reagan; er legt am 5. Mai im ehemaligen KZ Bergen-Belsen und – trotz heftiger Proteste – auch auf dem Soldatenfriedhof Bitburg, auf dem 49 Angehörige der Waffen-SS beerdigt sind, Kränze nieder |
| | 2.–4. Mai | Weltwirtschaftsgipfel in Bonn |
| | 22. Mai | Kernkraftwerk Grohnde geht in Betrieb |
| | 19. Juni | drei Tote und 42 Verletzte bei einem Sprengstoffanschlag auf dem Frankfurter Flughafen |
| | 28. Juni | Vermummungsverbot – gegen die Stimmen der SPD und der Grünen – im Bundestag angenommen |
| | 8. August | US-Soldat E. Piemental ermordet; mit seinem Ausweis gelingt der RAF ein Bombenanschlag auf den US-Luftwaffenstützpunkt in Frankfurt, bei dem zwei Amerikaner sterben |
| | 25. September | die dem Deutschen Gewerkschaftsbund gehörende Wohnungsbaugesellschaft Neue Heimat verzeichnet für 1984 hohe Verluste (200 Millionen DM) |
| | 26. September | Amtsantritt von Rita Süssmuth (CDU), Bundesministerin für Jugend, Familie, Frauen und Gesundheit |
| | 2. Oktober | Beschluß der Bundesregierung, den Wehrdienst zum 1. 7. 1989 von bisher 15 auf 18 Monate zu verlängern (Zivildienst: 24 Monate); das Gesetz tritt am 1. 7. 1986 in Kraft |

| **1985** | 19. November | die Bundesregierung spricht sich gegen ein generelles Tempolimit auf den Bundesautobahnen aus |
| | 21. November | das Gipfeltreffen Reagans und des sowjetischen KP-Chefs Michail Gorbatschow in Genf endet mit einer gemeinsamen Abschlußerklärung |
| | 11. Dezember | Beginn der Rodungsarbeiten auf dem WAA-Gelände in Wackersdorf; massive Proteste |
| | 12. Dezember | Joschka Fischer als hessischer Umweltminister vereidigt; erste rot-grüne Koalition auf Landesebene |
| | 13. Dezember | NATO-Stellen in Brüssel bestätigen, daß alle 108 für die Bundesrepublik bestimmten Pershing II-Raketen stationiert sind |
| **1986** | 1. Januar | Spanien und Portugal treten der EG bei |
| | 28. Januar | die US-Raumfähre »Challenger« explodiert kurz nach dem Start; sieben Astronauten sterben |
| | 20. März | Neufassung des sogenannten Streikparagraphen 116; die Gewerkschaften befürchten eine Einschränkung ihrer Rechte |
| | 27. März | Bundeswirtschaftsminister Martin Bangemann unterzeichnet in Washington ein Abkommen über die Beteiligung deutscher Firmen am SDI-Forschungsprogramm |
| | 5. April | Bombenanschlag auf eine Diskothek in Berlin; zwei US-Soldaten und eine Türkin sterben |
| | 26. April | Explosion im sowjetischen Kernkraftwerk Tschernobyl; eine radioaktive Wolke zieht über Mitteleuropa |
| | 6. Mai | die Bundesrepublik und die DDR unterzeichnen ein Abkommen über kulturelle Zusammenarbeit |
| | 18./19. Mai | schwere Krawalle am Bauzaun in Wackersdorf |
| | 3. Juni | Walter Wallmann wird zum ersten Bundesumweltminister ernannt |
| | 7./8. Juni | Großdemos in Brokdorf und Wackersdorf; in Hamburg werden 800 Anti-Kernkraft-Demonstranten von der Polizei 15 Stunden lang eingekesselt. Am 30. 10. 1986 erkärt das Hamburger Verwaltungsgericht den »Hamburger Kessel« für rechtswidrig |

| | | |
|---|---|---|
| **1986** | 9. Juli | der Atomphysiker und Siemens-Manager Karl Heinz Beckurts und sein Fahrer Eckhard Groppler werden durch einen Bombenanschlag der RAF in Straßlach bei München ermordet |
| | 28. Juli | Fischsterben in Saar und Mosel durch Zyanid-Verseuchung |
| | 27. August | SPD-Parteitag beschließt Plan zum Ausstieg aus der Kernenergie in 10 Jahren |
| | 19. September | der Gewerkschaftsbund verkauft die hochverschuldete Neue Heimat an einen Brotfabrikanten; zwei Monate später muß er das Wohnungsbauunternehmen auf Einspruch der Gläubigerbanken hin zurückkaufen |
| | | erste Städtepartnerschaft über die innerdeutsche Grenze hinweg (Saarlouis und Eisenhüttenstadt) |
| | 7. Oktober | das Atomkraftwerk Brokdorf wird in Betrieb genommen |
| | 10. Oktober | die RAF ermordet in Bonn-Ippendorf Gerold von Braunmühl, den Leiter der Politischen Abteilung des Auswärtigen Amtes |
| | 11. Oktober | Friedensdemonstration in Hasselbach/Hunsrück gegen die Stationierung der Cruise Missiles; 150000 Teilnehmer |
| | 12. Oktober | das Gipfeltreffen Reagans und Gorbatschows in Reykjavik scheitert, weil der US-Präsident nicht auf die Weiterentwicklung des SDI-Programms verzichten will |
| | 21. Oktober | das Europäische Parlament lehnt eine allgemeine Geschwindigkeitsbegrenzung in der EG auf 130 km/h auf Autobahnen ab |
| | 24. Oktober | in Heilbronn wird das größte vollständig entschwefelte und entstickte Kohlekraftwerk der Welt eingeweiht |
| | 1. November | Großbrand bei Sandoz in Basel; mit dem Löschwasser fließen giftige Chemikalien in den Rhein; verheerendes Fischsterben |
| | | Einführung des Führerscheins auf Probe (2 Jahre Probezeit für alle Fahranfänger der Klassen 1–3) |
| | 4. November | in Wien wird die 3. KSZE-Folgekonferenz eröffnet |

| | | |
|---|---|---|
| **1986** | 11. November | das Bundesverfassungsgericht weist Klagen gegen die Strafbarkeit von Sitzblockaden zurück |
| | 13. November | der Bundestag beschließt eine Verschärfung des Asylrechts |
| | 2. Dezember | erneute Rheinverseuchung durch einen Störfall in Waldshut |
| | | die Bundesregierung beruft einen Nationalen AIDS-Beirat und stellt für 1987 zur Bekämpfung der Krankheit 20 Millionen DM zur Verfügung |
| | 3. Dezember | die Bundesregierung verschärft die Störfallverordnung für die Chemieindustrie |
| | 5. Dezember | die Bonner Koalition verabschiedet verschärfte Anti-Terror-Gesetze, unter die künftig auch Anschläge auf Strommasten, Bahnlinien und Baumaschinen fallen; sie treten am 1. 1. 1987 in Kraft |
| **1987** | 25. Januar | Wahlen zum 11. Deutschen Bundestag: CDU/CSU 44,3%, SPD (Kanzlerkandidat: J. Rau) 37,0%, FDP 9,1%, Grüne 8,3%. Die Koalition der Mitte wird fortgesetzt; Helmut Kohl bleibt Bundeskanzler, Philipp Jenninger Bundestagspräsident |
| | 9. Februar | Bruch der rot-grünen Koalition in Hessen |
| | 16. Februar | das Bonner Landgericht spricht die ehemaligen Bundeswirtschaftsminister Graf Lambsdorff und Friderichs, beide FDP, sowie den früheren Flick-Generalbevollmächtigten v. Brauchitsch vom Vorwurf der Bestechlichkeit bzw. Bestechung frei, verhängt aber Strafen wegen Steuerhinterziehung |
| | 13. März | in Kiel, Koblenz und Münster Großdemonstrationen der Bauern gegen die EG-Agrarpolitik |
| | 23. März | Willy Brandt erklärt seinen Rücktritt als Parteivorsitzender der SPD. Nachfolger: H.-J. Vogel |
| | 28./29. März | die Bundesrepublik und die Sowjetunion einigen sich auf ein Umweltschutz-Abkommen; Anzeichen einer zweiten Entspannungsphase |
| | 5. April | Neuwahlen in Hessen: eine CDU-FDP-Koalition löst die SPD-Minderheitsregierung ab |
| | 25. Mai | Volkszählung |

# ANHANG

## Worterklärungen

*Adjutant:* Hilfsoffizier eines militärischen Befehlshabers
*Aggression/aggressiv:* Angriff/angriffslustig, herausfordernd
*Alibi:* Nachweis der Nichtanwesenheit am Tatort
*Alliierte:* Verbündete, Bundesgenossen
*Ambulanz:* Feldlazarett
*amputieren:* ein krankes Glied abtrennen
*Anarchie/Anarchist:* Gesetzlosigkeit/Umstürzler
*Antipathie:* Abneigung
*antiquiert:* veraltet
*Antisemitismus:* Judenfeindschaft
*anvisieren:* zielen auf
*Apokalypse/apokalyptisch:* Offenbarung/unheilverkündend, geheimnis-
  voll
*aristokratisch:* adelig, vornehm
*Arrangement:* Übereinkommen
*Arroganz:* Anmaßung, Überheblichkeit, Selbstüberschätzung
*Arsenal:* Rüstkammer, Waffensammlung
*Artillerie:* Geschütztruppen
*Assoziation/assoziieren:* Vorstellungsverknüpfung/verknüpfen, sich zu-
  sammenschließen
*Ästhetik/ästhetisch:* Lehre vom Schönen/dem Schönheitssinn entspre-
  chend, geschmackvoll
*Asyl:* Zufluchtsstätte, politischer Schutz
*Attitüde:* Haltung, (innere) Einstellung
*Autobiographie:* Beschreibung des eigenen Lebens

*Beatnik:* Vertreter der Beatgeneration, einer Gruppe junger Amerikaner,
  die sich von allen bürgerlichen Bindungen lossagte
*Beneluxländer:* Belgien, Niederlande und Luxemburg (seit 1947 in einer
  Zollunion zusammengefaßt)
*Biwak:* Feldlager
*Blessierte:* Verwundete
*Bohème:* ungebundene Künstlerwelt
*Bolschewisten:* radikaler Mehrheitsflügel der sozialdemokratischen Partei
  Rußlands; seit 1903 selbständige Partei; als sie 1917 an die Macht
  gelangten, nannten sie sich Kommunisten
*Blockwart:* Leiter der untersten Gruppe in der NSDAP-Gliederung

*Bonhomie:* Gutmütigkeit, Biederkeit
*Bourgeois/bourgeois:* wohlhabender, biederer Bürger/bürgerlich
*Bravour:* Mut, Verwegenheit
*Bulletin:* Bericht, Verlautbarung
*Burschenschaften:* 1815 gegründete Studentenvereinigungen; 1819 bis 1848 verboten

*Courage:* Mut

*defilieren:* im Parademarsch vorbeiziehen
*Deklaration:* Erklärung
*dekretieren:* durch Erlaß regeln
*Delegation/Delegierter:* Abordnung/Abgeordneter
*Demagoge/demagogisch:* Volksverführer, Hetzer/aufwieglerisch
*Demarkationslinie:* (vorläufige) Grenzlinie
*Demilitarisierung:* Entmilitarisierung – das Heerwesen eines Landes auflösen
*demobilisieren:* das Kriegsheer entlassen
*Demoskopie:* Meinungsforschung, Meinungsumfrage
*Depesche:* Eilnachricht
*Desaster:* Unheil, Mißgeschick
*desolat:* trostlos, öde, traurig
*Despotismus:* Gewaltherrschaft
*Dialektik:* methodische Erforschung der Wahrheit durch das Abwägen von Behauptung und Gegenbehauptung
*Dilettant:* Nichtfachmann, unzureichend Ausgebildeter
*Doktrin/doktrinär:* Lehre/eine Anschauung einseitig, »lehrhaft« vertreten
*Dynastie/dynastisch:* Herrscherhaus/zum Herrscherhaus gehörig

*Edikt:* Erlaß, Verordnung, Bekanntmachung
*effizient:* den bestmöglichen Wirkungsgrad erreichend, wirkungsvoll
*Elan:* Schwung, Begeisterung
*Elite/Elitetruppe/elitär:* das Auserlesene, Beste/Kerntruppe/auserlesen, zu einer Elite gehörend
*Emigrant/Emigration:* Auswanderer aus politischen oder Gewissensgründen/Auswanderung
*Enthusiast/Enthusiasmus:* Begeisterter, Schwärmer/Begeisterung
*Epidemie:* plötzlich auftretende Seuche
*Etappe:* Heeresversorgungsgebiet hinter der Front
*ethisch:* sittlich
*Exil:* Verbannung, Verbannungsort
*Expansion:* Ausdehnung
*Exponent:* hervorragender Vertreter einer Sache oder Partei

*Fanatismus:* blindwütiger Eifer, Unduldsamkeit
*Fazit:* Schlußfolgerung
*Feudalismus:* Lehnswesen, Adelsherrschaft
*fingieren:* erdichten, vortäuschen, unterstellen
*Flak/Flakhelfer:* Abkürzung für Fliegerabwehrkanone/gegen Ende des
  2. Weltkrieges wurden 15jährige Hitlerjungen als »Flakhelfer« an die
  Front geschickt
*Fortifikation:* Befestigung
*Fourierschütz:* Unteroffizier, der sich um Unterkunft und Verpflegung
  kümmern muß
*frustriert:* enttäuscht

*Garde:* Leibwache, auserlesene Truppen
*gaullistische Ideen:* der französische Staatsmann Charles de Gaulle
  (1890–1970) versuchte die weltpolitische Stellung seines Landes zu
  stärken
*Getto:* ein (meist durch Mauern) abgeschlossenes Stadtviertel, in dem im
  Mittelalter nur Juden lebten; die Nazis errichteten in Polen neue Gettos
*Glacis:* offenes Gelände vor einer Festung
*Gomorrha:* biblische Stadt, die wegen ihrer Sündhaftigkeit von Gott
  vernichtet wurde
*Gouvernement:* Verwaltungsbezirk

*Hemisphäre:* Halbkugel, Erdhälfte
*Hierarchie:* Rangordnung (ursprünglich der Geistlichen)
*Hypothek:* Grundschuld

*Ideologie:* einseitige Weltanschauung
*illegal:* ungesetzlich, gesetzwidrig
*Implikation:* Hineinziehen, mit einbegriffen sein
*Infanterie:* Fußtruppen
*Inferno:* Hölle
*inopportun:* unzweckmäßig, ungelegen
*Institution:* Einrichtung
*Insurgent:* Aufständischer, Empörer
*Invasion:* Eindringen, Masseneinfall; hier Landung der Alliierten in Frank-
  reich 1944
*irrelevant:* unerheblich, belanglos
*irritiert:* unsicher gemacht, verstört
*Isolationisten:* Leute, die sich (politisch vom Ausland) absondern

*Jovialität/jovial:* Leutseligkeit/heiter, leutselig

411

*Kader:* Gruppe leitender Personen in Partei, Staat und Wirtschaft (DDR)
*Kalkül:* Berechnung, Überschlag
*Karitas/karitativ:* Nächstenliebe/wohltätig
*Kartätsche:* Artilleriegeschoß
*Koalition:* Vereinigung, Bündnis (von Parteien oder Staaten)
*Kokarde:* nationales Zeichen, das an der Kopfbedeckung getragen wird
*Kolumnist:* Journalist, der eine bestimmte Spalte einer Zeitung schreibt
*Kommilitone:* Mitstudent
*Kommuniqué:* amtliche Mitteilung
*Kompetenz:* Zuständigkeit
*konfiszieren:* einziehen, beschlagnahmen
*konföderiert:* verbündet
*Konglomerat:* Gemisch
*konservativ:* am Hergebrachten hängend
*Konspiration:* Verschwörung
*Konstituierung/konstituieren:* Festsetzung, Gründung/einsetzen, gründen
*konstitutionell:* verfassungsmäßig, verfassungsfreundlich
*Konvention:* Abkommen, Übereinkunft
*kopulieren:* verbinden, (geschlechtlich) vereinigen
*Korruption:* Bestechung, Bestechlichkeit

*Lappalie:* Unerheblichkeit
*Legalisierung:* etwas gesetzlich machen
*Legitimität:* Rechtmäßigkeit
*Leibesvisitation:* Durchsuchung
*Liberalismus:* bürgerlich-freiheitliche Staats- und Gesellschaftsordnung
*lynchen:* ohne Gerichtsverhandlung grausam bestrafen oder töten

*Majorität:* (Stimmen)mehrheit
*Mandat:* Auftrag, Vollmacht; Sitz im Parlament
*Manifest:* Aufstellung politischer Zielsetzungen
*Marketender:* Lagerhändler, Soldatenwirt
*Massaker/massakrieren:* Gemetzel/niedermetzeln
*Memorandum:* Denkschrift
*Miserabilität:* Elend, klägliche Lage
*Monarchie:* Alleinherrschaft eines Kaisers oder Königs
*Muschkote:* einfacher Soldat
*Mythos:* Sage von Göttern und Helden; Legendenbildung

*notabene:* merke wohl!, übrigens

*observieren:* beobachten, prüfen, untersuchen

412

*Offensive:* Angriff
*Ökologie:* Lehre von den Beziehungen der Lebewesen zur Umwelt
*Opportunist/opportun:* ein auf seinen Vorteil bedachter Mensch/zweckmä-
ßig, erfolgversprechend

*Palisaden:* Schanz-, Pfahlwerk
*Pantheismus:* Weltanschauung, nach der Gott und Welt eins sind
*Parlament/parlamentarisch:* vom Volk gewählte gesetzgebende Kör-
perschaft/Regierung geht aus der Parlamentsmehrheit hervor
*Parlamentär:* Unterhändler
*Parlamentarischer Rat:* er setzte sich aus 65 gewählten Mitgliedern der elf
westdeutschen Länder zusammen und beriet 1948/49 das Grundgesetz;
Präsident war Konrad Adenauer
*Partikularismus:* Kleinstaaterei
*Pathos:* schwungvolle Redeweise, Feierlichkeit
*Patriotismus:* Vaterlandsliebe
*Pazifist:* lehnt den Krieg aus religiösen oder ethischen Gründen ab
*periodische Wahl:* Wahlen im gleichen Zeitabstand
*Perron:* Bahnsteig
*Perversion:* Entartung
*Petition:* Bittschrift, Eingabe
*Phalanx:* geschlossene Schlachtreihe, Kerntruppe
*Phänomen:* (Natur)erscheinung, seltenes Ereignis
*Pharisäer:* selbstgerechter Heuchler
*Philister:* Spießbürger, engherziger Mensch
*Phrase/phrasenhaft:* leere Redensart/hohl, nur Gerede
*physisch:* körperlich
*pittoresk:* malerisch
*Polarisierung:* Gegensätzlichkeit, Vorhandensein zweier Pole
*polemisieren:* in einem Meinungskampf (unsachlich) angreifen
*Präambel:* Vorwort
*Präliminarien:* Vorverhandlungen
*Privileg/privilegiert:* Sonderrecht, Vorrecht/begünstigt, mit Vorrechten
ausgestattet
*Prognose:* Vorhersage
*Proklamation/proklamieren:* öffentliche Bekanntmachung/verkünden,
ausrufen
*Proletarier:* besitzloser Lohnarbeiter
*Protokoll:* Verhandlungsbericht
*provisorisch:* vorläufig
*Provokateur:* einer, der herausfordert, aufreizt
*Prozedur:* Verfahrensweise

*Rapier:* Fechtdegen
*räsonieren:* nörgeln, besserwisserisch sein
*Ratifizierung, Ratifikation:* (ein Gesetz) durch Unterzeichnung bestätigen
*Rayon:* Bereich
*Reaktion:* Rückschritt, Gesamtheit aller nicht fortschrittlichen politischen
 Kräfte; Gegenwirkung
*Reaktionär:* einer, der sich dem Fortschritt entgegenstellt
*recherchieren:* nachforschen, ermitteln
*Registratur:* Aktenablage
*Regulativ:* regelnde Verfügung, Vorschrift, Verordnung
*rekognoszieren:* erkunden
*Relevanz:* Erheblichkeit, Wichtigkeit
*Remilitarisierung:* Wiederbewaffnung, Wiederaufrüstung
*Reminiszenzen:* Erinnerungen
*Reparationen:* Wiedergutmachungsleistungen für Kriegsschäden
*Repression:* Unterdrückung, Hemmung
*Republik/Republikaner:* die Staatsgewalt wird vom Volk getragen/Anhän-
 ger dieser Staatsform
*requirieren:* zurückfordern, (unrechtmäßig) beschlagnahmen
*residieren:* vornehm wohnen
*Resignation/resignieren:* Verzichtleistung, Entsagung/jeden Widerstand
 aufgeben, mutlos sein
*Ressentiment:* heimlicher Groll, Vergeltungsstreben
*Restauration:* Wiederherstellung der alten Ordnung (nach einem Umsturz)
*retirieren:* den Rückzug antreten, weichen
*Revisionismus:* Streben, einen bestehenden Zustand oder ein Programm zu
 ändern
*rhetorisch:* rednerisch, auf eine rhetorische Frage erwartet man keine
 Antwort
*Rotarmist:* Angehöriger der Roten (sowjetischen) Armee
*Royalist:* Anhänger des Königtums

*Sakrileg:* Vergehen gegen Heiliges; Gotteslästerung
*sanguinisch:* leichtblütig, lebhaft
*Sarkasmen:* beißende, höhnische Bemerkungen
*Sektion:* Bezirk; 1790 war Paris in 48 Sektionen aufgeteilt worden
*Separatfriede:* Sonderfriede
*Session:* Sitzung, Sitzungszeit, Tagung
*Solidarität:* Zusammengehörigkeitsgefühl, Gemeinsinn, Übereinstim-
 mung
*Souveränität:* Unabhängigkeit; Landeshoheit
*spekulativ:* grüblerisch, rein gedanklich

*Staatsräson:* Grundsatz, daß der Einzelne seine Ansprüche der Sicherheit und Macht des Staates unterzuordnen habe (Räson, franz. raison = Vernunft, Einsicht)

*Stratege/Strategie:* Feldherr/Lehre von der Kriegführung

*Subkultur:* besondere Gruppe innerhalb eines übergeordneten Kulturbereichs

*Suggestivkraft/suggestiv:* Überzeugungskraft/seelisch beeinflussend

*Sympathisant:* jemand, der einer Gruppe oder Anschauung wohlwollend gegenübersteht

*systemimmanent:* in einem System enthalten, innewohnend


*Tirailleurlinie:* Schützenlinie

*Trizone:* Zusammenschluß der amerikanischen, britischen und französischen Besatzungszonen (April 1949)

*Tyrann:* Gewaltherrscher


*ultimativ:* nachdrücklich, in Form eines Ultimatums

*Ultimatum:* letzte, meist befristete Forderung (vor dem Abbruch diplomatischer Beziehungen)

*Ultimo:* Letzter (des Monats)

*Utopie:* als unausführbar geltender Plan; Hirngespinst


*Vandalismus:* Zerstörungswut

*Vasall:* Lehnsmann; das Lehen (Leihgut) verpflichtet zu Kriegsdienst und Treue

*Verdikt:* Urteil

*Völkischer Beobachter:* offizielle Parteizeitung der Nationalsozialisten


*welsch:* französisch


*Zitadelle:* Stadtfestung

*Zölibat:* Ehelosigkeit der Geistlichen

# Verzeichnis der Abkürzungen

| | |
|---|---|
| AIDS | Acquired Immune Deficiency Syndrome (erworbene Immunschwäche) |
| APO | Außerparlamentarische Opposition |
| BGS | Bundesgrenzschutz |
| BHE | Block der Heimatvertriebenen und Entrechteten |
| BRD | Bundesrepublik Deutschland |
| CDU | Christlich-Demokratische Union |
| CSSR | Tschechoslowakische Sozialistische Republik |
| CSU | Christlich-Soziale Union |
| DDR | Deutsche Demokratische Republik |
| DGB | Deutscher Gewerkschaftsbund |
| DKP | Deutsche Kommunistische Partei |
| DP | Deutsche Partei |
| DRK | Deutsches Rotes Kreuz |
| DVP | Deutsche Volkspartei |
| EG | Europäische Gemeinschaft |
| etc. | et cetera = und so weiter |
| EURATOM | Europäische Gemeinschaft für Atomenergie |
| EVG | Europäische Verteidigungsgemeinschaft |
| EWG | Europäische Wirtschaftsgemeinschaft |
| FBI | Federal Bureau of Investigation = Bundeskriminalpolizei der USA |
| FDJ | Freie Deutsche Jugend (DDR) |
| FDP | Freie Demokratische Partei |
| Gestapo | Geheime Staatspolizei (3. Reich) |
| GSG | Grenzschutzgruppe |
| HJ | Hitler-Jugend |
| HO | Handelsorganisation (DDR) |
| JP | Junge Pioniere (DDR; Teil der FDJ) |
| KBW | Kommunistischer Bund Westdeutschland |
| KPD | Kommunistische Partei Deutschlands |
| KPdSU | Kommunistische Partei der Sowjetunion |
| KSZE | Konferenz für Sicherheit und Zusammenarbeit in Europa |
| KVP | Kasernierte Volkspolizei (DDR) |
| KZ | Konzentrationslager |
| Montanunion | Europäische Gemeinschaft für Kohle und Stahl |
| NATO | North Atlantic Treaty Organization = Nordatlantische Verteidigungsgemeinschaft oder Nordatlantikpakt |

| | |
|---|---|
| NPD | Nationaldemokratische Partei Deutschlands |
| NSDAP | Nationalsozialistische Deutsche Arbeiterpartei (3. Reich) |
| OKW | Oberkommando der Wehrmacht |
| OPEC | Organisation erdölexportierender Länder |
| PG | Parteigenosse (3. Reich) |
| RAF | Rote Armee Fraktion (Terroristen-Gruppe) |
| RIAS | Rundfunksender (im amerikanischen Sektor von Berlin) |
| SA | Sturmabteilung (der NSDAP) |
| SBZ | Sowjetische Besatzungszone (bis 1949) |
| SD | Sicherheitsdienst (des NS-Staates) |
| SDI | Strategic Defense Initiative (Raketenabwehr im Weltraum) |
| SDS | Sozialistischer Deutscher Studentenbund |
| SED | Sozialistische Einheitspartei Deutschlands (DDR) |
| SPD | Sozialdemokratische Partei Deutschlands |
| SS | Schutzstaffel (der NSDAP) |
| SSD | Staatssicherheitsdienst (DDR) |
| TU | Technische Universität (in West-Berlin) |
| UdSSR | Union der Sozialistischen Sowjet-Republiken |
| UN = UNO | United Nations = Vereinte Nationen |
| VEB | Volkseigener Betrieb (DDR) |
| VP = VOPO | Volkspolizei (DDR) |
| WAA | Wiederaufbereitungsanlage |
| WEU | Westeuropäische Union |
| ZK | Zentralkomitee (DDR/Ostblockstaaten) |

# Verfasser- und Quellenverzeichnis

*Renate A.* siehe: *Alice Schwarzer*

*Konrad Adenauer* 1876–1967. Oberbürgermeister von Köln 1917–1933, Präsident des Parlamentarischen Rats 1948/49, Bundeskanzler 1949–1963 (1951–1955 zugleich Außenminister); Vorsitzender der CDU der britischen Zone seit 1946, der CDU der Bundesrepublik 1950–1966.
Die wiedergewonnene Freiheit, S. 219. Aus: Erinnerungen, Band 2 (1953–1955), Deutsche Verlags-Anstalt, Stuttgart 1966. – Bundestagsreden: S. 192, 246f. – Foto: S. 190. – Karikaturen: S. 231, 248. – Vgl. auch S. 223f.

*Bettina von Arnim, geb. Brentano* 1785–1859. Schriftstellerin.
Die Märzgefallenen, S. 49. Aus: Sämtliche Werke, 11 Bände, Berlin 1853.

*Egon Bahr* 1922 in Treffurt geboren; SPD-Politiker, der führend an der Neukonzeption der Ostpolitik mitarbeitete.
Bisher hatten wir keine Beziehungen..., S. 305. Zitiert nach: Die Zeit, 31. 1. 1978.

*Arnulf Baring* 1932 in Dresden geboren, seit 1969 Professor für Zeitgeschichte und Internationale Beziehungen an der Freien Universität Berlin.
Jede Wiederannäherung..., S. 279. Aus: Der Monat, August 1962, Heft 167.

*Fritz Bauer* 1903–1968. Vorkämpfer der Strafrechtsreform, seit 1956 hessischer Generalstaatsanwalt.
Der Nazismus..., S. 125. Aus: Die Wurzeln faschistischen und nationalsozialistischen Handelns, Europäische Verlagsanstalt, Frankfurt a. M. 1965.

*August Bebel* 1840–1913. Drechslermeister; gründete 1869 zusammen mit Wilhelm Liebknecht die Sozialdemokratische Arbeiterpartei; Reichstagsabgeordneter.
Die Freiheitsfrage, S. 88. Aus: Deutsche Parlamentsdebatten. Band 1: 1871–1918, hrsg. A. Kuhn, Frankfurt a. M. 1970 (Fischer Bücherei 6064).

*Bert Berkensträter* 1941 in Neuwied/Rhein geboren; seit 1967 freier Journalist und Schriftsteller.
Unmöglich..., S. 268. Aus: Zungen-Schläge, Reihe »Schritte« 20, Fietkau, Berlin 1971.

*Waldemar Besson* 1929–1971. Historiker und Politologe; zuletzt Professor an der Universität Konstanz.
Eine Chance für die Wiedervereinigung vertan? S. 198; Zitat S. 241. Aus: Die Außenpolitik der Bundesrepublik. Erfahrungen und Maßstäbe, R. Piper & Co. Verlag, München 1970.

*Otto Fürst von Bismarck* 1815–1898. Preußischer Ministerpräsident 1862–1890, deutscher Reichskanzler 1871–1890.
Setzen wir Deutschland..., S. 69; Wir superklugen Bundestagsmenschen, S. 72; Wir Deutsche..., S. 83 (Reichstagsrede vom 6. 2. 1888); Das Entlassungsgesuch, S. 92. Aus: Gesammelte Werke, Friedrichsruher Ausgabe, Berlin 1924–1935. – Karikatur: S. 93.

*Gebhard Leberecht Blücher, Fürst von Wahlstatt* 1742–1819. Preußischer Generalfeldmarschall (»Marschall Vorwärts«).
...ich scheue so wenig Kaiser Napoleon wie seine Marschälle, S. 31. Aus: Oskar Jäger, Weltgeschichte, IV. Band, Bielefeld und Leipzig 1899.

*Heinrich Böll* 1917–1985. Schriftsteller. 1939–1945 Soldat, 1971–1974 Präsident des Internationalen PEN-Clubs. Nobelpreis für Literatur 1972.

Freiheit erfahren, S. 349. Aus: Essayistische Schriften und Reden 3, ›Dank des Autors‹, Rede vom 25. 9. 1981 © 1980 Verlag Kiepenheuer & Witsch, Köln.

*Gisela Bonn* 1909 in Elberfeld geboren, Journalistin.

Die Hippies, S. 262. Aus: Unter Hippies, Econ Verlag GmbH, Düsseldorf/Wien 1968.

*Ludwig Börne, d. i. Löb Baruch* 1786–1837. Politischer Schriftsteller.

Die Freiheit . . ., S. 40. Aus: Briefe aus Paris, 3 Bände, 1831–1834.

*Willy Brandt* 1913 in Lübeck geboren, 1933 Emigration nach Norwegen und Schweden, 1949 Mitglied des Bundestags, 1957–1966 Regierender Bürgermeister von Berlin, 1966–1969 Bundesaußenminister, 1969–1974 Bundeskanzler; erster Vorsitzender der SPD 1964–1987. Friedensnobelpreis 1971.

Wir haben gute Nerven, S. 236. Zitiert nach: Max Buchheim, Arbeitsmaterial zur Geschichte der Bundesrepublik Deutschland, Hermann Schroedel Verlag KG, Hannover 1966. – Mehr Demokratie wagen, S. 284; Spontane Begeisterung, S. 288; Der Begriff der Nation, S. 291; Der Kniefall von Warschau, S. 293; Der Spion Guillaume, S. 312. Aus: Begegnungen und Einsichten. Die Jahre 1960–1975, Hoffmann und Campe Verlag, Hamburg 1976. – Fotos: S. 224, 294. – Vgl. auch S. 258.

*Brüder von Braunmühl* An die Mörder unseres Bruders, S. 356. Aus: Die Tageszeitung, Berlin 7. 11. 1986.

*Bertolt Brecht* 1891–1956. Schriftsteller; emigrierte 1933 nach Prag, dann Exil in der Schweiz, Frankreich, Dänemark, Schweden, Finnland, Rußland und den USA; kehrte 1949 nach Ost-Berlin zurück.

Dreck euer Krieg! S. 106 (Lied gegen den Krieg); Was sind das für Zeiten . . ., S. 125 (An die Nachgeborenen); Die Oberen sagen . . ., S. 149; Das sind die Städte . . ., S. 184 (Kriegsfibel); Die Lösung, S. 211; Zitat S. 211. Aus: Gesammelte Werke in 20 Bänden, Suhrkamp Verlag, Frankfurt a. M. 1967.

*Heinrich Brüning* 1885–1970. Deutscher Reichskanzler 1930–1932, emigrierte 1933 in die USA.

Kriegsende und Heimkehr (Auszüge), S. 109. Aus: Memoiren 1918–1934, Deutsche Verlags-Anstalt, Stuttgart 1970.

*Georg Büchner* 1813–1837. Dichter, floh 1835 vor der Polizei nach Straßburg und erwarb 1836 in Zürich den medizinischen Doktorgrad.

Die Statue der Freiheit . . ., S. 7 (Dantons Tod, 1. Akt). Aus: Werke und Briefe, Leipzig 1952.

*Jacob Burckhardt* 1818–1897. Schweizer Kunsthistoriker.

Vor Allem weiter exercir! S. 80. Aus: Briefe, 5. Bd., Basel–Stgt. 1963.

*Wilhelm Busch* 1832–1908. Zeichner und Dichter.

Anleitung zu einem Porträt Napoleons, S. 34. Aus: Wilhelm Busch Album, Stuttgart 1964.

*Thomas Carlyle* 1795–1881. Englischer Kulturphilosoph und Historiker.

Sturm auf die Bastille, S. 9. Aus dem dichterischen Bericht: Die Französische Revolution, 1837.

*Karl Carstens* 1914 in Bremen geboren; Jurist, CDU-Politiker. 1979–1984 Bundespräsident.

Im Blickfeld der Jugend, S. 340. Aus: Reden und Interviews, Bd. 2, hrsg. vom Presse- und Informationsamt der Bundesregierung, Bonn 1981.

419

*Elisabeth Castonier* 1894–1976. Schriftstellerin, flüchtete 1938 aus Wien nach England.

Der Hitlerputsch in München, S. 117. Aus: Stürmisch bis heiter. Memoiren einer Außenseiterin, Nymphenburger Verlagshandlung GmbH, München 1964.

*Lucius D. Clay* 1897–1978. General; »Vater der Luftbrücke«. 1947–1949 amerikanischer Militärgouverneur in Deutschland, 1961 persönlicher Vertreter Präsident Kennedys mit Botschafterrang in Berlin.

Wir stehen in Berlin, S. 196. Zitiert nach: Südwest Presse, 18. 4. 1978.

*Alain Clément* Französischer Journalist; Deutschlandkorrespondent von »Le Monde«.

Dieses Land ohne Gewissenskrise, S. 200. Aus dem Aufsatz: Aufstieg oder Niedergang Deutschlands? In: Frankfurter Hefte, 5. Jahrgang (1950), Heft 10.

*Otto von Corvin* 1812–1886. Schriftsteller. Leitete 1849 die Verteidigung der Festung Rastatt; nach der Übergabe standrechtlich zum Tode verurteilt, dann zu sechs Jahren Einzelhaft begnadigt; lebte 1855–1874 in London.

Das Hambacher Fest, S. 39. Aus: Erinnerungen aus meinem Leben, 4 Bände, Amsterdam 1861.

*Günter Dahl* Journalist.

Meldungen aus dem Jahr 1949, S. 189. Aus: 25 Jahre Bundesrepublik Deutschland, hrsg. Pitt Severin und Hartmut Jetter, Verlag Fritz Molden, Wien/München/Zürich 1974.

*Georges Danton* 1759–1794 (guillotiniert). Französischer Revolutionär, 1792 Justizminister.

Mut und nochmals Mut, S. 16. Aus: Die Französische Revolution. Eine Dokumentation, München 1973.

*Richard Dehmel* 1863–1920. Dichter. 1914 Kriegsfreiwilliger.

Als Freiwilliger im Schützengraben (Auszüge), S. 101. Aus: Ausgewählte Briefe 1902–1920, S. Fischer Verlag, Berlin 1923.

*F(riedrich) C(hristian) Delius* 1943 in Rom geboren, aufgewachsen in Nordhessen, lebt meist in West-Berlin; Schriftsteller und Lektor.

Abschied von Willy, S. 258. Aus: Agitprop, Hamburg 1969.

*Marion Gräfin Dönhoff* 1909 in Friedrichstein/Ostpreußen geboren. 1945 Flucht nach Westen; lebt in Hamburg. Journalistin; 1968–1973 Chefredakteurin, seit 1973 Herausgeberin der Wochenzeitung ›Die Zeit‹.

Anti-Terror-Gesetze, S. 337. Aus: Die Zeit, 17. 2. 1978.

*Günter Eich* 1907–1972. Schriftsteller. Sechs Jahre Soldat, amerikanische Kriegsgefangenschaft bis 1946.

Inventur, S. 172. Aus: Abgelegene Gehöfte. – Episode, S. 274. Aus: Maulwürfe. Prosa. Beide Suhrkamp Verlag, Frankfurt a. M. 1968.

*Kurt Eisner* 1867–1919 (ermordet). Sozialistischer Politiker; Führer der Revolution in München, 1918 bayerischer Ministerpräsident.

Proklamation, S. 111.

*Hans Magnus Enzensberger* 1929 in Kaufbeuren geboren, freier Schriftsteller.

was habe ich hier . . ., S. 221. Aus dem Gedicht: Landessprache. In: Landessprache, Suhrkamp Verlag, Frankfurt a. M. 1960.

*Erhard Eppler* 1926 in Ulm geboren; SPD-Politiker. 1968–1974 Bundesminister für wirtschaftliche Zusammenarbeit.

Frieden bedeutet für mich . . ., S. 342. Aus: Was heißt für mich Frieden, hrsg. W. Filmer/H. Schwan, Stalling Verlag GmbH, Oldenburg 1982.

*Theodor Eschenburg* 1904 in Kiel geboren, lebt in Tübingen; Lehrstuhl für wissenschaftliche Politik in Tübingen 1952–1970.

Artikel 33, Absatz 3, S. 306. Aus: Zur politischen Praxis der Bundesrepublik, Band 3 (Kritische Betrachtungen 1965–1970), R. Piper & Co. Verlag, München 1972.

*Werner Finck* 1902–1978. Politischer Kabarettist; 1935 kurze Zeit im KZ, anschließend Auftritts- und Arbeitsverbot, 1939–1945 Soldat.

Es hätte sich erledigt, S. 166; Vorzüge der Bundesrepublik, S. 259. Aus: Alter Narr – was nun? Die Geschichte meiner Zeit, F. A. Herbig Verlagsbuchhandlung, München/Berlin 1972.

*Theodor Fontane* 1819–1898. Dichter und Kritiker.

Der achtzehnte März (gekürzt), S. 43. Aus: Von Zwanzig bis Dreißig, Sämtliche Werke Band XV, München 1967.

*Anne Frank* 1929–1945. Nach Holland emigriert, lebte zwei Jahre in einem Versteck, starb im KZ Bergen-Belsen.

Warten auf die Befreiung, S. 156. Aus: Das Tagebuch der Anne Frank – 12. Juli 1942 – 1. August 1944. Mit einer Einführung von Marie Baum. Verlag Lambert Schneider, Heidelberg 1981 (12. Aufl.). Aus dem Holländischen von Anneliese Schütz.

*Leonhard Frank* 1882–1961. Schriftsteller. Lebte während des 1. Weltkriegs als überzeugter Kriegsgegner in der Schweiz, ab 1918 wieder in Berlin; emigrierte 1933 nach Zürich, London und Paris, wurde 1939 in Frankreich interniert, floh 1940 in die USA; kehrte 1950 nach München zurück.

Sechstausend Deutsche gefallen . . ., S. 102. Aus: Links wo das Herz ist, Ges. Werke 5, Nymphenburger Verlagshandlung GmbH, München 1964.

*Erich Fried* 1921 in Wien geboren, emigrierte 1938 nach England, lebt seit 1946 als freier Schriftsteller in London.

Gründe, S. 264. Aus: und Vietnam und. 41 Gedichte, Quartheft 14, Verlag Klaus Wagenbach, Berlin 1966. – Niemand lernt alles . . ., S. 339. Aus: Neues Forum, Mai/Juni 1975.

*Friedrich Wilhelm III., König von Preußen* 1770–1840. Regierungsantritt 1797.

An mein Volk, S. 28. Aus: Oskar Jäger, Weltgeschichte, IV. Band, Bielefeld und Leipzig 1899.

*Max Frisch* 1911 in Zürich geboren, Architekt und seit 1954 freier Schriftsteller, lebt in Zürich. Friedenspreis des Deutschen Buchhandels 1976.

Wenn wir von Frieden reden . . ., S. 185. Aus: Gesammelte Werke in zeitlicher Folge, Bd. 7, Suhrkamp Verlag, Frankfurt a. M. 1986.

*Jürgen Fuchs* 1950 in Reichenbach/Vogtland geboren; Schriftsteller. Studium in Jena, im November 1976 verhaftet, im August 1977 entlassen und in die Bundesrepublik abgeschoben.

Meinungsverschiedenheiten, S. 320. Aus: Gedächtnisprotokolle, rororo aktuell 4122, Rowohlt Taschenbuch Verlag GmbH, Reinbek bei Hamburg 1977.

*Hans-Dietrich Genscher* 1927 in Reideburg bei Halle geboren. Studium der Rechtswissenschaften in der DDR. 1952 Wechsel in die Bundesrepublik. 1969–1974 Bundesinnenminister (FDP), seit 1974 Außenminister und Vizekanzler.

Unsere Zusammenarbeit mit der DDR . . ., S. 353. Aus: Deutsche Außenpolitik. Ausgewählte Reden und Aufsätze 1974–1985, Bonn 1985. – Foto: S. 344. – Karikaturen: S. 342, 347.

*Peter Glotz* 1939 in Eger/Böhmen geboren. 1981–1987 Bundesgeschäftsführer der SPD. – Selbstkritik, S. 348. Aus: Die Arbeit der Zuspitzung, Wolf Jobst Siedler Verlag GmbH, Berlin 1984.

*Johann Wolfang von Goethe* 1749–1832. Dichter und hoher Staatsbeamter im Herzogtum Sachsen-Weimar.
Freiheitsbaum, S. 20. – Sogleich ist die Polizei da, S. 37. Aus: Johann Peter Eckermann, Gespräche mit Goethe in den letzten Jahren seines Lebens 1823–32, Leipzig 1884.

*Katharina Elisabeth Goethe, geb. Textor* 1731–1808.
Die Franzosen kommen, S. 23. Aus: Briefe der Frau Rath Goethe, 2 Bände, Leipzig 1923.

*Oskar Maria Graf* 1894–1967. Schriftsteller; 1934 wurde ihm die deutsche Staatsangehörigkeit entzogen, er emigrierte in die Tschechoslowakei, 1938 in die USA.
Kriegstaumel August 1914, S. 97. Aus: Wir sind Gefangene. Ein Bekenntnis, München 1965, © Südwest Verlag. – Verbrennt mich! S. 131. Aus: Beschreibung eines Volksschriftstellers, hrsg. W. Dietz und H. Pfanner, Annedore Leber Verlag GmbH, München 1974.

*Günter Grass* 1927 in Danzig geboren; Schriftsteller.
Offener Brief an Kurt Georg Kiesinger, S. 256. Aus: Über das Selbstverständliche. Reden, Aufsätze, Offene Briefe, Kommentare, Hermann Luchterhand Verlag GmbH, Neuwied/Berlin 1968. – Eine bessere Welt..., S. 279. Aus dem Vorwort zu: Deutsche Parlamentsdebatten, Band 3 (1949–1970), hrsg. Eberhard Jäckel, Fischer Bücherei 6066, Fischer Bücherei GmbH, Frankfurt a. M. 1971.

*Robert Havemann* 1910–1982. Chemiker und Systemkritiker. 1946 Mitglied der SED; geriet in Konflikt mit der Partei und wurde 1964 in Ost-Berlin seiner Ämter enthoben.
Der Krieg in Vietnam..., S. 265. Zitiert nach: Jürgen Theobaldy/Gustav Zürcher, Veränderung der Lyrik. Über westdeutsche Gedichte seit 1965, edition text + kritik, München 1976.

*Friedrich Hebbel* 1813–1863. Dichter.
Nichts gelernt, S. 50. Aus: Sämtliche Werke, Berlin 1903.

*Friedrich Hecker* 1811–1881. Radikaler Republikaner, Mitglied des Vorparlaments, einer der Führer des badischen Aufstands 1848, emigrierte in die USA.
Die Freiheit verhüllt ihr Haupt, S. 52. Aus: Revolutionsbriefe 1848/49, hrsg. R. Weber, Frankfurt a. M. 1973.

*Georg Wilhelm Friedrich Hegel* 1770–1831. Philosoph.
So lange die Sonne..., S. 15. Zitiert nach: Die Französische Revolution. Eine Dokumentation, München 1973.

*Heinrich Heine* 1797–1856. Dichter (Lyrik und politische Satiren).
Die Julirevolution, S. 38 (Ludwig Börne. Eine Denkschrift). Aus: Gesammelte Werke, 9 Bände, Berlin 1886 f.

*Gustav W(alter) Heinemann* 1899–1976. Oberbürgermeister in Essen 1946–1949, Bundesinnenminister 1949/50, Austritt aus der CDU 1952, Eintritt in die SPD 1957, Bundesjustizminister 1966–1969, Bundespräsident 1969–1974. Mitglied des Rats der Evangelischen Kirche in Deutschland 1957–1969.
Unsere Geschichte..., S. 83; Wer Anstoß geben will..., S. 169; Zitat S. 280; Umschwung, S. 283; Sicherlich können wir die Zukunft..., S. 313. Aus: Präsidiale Reden, Suhrkamp Verlag, Frankfurt a. M. 1975.

*Otto Heinemann* 1864–1944. Vater des 3. Bundespräsidenten.
Es braust ein Ruf wie Donnerhall, S. 79. Aus den Lebenserinnerungen: Kronenorden Vierter Klasse, hrsg. W. Henkels, Econ Verlag, Düsseldorf u. Wien 1969.
*Kai Hermann* 1938 in Hamburg geboren, lebt dort als Journalist.
Die Geburtsstunde der APO, S. 267. Zitiert nach: Abendzeitung (München), 1.6.1977.
*Georg Herwegh* 1817–1875. Politischer Lyriker; einer der Führer des badischen Aufstands 1848, lebte anschließend lange Jahre in Paris und Zürich.
Prophezeiung, S. 87. Aus: Werke, 3 Bände, 1909.
*Hermann Hesse* 1877–1962. Nobelpreis für Literatur 1946.
Jeder, der an einen Sinn im Leben glaubt . . ., S. 217. Zitiert nach: Mit Hermann Hesse durch das Jahr, Suhrkamp Verlag, Frankfurt a. M. 1976.
*Theodor Heuss* 1884–1963. Mitglied des Deutschen Reichstags 1924–1933, Kultusminister in Württemberg-Baden 1945/46, Mitglied des Parlamentarischen Rats 1948/49, Bundespräsident 1949–1959.
Der Versailler Friede, S. 114. Aus: Erinnerungen 1905 bis 1933, Tübingen 1964, mit freundlicher Genehmigung der Deutschen Verlags-Anstalt, Stuttgart. – Nicht der Mannequin der Bundesrepublik, S. 204. Zitiert nach: Walter Henkels, Zeitgenossen. Fünfzig Bonner Köpfe, Rowohlt Verlag GmbH, Hamburg 1953. – Heimkehr zehn Jahre nach Kriegsende, S. 223. Aus: Tagebuchbriefe 1955/1963, hrsg. Eberhard Pikart, Tübingen/Stuttgart 1970, © ebenfalls DVA. – Foto: S. 224.
*Heinrich Hoffmann von Fallersleben* 1798–1874. Dichter und Germanist.
Das Lied der Deutschen, S. 205.
*Friedrich Hölderlin* 1770–1843. Dichter. – Die Freiheit muß einmal kommen, S. 21. Aus: Sämtliche Werke, Kleine Stuttgarter Ausgabe, 6. Band, 1969.
*Dieter Höss* 1935 in Immenstadt/Allgäu geboren. Schriftsteller.
Hörfehler, S. 275. Aus: Wer einmal in den Fettnapf tritt . . . Satirische Gedichte, Deutscher Taschenbuch Verlag, München 1973.
*Eberhard Jäckel* 1929 geboren, Professor für Neuere Geschichte in Stuttgart.
Was 1918 in Deutschland . . ., S. 107. Einleitung zu: Deutsche Parlamentsdebatten, Bd. 2 (1919–1933), hrsg. D. Junker (Fischer Bücherei 6065). – In der Volkskammer wird nicht entschieden, S. 277. Aus: Deutsche Parlamentsdebatten, Bd. 3 (1949–1970), hrsg. E. Jäckel (Fischer Bücherei 6066). Beide Frankfurt a. M. 1971, © Fischer Bücherei GmbH.
*Walter Kempowski* 1929 in Rostock geboren, 1948 in der DDR zu 25 Jahren Zwangsarbeit verurteilt; ging 1956 nach vorzeitiger Entlassung in die Bundesrepublik. Lebt jetzt als Schriftsteller in Nartum/Niedersachsen.
Im Block, S. 213. Aus: Im Block, © Albrecht Knaus Verlag GmbH, München.
*Georg Kerner* 1770–1812. Ging 1791 als Medizinstudent nach Paris, später Privatsekretär von K. F. Reinhard, ab 1803 Armenarzt in Hamburg.
Tage der Anarchie, S. 13. Aus den Lebenserinnerungen seines Bruders Justinus Kerner: Das Bilderbuch aus meiner Knabenzeit, Braunschweig 1849.
*Alfred Kerr, d. i. A. Kempner* 1867–1948. Journalist und Theaterkritiker; emigrierte 1933 über die Schweiz und Frankreich nach London, kehrte 1948 nach Deutschland zurück.
Deutschland, Juli 1947 (Auszüge), S. 182. Aus: Die Welt im Licht, hrsg. F. Luft, © Sir Michael Kerr und Mrs. Judith Kneale-Kerr, vertreten durch die Niedieck Linder AG.

*Thilo Koch* 1920 in Canena bei Halle geboren; Journalist, Fernsehkorrespondent.
Nun zwei Armeen, S. 225. Aus: Deutschland war teilbar. Die fünfziger Jahre,
Deutsche Verlags-Anstalt, Stuttgart 1972.

*Helmut Kohl* 1930 in Ludwigshafen geboren. 1969–1976 Ministerpräsident von
Rheinland-Pfalz, seit 1973 CDU-Vorsitzender, seit 1982 Bundeskanzler.
Zitat: S. 345. – Foto: S. 344. – Karikatur: S. 347.

*Horst Krüger* 1919 in Magdeburg geboren. Schriftsteller.
Millionen Mitläufer, S. 133. Aus: Das zerbrochene Haus. Eine Jugend in Deutschland, © Hoffmann und Campe Verlag, Hamburg 1976.

*Wilhelm von Kügelgen* 1802–1867. Maler.
Vor Gewittern, S. 42; Der Tag von Düppel, S. 74; Krieg um die Vorherrschaft in
Deutschland, S. 77. Aus: Lebenserinnerungen des Alten Mannes in Briefen an
seinen Bruder Gerhard 1840–1867, Leipzig 1923.

*Reiner Kunze* 1933 in Oelsnitz/Erzgebirge geboren; lebte seit 1962 als freier
Schriftsteller in Greiz/Thüringen, übersiedelte 1977 in die Bundesrepublik.
Hinter der Front, S. 278; Mitschüler, S. 292. Aus: Die wunderbaren Jahre.
Prosa, S. Fischer Verlag GmbH, Frankfurt a. M. 1976. – O aus einem fremden
land . . ., S. 323. Aus: Sensible Wege, 48 Gedichte und ein Zyklus, das neue
buch 80, Rowohlt Taschenbuch Verlag GmbH, Reinbek bei Hamburg 1976.

*Horst Lange* 1904–1971. Schriftsteller; Soldat im 2. Weltkrieg, 1941 schwer
verwundet.
Was ich nie vergessen werde (Auszug), S. 155. Aus: Der Ruf, dtv dokumente 39.

*Friedrich Christian Laukhard* 1757–1822. Theologe, Soldat, Schriftsteller und
Vagabund.
Nicht nach Paris, nur nach Valmy, S. 17. Aus der Selbstbiographie: Leben und
Schicksale, Stuttgart 1930.

*Stanisław Jerzy Lec* 1908–1955. Polnischer Satiriker.
Der Mensch leidet . . ., S. 107; Ich stimme mit der Mathematik nicht überein . . .,
S. 119. Aus: Alle unfrisierten Gedanken. Hrsg. und aus dem Polnischen von Karl
Dedecius, © 3. Aufl. 1984 Carl Hanser Verlag, München/Wien.

*Luise, Königin von Preußen, geb. Prinzessin von Mecklenburg-Strelitz* 1776–1810.
Frau von Friedrich Wilhelm III., Mutter Friedrich Wilhelms IV. und Kaiser
Wilhelms I.
Nach der Niederlage, S. 26. Aus: Briefe, Berlin 1887.

*Reinhold Maier* 1889–1971. Demokratischer Politiker. Soldat im 1. Weltkrieg,
Reichstagsabgeordneter; 1945–1953 Ministerpräsident von Württemberg-Baden
(seit 1952 Baden-Württemberg). Bundesvorsitzender der FDP 1957–1960.
Wenn das auf die ganze Welt kommt, S. 137. Aus: Bedrängte Familie, Tübingen
1962. – Anfänge, S. 177. Aus: Ein Grundstein wird gelegt. Die Jahre
1945–1947, Tübingen 1964. – Immer davon sprechen! S. 212. Aus: Erinnerungen 1948–1953, Tübingen 1966. Mit freundlicher Genehmigung der Deutschen
Verlags-Anstalt GmbH, Stuttgart.

*Heinrich Mann* 1871–1950. Schriftsteller; emigrierte 1933 nach Paris, 1940 in die
USA. Starb kurz vor seiner Rückkehr nach Deutschland.
Solange Hitler siegte . . ., S. 125. Aus: Ein Zeitalter wird besichtigt, Aufbau
Verlag, Berlin 1973.

*Karl Marx* 1818–1883. Begründer des wissenschaftlichen Sozialismus; zog 1843
nach dem Verbot der ›Rheinischen Zeitung‹, deren Chefredakteur er war, nach
Paris, von dort nach Brüssel und London.

Das Paris der Arbeiter..., S. 82. Aus: Der Bürgerkrieg in Frankreich, 1871.

*Melita Maschmann* 1918 in Berlin geboren. Hohe BDM-Führerin; verbüßte nach 1945 eine Gefängnisstrafe. Journalistin.
Leben und Tod, S. 127. Aus: Fazit. Kein Rechtfertigungsversuch, Deutsche Verlags-Anstalt, Stuttgart 1963. Taschenbuch-Ausgabe 1979: dtv 1427.

*Hildegard Matz* 1930 in Oberhausen geboren, lebt dort; Büroangestellte. Gehört dem »Werkkreis Literatur der Arbeitswelt« an.
hierzulande – heutzutage, S. 287. Aus: Geht dir da nicht ein Auge auf. Gedichte, hrsg. Godehard Schramm, Bernhard Wenger, Fischer Taschenbuch 1478, Fischer Taschenbuch Verlag GmbH, Frankfurt a. M. 1974 und Werkkreis Literatur der Arbeitswelt.

*Christoph Meckel* 1935 in Berlin geboren, lebt dort und in Südfrankreich; Schriftsteller.
In diesen Tagen, S. 226. Aus: Nebelhörner. Gedichte, Deutsche Verlags-Anstalt, Stuttgart 1959.

*Klemens Fürst von Metternich* 1773–1859. Österreichischer Außenminister, 1821–1848 Staatskanzler, floh 1848 nach England und kehrte 1851 nach Wien zurück.
Bei Napoleon, S. 30; Die Zeit schreitet in Stürmen vorwärts..., S. 35. Aus: Nachgelassene Papiere, 8 Bände, Wien 1880 ff.

*Alexander Mitscherlich* 1908–1982; Professor für Neurologie.
Die Gesellschaft..., S. 308. Aus: Auf dem Weg zur vaterlosen Gesellschaft. Ideen zur Sozialpsychologie, R. Piper & Co. Verlag, München 1963.

*Helmuth James Graf von Moltke* 1907–1945 (hingerichtet). Anwalt für Völkerrecht.
Vor der Hinrichtung, S. 161. Aus: Briefe, Bericht aus Deutschland 1943, Letzte Briefe aus dem Gefängnis Tegel, Karl H. Henssel Verlag, 12. Aufl., Berlin 1972.

*Bernard L. Montgomery* 1887–1976. Britischer Feldmarschall im 2. Weltkrieg, 1945 Befehlshaber der britischen Besatzungstruppen in Deutschland.
Ihr sollt Eure Lektion lernen, S. 174.

*Erich Mühsam* 1878–1934. Schriftsteller; wegen der Beteiligung an der Münchener Räteregierung 1919 zu 15 Jahren Festung verurteilt, 1924 vorzeitig entlassen. Im Februar 1933 verhaftet, 1934 im KZ Oranienburg von SS-Leuten ermordet.
Der Revoluzzer, S. 112. Aus: Sammlung 1898–1928, Berlin 1928.

*Friedrich Naumann* 1860–1919. Demokratischer Sozialpolitiker; 1907–1919 Reichstagsabgeordneter.
Der Reichstag muß mitreden können, S. 94. Aus der Zeitschrift: Die Hilfe, November 1908.

*Dagmar Nick, d. i. D. Schnorr* 1926 in Breslau geboren. Schriftstellerin.
Städte, S. 165. Aus: Deutsche Großstadtlyrik vom Naturalismus bis zur Gegenwart, hrsg. von Wolfgang Rothe, Stuttgart 1973, © Dagmar Nick.

*Helga M(aria) Novak* 1935 in Berlin geboren; mußte in den sechziger Jahren die DDR verlassen, lebt seit 1967 in Frankfurt a. M. Sozialkritische Lyrikerin und Erzählerin.
Lernjahre sind keine Herrenjahre, S. 243. Aus: Die Ballade von der reisenden Anna, Luchterhand Verlag GmbH, Neuwied/Berlin 1965; © bei der Autorin. – Das Gedicht ist noch in der DDR entstanden.

*Erich Ollenhauer* 1901–1963. 1933 Mitglied des Vorstandes der SPD; Emigration in Prag und Paris, 1940 Flucht nach England. 1946 Rückkehr nach Deutschland, 1952 erster Vorsitzender der SPD.
Die wiedergewonnene Freiheit, S. 220. Zitiert nach: Konrad Adenauer (siehe dort). – Bundestagsrede: S. 193.

*Carl von Ossietzky* 1888–1938. Journalist und Schriftsteller; im Februar 1933 verhaftet, 1936 in Freiheit gesetzt; starb an den Folgen der im KZ erlittenen Mißhandlungen. Friedensnobelpreis 1936.
Kommt Hitler doch? S. 124. Aus: Rechenschaft. Publizistik aus den Jahren 1913–1933, Aufbau Verlag, Berlin und Weimar 1970.

*Georg Picht* 1913–1982. Er lehrte Religionsphilosophie an der Universität Heidelberg.
Bildungsnotstand, S. 249. Zitiert nach: Nach 25 Jahren, hrsg. Karl-Dietrich Bracher, Kindler Verlag GmbH, München 1970.

*Liselotte Rauner* 1920 in Bernburg an der Saale geboren, lebt in Wattenscheid. Seit 1969 freie Schriftstellerin, Mitbegründerin des »Werkkreises Literatur der Arbeitswelt«.
Die Tatsache . . . , S. 262. Aus: Wenn der Volksmund mündig wird. Slogans, Songs und Epigramme, Peter Hammer Verlag, Wuppertal 1973, © Liselotte Rauner.

*Walther Rathenau* 1867–1922 (ermordet). Leiter der AEG; 1921 Reichsminister für Wiederaufbau, 1922 Reichsaußenminister.
In Deutschland . . . , S. 83; Der Kaiser (Auszug), S. 95. Aus: Schriften und Reden, hrsg. H. W. Richter, © Gotthold Müller Verlag, München/Lambert Schneider Verlag, Heidelberg.

*Gabriele Reich* 1930 in Westpreußen geboren; wissenschaftliche Mitarbeiterin.
Wenn unsere Nachfahren das einmal lesen, S. 180. Aus: Waltraut Küppers, Mädchentagebücher der Nachkriegszeit, Ernst Klett Verlag, Stuttgart 1964.

*Karl Friedrich Reinhard* 1761–1837. Ein Schwabe, der französischer Staatsbürger und 1799 Außenminister der Französischen Republik wurde; blieb bis 1832 im Dienste der französischen Diplomatie. 1832 zum Grafen ernannt.
Mit voller Seele Partei genommen, S. 12. Zitiert nach: P. Bertaux, Hölderlin und die Französische Revolution, Frankfurt a. M. 1969.

*Erich Maria Remarque* 1898–1970. Schriftsteller; Soldat im 1. Weltkrieg.
Wir sind ohne Hoffnung, S. 104. Aus: Im Westen nichts Neues, © 1971 Verlag Kiepenheuer & Witsch, Köln.

*Monika Reuter* 1951 in Dresden geboren; Journalistin. Lebt seit 1984 in Süddeutschland.
Dieser schnelle scharfe Schnitt, S. 351. Aus: Ihr da drüben. Briefe in die DDR, © 1986 Gustav Lübbe Verlag GmbH, Bergisch Gladbach.

*Klaus Rainer Röhl* 1928 geboren, wuchs in Danzig auf. 1955–1973 Herausgeber der linken Zeitschrift ›Konkret‹, jetzt des Herrenmagazins ›New York‹.
Ich war Dutschkes Parteigänger, S. 270. Aus: Fünf Finger sind keine Faust, © Klaus Rainer Röhl.

*Manfred Rommel* 1928 geboren; Stuttgarter Oberbürgermeister.
Staatsbegräbnis! S. 158. Aus: S. v. Beöczy, Ulmer Augenzeugen: »Ich war dabei«, Anton H. Konrad Verlag, Weißenhorn 1970.

*Peter Rühmkorf* 1929 in Dortmund geboren. Schriftsteller.
Wider die Hallstein-Doktrin, S. 232. Aus: Die Jahre, die Ihr kennt. Anfälle und

Erinnerungen, das neue buch 1, Rowohlt Taschenbuch Verlag GmbH, Reinbek bei Hamburg 1972.

*Frau B. S.* Es ist viel, was ich Dir sagen muß, S. 229. Aus: Briefe an Kinder und junge Menschen, hrsg. F. E. Mencken, Heimeran Verlag, München 1967.

*Antoine de Saint-Exupéry* 1900–1944 (gefallen). Französischer Dichter und Flieger.
Der heutige Krieg..., S. 162. Aus: Romane/Dokumente, Karl Rauch Verlag KG, Düsseldorf 1966. Aus d. Franz. v. H. Becker.

*Walter Scheel* 1919 in Solingen geboren; 1961–1966 Bundesminister für wirtschaftliche Zusammenarbeit, 1969–1974 Bundesaußenminister, 1974–1979 Bundespräsident.
Unsere Jugend..., S. 1. Aus der Rede zur Eröffnung des Deutschen Historikertages 1976 in Mannheim. – Das Problem der politischen Minderheiten, S. 272; Wir haben uns die Finger blutig gemacht, S. 300; Der Grundvertrag, S. 304; Aufnahme in die Vereinten Nationen, S. 309; Staatsverdrossenheit? S. 324. Aus: Reden und Interviews, Bd. 2 und 3, hrsg. vom Presse- und Informationsamt der Bundesregierung, Bonn 1974/1977. – Scham, S. 335. Aus: Bulletin »Über die Grundwerte«. Auswahl aus Ansprachen von Bundespräsident Walter Scheel 1977, Presse- und Informationsamt der Bundesregierung, Bonn 1977. – Zitat: S. 281.

*Carlo Schmid* 1896–1979. Sozialdemokratischer Politiker; Professor des Staats- und Völkerrechts. 1947–1950 Justizminister von Württemberg-Hohenzollern, 1948/49 Mitglied des Parlamentarischen Rats, 1949–1972 Mitglied des Bundestags.
Wir sollten diesen Staat..., S. 187. Aus der Rede auf dem SPD-Parteitag Hamburg, 16. 11. 1977. Zitiert nach dem Protokoll.

*Helmut Schmidt* 1918 in Hamburg geboren; SPD-Politiker. Soldat im 2. Weltkrieg. 1969–1972 Verteidigungsminister, danach Finanz- und kurzzeitig auch Wirtschaftsminister. 1974–1982 Bundeskanzler.
Der Auftrag des Grundgesetzes, S. 315. Aus: Kontinuität und Konzentration, Verlag Neue Gesellschaft GmbH, Bonn-Bad Godesberg 1975. – Das Ende der sozial-liberalen Ära, S. 343. Zitiert nach: Südwest Presse, 18. 9. 1982. – Zitat: S. 313. – Foto: S. 344. – Karikatur: S. 342.

*Peter Schneider* 1940 in Lübeck geboren. Schriftsteller.
Der Türke erzählte, S. 260. Aus: Lenz. Eine Erzählung, Rotbuch 104, Rotbuch Verlag, Berlin 1973. – Radikalenerlaß, S. 307. Aus: ...schon bist du ein Verfassungsfeind. Das unerwartete Anschwellen der Personalakte des Lehrers Kleff, Rotbuch 140, Rotbuch Verlag, Berlin 1975.

*Hans Scholl* 1918–1943 (hingerichtet). Student der Medizin.

*Sophie Scholl* 1921–1943 (hingerichtet). Studentin der Biologie und Philosophie.
Das letzte Flugblatt, S. 152. Aus dem Buch ihrer Schwester Inge Scholl: Die Weiße Rose. Erweiterte Neuausgabe, S. Fischer Verlag GmbH, Frankfurt a. M. 1982.

*Kurt Schumacher* 1895–1952. Im 1. Weltkrieg schwer verwundet; 1930–1933 Abgeordneter des Deutschen Reichstags (SPD), 1933–1944 in verschiedenen Gefängnissen und KZs. 1945/46 widersetzt er sich dem Zusammenschluß von SPD und KPD in den Westzonen. 1946–1952 erster Vorsitzender der SPD, seit September 1949 auch Fraktionsvorsitzender der SPD im Bundestag.
Opposition ist..., S. 191. Aus: Stenographisches Protokoll des Deutschen Bundestags, 21. 9. 1949. – Vgl. auch S. 192, 194f.

*Carl Schurz* 1829–1906. Emigrierte 1852 in die USA, 1862 General im Krieg gegen die Südstaaten, 1868 Senator von Missouri, 1877–1881 amerikanischer Innenminister.

Meine Flucht aus der Festung Rastatt (gekürzt), S. 57. Aus: Lebenserinnerungen, 3 Bände, 1906.

*Manfred Schwab* 1937 geboren; Sozialarbeiter und Schriftsteller.

Der Start ins Leben, S. 327. Aus: Dazu gehört Mut. Junge Leute gegen die Krise, Kleine Arbeiterbibliothek Bd. 37, Damnitz Verlag GmbH, München 1977.

*Alice Schwarzer* Journalistin und Feministin; Herausgeberin der Frauenzeitschrift ›Emma‹.

Bevormundet, S. 316. Aus: Der »kleine Unterschied« und seine großen Folgen. Frauen über sich – Beginn einer Befreiung, S. Fischer Verlag GmbH, Frankfurt a. M. 1975.

*François Seydoux* 1905–1981. Französischer Diplomat. Botschafter in Bonn 1958–1962 und 1965–1970.

Aussöhnung mit Frankreich, S. 244. Aus: Die Welt, 21. 1. 1978.

*Kurt Sontheimer* 1928 in Gernsbach/Baden geboren, Professor für Politologie in München.

Der Warschauer Pakt, S. 218. Aus: Kurt Sontheimer/Wilhelm Bleek, Die DDR. Politik, Gesellschaft, Wirtschaft, Hoffmann und Campe Verlag, Hamburg 1972. – Die »zweite deutsche Teilung«, S. 297. Aus: Deutschland zwischen Demokratie und Antidemokratie. Studien zum politischen Bewußtsein der Deutschen, sammlung dialog 48, Nymphenburger Verlagshandlung GmbH, München 1971.

*Hans Speidel* 1897–1984. Soldat im 1. und 2. Weltkrieg, führend am Aufbau der Bundeswehr beteiligt. 1957–1963 Oberbefehl über die NATO-Landstreitkräfte Europa-Mitte.

Ein schwarzer Tag für Europa, S. 215. Aus: Aus unserer Zeit. Erinnerungen, Verlag Ullstein GmbH, Berlin/Frankfurt a. M./Wien 1977.

*Willi Stoph* 1914 in Berlin geboren; SED-Politiker. 1952–1955 Innenminister, 1956–1960 Verteidigungsminister, 1964–1973 Ministerpräsident der DDR, 1973–1976 Vorsitzender des Staatsrats, danach wieder Ministerpräsident.

Gegensätzliche Gesellschaftsordnungen, S. 290. Aus: Texte zur Deutschlandpolitik IV.

*Franz Josef Strauß* 1915 in München geboren; CSU-Politiker, seit 1978 bayerischer Ministerpräsident. 1953 Bundesminister für besondere Aufgaben, 1955 für Atomfragen, 1956–1963 Verteidigungsminister, 1966–1969 Bundesfinanzminister.

Atomwaffen für die Bundeswehr, S. 235. Aus: Stenographisches Protokoll des Deutschen Bundestags, 20. 3. 1958. – Negative Bilanz, S. 296. Zitiert nach: Kurt Sontheimer, Deutschland zwischen Demokratie und Antidemokratie (siehe dort). – Zitat: S. 281. – Karikatur: S. 347.

*Alexis de Tocqueville* 1805–1859. Französischer Politiker und Historiker.

Seit Jahrhunderten . . ., S. 10. Aus: Gesellschaft und Politik Frankreichs vor und seit 1789. Abgedruckt in: Tocqueville und das Zeitalter der Revolution, hrsg. I. Geiss, München 1972.

*Volker von Törne* 1934–1980. Schriftsteller.

Frage, S. 168. Aus: Fersengeld, Ansgar Skriver Verlag, Berlin 1962.

*Ludwig Uhland* 1787–1862. Schwäbischer Dichter, Gelehrter und Politiker; Mitglied der Deutschen Nationalversammlung 1848/49.

Retten Sie das Wahlrecht! S. 54. Aus: Gesammelte Werke, Bd. VIII, Leipzig o. J.

*Timm Ulrichs*  1940 in Berlin geboren, lebt in Hannover.
ordnung – unordnung, S. 241. Aus: konkrete poesie, hrsg. Eugen Gomringer,
Reclam Universal-Bibliothek Nr. 9350. © beim Autor.

*Karl August Varnhagen von Ense*  1785–1858. Diplomat und Schriftsteller.
Kämpfte 1809 in der österreichischen Armee gegen Napoleon.
Es blitzte, S. 32. Aus: Denkwürdigkeiten und vermischte Schriften, 7 Bände,
1843 ff.

*Guntram Vesper*  1941 in Frohburg bei Leipzig geboren, lebt als freier Schriftsteller bei Göttingen.
Korruption, S. 266. Aus: kürbiskern 2/1967.

*Winifred Wagner, geb. Williams*  1897–1980. Im 3. Reich Leiterin der Bayreuther
Wagner-Festspiele.
Worte wie Peitschenschläge II, S. 122. Aus: Syberbergs Filmbuch, Nymphenburger Verlagshandlung GmbH, München 1976.

*Martin Walser*  1927 in Wasserburg am Bodensee geboren, lebt als freier Schriftsteller in Nußdorf bei Überlingen.
Fachleutemoral, S. 318. Aus: Literarische Hefte 41/1972.

*Herbert Wehner*  1906 in Dresden geboren; SPD-Politiker. 1935 Emigration;
Mitglied des Bundestags 1949–1983. Bundesminister für gesamtdeutsche Fragen
1966–1969, Vorsitzender der SPD-Bundestagsfraktion 1969–1983.
Der Dammbruch ist da! S. 206. Aus: Bundestagsreden, hrsg. M. Schulte, AZ
Studio, Bonn 1970. – Ich bin glücklich, S. 304; Entspannungspolitik, S. 319.
Aus: Chronik Deutscher Bundestag 1972–1976. Eine Dokumentation, Presse-
und Informationszentrum. – Zitat: S. 281.

*Peter Weiss*  1916–1982. 1934 Emigration; lebte seit 1939 in Schweden. Schriftsteller (Theaterstücke, Prosa).
Gesang von der Rampe II, S. 252. Aus: Die Ermittlung, Suhrkamp Verlag,
Frankfurt a. M. 1965.

*Weiße Rose*  siehe Hans und Sophie Scholl.

*Carl Friedrich von Weizsäcker*  1912 in Kiel geboren. Physiker und Philosoph.
Soweit unsere Vernunft ausreicht . . ., S. 345. Aus: Wege in der Gefahr, © 1976
Carl Hanser Verlag, München/Wien.

*Richard von Weizsäcker*  1920 in Stuttgart geboren. Jurist. 1981–1984 Regierender Bürgermeister von Berlin (CDU), seit 1984 Bundespräsident.
Zusammenarbeit, S. 350. Aus: Die deutsche Geschichte geht weiter, Wolf Jobst
Siedler GmbH, Berlin 1983. – Wir alle . . ., S. 362. Aus: R. v. Weizsäcker/
H. Kohl: Nachdenken über unsere Geschichte. Reden zum vierzigsten Jahrestag
des 8. Mai 1945, hrsg. vom Presse- und Informationsamt der Bundesregierung,
Bonn 1986. – Zitat: S. 359. – Foto: S. 359.

*Otto Wels*  1875–1939. Vorsitzender der SPD 1931–1933, Emigration nach Prag,
1938 nach Paris.
Gegen das Ermächtigungsgesetz, S. 129. Aus: Deutsche Parlamentsdebatten.
Bd. 2 (1919 bis 1933), hrsg. D. Junker (Fischer Bücherei 6065), Fischer Bücherei GmbH, Frankfurt a. M. 1971.

*Ulrich Wildermuth*  1931 in Stuttgart geboren, lebt in Ulm; Journalist.
Weiter Streit, S. 360. Aus: Südwest Presse, 26. 1. 1987.

*Wilhelm I.*  1797–1888. König von Preußen seit 1858/1861 und deutscher Kaiser
seit 1871. – Die Kaiserproklamation in Versailles, S. 86. Aus: Deutsche Reden und
Rufe (dtv dokumente 13).

*Wilhelm II.* 1859–1941. Deutscher Kaiser 1888–1918; lebte nach seiner Abdankung in Holland.
Ich kenne keine Parteien mehr..., S. 100. Ein Glückwunsch, S. 149. Zitiert nach: S. v. Ilsemann, Der Kaiser in Holland. Aufzeichnungen aus den Jahren 1918–1941, München 1971 (dtv 791).
*Otto Winzer* 1902–1975; SED-Politiker. Emigrierte 1935, kehrte 1945 aus der Sowjetunion nach Deutschland zurück; seit 1965 Außenminister der DDR.
Aufnahme in die Vereinten Nationen, S. 310. Zitiert nach: Walter Scheel, Reden und Interviews Band 2 (siehe dort).
*Christa Wolf* 1929 in Landsberg an der Warthe geboren, 1945 Umsiedlung nach Mecklenburg; lebt in Kleinmachnow bei Berlin (DDR). Schriftstellerin.
Flucht nach Westen, S. 163. Aus: Nachdenken über Christa T., Hermann Luchterhand Verlag GmbH, Neuwied und Berlin 1969. – Auch heute wachsen Kinder auf..., S. 292. Aus der Danksagung nach Empfang des Bremer Literaturpreises 1977. Zitiert nach: Süddeutsche Zeitung, 11./12. 2. 1978.
*Carl Zuckmayer* 1896–1977. Schriftsteller; Soldat im 1. Weltkrieg, 1938 Flucht aus Österreich in die Schweiz, 1939 Emigration in die USA; lebte seit 1958 in der Schweiz.
Nicht Richtung Dachau, S. 140. Aus: Als wär's ein Stück von mir. © Carl Zuckmayer, erschienen im S. Fischer Verlag, Frankfurt a. M. 1966.

# Bild-Nachweis

S. 99: © edition spangenberg im Ellermann Verlag, München. S. 134: Mit Genehmigung des Estate of George Grosz, Princeton, N. Y. S. 179: David Low. Aus: Evening Standard, 24. 10. 1946. S. 186: Helmut Beyer. Aus: Neue Zeitung, 21. 3. 1947. S. 190, 224, 294: Presse- und Informationsdienst der Bundesregierung; Bundesbildstelle. S. 195: Mirko Szewczuk. Aus: Walter Henkels, Zeitgenossen, Hamburg 1953. S. 203: Bundesministerium für Wohnungsbau, Januar 1960. S. 203: Jubiläumsschrift »75 Jahre Württembergisches Portland-Cement-Werk zu Lauffen am Neckar«, 1963. S. 209: Ullstein GmbH Bilderdienst. S. 231: H. E. Köhler. Aus: Wer hätte das von uns gedacht, H. Boldt Verlag, Boppard. S. 240: Bundesministerium des Innern. S. 248: IRONIMUS, Süddeutsche Zeitung. S. 269: Stern-Archiv. S. 276: Aus dem Katalog »Sozialistisches Vaterland DDR«, Museum für Deutsche Geschichte, Berlin (Ost). S. 311: © Walter Kuppel. S. 319: Gabor Benedek, Süddeutsche Zeitung. S. 339: © tz München. S. 341: © WEREK. S. 342: © W. Krüger. S. 344: © Barbara Klemm. S. 347: © E. M. Lang. S. 359: © dpa/Vetter.
Umschlag: ›November 1914‹ (Foto): Ullstein Bilderdienst, Berlin. ›Nie wieder Krieg‹ (Plakat von Käthe Kollwitz; siehe auch S. 120): © VGBild-Kunst, Bonn, 1986. *Sportpalast, Berlin 1943* (Foto): © Süddeutscher Bilderdienst, München. *Friedensbewegung, Menschenkette zwischen Ulm und Stuttgart, 22. 10. 1983* (Foto): © dpa/Holschneider.

# Inhalt

Abbildungen sind durch *kursive Schrift* gekennzeichnet

## 1 AUFBRUCH 1789–1815

## 2 TRÄUME VON DEUTSCHER REPUBLIK 1815–1848/49

## 3 DER PREUSSISCHE WEG ZUR EINHEIT 1849–1870/71

# 4 KAISERHERRLICHKEIT – UND DAS BITTERE ENDE 1871–1918

# 5 DIE WEIMARER REPUBLIK 1918–1933

## 6 UNTER DEM HAKENKREUZ 1933–1945

## 7 NACH DER »STUNDE NULL« 1945–1949

## 9 UND DANN KAM DIE MAUER 1955–1961

## 10 JAHRE DES ÜBERGANGS 1961–1969